高等职业教育汽车类专业活页式新形态创新教材

汽车底盘系统与故障诊断技术

主　编　董　光　尹力卉
副主编　王　蕾　杨　健　孔春花
参　编　冯守明　彭　浩　耿美娟　蔡燕超
　　　　李　华　董　帅　郑瑞丽　左晨旭

机械工业出版社

本书以国家职业教育改革为契机,以课程改革为突破口,紧密结合当前行业的发展以及职业岗位群、企业需求变化,学习任务来源于企业真实岗位和真实工作任务,融合"有效教学"理念,内容包括汽车维修接待服务、传动系统检修、行驶系统检修、转向系统检修、制动系统检修五个项目,每个项目下分为理论活动和实训活动,实现了教学内容的理实一体化。

本书可用作职业学院汽车检测与维修技术、汽车技术服务与营销专业教材,也可用于汽车维修企业员工技能提升培训。

图书在版编目(CIP)数据

汽车底盘系统与故障诊断技术/董光,尹力卉主编. —北京:机械工业出版社,2022.6

高等职业教育汽车类专业活页式新形态创新教材

ISBN 978-7-111-70912-1

Ⅰ.①汽… Ⅱ.①董… ②尹… Ⅲ.①汽车-底盘-故障诊断-高等职业教育-教材 Ⅳ.①U472.41

中国版本图书馆 CIP 数据核字(2022)第 095943 号

机械工业出版社(北京市百万庄大街22号 邮政编码100037)
策划编辑:谢　元　　　　　责任编辑:丁　锋
责任校对:张晓蓉　刘雅娜　封面设计:张　静
责任印制:单爱军
北京虎彩文化传播有限公司印刷
2023年1月第1版第1次印刷
184mm×260mm・19.25 印张・424 千字
标准书号:ISBN 978-7-111-70912-1
定价:59.90元

电话服务　　　　　　　　　网络服务
客服电话:010-88361066　　机　工　官　网:www.cmpbook.com
　　　　　010-88379833　　机　工　官　博:weibo.com/cmp1952
　　　　　010-68326294　　金　书　网:www.golden-book.com
封底无防伪标均为盗版　　　机工教育服务网:www.cmpedu.com

前言

本书将理论内容与实训内容结合为一体,融合"有效教学"理念,学习任务来源于企业真实岗位和真实工作任务,既能让学生真正掌握汽车维修技术、按照科学的步骤完成汽车底盘系统故障诊断,也能用于维修企业员工技能提升培训。

在编写过程中,编者与行业一线人员、企业维修专家深入接触,并结合职教专家、一线教师的经验及专业教学设计人员指导完成此书。本书具备以下特点:

1)本书内容适应现代职业教育发展、满足教育教学改革要求,与职业道德、行为规范、生活教育等相融合,与职业素质、企业文化等相衔接,与人才培养模式相契合,与行业企业及职业岗位相结合。课程开发与编写符合生产实际、反映行业发展新趋势和实际岗位新技术、新工艺、新流程、新规范,满足工学结合、项目教学改革要求,是"教学训做评"一体化的活页式、工作手册式的新型课程。

2)本书具有工作手册和教材的共同特征,既是工作手册,又是活页式教材,是一种以"做中学、学中做"为特征的职业院校教学培训用书。本书内容满足学生在工作现场学习的需要,提供简明易懂的"应知""应会"等现场指导信息;同时,又按照技术技能人才成长特点和教学规律,对学习任务进行有序排列。本书丰富了工作过程中需要的指导性信息,剔除了工作中不需要的陈旧知识,拉近了产教之间的距离,未来也将随着工作过程的变化及时修订教材内容。

3)采用以"教中学、学中练"为基础的"理实一体"的教学模式,打破了理论教学与实践教学的界限,推动了教、学、练的统一,使理论教学与实践教学融为一体,实现了学生的全面发展。

4)采取行动导向课程编写方法,在每个项目下设多个任务,每个任务都由具体的步骤完成,适合学生学习,能较好地满足职业院校项目式教学的要求。

5)融合"有效教学"理念,在每个项目首页设计有项目引导,包含整个项目主要内容的知识引导及主要零部件的图片,通过生动直观的案例使学生真正掌握知识与技能。

6)本课程配有完整的课程辅助资源,包括与教材内容相对应的配套课件、动画、视频,实现了课程资源多种介质的立体化融合。

本书由河南机电职业学院董光院长和尹力卉教授任主编;河南机电职业学院王蕾、杨健、吉林交通职业技术学院汽车学院孔春花任副主编,冯守明、彭浩、耿美娟、蔡燕超、李华、董帅、郑瑞丽、左晨旭参与编写。

具体分工：董光编写项目一；王蕾、尹力卉编写项目二；杨建、孔春花、冯守明编写项目三；彭浩、耿美娟、蔡燕超编写项目四；李华、董帅、郑瑞丽、左晨旭编写项目五。

本书在编写过程中得到吉林交通职业技术学院、中鑫之宝汽车服务有限公司、河北益飞特化工科技有限公司等单位的大力支持；本书倾注了各位职业教育专家、一线教学教师的心血和汗水，在此深表感谢！

由于编者水平有限，书中难免存在疏漏之处，敬请读者不吝指正。

编　者

活页式教材使用注意事项

 根据需要,从教材中选择需要夹入活页夹的页面。

 小心地沿页面根部的虚线将页面撕下。为了保证沿虚线撕开,可以先沿虚线折叠一下。注意:一次不要同时撕太多页。

选购孔距为80mm的双孔活页文件夹,文件夹要求选择竖版,不小于B5幅面即可。将撕下的活页式教材装订到活页夹中。

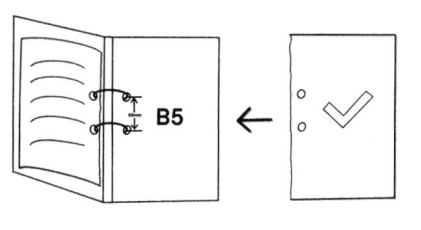

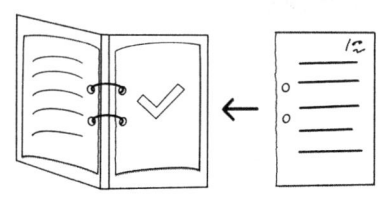  也可将课堂笔记和随堂测验等学习资料,经过标准的孔距为80mm的双孔打孔器打孔后,和教材装订在同一个文件夹中,以方便学习。

温馨提示:在第一次取出教材正文页面之前,可以先尝试撕下本页,作为练习

资源说明页

本书附赠全套《汽车底盘系统与故障诊断技术》讲解视频，内含 10 个微课视频，总时长 82 分钟。

获取方式：

1. 微信扫码（封底"刮刮卡"处），关注"天工讲堂"公众号。
2. 选择"我的"—"使用"，跳出"兑换码"输入页面。
3. 刮开封底处的"刮刮卡"，获得"兑换码"。
4. 输入"兑换码"和"验证码"，点击"使用"。

通过以上步骤，您的微信账号即可免费观看全套课程！

首次兑换后，用微信扫描下方的"课程空间码"即可直接跳转到课程空间。

《汽车底盘系统与故障诊断技术》
课程空间码

目　录

前言

项目一　汽车维修接待服务 ………………………………………………… 1
项目描述 …………………………………………………………………… 1
学习目标 …………………………………………………………………… 1
　任务一　了解维护保养常识 …………………………………………… 2
　任务二　预约 …………………………………………………………… 6
　任务三　接待客户 ……………………………………………………… 9
　任务四　估价制单 ……………………………………………………… 16
　任务五　车辆维修前的准备工作 ……………………………………… 19
　任务六　车辆维修保养工作 …………………………………………… 23
　任务七　维修车辆交付 ………………………………………………… 27
任务评价 …………………………………………………………………… 27

项目二　传动系统检修 ………………………………………………………… 29
项目描述 …………………………………………………………………… 29
学习目标 …………………………………………………………………… 29
　任务一　检修离合器 …………………………………………………… 30
　任务二　检修手动变速器 ……………………………………………… 50
　任务三　检修自动变速器 ……………………………………………… 72
　任务四　检修双离合器自动变速器 …………………………………… 85
　任务五　检修驱动桥 …………………………………………………… 96
　任务六　检修万向传动装置 …………………………………………… 102
任务评价一 ………………………………………………………………… 108
任务评价二 ………………………………………………………………… 110
任务评价三 ………………………………………………………………… 111

项目三　行驶系统检修 ………………………………………………………… 113
项目描述 …………………………………………………………………… 113
学习目标 …………………………………………………………………… 114

　　任务一　检修悬架系统 …………………………………………… 114
　　任务二　检修轮辋与轮胎 …………………………………………… 129
　　任务三　四轮定位 …………………………………………… 146
　任务评价 …………………………………………… 169

项目四　转向系统检修 …………………………………………… 175

　项目描述 …………………………………………… 175
　学习目标 …………………………………………… 175
　　任务　检修转向系统 …………………………………………… 176
　任务评价一 …………………………………………… 208
　任务评价二 …………………………………………… 210
　任务评价三 …………………………………………… 212
　任务评价四 …………………………………………… 213

项目五　制动系统检修 …………………………………………… 215

　项目描述 …………………………………………… 215
　学习目标 …………………………………………… 215
　　任务一　制动系统检修 …………………………………………… 216
　　任务二　检修制动与防滑系统 …………………………………………… 247
　任务评价一 …………………………………………… 288
　任务评价二 …………………………………………… 289
　任务评价三 …………………………………………… 292
　任务评价四 …………………………………………… 293
　任务评价五 …………………………………………… 296

项目一

汽车维修接待服务

项目描述

2022年8月,你来到某4S店售后服务部实习。售后服务顾问为初来乍到、一头雾水的你讲解汽车售后服务相关内容。

作为汽车售后服务人员,首先要了解汽车售后服务概况,熟悉汽车4S店售后服务部门的岗位设置及职能,学习汽车售后服务礼仪,积累汽车维护保养知识,为在汽车售后服务部门工作做好初步准备。

学习目标

知识目标
1. 了解汽车售后服务概况。
2. 了解汽车售后服务部门岗位设置及职能。
3. 了解汽车售后服务接待的素质要求。
4. 了解汽车维护保养的类型。

技能目标
1. 掌握汽车商务仪容、仪表、礼仪。
2. 掌握汽车服务基本仪态规范。
3. 掌握汽车服务接待礼仪。
4. 掌握汽车电话礼仪。
5. 掌握汽车维护保养的主要工作内容。
6. 掌握汽车定期维护的主要项目。
7. 熟悉汽车的常见维修项目。
8. 掌握汽车维护和保养流程的方法和技巧。

素养目标
1. 培养学生按标准做事、"6S"作业的习惯。
2. 培养学生售后服务接待的品格素质、技能素质和综合素质。
3. 敬业乐群,忠于职守。

> 4. 细心、精心、用心。
> 5. 培养团队协作精神。
> 6. 养成劳动光荣、创造伟大的思维和创新意识。
> 7. 养成主动思考、自主学习的习惯。
> 8. 提升发现问题、分析问题、解决问题的能力。
> 9. 培养知识总结、综合运用、语言表达的能力。

任务一　了解维护保养常识

> 汽车保养是指定期对汽车相关部分进行清洁、检查、补给、润滑、紧固和调整等预防性工作，又称汽车维护。保养的目的是保持车容整洁，技术状况正常，消除安全隐患，预防故障发生，减缓劣化过程，延长汽车的使用寿命。
> 　　服务顾问掌握一定的汽车保养常识能更好地完成岗位工作，提升服务质量。

一、维护保养的类型

> 　　车辆生产厂家不同，保养的时间、里程也不同。目前，车辆的保养维护周期的计算有两种方式：一是周期保养；二是车况保养。
> 　　周期保养（Periodic Service），即车辆达到某一行驶里程或间隔一定时间后对车辆进行综合换油保养或维护检查。
> 　　车况保养（Condition Based Service，CBS），即以车辆状况或保养需求为导向的保养服务，先进的随车监控系统随时监控车辆状态，根据驾驶习惯、行驶条件，按照实际需求将应做的常规保养/检查项目及时通知驾驶人。
> 　　（一）4S 店常见维护业务分类
> 　　1. 定期维护
> 　　按照《用户手册》规定的维护周期和项目进行维护，包括日常维护、一级维护、二级维护等。
> 　　2. 单项维护
> 　　根据客户需求或车辆状态进行单项维护项目。
> 　　3. 维护套餐
> 　　针对不同行驶里程提供的专业、规范、有针对性、检查内容更加丰富的服务产品。
> 　　4. 标准快速维护（QM60）
> 　　根据标准快速维护作业模式，通过改善整体接待水平，推行车间双人作业，将维护车辆从入厂到交车的时间控制在 60min 以内。
> 　　（二）汽车保养维护的主要工作内容
> 　　1. 清洁工作
> 　　清洁工作是提高汽车维护质量、防止机件腐蚀、减轻零部件磨损和降低燃油消

耗的基础，并为其他工作做好准备。其工作内容主要包括对燃油滤清器、机油滤清器、空气滤清器的更换，汽车外表的养护和对有关总成、零部件内外部的清洁作业。

2. 检查工作

检查工作是汽车维护的重要工作之一，通过对汽车的检查确定零部件的变形和损坏情况。其工作内容主要是检查汽车各总成和机件是否齐全；连接是否紧固；是否有漏水、漏油、漏电和漏气等现象；利用汽车上的指示仪表、警告装置等随车诊断装置，检查各总成、机构和仪表等技术状况，对影响汽车安全行驶的转向、制动、灯光等工作情况应加强检查；汽车拆检、装配、调整时，应检查各主要部分的配合间隙。

3. 补给工作

补给工作是指在汽车维护中，对汽车的燃油、润滑油及特殊工作液体进行加注补充，对蓄电池进行补充充电、对轮胎进行补气等作业。

4. 润滑工作

润滑工作是为了减小有关摩擦副的摩擦力，减轻机件的磨损。其工作内容包括按照汽车的润滑图表和规定的周期，用规定牌号的润滑油或润滑脂进行润滑；各油嘴、油杯和通气塞必须配齐，并保持畅通；发动机、变速器、转向器、驱动桥等应按规定补充、更换润滑油。

5. 紧固工作

紧固工作是为了使各部机件连接可靠、防止机件松动的维护作业。汽车在运行中，由于振动、颠簸、热胀冷缩等原因，会改变零部件的紧固程度，以致零部件失去连接的可靠性。

6. 调整工作

调整工作是保证各总成和机件长期正常工作的重要一环，调整工作的好坏，对减少机件磨损、保持汽车使用的经济性和可靠性有直接关系。其工作内容主要是按技术要求恢复总成、机件的正常配合间隙及工作性能等作业。

二、定期维护

只有定期对汽车进行保养才能保证其始终处于良好的运行状态，并达到延长汽车使用寿命的目的。在常规情况下，汽车每行驶 7500km 就需要维护一次。随着汽车生产技术的提升，维护周期也呈延长趋势，各汽车生产厂家汽车使用说明书上都规定了按不同的累积里程数需要进行维护的项目。

（一）定期维护的主要项目

1. 常规保养

更换"三滤"和机油是保养中最常见的项目，其中"三滤"指的是机油滤清器、汽油滤清器和空气滤清器。

2. 更换正时带

对于发动机来说，正时带是绝对不可以发生跳齿或断裂的。

3. 更换火花塞

经常检查保养火花塞，能延长发动机的寿命，必要时应更换火花塞。

4. 更换自动变速器油（ATF）

自动变速器对油品质量的要求很高，同时还必须保持清洁。

5. 更换制动液和冷却液

制动液应根据气候、环境条件、季节变化及工况及时检查其质量性能，应及时更换。冷却液的有效期一般为两年，必须定期更换。

6. 更换制动片

制动片在制动过程中逐渐磨损，影响行车安全，应定期检查，及时更换。

7. 更换轮胎

轮胎的使用年限通常是5年左右，超过年限，就会开始老化，存在爆胎危险。

8. 底盘检查

定期检查底盘部件，减少车辆行驶的安全隐患。

定期维护项目的具体说明如下：

（1）机油及机油滤清器的更换

主要是针对润滑系统进行的维护。润滑系统的主要作用是对汽车发动机各个部件进行有效的润滑，以防过度磨损。而机油滤清器的功能就是去除机油中的各种杂质，保证润滑系统的正常工作，机油滤清器应在更换机油时一并更换。

（2）空气滤清器和汽油滤清器的更换

空气滤清器的作用是在空气进入气缸前对其加以过滤，去除空气中的杂质、灰尘、沙粒等异物。空气滤清器的清洁维护视其使用环境而定。更换时间最长不超过1年，车辆行驶里程不超过1.5万km。

汽油滤清器的作用是把含在汽油中的氧化铁、粉尘等固体杂质除去，防止汽油系统堵塞（特别是喷油器），减少机械磨损，确保发动机稳定运行，提高可靠性。一般每3万km更换一次（保守更换里程为1.5万km）。

（3）正时带的更换

随着发动机工作时间的增加，正时带及其附件，例如正时带张紧轮、正时带张紧器和水泵等都会发生磨损或老化。因此，厂家都会严格要求在规定的周期内定期更换正时带及附件，更换周期则随着发动机的结构不同而有所不同。

（4）火花塞的更换

火花塞一般在汽车行驶4万~10万km更换。

（5）其他

制动液、变速器油、蓄电池、节气门、喷油器、制动片等，在常规维护时都属于检测项目，根据车辆累积行驶里程数不同，视车辆使用情况进行维护。

（二）定期维护实施项目

1. 车辆在举升机底部

	左 侧		右 侧
1	引导车辆就位	1	接受服务顾问的单据后进入车内
2	外部灯光、喇叭检查（检查指示）	2	外部灯光、喇叭检查（开关的操作）
3	刮水器检查（前后刮片检查、喷嘴调整）	3	刮水器检查（开关的操作）
4	铺挂前翼子板防护罩	4	维护提示初始化
5	离合器踏板行程调整（依车型）	5	离合器踏板行程检查（依车型）
6	蓄电池检查（发动机舱）	6	蓄电池检查（内部操作）
7	检查机油液位后，拧松或拆下机油滤清器	7	内部灯光、仪表检查，电气设备功能键功能检查
8	冷却液检查	8	用诊断仪读取、删除故障码
9	制动液检查	9	转向盘高度、座椅固定情况及功能调节检查
10	助力转向液检查	10	车门开关和安全带，润滑车门铰链
11	补充风窗玻璃清洗液	11	拧松车轮螺栓（着地时）
12	空气滤清器清洁或更换	12	驻车制动检查（离地时）
13	通风管、油气分离器清洁（依车型）	13	拆下前/后轮胎
14	座舱空气滤清器清洁或更换	14	拆下（拿出）备胎
15	上部管路和发动机、变速器密封检查	15	记录检查项目

2. 车辆在举升机中部

	左 侧		右 侧
16	检查前减振器密封	16	同左侧
17	检查制动器附近防尘套密封	17	—
18	检查制动器附近球铰间隙（依里程）	18	
19	检查制动器附近制动管路	19	
20	检查制动盘（鼓）、制动片（蹄）	20	检查前后轮胎和备胎
21	检查前后轮胎	21	记录检查项目

3. 车辆在举升机顶部

	左 侧		右 侧
22	拆卸下护板、机油滤清器，排出发动机机油	22	排气管检查
23	下部管路和发动机、变速器密封检查	23	中后部管路检查
24	下部防尘套（包括转向齿条）检查	24	检查后减振器
25	下部球销间隙检查（依里程）	25	检查后桥轴承及密封状况
26	安装拧紧机油滤清器（依车型）	26	修理或更换轮胎
27	安装拧紧放油螺塞	27	可协助维修人员 A 检查
28	检查调整附件、传动带	28	协助维修人员 A 检查
29	安装下护板	29	记录检查项目

4. 车辆在举升机底部

	左 侧		右 侧
30	安装车轮（左侧）	30	安装车轮（右侧）
31	安装拧紧机油滤清器（依车型）	31	拧紧车轮螺栓（着地，拧紧全部）
32	更换火花塞（依里程）	32	检查调整轮胎气压（着地）
33	检查调整气门间隙（依车型和里程）	33	—
34	加注检查机油	34	发动机车辆配合检查
35	检查发动机舱油液泄漏情况	35	—
36	清洁发动机舱	36	填写检查记录

5. 车辆保持在举升机上

检验员抽检3项。

6. 车辆离开工位

检验员路试并检查仪表动态。

注：维护操作一般由A、B两名维修人员配合。

任务二 预 约

步骤一 接听客户电话

客户主动给4S店拨打电话，预约到店维修保养：

1) 迅速接听电话（电话铃响3声内接听）。

2) 问候客户（服务顾问应热情有礼、职业化地问候，表示对来电的感谢，表现出对来电的欢迎）。

3) 做自我介绍（服务顾问应清晰地介绍自己及职位）。

话术："您好，××销售服务店，非常感谢您的来电；请问女士/先生，您贵姓？张女士，您好，我是服务顾问××，请问有什么可以帮到您？"

对业务人员的要求：

- 倾听客户的维修要求，并记录维修类型/日期/时间/估算。
- 提前一天重新确认预约。
- 安排预约并通知管理员和配件部门。
- 和管理员、领队和配件部门一起安排工作日的工作日程。

管理员/领队：

- 与业务人员、配件部门一起安排工作日程。

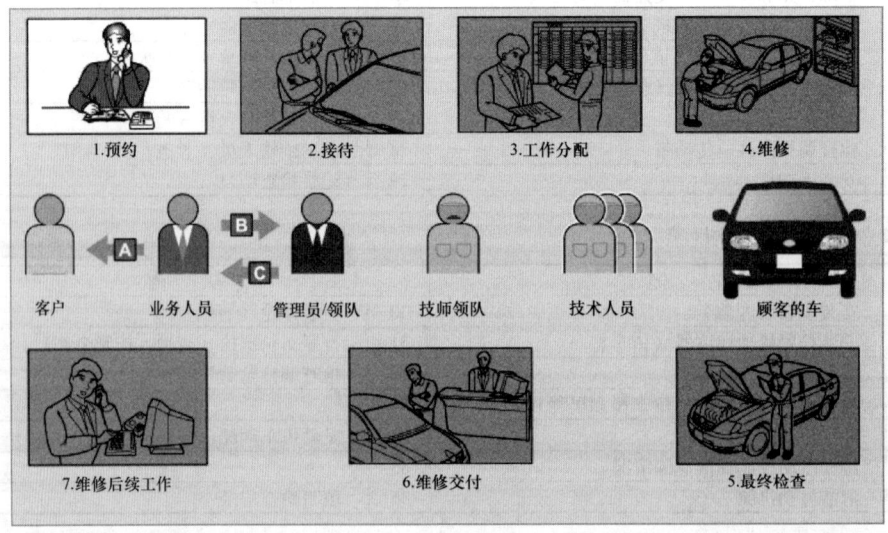

步骤二　与客户进行沟通

1）确认客户的个人信息，核对用户数据，登记新用户数据。

（个人信息具体有：客户类型、客户姓名、联系方式；车辆数据：车型、购买时间、上次维修/保养时间及情况；其他注意事项：如果是新客户，且时间允许，应尽快在 CRM 系统中建立档案。如果发现客户信息有变更，应及时更改）

2）确认客户要求及车辆故障问题（初步倾听情况，了解客户需求。进一步进行车辆问题的沟通，以作出诊断）。

3）预估时间和费用。

4）协商并确定日期。

① 根据实际情况考虑合适的日期。服务顾问在 CRM 系统预约单中确认服务的空闲时段，并根据收集的信息进行判断，考虑合适的日期。

② 当客户第一次预约时间不能满足时，应尽量向客户提供两个以上时间供其选择。

5）结束通话。

6）填写预约登记表。

电话沟通故障现象案例：客户：车的前部有响声。

服务顾问：请问您车辆的声音具体是从哪个部位发出来的呢？

客户：好像是左前部车轮附近。

服务顾问：那您记得是行驶在什么路面时发出的声音？

客户：在平路和颠簸的路面都会响。

服务顾问：那是什么时候响呢？

客户：嗯，在转弯还有原地打方向的时候响得厉害。

服务顾问：好的，那么您是说您的车子在平路或者颠簸路面，转弯和原地打方向时车子左前部车轮附近有异响，对吧？

客户：是这样的。

服务顾问：好的，根据您的描述，我判断可能是左前外球笼有问题，您来店时我们可以一起先试试车，检查一下判断故障部位。

步骤三　预约成功后的准备

① 相关文件与物品的准备。
② 预留工位。
③ 准备备件。
④ 安排人员。
⑤ 客户预约确认。

1. 相关文件与物品的准备

预约登记表

顾客基本情况			
顾客姓名		联系电话	
车　　型		公 里 数	
车牌号码		购车日期	
预约情况			
预约进站时间	月 日 时 分	预计交车时间	月 日 时 分
预约内容			

客户描述：

故障初步诊断：

所需配件（备件号）、工时：

维修费用估价：

客户其他要求：

预约上门取车时间	月 日 时 分	预约上门取车地点		交车人	
预约上门交车时间	月 日 时 分	预约上门交车地点		收车人	
取车/交车人签名			顾客或交接人签名		

备注：

2. 预留工位 	3. 准备备件  　　根据电话中的沟通和判断,提前准备好备件并冻结。
4. 安排人员 　　提前安排好接待的服务顾问和维修人员。	5. 客户预约确认 　　根据实际情况,在约定时间前3天、24h、30min,电话确认预约客户是否需要上门服务、确切的来店时间及由谁驾驶来店。

任务三　接 待 客 户

步骤一　接待准备

（一）提前1天进行确认

1. 服务顾问进行确认

（1）合理安排维修人员

（2）检查专用工具以及技术资料

（3）检查备件

（4）核对客户维修档案

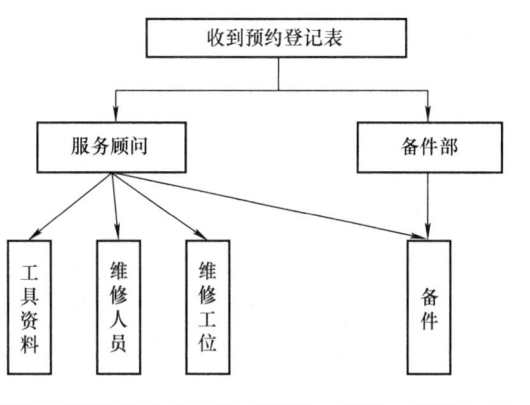

2. 备件部进行确认

接到"预约登记表"后,应将预约备件同"预约登记表"一并放置在预约货架上。准备好备件,如果发现备件缺货,应通知服务顾问,请其在"预约登记表"上签字确认。

(二)提前 1h 再次进行确认

1)电话确认客户的姓名、车号、维修项目、是否如约前来。

2)再次确认备件、工具、人员。

3)提前半小时将"预约工位"指示牌粘贴在预定工位上。

注意:

① 若准备情况出现问题、客户取消或变更预约时间,预约不能如期进行,服务顾问应及时告知客户。经客户同意另行预约,在"预约登记表"上注明预约时间是否改变及新的预约时间,IT 信息员在服务系统中修改该车预约任务委托书中的预修时间,即视为重新下达预约任务委托书。

② 若取消预约,则在"预约登记表"上注明预约失败的原因,通知备件部、设备/资料管理员、维修技工,及时撤回"预约登记表",交 IT 信息员,并由 IT 信息员通知服务顾问。

(三)准备好必要的表单、工具、材料

1)按工作流程要求检查所有工作单据(预约登记表、问诊预检单、维修委托书、维护表单等)是否齐全。

2)检查接待前台电脑以及打印机的工作状况。

3)检查对讲机和电话。

4)查看、整理客户预约登记表,并及时更新客户"预约欢迎板"内容。

5)准备好车辆护具。

(四)填写大厅显示屏预约欢迎板,让客户有一个回家的感觉

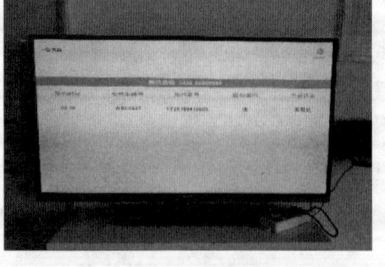

步骤二 迎接客户

（一）迎接客户流程和要求

对业务人员的要求：

- 顾客到达后要问候客户。
- 向顾客说明维修工作，特别是所需要的时间和费用。

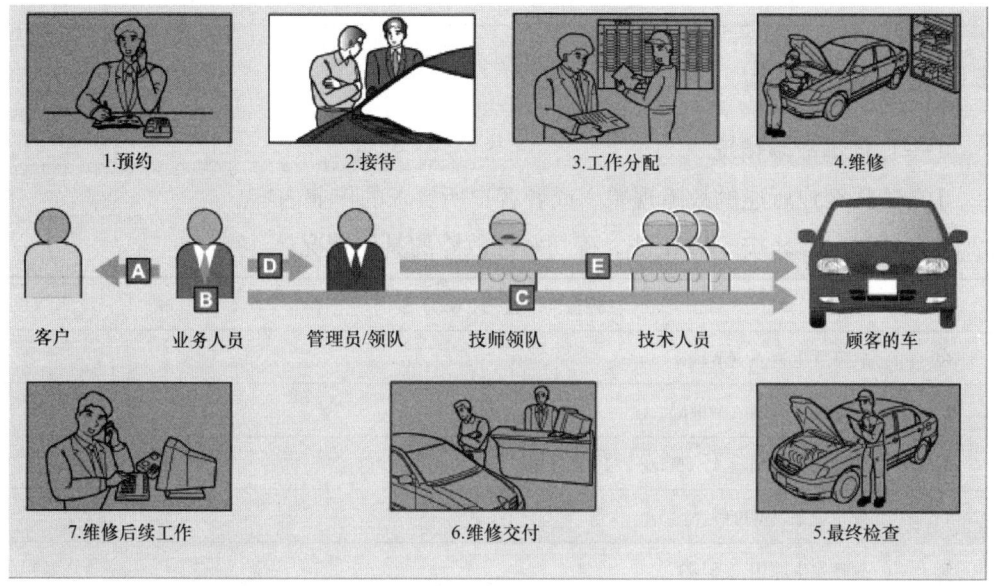

- 取得顾客对工作的批准。
- 填写修理单，记录下客户的要求。
- 检查维修纪录。
- 进行车辆全身检查。
- 将修理单转交给管理员/领队以便调度技术员。

管理员/领队：

- 根据业务人员/顾客的要求进行诊断。（如果需要）

（二）迎接客户

要注意自身仪容仪表仪态礼仪规范、言语的亲和力和待人接物技巧，可以通过简要的问候和寒暄拉近与客户之间的距离，展示良好的个人形象。

1. 接待预约客户

1）服务顾问在接到预约客户到店的通知后，应立即带上接车问诊单、预约登记表、三件套、名片等用品到停车场或维修接待区迎接客户。

2）客户下车时，服务顾问应主动替客户打开车门，面带微笑问候客户。

2. 接待未预约的客户

1）服务顾问在接待时，应先礼貌问候。

2）了解客户的到店需求，根据当时进厂车辆数量和工位空缺情况对客户进行安排。如果能够现场接待，则按照接待流程进行操作；如果需要等待，服务顾问则应向客户说明。

步骤三 接待问诊

（一）问询故障情况

1）确认客户所述的故障现象，或者客户所要求的作业内容。

2）通过问诊表按5W2H法，确切掌握故障的具体情况。

接待问诊技巧5W2H法	
1	故障发生地点（Where）
2	故障发生时间（When）
3	故障发生的当事人（Who）
4	故障现象（What）
5	故障发生原因（Why）
6	如何排除故障（How Do）
7	估价估时（How Much，How Long）

接待问诊话术示例：

服务顾问：请问您车辆的声音具体是从哪个部位发出来的呢？

客户：好像是左前部车轮附近。

服务顾问：那您记得是行驶在什么路面时发出的声音？

客户：在平路和颠簸的路面都会响。

服务顾问：那是什么时候响呢？

客户：嗯，在转弯还有原地打方向的时候响得厉害。

服务顾问：好的，那么您是说您的车子在平路或者颠簸路面，转弯和原地打方向时车子左前部车轮附近有异响，对吧？

客户：是这样的。

服务顾问：好的，根据您的描述，我判断可能是左前外球笼有问题，我们可以先试试车，检查一下外球笼。

（二）填写维修单据（问诊预检单）

问诊预检单

特约店留存

车牌号：_____ 车架号：_____ 行使里程：_____ km
用户名：_____ 电话：_____ 来店时间：__ / __ : __

用户描述记录：
- _____
- _____
- _____
- _____

故障发生状况提示：发动机状态、发生频度、发生时间、部位、天气、路面状况、声音描述等

诊断结果及维修建议：
- _____
- _____
- _____
- _____ 接车诊断人员：_____

车间诊断结果及维修方案：
- _____
- _____
- _____
- _____ 车间诊断人员：_____

外观确认：（请在有缺陷部位作标识）

油量确认：E ——— F

功能确认：（正常√ 不正常×）
□ 点烟器　　□ 座椅　　□ 音响系统
□ 门锁（防盗器）　□ 玻璃升降器　□ 天窗

物品确认：（有√ 无×）
□ 备胎　　□ 灭火器
□ 工具　　□ 其他（　　　）

划痕—H
掉漆—D
凹陷—A
裂纹—L
锈蚀—X
破损—P

洗　　车	□是	□否
旧件交还	□是	□否
贵重物品	□有	□无

・贵重物品：在车辆进场维修之前，请将车内贵重物品自行保管

・检测费说明：① 本次检测的故障如用户在本店维修，检测费包含在修理费用内；
② 如用户不在本店维修，请您支付本次检测费：_____ 元。

接车员：_____　　　　用户确认：_____

1. 填写维修单据规范

服务顾问为协助维修技师顺利完成维修工作，应减少因不规范填写造成的损失；避免因不规范填写影响对客户的服务。用规范用语详细准确描述故障现象，不得使用禁用词语，如更换、工作不良、不工作、不运行、失灵/失效、故障/电子故障。

2. 车辆故障的正确描述示例

错误描述	正确描述
故障灯亮	发动机诊断故障灯亮
组合仪表失灵	燃油表错误显示
显示故障	多功能显示屏有时变黑屏
刮水器不工作	天冷时刮水器工作到一半时停止
安全带不工作	安全带有时发卡
离合器压盘故障	在挂档时离合器的位置发卡＋离合器压盘异响

步骤四　环车预检

保修手册　　　　行驶证

（一）请客户提供保修手册和行驶证，做好登记。

全面细致地互动检查工作，一方面可明确客户对车辆故障的描述和维修意向，另一方面体现维修企业的标准化、规范化和专业化；同时，也是双方明确车辆维修前的各种初始状况，包括车身有无划痕、燃油箱里的燃油量和车上的贵重物品等。

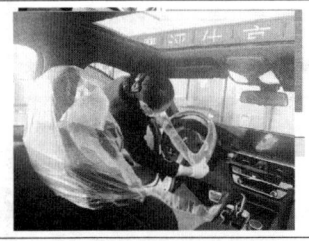

（二）安装护具

在环车检查之前，应安装汽车防护用品，以体现对顾客车辆的呵护备至。

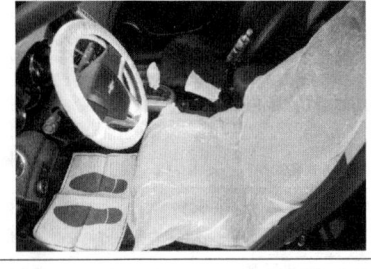

根据品牌要求不同，可安装汽车防护三件套——座椅套、转向盘罩、脚垫，或者安装五件套，即在三件套的基础上，加上变速杆套和驻车制动杆套。

（三）与客户一起执行环车预检并填写接车预检单

1. 环车预检

在正式确立维修内容之前，需要和客户一起对车辆进行仔细检查，和客户共同确认并记录车辆情况，帮助客户了解自己车辆的基本情况，保证客户在取车时车辆情况保持一致。汽车客服人员快速对车辆外观、内饰、发动机舱和行李舱进行检查，对于发现的问题及时告知客户并提供相应的解决方案。

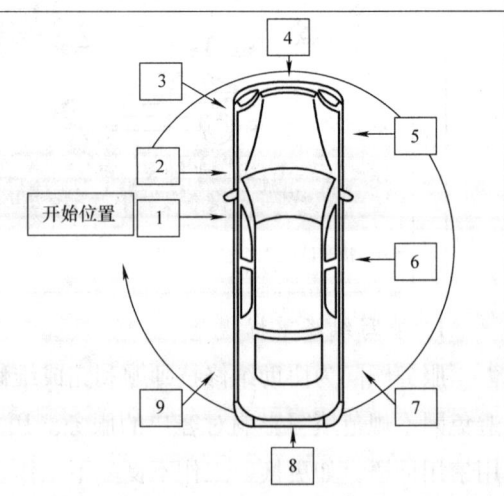

项目一　汽车维修接待服务

序号	检查位置	检查具体内容
1	车内	检查杂物箱（注意：杂物箱是客户的私密空间，在打开之前一定要先征求客户的同意）；核实里程数，记录燃油量；检查仪表板和电器设备的工作状况；检查制动踏板及驻车制动工作状况；检查转向盘工作状况；检查前排座椅、仪表台等处是否有客户遗留的贵重物品；检查风窗玻璃的损伤情况；在从车里出来之前，释放发动机舱盖拉锁和所有门锁
2	左侧车门	检查左前门锁止及外观状况；记录左前门、后视镜有无损伤；核实车架号；检查左侧刮水器是否硬化或有裂纹
3	左前侧	检查左前翼子板、发动机舱盖有无损伤；检查风窗玻璃的损伤情况；检查左前轮胎是否有不均匀磨损、裂纹；检查左前轮毂是否有损伤，轮毂盖是否遗失
4	正前方	检查前照灯、前雾灯、前保险杠、发动机舱盖、进气格栅及车标；确认车牌；检查发动机舱内的部件（如风扇传动带是否老化，所有油液的存量和质量，机油或冷却液是否泄漏，橡胶软管是否老化，电线是否有磨损、脱落，蓄电池电解液高度等；若需要进行路试或故障诊断，可请车间主任或维修技师来完成
5	右前侧	检查右前翼子板、发动机舱盖、后视镜有无损伤；检查风窗玻璃的损伤情况；检查右前轮胎是否有不均匀磨损、裂纹；检查右前轮毂是否有损伤，轮毂盖是否遗失
6	右侧车门	检查右侧车身的损伤情况；检查右侧前后门的开关锁止状况；检查右侧前后门内饰板、地毯、座椅等是否损坏；检查是否有贵重物品被遗忘在车后座或地板上
7	右后侧	检查右后轮胎是否有不均匀磨损、裂纹；检查右后轮毂是否有损伤，轮毂盖是否遗失；检查后风窗玻璃的损伤情况
8	正后方	检查行李舱盖、后保险杠是否有损伤；确认车牌；检查尾灯外观；检查后风窗玻璃的损伤情况；邀请客户一起确认行李舱内的贵重物品、备胎及随车工具
9	左后侧	检查左侧的车身和油漆损伤情况；检查左后门内饰板是否损坏；检查后风窗玻璃的损伤情况；检查左后轮胎是否有不均匀磨损、裂纹；检查左后轮毂是否有损伤，轮毂盖是否遗失；检查车顶

2. 填写接车检查单

接车检查单的使用说明：

1）接车过程中填写车辆及客户信息。

2）详细记录客户的故障陈述及要求，引导客户讲述故障发生时的相关状况并做记录。

3）前台无法立即诊断时，填写需车间检测的内容，由车间帮助诊断。

4）车间根据客户陈述及检测建议进行诊断，将问题原因及故障零部件填写在接车检查单上。

15

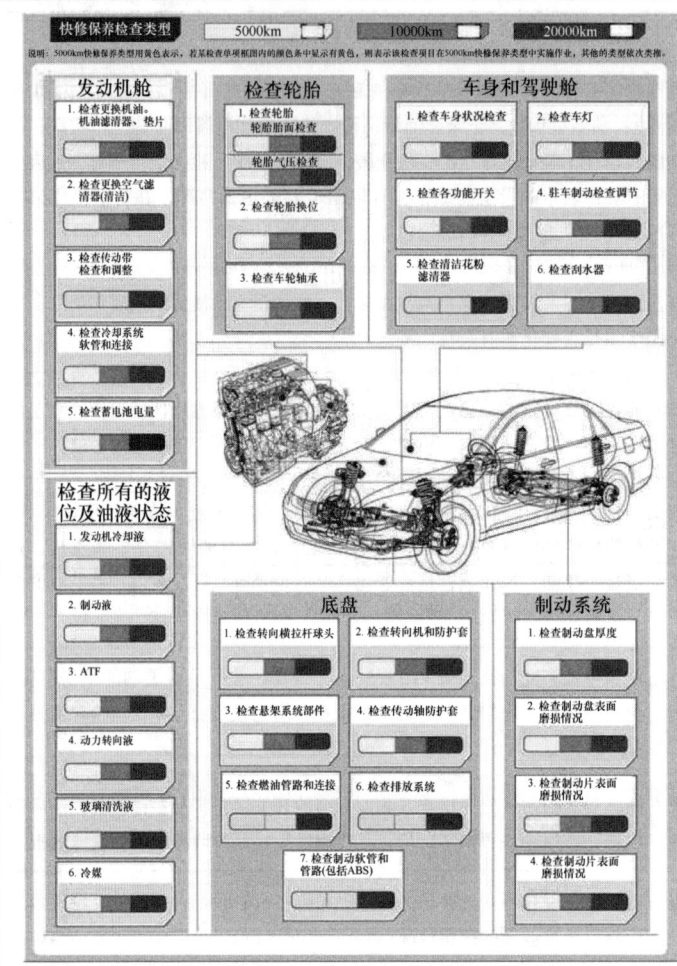

5）接车时对外观进行确认，并做相应的记录及文字说明。

6）接车员在接车时确认各功能状况，如实记录确认结果。

7）接车时检查车内物品，提醒客户贵重物品保管及旧件处理情况，并如实记录。

8）对于需先进行诊断的故障，如果有检测费用，则在接车检查单上写明，并请客户确认。

9）诊断后，将接车检查单上的信息向客户作说明，请客户签字确认。

10）接车检查单一般是一式两份，一份由车主保管，另一份由企业保管。

任务四　估价制单

步骤一　引导客户到业务前台

车辆检查结束后，引导客户到维修接待业务前台。

步骤二　确定维修项目

根据接车预检单所记录的车辆情况，确定大致的维修项目，并登记到维修委托书上。

步骤三　确认备件、工位

1）根据维修项目，与库房沟通备件是否有库存，价格是否有变化。

2）如果没有库存，最短的补货期是多长时间。

3）与车间主管进行沟通，确认工位，并预计维修时间。

步骤四　估价与估时

1）服务顾问根据已了解到的信息，对维修项目进行估价与估时。
2）估价（车辆维修的费用包括材料费用、工时费用及外加工费用）。

材料费用估算	材料费用是指在车辆维修过程中更换、修理零配件以及使用耗材所发生的费用。零配件和原材料的价格取决于实际购入价格和合理的进销差率。进销差率由维修企业自行确定，并按规定告知客户
工时费用估算	工时费用是指维修工人在维修时需要的时间和费用。在实际工作中，汽车维修企业对外多以工时定额及单价向客户计费，对内则多将完成的定额工时作为班组或技工个人计核其提成收入的依据。 工时费用的计算公式是：工时费用 = 工时定额 × 工时单价 × 该车型的技术复杂系数（车型技术复杂系数有的地区未采用）
外加工费用估算	外加工是指受本企业有关技术条件限制，在维修过程中需委托其他企业进行加工或制造的零配件，如在维修中进行喷镀、电镀、热处理、安装生活电器（如音响、电视、冰箱）以及实施特殊加工工艺等其费用按外加工单位发票金额为准。凡属于规定的维修项目以内的，一律不得以外加工形式重复收费

3）估时。

时间估算	维修作业时间要考虑企业定的维修作业标准时间、备件供应时间、洗车所需时间等综合因素，能否准确估时是服务顾问的专业技能之一。估时具有不确定性，服务顾问应告知客户这一点

步骤五　制单

1）询问并向客户说明公司接受的付费方式。
2）说明交车程序，询问客户旧件处理方式。
3）询问客户是否接受免费洗车服务。
4）将以上信息录入 DMS。
5）告诉客户在维修过程中如果发现新的维修项目会及时与其联系，在客户同意并授权后会进行维修。
6）印制任务委托书，就任务委托书向客户解释，并请客户签字确认。
7）将接车登记表、任务委托书客户联交与客户，作为取车凭证。
8）告知客户预计维修时间和交车时间。

任务委托书

维修派工单　　　　　　　　　　编号：××××

服务中心：			日期：		服务时间：	
客户信息	客户	送修人		地址		联系电话
车辆信息	车牌号	车型		VIN	发动机号	里程数
作业信息	车辆送站时间			付款方式 □现金 □信用卡 □其他		旧件是否带走 □是 □否
互动检查	是否有贵重物品 是　　否			油箱 油量	□空　　　□<1/4 □半箱　□<3/4　□满箱	

车身状况漆面检查，损伤部位下图标注	客户故障描述
（车辆示意图）检查结果	
车身检查	
车内检查	
发动机舱	
底盘检查	

维修项目	维修项目	备件	索赔	材料费	工时费	小计	维修人	检查人
			是　否					
			是　否					
			是　否					
			是　否					
			是　否					
			是　否					
	预计交车时间：		费用小计：					
	预估费用：		客户签字：					

新增维修项目	维修项目	备件	索赔	材料费	工时费	小计	维修人	检查人
			是　否					
			是　否					
			是　否					
			是　否					
	新增维修时间：		费用小计：					
	新增维修费用：		客户签字：					

| 预估交车时间： | | 预估费用： | 工时费 | 总计 | |
| | | | 材料费 | | |

客户评价	□满意　□不满意	不满意原因：□服务态度　□维修质量　□备件保供　　□服务质量　□维修时间　□维修费用
质检员签字		实际交车时间：

备注：此表一式三联，客户、维修、财务各一联。

1	订制服务优惠套餐	汽车维修企业或品牌专营店可以根据不同车型的维护作业要求，订制服务优惠套餐。例如，将系列车型固定维修里程、维护检查、更换配件及服务内容编制成客户容易接受的服务套餐方式，把繁琐的服务项目变成简单明了的服务套餐，由服务顾问进行提醒后，使客户清晰明确并且执行优惠套餐价格，以满足维修维护客户的需求，整体提高客户满意度
2	合理的费用说明	1）服务顾问应能熟记维护件价格和工时费用，能熟记常见维修件价格和常见维修项目工时费用。 2）制作委托维修估价单时，向客户详细地说明每个维修项目的内容及费用的明细。 3）解释维修委托书价格时，使用常用配件价格公示表和常规项目工时价格公示表，使顾客感受明白消费
3	其他注意事项	1）如果客户对维修项目和费用提出异议，服务顾问要向客户强调维修的必要性，特别要从车辆安全性上阐述 2）如果客户执意不予维修，应该尊重客户的决定，不能强迫客户维修，因为客户有是否维修的决定权 3）如果客户不予维修，服务顾问应该在派工单上注明不予维修

任务五　车辆维修前的准备工作

步骤一　对管理员/领队要求

对管理员/领队要求：

- 管理员和领队根据完成工作所要求的时间和技术水平分配任务。

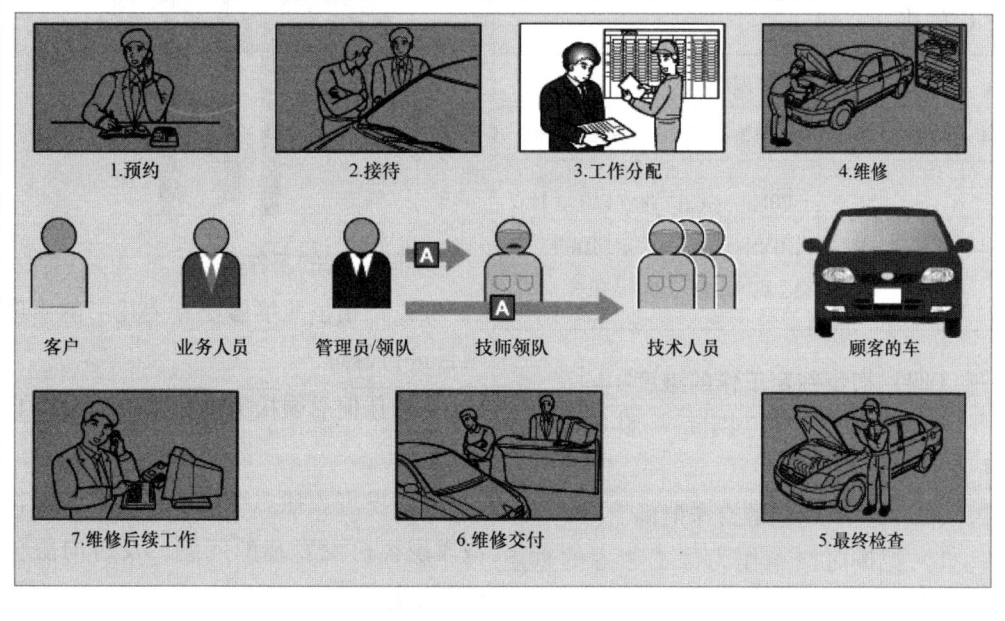

步骤二 派工

（一）确认服务项目

1）服务顾问通知车间主管提车进入工位维修。

2）车钥匙交给车间主管，车间主管将车辆开至待修区。

3）查看"委托书"，了解具体的服务项目及每项工作所需要的作业时间。

4）查看计算机系统里的备件存储情况，了解需要在仓库领用的零件。

（二）判断是否属于优先工作

1. 对优先工作优先派工

1）返修车辆。

2）预约进厂车辆。

3）质量保修期内的保养车辆。

2. 一般工作

按照与客户商定的时间安排。

（三）确定维修类别

根据"委托书"的服务项目确定每项工作的维修类别。

	维修类别	
1	维修大类	一般维修、保修、返修、其他
2	维修小类	PDI、一保、二保（以上3种仅适用于保修类别）、定期保养、年检、机电维修、油漆、钣金

（四）初步判定工作的难度

根据经验，初步判定每一服务项目的作业难度。

（五）了解承诺的交车时间

1）把按时交车作为派工考虑的重点之一。

2）根据客户同意的交车时间和工作时间，安排工作，确保按时交车。

（六）了解维修班组的技术水平

1）综合上述，确认能够完成具体维修项目的班组。

2）车间主管应清楚掌握车间每位维修技师的技能，合理地安排工作。

（七）车间有效地利用工作时间

1）查看"预约服务管理表"，了解当天的预约情况。

2）查看"维修进度管理看板"，了解车间总体已经分配的工作时间（工时）、剩余的工作时间。

3）查看"每日工作分配记录表"，了解各维修班组当日已经分配的工作时间、剩余的工作时间、可分配工作的时间。

车间派工的工作要求：

1）严格按照维修任务委托书的修理项目进行修理。

2）任何对委托书的修改需经过客户的同意。

3）发现委托书维修项目与实际不符或发现客户没发现的问题，及时向服务顾问汇报。

4）服务顾问对反馈的问题，重新估算价格和时间，及时通知客户并征求客户的意见，得到确认后，更改委托书并通知车间技工。

5）车间技工在工作过程中按照维修手册的要求操作。

6）按照要求使用专用工具和检测仪器。

7）使用维修资料进行诊断和工作。

8）服务顾问监控维修进程，将变化及时通知客户。

9）根据维修项目领取备件。

10）主动为客户处理一些小的故障。

11）遵守委托书上和客户约定的内容。

12）爱护客户的财产，工作中使用保护装置。

13）遵守安全生产的有关规定。

14）遇到技术难题向技术专家求助。

15）确认所有工作完成后，进行严格自检。

16）完成委托书的维修报告等内容并签字。

车间派工规则：

所有工单必须经由调度控制看板进行分配。调度员只做记录与沟通协调，完全以规则派单，不掺杂个人主观意愿，允许出现个别运气因素。派工具体细则如下：

1	顺序派单：轮流依次向各组派单，调度控制看板会自动以红色字提示轮到的接单班组
2	检漏派单：在"顺序"派单过程中，调度看板提示的接单班组当时（以班组回复为准）无法接单时，由调度对全部班组进行询问，最先答复的班组获得"检漏"接单权
3	效率派单：在"顺序"派单过程中，轮到的班组（3次对讲机呼叫+2次广播呼叫）无人应答时，由调度对全部班组进行询问，最先答复的班组获得"效率"接单权
4	定货派单：优先派给定货班组，如果定货班组无法接单则进入"检漏"派单流程
5	指定派单：优先派给客人指定的维修技师，如果该班组无法接单则进入"检漏"派单流程
6	技术派单：派给技术部指定的班组（一般用来解决技术问题或对班组进行技术考核）

注：每月系统自动统计顺序、检漏、效率、定货、指定、技术这6类接单的数据，用来对各组在技术、内部协调、维修能力等方面的分析和评估。

步骤三　维修准备

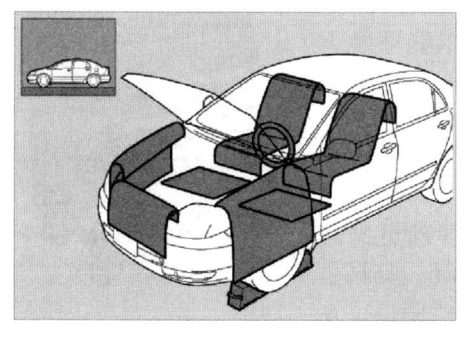

（一）安装防护套

打开左侧前车门，套上转向盘套、变速杆手柄套和座位套。打开左侧前车门，拉动机舱盖手柄，打开舱盖保险钩，掀起舱盖，用撑杆固定舱盖，再把左右两侧翼子板护垫贴在翼子板上。

（二）维修作业的基本要求

1）维修人员要保持良好的职业形象，穿着统一的工作服和安全鞋。

2）作业时要使用座椅套、脚垫、翼子板罩、转向盘套、变速杆套等必要的保护装置。

3）不准在客户车内吸烟、听音响、使用电话等。

4）在车间作业时车辆要摆放整齐，时刻保持地面、工具柜、工作台、工具等整洁。

5）作业时，工具、油水、拆卸的部件及领用的新件不能摆放在地面上。

6）维修完毕后，将旧件、工具、垃圾等清理干净。

7）将更换下来的旧件放在规定位置，以便客户带走。

8）将座椅、转向盘、后视镜等调至原来的位置。如果拆卸过蓄电池，则收音机、电子设备等存储的信息已被删除，应重新设置。

（三）备件的领取与管理

备件的领取与管理：

1）维修技师凭"任务委托书"到备件库领取备件，除"三滤"和油液外，备件交旧领新。

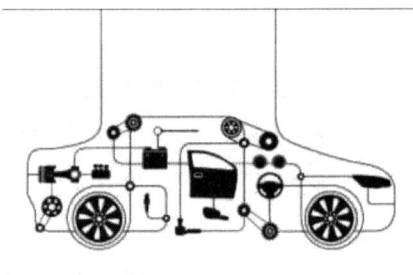

2）备件库管员依"任务委托书"确认备件号、备件名称、数量后在 CRM 系统"领料出库"中发货，打印"出库单"，领料人在"领料人"栏中签字，备件库管员应按"出库单"发料。

3）领料人接到备件后，应核对备件名称、数量是否与原车件相符，一致后将出库单与"任务委托书"合订。

（四）工具及维修手册的领取与管理

工具及维修手册的领取与管理：

1）维修技术人员需要提前到工具库房领取维修工具，以备维修使用。

2）维修工具的摆放和保管需要符合销售服务店工具管理规定。

3）维修技术人员需要按时归还维修工具。

4）维修技师根据维修需要向工具资料管理员借阅"维修手册"和专用工具，登记委托书号、工具、资料名称、借用人、借用日期，签字确认，使用后即时归还，并登记归还日期、工具、资料状况。若有直接从班组转借专用工具的情况，则由借用人到专用工具室重新登记。

任务六 车辆维修保养工作

维修任务实施、车辆维护保养

对技术人员要求：
- 接收/检查修理单。
- 接收用于修理的订购零件。
- 在允许的时间内进行工作。
- 向技师领队确认工作完成。

技师领队：
- 对技术难度高的工作向技术人员提供指导和帮助。

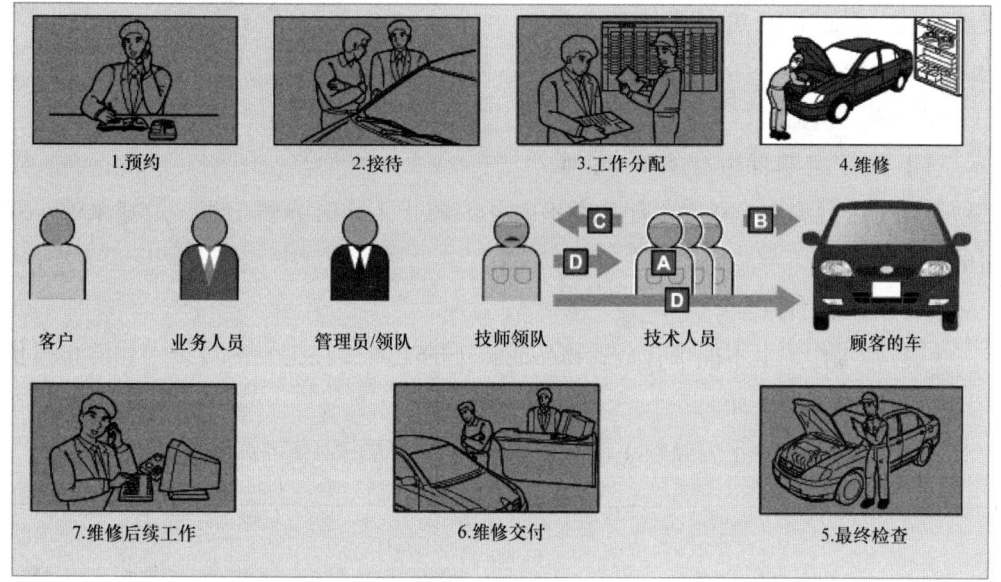

（一）车辆维修保养前的准备

确保车辆的最佳性能，保证车辆的安全性，实现较佳的经济性与较长的使用寿命等是车辆定期保养的目的，为了确保维修目的的实现，我们在对车辆进行维修时，要规范、细致，全面地进行操作。为了确保规范地进行操作，维修前的一些准备工作是十分必要的，车辆维修前的准备工作主要包含以下内容：

- 人员准备。
- 场地准备。
- 工具、材料准备。
- 车辆准备。

1. 人员准备

车辆维修工作由经销商技师完成，建议由两个技师共同完成工作，技师的着装与佩戴必须符合要求。

（1）技师着装

维修技师必须穿着工装，保证工装清洁，不能有油污，防止将新车的内饰弄脏，如图所示。

（2）工作鞋清洁

维修技师，要对工作鞋的底部进行相应的清洁，虽然在工作前已经对内饰地毯添加了保护垫，但防止意外弄脏地毯，对工作鞋进行清洁是必要的，如图所示。

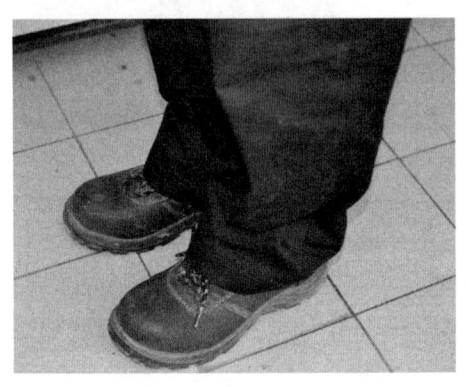

（3）手的清洁

对于进行定期保养工作的技师，必须对双手进行清洁，双手不能残留有油污，防止工作时弄脏车辆，最好佩戴一双新的手套。

（4）佩戴附件

- 技师工作装上不能带有金属物品或将小的工具放在工装的口袋中，防止损伤内饰或车身表面。
- 技师的手上也不要佩戴手链、手表等物品，防止划伤内饰表面。

2. 场地准备

车间要有专门的一个场地用来车辆定期保养，这样可以使保养相对其他车辆的维修独立，如图所示。

- 场地要保持整洁卫生，地面无油渍且每天要清洁。
- 工作区域的灯光强度要明亮。
- 场地最好处于室内。
- 场地要宽敞，便于工作的展开。

3. 工具和材料的准备

在定期保养工作开始前，对工作所需要的工具和材料进行准备是必需的工作。

（1）工具的准备

定期保养工作配备了较为完备的保养常用工具箱如图所示。

（2）材料的准备

技师需要根据维修工单或保养清单的要求从备件部领取相应的材料，材料的数量根据本次保养项目而定，如图所示。

4. 车辆的准备

在定期保养准备工作过程中，车辆在进入维修车间前和进入车间后，都会涉及车辆的准备工作，如图所示。

维修保养的车辆进入维修车间前，需要做以下准备工作：

- 安装车辆防护套。
- 检查车辆外表和内部是否有损坏痕迹。
- 检查车辆内是否有贵重物品，如有及时联系服务顾问。

进入维修车间后，将车辆驶入保养工位，这时我们需要做：

- 检查车辆与举升机两侧距离是否合适。
- 安装车辆尾气抽排装置，如图所示。

（二）维修保养后车间检验

试车：

检查发动机、电器设备、驻车制动器、变速器、离合器、转向、空调等功能。

工作完成后要检查：

- 确认主要项目已完成。
- 确认已完成所有其他需要做的工作。
- 确认车辆至少和你刚接手时是同样清洁的。
- 将驾驶座、转向盘和反光镜返回到最初位置。
- 如果钟表、收音机等存储的设置被删除，请重新设置。

（三）最终检查

1. 技师领队

- 进行最后检查。
- 向管理员/领队确认工作完成。

2. 管理员/领队

- 向业务人员确认工作完成。

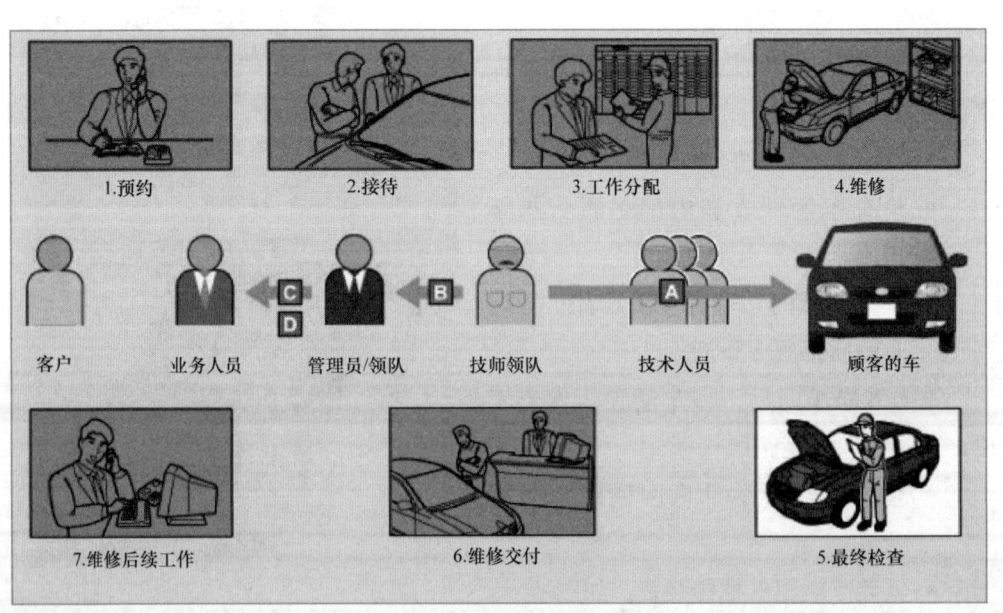

任务七 维修车辆交付

1. 业务人员
- 准备将更换的零部件给客户查看。
- 准备为所有的费用开出发票。
- 检查车辆是否清洁,进行维修质量检查,检查是否已经取下座椅垫、地板垫、转向盘罩、翼子板布、前罩。
- 电话通知客户,以便确认车辆准备交付。
- 向客户说明工作。
○确认工作已经顺利地完成。
○将更换的零部件展示给客户看。
○说明完成的工作以及益处。
○提供详细的发票说明:零部件、人工和润滑剂的费用。
2. 管理员/领班
- 业务人员/客户要求时,要提供技术说明或建议。

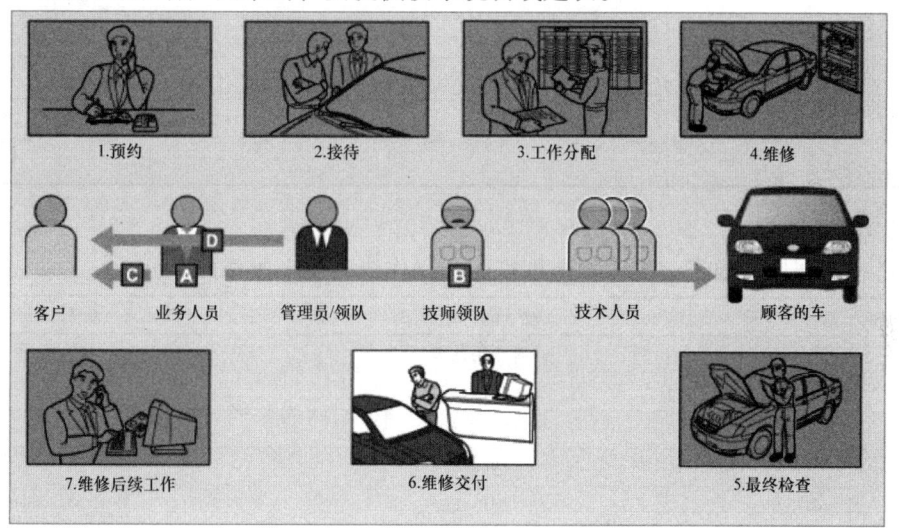

任务评价

一、预约

1. 技能评价

对表所列作业内容,操作规范即得分,操作错误或未操作即零分。

序号	技 能 点	配分	得分
1	预约前的准备	20	
2	与客户进行沟通	20	
3	提醒客户定期保养话术	20	
4	填写预约登记表	20	
5	预约成功后的准备	20	
	总分	100	

2. 素养评价

对表所列素养点，做到即得分，未做到即零分。

序号	素 养 点	配分	得分
1	"客户至上"的服务观念	20	
2	真诚热情的服务态度	20	
3	规范的电话礼仪	20	
4	良好的语言表达能力	20	
5	良好的人际关系沟通能力	20	
	总分	100	

二、接待客户

1. 知识测评

确定本任务关键词，按重要程度进行关键词排序并举例解读。根据自己对重要信息捕捉、排序、表达、创新和划分权重能力进行自评，完成表填写，满分 100 分。

序号	关键词	举例解读	评分自定
1			
2			
3			
4			
5			

2. 技能评价

对表所列作业内容，操作规范即得分，操作错误或未操作即零分。

序号	技 能 点	配分	得分
1	材料费用估算	20	
2	工时费用估算	20	
3	外加工费用	20	
4	估时	20	
5	制单	20	
	总分	100	

3. 素养评价

对表所列素养点，做到即得分，未做到即零分。

序号	素 养 点	配分	得分
1	安全作业，无安全隐患	20	
2	保护环境，无乱扔乱倒	20	
3	规范标准，无野蛮操作	20	
4	团队协作，无不洽关系	20	
5	场地"6S"	20	
	总分	100	

项目二

传动系统检修

📚 项目描述

王先生有一辆 2018 年的大众 POLO 手动档轿车，行驶里程约 6 万 km。有一天王先生在开车用低速档起步时，放松离合器踏板后，汽车不能起步或起步困难；汽车加速行驶时，车速不能随发动机转速的提高而提高，感到行驶无力，严重时产生焦煳味或冒烟等现象。维修技师如何对该车出现的故障进行检测会诊呢？

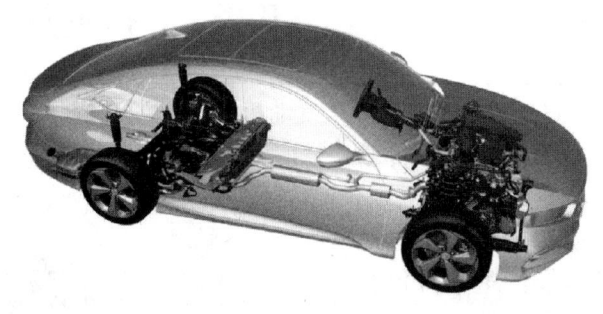

📚 学习目标

知识目标
1. 能分析诊断离合器故障。
2. 能掌握和理解汽车传动系统故障的成因。
3. 能掌握和理解汽车变速器故障诊断的原则。
4. 能掌握汽车自动变速器故障诊断的基本方法。
5. 能掌握汽车驱动桥的故障诊断的基本流程。

技能目标
1. 能分析和掌握汽车传动系统故障诊断与维修。
2. 能分析和掌握汽车变速器的故障诊断与维修。
3. 能区分汽车传动系统的人为故障和自然故障。
4. 掌握汽车传动系统故障诊断的基本技能。
5. 掌握汽车不同类型传动系统故障诊断流程的方法和技巧。

素养目标
1. 严格执行汽车底盘故障诊断规范，养成严谨科学的工作态度。
2. 培养团队协作精神。

3. 能够"最大化"利用有限时间。
4. 阅读资料画出关键技术点,归纳整理故障诊断方法。
5. 能够找出"简单"的技术系统诊断方法。
6. 能够清晰、友好且有趣地向他人口头转述信息。
7. 能够解决棘手的任务。
8. 树立目标并制订实现目标的计划。
9. 客观公正自评和评价他人。
10. 能够与合作伙伴良好地交流和相互理解。
11. 能够养成自觉遵守技术标准和要求规定、规范操作、安全、环保、"6S"作业的习惯。
12. 能够养成劳动光荣、创造伟大的思维和创新意识。

任务一　检修离合器

汽车传动系统是指从发动机到驱动轮之间所有动力传递装置的总称。其功用是将发动机的动力传给驱动轮。轿车中采用自动变速器的情况越来越多,其底盘包括自动变速器、万向传动装置、驱动桥等,即用自动变速器取代了离合器和手动变速器;如果是越野汽车(包括SUV,即运动型多功能车),还应包括分动器,如图所示。

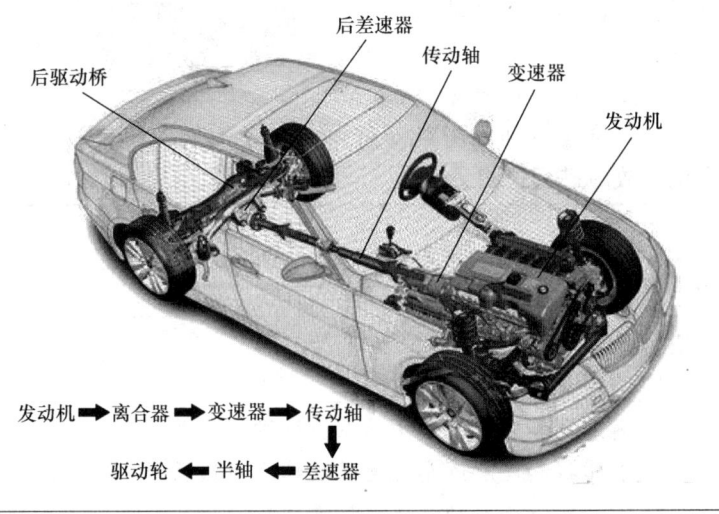

发动机 → 离合器 → 变速器 → 传动轴
驱动轮 ← 半轴 ← 差速器

汽车离合器位于发动机和变速器之间的飞轮壳内,用螺栓将离合器总成固定在飞轮的后平面上,离合器的输出轴就是变速器的输入轴。在汽车行驶过程中,驾驶人可根据需要踩下或松抬离合器踏板,使发动机与变速器暂时分离和逐渐接合,以切断或传递发动机向变速器输入的动力,如图所示。

一、相关知识

离合器用于接通或切断发动机和传动系统之间的动力传递。驾驶人踩下离合器踏板后,即切断了从发动机传递到变速器或驱动桥的动力。随着驾驶人慢慢抬起离合器踏板,离合器将发动机和变速器或驱动桥逐渐连接起来,车辆开始移动。本任务以手动变速器为例,对组成零件进行介绍,如图所示。

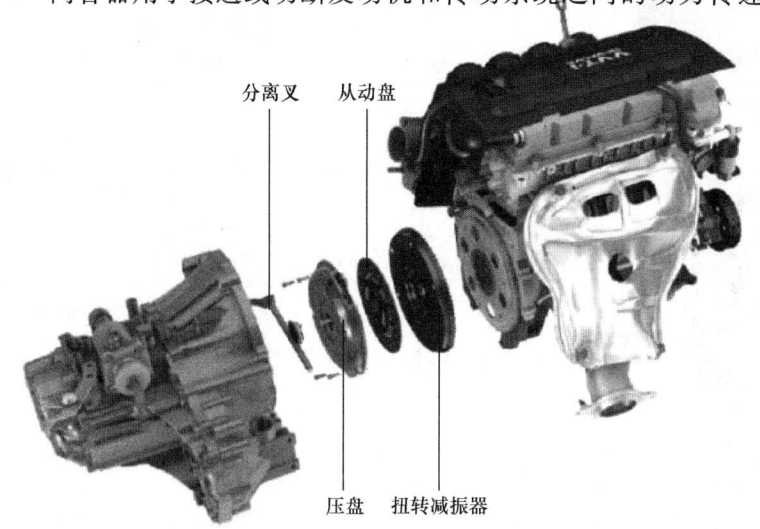

(一)离合器的作用

离合器的作用如下:

1. **使发动机与传动系统逐渐接合,保证汽车平稳起步**

汽车起步时,驾驶人缓慢抬起离合器踏板,使离合器的主、从动部分逐渐接合,与此同时,逐渐踩下加速踏板,以增加发动机的输出转矩,这样发动机的转矩便可由小到大传给传动系统。当牵引力足以克服汽车起步时的行驶阻力时,汽车便由静止开始缓慢逐渐加速,实现平稳起步。

2. **暂时切断发动机的动力传动,保证变速器换档平顺**

汽车在行驶过程中,由于行驶条件的变换,需要不断地变换档位。对于普通齿轮变速器,换档时不同的齿轮副要退出或进入啮合,这就要求换档前必须踩下离合器踏板,中断发动机的动力传动,便于退出原有齿轮副的啮合、进入新档位齿轮副的啮合。如果没有离合器或离合器分离不彻底使动力不能完全中断,原有齿轮副之间会因压力大而难以脱开,而待啮合齿轮副之间因圆周速度不同而难以进入啮合,勉强啮合也会产生很大的冲击和噪声,甚至会打齿。

3. **限制所传递的转矩,防止传动系统过载**

汽车紧急制动时,如果发动机与传动系统刚性连接,发动机转速将急剧下降,其所有零件将产生很大的惯性力矩,这一力矩作用于传动系统,会造成传动系统过载而使其机件损坏。有了离合器,当传动系统承受载荷超过离合器所能传递的最大转矩时,离合器会通过主、从动部分之间的打滑来消除这一危险,从而起到过载保护的目的。

（二）离合器的工作原理

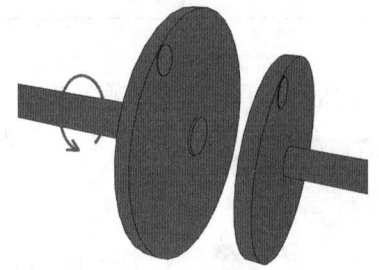

1. 离合器分离
当离合器处于分离状态时，动力没有传递到输出部件。

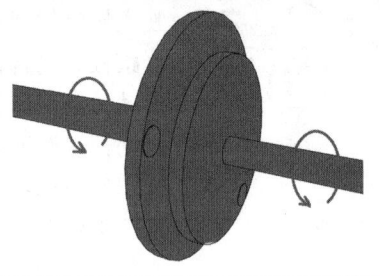

2. 离合器接合
当离合器处于接合状态时，动力经离合器传递到输出部件。

（三）离合器的组成

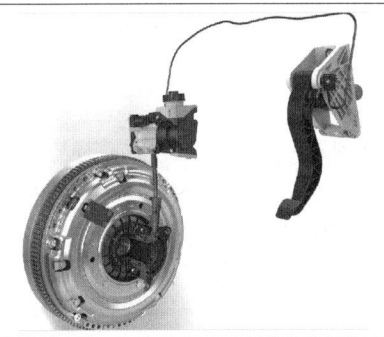

轿车通常使用摩擦式离合器，摩擦式离合器是一种依靠主、从动部分之间的摩擦来传递动力且能分离的装置。它主要包括主动部分、从动部分、操纵机构三部分：
- 主动部分：飞轮、压盘。
- 从动部分：离合器片。
- 操纵机构：分离轴承、离合器踏板及传动部分，如图所示。

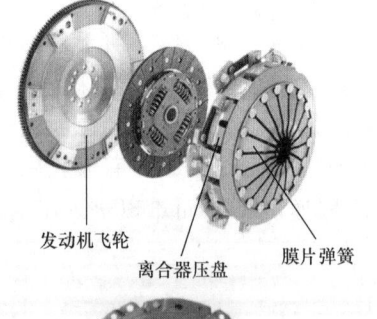

1. 主动部分
发动机飞轮与离合器压盘共同组成了离合器的主动部分。
- 发动机飞轮与曲轴相连，将动力传递至离合器。
- 离合器压盘与飞轮连接在一起，随飞轮的转动而转动。

离合器盖用螺栓固定在飞轮上，压盘后端圆周上的凸台伸入离合器盖的窗口中，并可沿窗口轴向移动。这样，当发动机转动，动力便经飞轮、离合器盖传递到压盘，并一起转动。

如图所示为膜片式离合器压盘，压盘中的蝶形膜片弹簧能够产生所需的压紧力，膜片式压盘较之螺旋弹簧式压盘，由于其结构简单，工作可靠，操纵轻便等特点，目前广泛应用于轿车。

离合器摩擦片

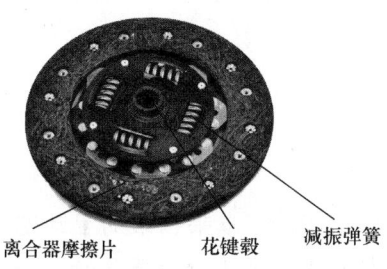

离合器摩擦片　花键毂　减振弹簧

2. 从动部分

离合器片安装于飞轮和离合器压盘之间，离合器摩擦片在压盘膜片弹簧的压力作用下与飞轮和压盘相结合，离合器的中心花键毂与变速器输入轴相连接，从而实现发动机的动力传递至变速器输入轴。

离合器摩擦片与飞轮、压盘相结合，花键毂与变速器输入轴相连接；减振弹簧的作用是减少离合器接合过程中圆周方向的旋转冲击载荷，减少由于发动机各气缸做功间隔所导致的动力脉动冲击，如图所示。

从动盘通过花键毂装在从动轴的花键上，从动轴是手动变速器的输入轴（一轴），其前端通过轴承支撑在曲轴后端的中心孔中，后端支撑在变速器壳体上，如图所示。

3. 操纵机构

操纵机构主要由离合器踏板、离合器主缸、离合器工作缸、油管、分离轴承、分离杠杆等组成。

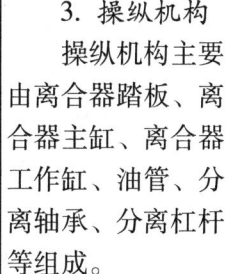

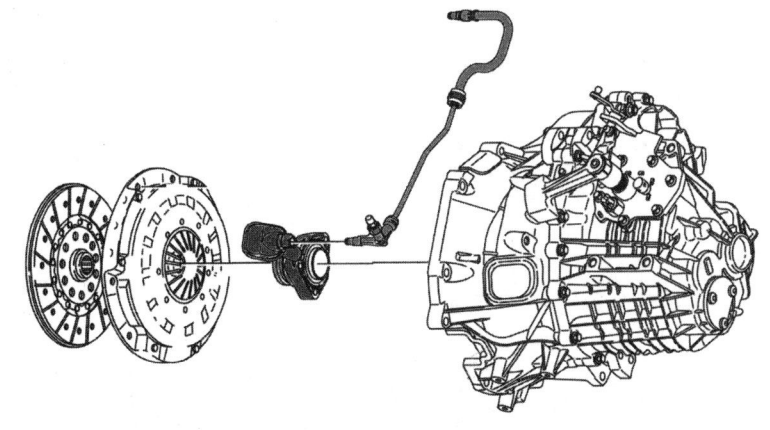

如图所示，离合器在工作过程中是旋转的，压动旋转的离合器压盘膜片弹簧可以操纵离合器分离，压动膜片弹簧的零件叫作离合器分离轴承。

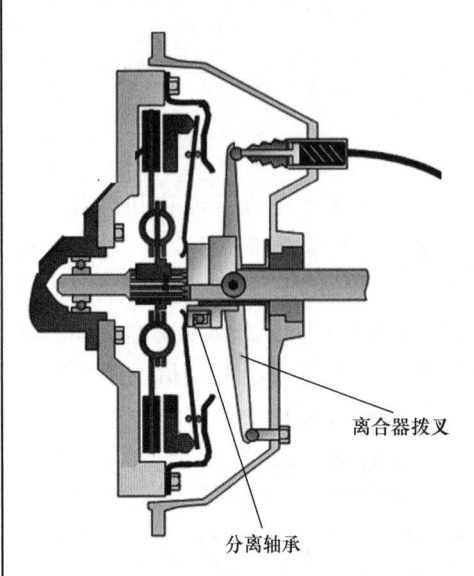

如图所示,通常分离轴承由分离拨叉驱动,利用杠杆原理,分离轴承被撬动向离合器压盘方向运动,从而使离合器分离。

离合器拨叉

分离轴承

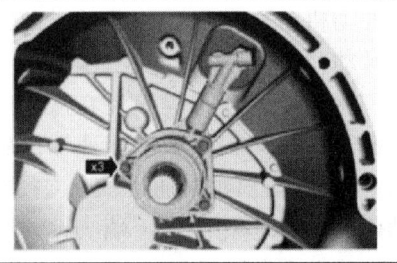

如图所示,越来越多的手动变速器将离合器分离轴承与分离拨叉合为一体,这种设计具有提高工作效率、减少机械连接部件、体积小等优点。

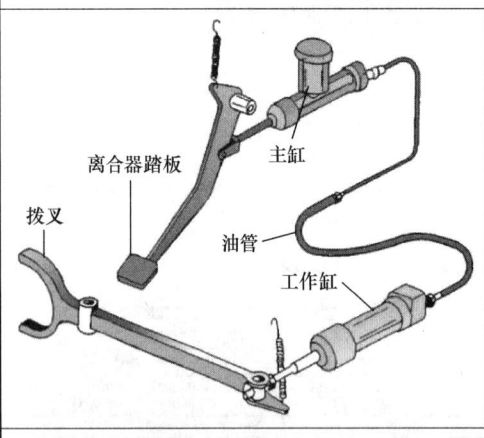

离合器踏板是按照杠杆原理设计的机械机构,驾驶人踩离合器踏板的同时,踏板驱动离合器主缸工作。传动部分、离合器主缸工作产生工作油压,通过管路将油压作用于离合器工作缸,从而推动分离轴承,使离合器分离。

离合器踏板　主缸
拨叉
油管
工作缸

特别提示:
　　离合器的传动部分是一套完整的液压机构。离合器工作缸工作的油压是由踏板驱动离合器主缸工作所获得的。

(四)离合器的类型
1. 按离合器片的安装形式

可以分为单片离合器和双片离合器。轿车、客车和部分中、小型货车多采用单片离合器,因为发动机的最大转矩一般不是很大,一个从动盘就可以满足动力传动的要求;双片离合器由于增加了一个从动盘,使得在其他条件不变的情况下,比单片离合器所能传动的转矩增大一倍(由于一个从动盘是两个摩擦面传递动力,而两个从动盘则是四个摩擦面传递动力),多用于<u>重型车辆</u>上。

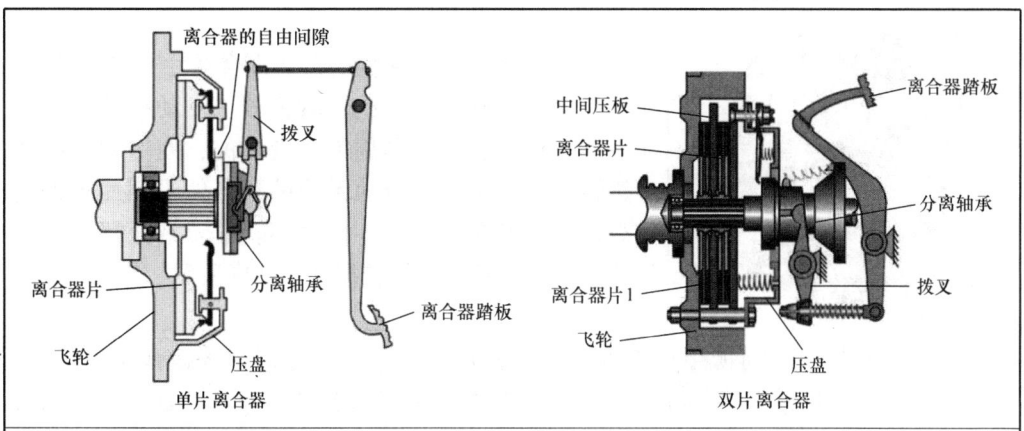

单片离合器　　　　　　　　　　　　　双片离合器

2. 按压紧弹簧的形式

可以分为周布弹簧离合器、中央弹簧离合器和膜片弹簧离合器。周布弹簧离合器和中央弹簧离合器采用螺旋弹簧，分别沿压盘的圆周和中央布置；膜片弹簧离合器采用膜片弹簧，如图所示。

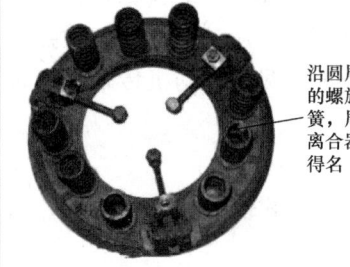

周布弹簧离合器

中央弹簧离合器

膜片弹簧离合器

膜片弹簧离合器目前在各种类型的汽车上应用最广泛，如图所示。

3. 膜片弹簧离合器组成

膜片弹簧离合器由主动部分、从动部分、压紧机构和操纵机构组成

（1）主动部分由飞轮、离合器盖和压盘组成

膜片弹簧离合器盖通过螺栓固定在飞轮上，为了保持正确的安装位置，离合器盖通过定位销进行定位。压盘与离合器盖之间通过周向均布的三组或四组传动片来传递转矩。传动片用弹簧钢片制成，每组两片，一端用铆钉铆在离合器盖上，另一端用螺钉连接在压盘上，如图所示。

（2）从动部分包括从动盘（离合器片）和从动轴

从动盘一般都带有扭转减振器。发动机传递到传动系统的转速和转矩是周期性变化的，使传动系统产生扭转振动，这将使传动系统的零部件受到冲击性交变载荷，使寿命缩短、零件损坏。扭转减振器可以有效地防止传动系统的扭转振动，如图所示。

从动盘钢片外圆周铆接有波浪形弹簧钢片，摩擦衬片分别铆接在弹簧钢片上，从动盘钢片与减振器盘铆接在一起，这两者之间夹有摩擦垫圈和从动盘毂。从动盘毂、从动盘钢片和减振器盘上圆周均布的窗孔，减振弹簧装在窗孔中。轿车一般都有3~4个窗孔，货车一般都有6~8个窗孔，如图所示。

当从动盘受到转矩时，转矩从摩擦衬片传递到从动盘钢片，再经减振弹簧传给从动盘毂，此时弹簧将被压缩，吸收发动机传来的扭转振动。

（五）离合器的操纵机构

离合器的操纵机构是驾驶人借以使离合器分离又使之柔和接合的一套机构，它起始于离合器踏板，终止于分离杠杆。

按照分离离合器时所需操纵能源的不同，离合器操纵机构分为人力式和助力式。人力式又可以分为机械式和液压式；助力式又可以分为气压助力式和弹簧助力式。人力式操纵机构是以驾驶人作用在踏板上的力作为唯一的操纵能源。助力式操纵机构除了驾驶人的力以外，还有其他形式的能源作为操纵能源。

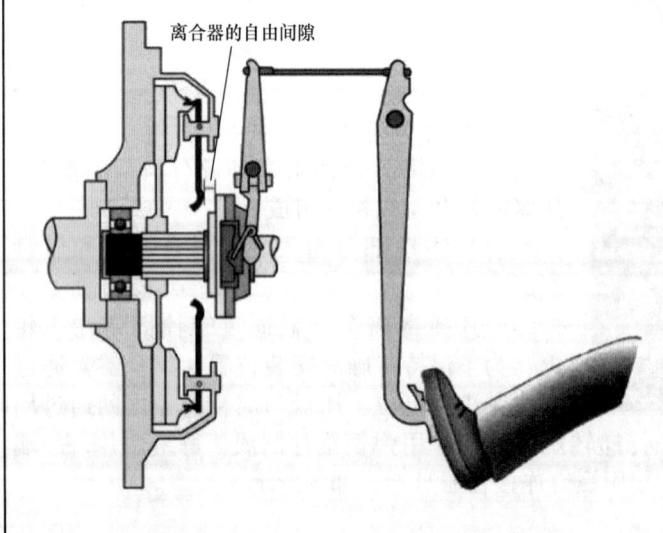

1. 机械式操纵机构

机械式操纵机构有杆系传动和绳索传动两种形式。

杆系传动机构如图所示，结构简单，工作可靠，广泛应用于各类汽车上。例如早期的货车多数为杆系传动机构，但杆系传动机构中杆件间铰接多，摩擦损失大，车架或车身变形以及发动机产生位移时会影响其正常工作。

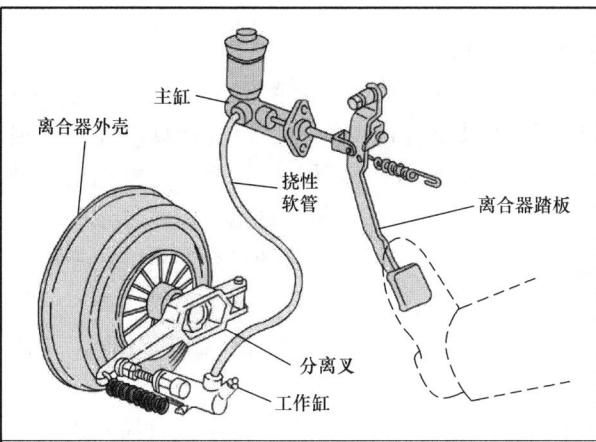

2. 液压式操纵机构

液压式操纵机构如图所示，主要由主缸、工作缸、离合器踏板和管路系统等组成。目前，液压式操纵机构在各类汽车上应用广泛。

液压式操纵系统由离合器踏板、储液罐、进油软管、离合器主缸、离合器工作缸、油管总成、分离叉、分离轴承等组成。

（六）离合器的工作过程

1. 离合器分离

当驾驶人踩下离合器踏板时，离合器压盘受力脱离飞轮，离合器片不再压在飞轮表面上，发动机停止驱动离合器片和变速器输入轴。

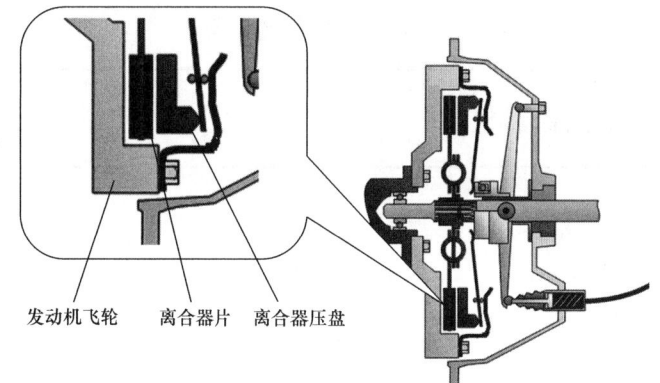

- 离合器分离后，变速器输入轴停止转动，所以车辆能够在发动机保持运转的情况下静止。
- 如果车辆在运动中，切断发动机转矩输出可以使变速器/驱动桥在无负荷状态下平稳换档。

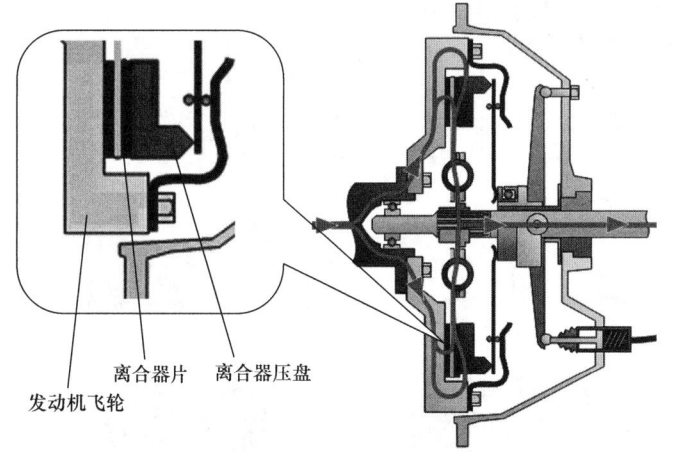

2. 离合器接合

当驾驶人抬起离合器踏板（离合器接合）时，压盘总成将离合器片压到飞轮上。飞轮带动离合器片转动驱动变速器输入轴。

小提示：

汽车起步时，离合器要缓慢松抬，使离合器片与离合器压盘、飞轮缓慢接合，在此过程中离合器起到了增加转矩的作用，从而使得车辆平顺地起步。这个缓慢松抬离合器的过程即"半联动"状态。

（七）离合器自由间隙和离合器踏板自由行程

离合器在正常接合状态下，分离杠杆内端与分离轴承之间应留有一个间隙，一般为几毫米，即离合器自由间隙。离合器如果没有自由间隙，当从动盘摩擦片磨损变薄后，压盘将不能向前移动压紧从动盘，这将导致离合器打滑，使离合器所能传递的转矩下降，车辆行驶无力，而且会加速从动盘的磨损，如图所示。

为了消除离合器自由间隙和操纵机构零件的弹性变形所需要的离合器踏板行程称为离合器踏板自由行程，可以通过拧动调节叉来改变分离拉杆的长度以实现对离合器踏板自由行程的调整。

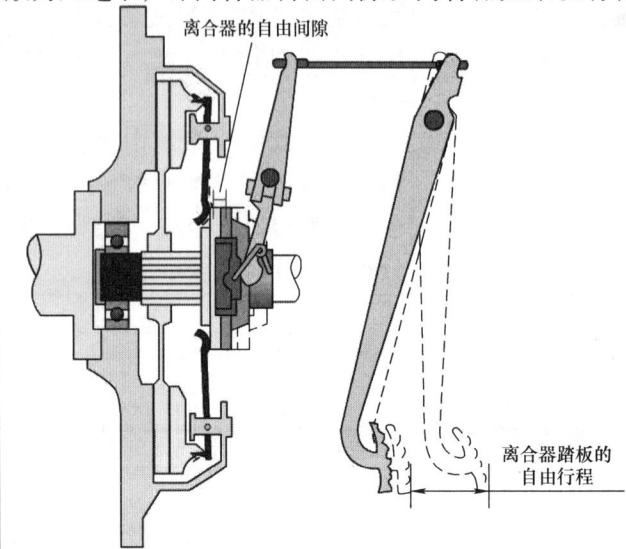

二、维修任务实施：诊断离合器故障

对技术人员要求：
- 接收/检查修理单。
- 接收用于修理的订购零件。
- 在允许的时间内进行工作。
- 向技师领班确认工作完成。

技师领队：
- 对技术难度高的工作向技术人员提供指导和帮助。

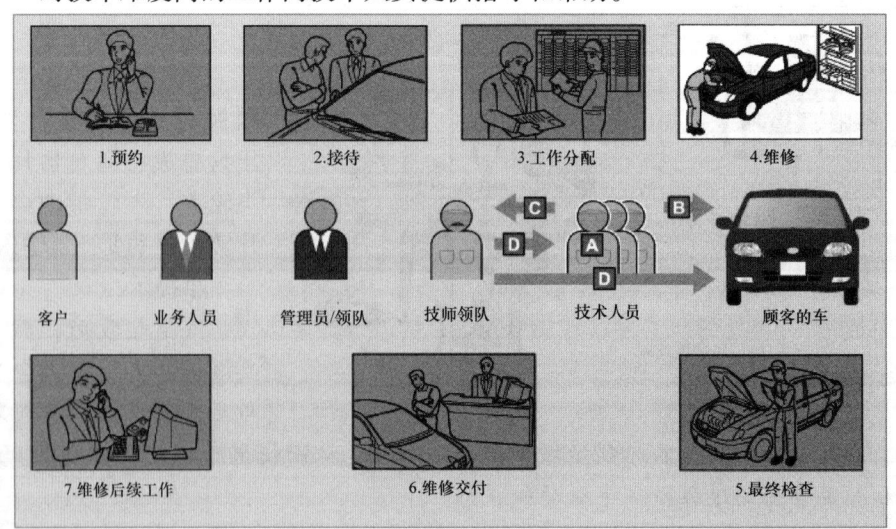

通过以上任务的学习，我们了解到离合器系统由主动部分、从动部分和操纵部分等组成，这些组成部分中，任一部分发生故障都会导致离合器无法正常工作，如图所示。

在本学习任务我们归纳总结出常见的离合器故障，并对这些故障的简单诊断方法进行介绍，这些故障分别是：
- 离合器打滑。
- 离合器抖动。
- 离合器分离困难。
- 离合器异响。

（一）离合器打滑

离合器打滑是离合器常见故障之一，究其原因，可分为两部分，一是正常使用磨损导致；二是由于非正常使用或故障导致的零件损坏。无论是什么原因导致的离合器打滑，都可以通过简单方法进行判断，判断方法如下：
- 第一，起动发动机并使其达到正常工作温度。
- 第二，起动驻车制动器，踩下离合器踏板，换入 3 档。
- 第三，提高发动机转速至 1500r/min，缓抬离合器。

按以上三步操作，当离合器踏板完全抬起时，发动机熄火，则说明离合器没有打滑；反之，如果发动机继续运转，车辆也没有起步，则说明离合器打滑。这种方法也称为"失速实验法"。

下面我们举例介绍导致离合器打滑的故障零件。

1. 离合器压盘过热原因，如图所示
- 离合器片上有油脂（摩擦系数变小），通常是离合器液压管路泄漏导致。
- 分离轴承间隙过小，导致长时间半联动。
- 离合器操纵系统损坏。

2. 膜片弹簧指端磨损原因
- 分离轴承损坏造成与压盘非正常磨损，使离合器长时间处于半联动状态，如图所示。

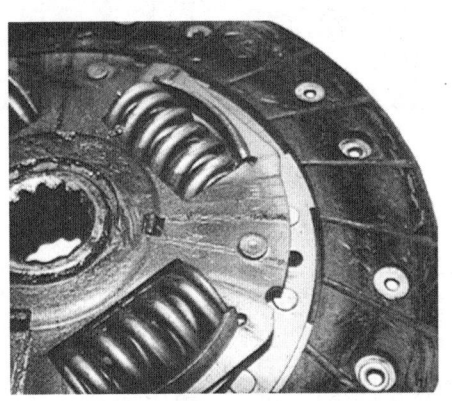

3. 离合器片浸油原因
- 曲轴后油封损坏。
- 变速器前油封损坏。
- 离合器工作缸漏油。

4. 离合器片磨损原因
- 正常磨损。
- 长时间半联动导致。

（二）离合器的故障诊断案例（离合器打滑）

汽车用低速档起步时，松抬离合器踏板后，汽车不能起步或起步困难；汽车加速行驶时，车速不能随发动机转速的提高而提高，感到行驶无力，严重时产生焦煳味或冒烟等现象。

1. 故障原因

1）离合器踏板没有自由行程，使分离轴承压在分离杠杆上。

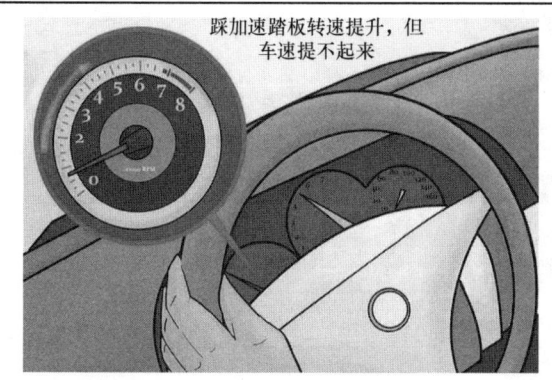

2）从动盘摩擦片、压盘或飞轮工作面磨损严重，离合器盖与飞轮之间的连接松动，使压紧力变小。

3）从动盘摩擦片油污、烧蚀、表面硬化、铆钉外露、表面不平，使摩擦系数变小。

4）压紧弹簧疲劳或折断，膜片弹簧疲劳或开裂，使压紧力变小。

5）离合器操纵杆系卡滞，分离轴承套筒与导管之间有油污、尘腻严重，甚至造成卡滞，使分离轴承不能回位。

6）分离杠杆弯曲变形，出现运动干涉，不能回位。

2. 诊断与排除

1）检查离合器踏板自由行程，如不符合规定，应予以调整。

烧蚀

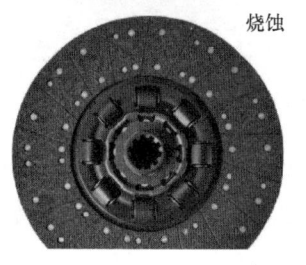
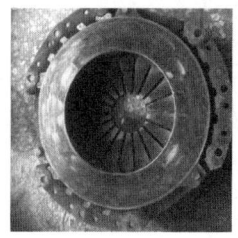

磨损

2）如果自由行程正常，应拆下变速器壳，检查离合器与飞轮连接螺栓是否松动，如松动，应予以拧紧。

3）如果离合器仍然打滑，应拆下离合器检查从动盘摩擦片的状况。如果有油污，一般可用汽油清洗并烘干，然后找出油污来源并设法排除。如果摩擦片磨损严重或有铆钉外露，应更换从动盘。

4）如果从动盘完好，则应分解离合器，然后检查压紧弹簧，如果弹簧弹力过小，则应更换。

（三）离合器抖动

通常离合器抖动是指驾驶人反映离合器踏板抖动，这种故障是由于离合器旋转部件运转不平稳所导致，在离合器工作过程中（无论是分离过程，还是接合过程中）分离轴承接触离合器压盘，如果此时离合器旋转部件运转不稳定，则会通过分离轴承及其控制部分反映到离合器踏板上。检查离合器抖动的方法很简单，在发动机运转过程中，反复缓慢踩踏离合器踏板感觉踏板是否存在抖动。

1. 离合器片花键毂变形原因,如图所示
- 过度磨损导致。
- 零件质量问题。

2. 离合器压盘膜片弹簧指端变形原因,如图所示
- 压盘过热。
- 零件质量问题。

(四)离合器的故障诊断案例(离合器发抖)

压盘翘曲变形

汽车用低速档起步时,按操作规程逐渐放松离合器踏板并徐徐踩下加速踏板,离合器不能平稳接合且产生抖振,严重时整车会产生抖振现象。

1. 原因

1)分离杠杆内端高度不处在同一平面内。

2)从动盘或压盘翘曲变形,飞轮工作端面的端面圆跳动严重。

3)从动盘摩擦片厚度不均匀、油污、烧焦、表面不平整、表面硬化、铆钉外露、铆钉松动或切断、波形弹簧片损坏。

4)压紧弹簧弹力不均、疲劳或个别折断,膜片弹簧疲劳或开裂。

5)从动盘上的缓冲片破裂或减振弹簧疲劳、折断。

6)发动机支架、变速器、飞轮、飞轮壳等处固定螺栓松动。

7)分离轴承套筒和导管有油污、尘腻严重、分离轴承烧蚀,使分离轴承不能复位。

分离轴承烧蚀

2. 诊断与排除

1）检查离合器踏板、分离轴承等复位是否正常，如果正常，则继续检查。

2）检查发动机支架、变速器、飞轮、飞轮壳等处固定螺栓是否松动，如果是，则紧固螺栓，否则继续检查。

3）检查分离杠杆的内端是否在同一平面，否则继续检查。

4）检查压盘、从动盘是否变形，铆钉是否松动、外露，压紧弹簧的弹力是否在允许范围内，如果不是，则更换或修理。

（五）离合器分离困难

离合器分离困难，会导致出现无法换档或换档困难等故障，这个故障是相对复杂的故障，其故障点可能发生在离合器的操纵部分，也可能发生在离合器的主、从动部分，要准确判断故障点，首先要区分它们。

- 通过对操控部分进行动作检查，可判断操纵部分运转是否正常。
- 如果动作不正常，可对离合器的液压操纵部分进行排气或换油处理，操作后检查是否正常。

通过上述方法我们可以准确地区分故障点是否在离合器的操纵部分。如果确定故障发生在离合器的主、从动部分，则需要对离合器进行拆卸检查。

1. 离合器片花键毂损坏原因，如图所示
- 安装错误导致。
- 离合器片不配套。

2. 离合器压盘断裂原因，如图所示
- 长时间半联动导致离合器过热，产生热衰退。
- 离合器片磨损打滑，导致过热。

（六）离合器的故障诊断案例（离合器分离不彻底）

发动机怠速运转时，踩下离合器踏板，换档有齿轮撞击声且难以换入；如果勉强换上档，则在离合器踏板尚未完全放松时，发动机熄火。

1. 原因

1）离合器踏板自由行程过大。

2）双片离合器中间压盘限位螺钉调整不当，个别分离弹簧疲劳、高度不足或折断，中间压盘在传动销上或在离合器驱动窗口内轴向移动不灵活。

3）从动盘钢片翘曲、摩擦片破裂或铆钉松动。

4）新换的摩擦片太厚或从动盘正反装错。

5）从动盘花键孔与变速器第一轴花键轴卡滞。

6）离合器液压操纵机构漏油、有空气或油量不足。

7）膜片弹簧弹力变小。

8）发动机支承磨损或损坏，发动机与变速器不同心。

2. 诊断与排除

1）检查离合器踏板自由行程，如果自由行程过大，则进行调整。否则，对于液压操纵机构，检查是否储液罐油量不足或管路中有空气，并进行必要的排除。如果不是上述问题，应继续检查。

2）检查分离杠杆内端高度，如果分离杠杆高度太低或不在同一平面上，则进行调整。否则，检查从动盘是否装反，如果都没问题，则继续检查。

3）检查从动盘是否翘曲变形、铆钉脱落，从动盘是否轴向运动卡滞等，如果是则进行更换或修理。

（七）离合器异响

离合器旋转产生振动从而发出声音，这个声音属于正常噪声，那么离合器在运转过程中由于零件故障导致的异常响声，即离合器异响。离合器异响是由于零件发生故障，运转过程中异常振动而产生的。要检查离合器异响，首先要了解离合器的工作原理和构造，通过故障现象结合原理与构造，进行逻辑分析，从而判断故障的原因和故障点。

1. 离合器片减振弹簧损坏

如图所示，离合器片减振弹簧损坏造成机械干涉，产生异响。故障原因：

- 安装错误。
- 离合器片不配套。

	2. 离合器片损坏 如图所示,离合器片损坏,造成其在旋转过程中失去原有的动平衡,造成异常振动,导致异响。故障原因: ● 操作错误,发动机在低转速时换高档后长时间行驶。 ● 离合器片不配套,或安装错误。
	3. 分离轴承损坏 如图所示,分离轴承损坏,造成异响,通常分离轴承异响发生在踩踏离合器踏板的过程中,因为只有在此过程中分离轴承工作。故障原因: ● 非正常操作,驾驶人将左脚长时间放置在离合器踏板上,导致分离轴承长时间运转。 ● 分离轴承润滑不良。

特别提示:

本项目列举了部分离合器故障,在日常工作中,离合器故障还有很多,在诊断离合器故障的过程中,要根据其工作原理和具体的构造,进行逻辑分析。

(八) 离合器的故障诊断案例(离合器异响)

离合器分离或接合时发出异响。

1. 原因

1)分离轴承缺少润滑脂,造成干磨或轴承损坏。

2)分离轴承与分离杠杆内端之间无间隙。

3)分离轴承套筒与导管之间有油污、尘腻严重或分离轴承复位弹簧与踏板复位弹簧疲劳、折断、脱落,使分离轴承复位不佳。

4)从动盘花键孔与其花键轴配合松旷。

5)从动盘减振弹簧退火、疲劳或折断。

6)从动盘摩擦片铆钉松动或铆钉外露。

7)双片离合器传动销与中间压盘的销孔磨损松旷。

2. 诊断与排除

1)稍微踩下离合器踏板,使分离轴承与分离杠杆接触,如果有"沙沙"的响声,则为分离轴承响;如果加油后仍响,说明分离轴承磨损过度、松旷或损坏,应更换。

2)踩下、抬起离合器踏板,如果出现间断的碰撞声,说明分离轴承前后有窜动,应更换分离轴承复位弹簧。

3)连踩离合器踏板,如果离合器刚接合或刚分开时有响声,说明从动盘铆钉松动或外露,应更换从动盘。

（九）离合器操纵机构的检查

离合器操纵机构包括踏板机构、液压系统，在本学习任务我们将对离合器踏板自由行程的检查与液压系统的排气检查进行描述。

1. 离合器踏板自由行程的检查

在离合器开始分离之前，离合器踏板能够踩下去很小一段距离。这段行程表明离合器踏板放松后离合器能够完全接合。如果离合器踏板没有自由行程，则表明离合器没有完全接合。这有可能是离合器拉索或者离合器过度磨损造成的，而且通常会伴随着离合器打滑的现象。对离合器踏板自由行程的检查是十分重要的，使用直尺可以对其进行相应检查，通常离合器踏板踏板自由行程在 10~20mm 之间，如图所示。

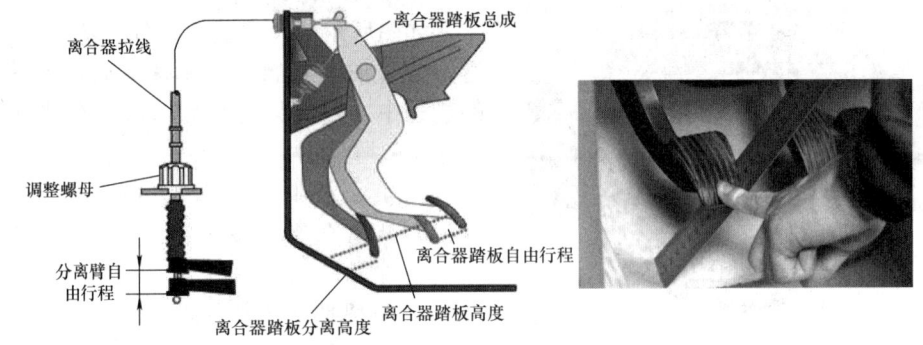

2. 离合器液压系统的泄漏检查

离合器液压系统由离合器主缸、液压管路、离合器工作缸组成。对离合器液压系统各接头的泄漏检查是必要的，对管路接头的检查如图所示。

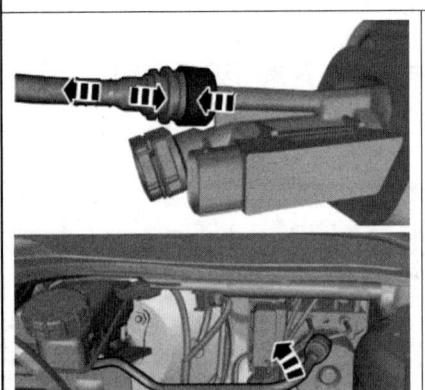

3. 离合器液压系统的排气检查

离合器在工作时，离合器主缸将液压油压入管路，管路将压力传导至离合器工作缸，压力转化为机械能输出，从而推动分离轴承。

当离合器储液罐液面降低很多或拆开管路时，易使空气进入液压系统。离合器液压系统中若有空气，必须及时排出，否则会影响离合器工作，如图所示。排气步骤如下：

- 将离合器储液罐装满制动液。
- 取下离合器工作缸后部排气塞的防尘帽。

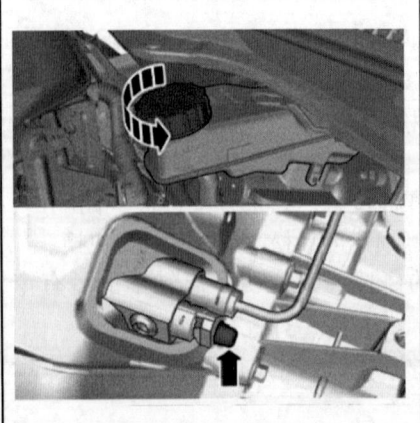

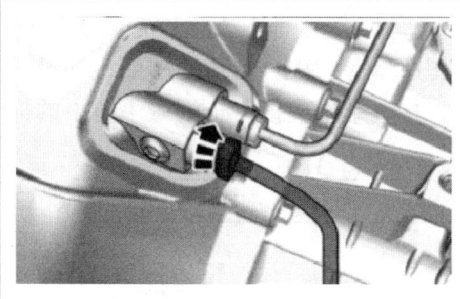
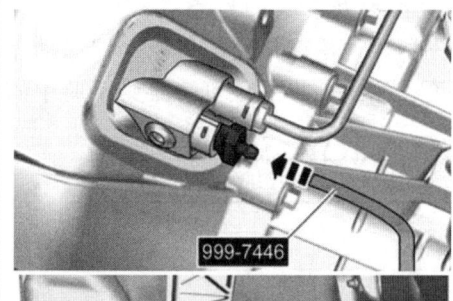
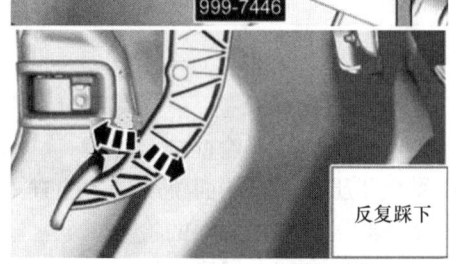

- 将排气塞旋松，在工作缸排气阀上装一根长度适当的胶管。
- 反复踩下离合器踏板数次，使储油罐中的制动液由主缸泵入管路和工作缸中，如图所示。
- 踩下踏板不放松，拧松排气螺塞，将管路中的气体从排气塞中排出，直至制动液开始流出，再拧紧排气孔螺塞。在排气过程中，如果储油罐中制动液减少，应及时补足。
- 按上述方法连续操作几次，直至制动液中不见气泡为止。
- 将排气塞旋紧，拔掉塑料管，套上防尘帽，如图所示。

（十）离合器执行机构的检查

离合器执行机构主要包括分离轴承、离合器片、离合器压盘和飞轮，在本学习任务中我们将对离合器片、离合器压盘、分离轴承和飞轮的检查进行描述。

1. 离合器片的检查
- 离合器外观检查。
- 离合器片的端跳动量的检查。
- 摩擦材质厚度的检查。

2. 离合器片的外观检查
- 有无油脂污染。
- 摩擦材料有无缺失。
- 有无过热变形。
- 减振弹簧有无损坏。
- 离合器花键是否损坏。

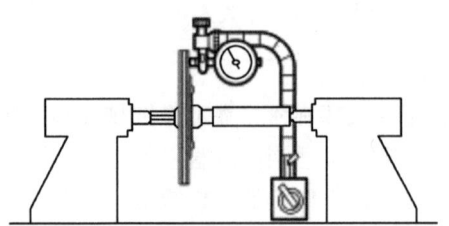

3. 离合器片的端面跳动量的检查

如图所示，对离合器片的端面跳动量进行检查，检查结果应该符合维修手册中的标准要求。

离合器片的端面跳动量	小于 0.8mm

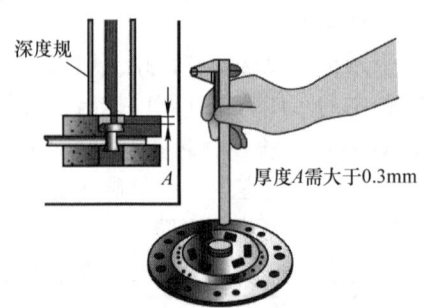

4. 摩擦材质厚度的检查

如图所示，从铆接处测量离合器从动盘铆钉深度，测量结果应该符合维修手册中的标准要求。

离合器从动盘铆钉深度	大于 0.3mm

5. 离合器压盘的检查
- 离合器压盘外观检查。
- 离合器压盘膜片端面跳动量的检查。
- 离合器压盘膜片磨损的检查。
- 离合器压盘面磨损是否均匀。

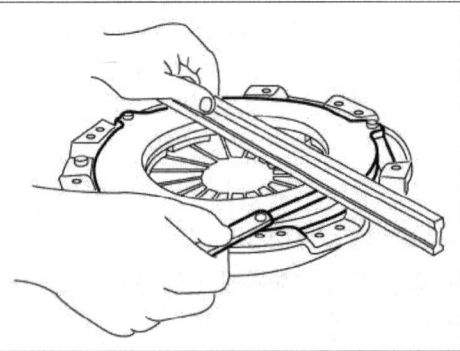

6. 离合器压盘的外观检查
- 有无锈蚀。
- 有无过热部位或热裂纹。
- 膜片弹簧或螺旋弹簧是否损坏。
- 与分离轴承接触的分离杠杆是否损坏。
- 离合器压盘各分离爪的平行度。

离合器压盘平面度	小于 0.2mm

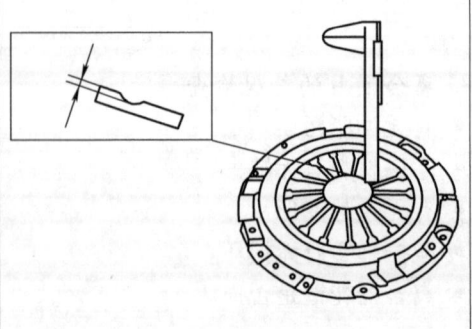

7. 检查膜片弹簧的磨损程度

用游标卡尺测量膜片弹簧内端磨损的深度和宽度，如图所示。宽度极限值为 5.0mm，深度极限值为 0.6mm，若超过上述极限值，应更换膜片弹簧。

检查离合器盖，离合器盖与飞轮的接合平面的平面度公差应符合规定值（0.5mm）。如有翘曲、裂纹或变形，应更换新件。

项目二 传动系统检修

8. 分离轴承的检查

如图所示，检查分离轴承，如果分离轴承旋转不灵活或用手旋转时发出异响，就要更换分离轴承。

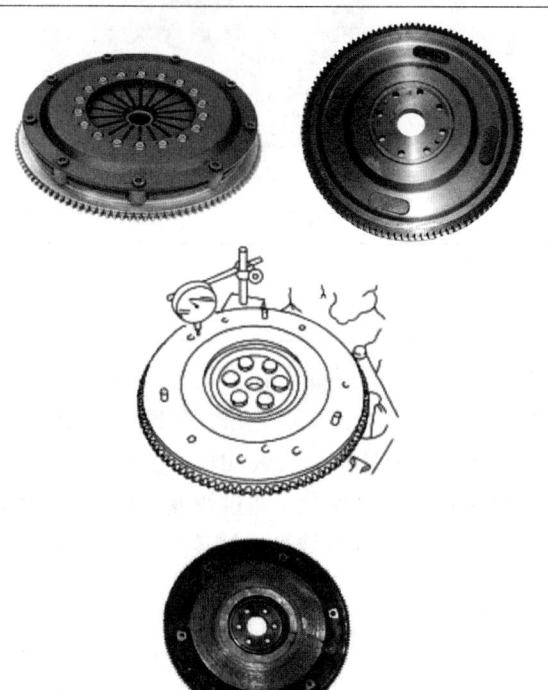

9. 飞轮的检查
- 飞轮端面跳动量的测量。
- 飞轮的外观检查。

（1）飞轮端面跳动的测量如图所示
- 端面跳动是否过大。
- 有无过热部位或热裂纹。
- 有无磨损凹槽。
- 飞轮齿圈是否损坏。

| 离合器飞轮总成端面跳动量 | 小于 0.1mm |

（2）飞轮外观检查如图所示
- 飞轮摩擦表面有无异常磨损。
- 飞轮有无锈蚀。
- 飞轮工作面有无断裂、退火等。
- 检查飞轮，目视检查飞轮的磨损和变形情况。

（十一）检查离合器运行情况

移动变速杆到倒档位置，确保不要发生异常的齿轮噪声。

- 停好车辆后，踩下离合器踏板并将变速杆移动到倒档位置。确保可以顺利移动，不产生异常的齿轮噪声。

注意：

如果产生异常的齿轮噪声且齿轮不能移动，离合器很可能拖滞。

提示：

当在倒档齿轮上安装同步器时，即使存在少许离合阻力，也不会产生异常的齿轮噪声。

任务二　检修手动变速器

手动变速器（Manual Transmission，MT）又称机械式变速器，即必须用手拨动变速杆（俗称"档把"）才能改变变速器内齿轮的啮合位置，改变传动比，从而达到变速的目的。轿车手动变速器大多为四档或五档有级式齿轮传动变速器，通常带同步器，换档方便，噪声小。手动变速器在操纵时必须踩下离合器踏板，方可拨动变速杆，如图所示。

一、相关知识

汽车需要变速器，这是由汽车发动机的物理特性决定的。任何发动机都有速度极限，转速超过这个最大值，发动机就会损坏。发动机的转矩达到最大值时，发动机的转速变化范围很小。例如，发动机可能在5500r/min时输出最大功率。在汽车加速或减速时，变速器能使发动机与驱动轮之间的齿数比发生变化。通过改变齿数比，就能使发动机转速保持在速度极限以下，并且使发动机接近最佳性能转速区，如图所示。

车辆在起步、爬坡及重负载时，需较大的驱动力，以免车辆因转矩不足而抖动，甚至熄火；而在平坦路面高速行驶时，则不需太大的驱动力，反而需要较高转速，以节省燃料；且

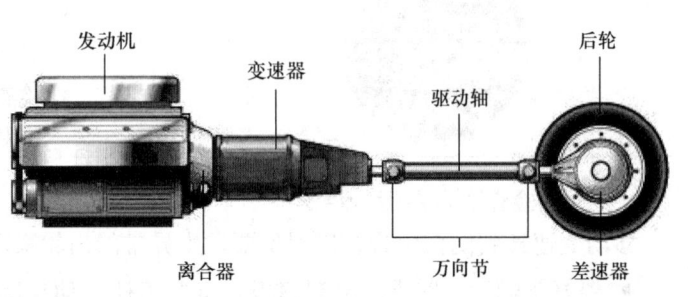

必要时，车辆要能倒退。另外，变速器各档变速齿轮，可提高车辆的行驶性能，使发动机在最经济、有效的情况下使用，且变速段分得越多，车辆的行驶性能越理想，但速段分得太多，会导致行车操控不易，故各速段间的齿轮减速比应存在一定的关系，使行车操控方便。

综上所述，变速器须具备下列功能：
1）增加减速比，以增大车轮转矩。
2）增加车轮的转速，以节省燃料。
3）改变车轮的转动方向，实现倒车行驶。
4）利用空档的作用，切断发动机与车轮间的动力。

手动变速器包括变速传动机构和操纵机构两大部分。变速传动机构的主要作用是改变转矩的大小和方向；操纵机构的作用是实现换档。

变速传动机构是变速器的主体，按工作轴的数量（不包括倒档轴）可分为两轴式变速器和三轴式变速器，如图所示。

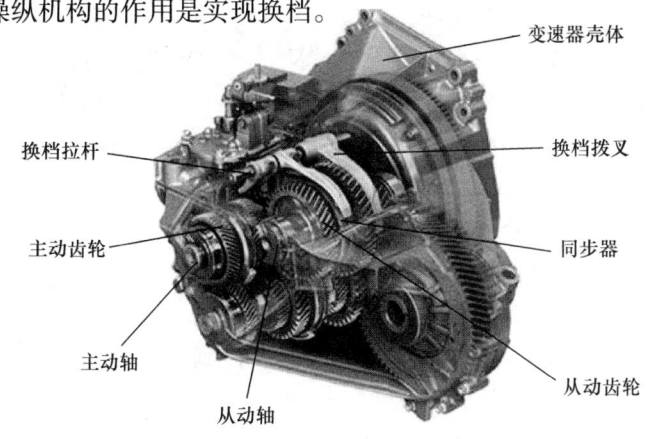

手动变速器使用大小不同的齿轮为发动机驱动车轮提供传动比。没有传动比的变化，发动机在低速时只能产生有限的转矩，而没有足够的转矩，车辆就不可能起步。

在正常运行条件下，发动机的动力经接合的离合器传递到变速器输入轴，变速器输入轴将动力传递给变速器齿轮，齿轮改变转矩和转速并将其传递给传动机构。在本学习任务我们将对齿轮及齿轮的传动比等内容进行介绍。

（一）普通齿轮传动的基本原理

齿轮可传递较大的动力，可以得到需要的传动比，故广泛应用在变速器等构件上，如图所示。

1）齿轮与齿轮之间的动力传递不会产生滑动，因而主动轴与被动轴的传动比可保持一定。

2）可改变转动方向：当两齿轮是外接时，两齿轮转动方向相反，但若在两齿轮间加一惰轮，则转动方向就会发生变化；而内接时，其转动方向相同。

3）可改变转矩或转速：减速比大于 1 时，产生减速作用，即从动轮转速变小、转矩变大；当减速比小于 1 时，产生加速作用，即从动轮转速变大、转矩变小。

4）齿轮与齿轮直接接触传动，所占空间较小，但两轴之间的距离不能相距太远。

齿轮传动的基本原理如图所示，一对齿数不同的齿轮啮合传动时可以实现变速。

当相同齿轮为主动齿轮，带动相同齿轮转动时，输出转速不变，称为等速传动。当小齿轮为主动齿轮，带动大齿轮转动时，输出转速降低，称为减速传动。大齿轮驱动小齿轮时，输出转速升高，称为增速传动。这就是齿轮传动的变速原理。手动变速器就是根据这一原理利用若干大小不同的齿轮副传动而实现变速的。

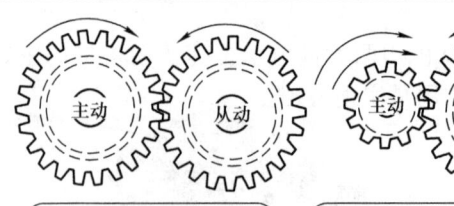

| 齿数相同的齿轮啮合传动，速度不变 | 小齿轮驱动大齿轮时，转速降低 | 大齿轮驱动小齿轮时，转速升高 |

两级齿轮传动示意图如图所示，齿轮1为主动齿轮，驱动齿轮2转动，齿轮3与齿轮2固连在一起，再驱动齿轮4转动并输出动力，此时由齿轮1传到齿轮4的传动比为

$$i_{14} = n_1/n_4 = (z_2 z_4)/(z_1 z_3) = i_{12} i_{34}$$

因此，可以总结为多级齿轮传动的传动比为：

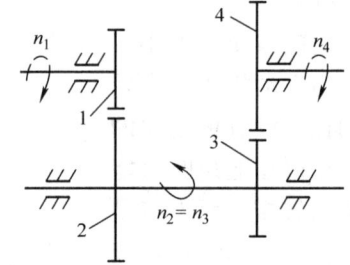

1、3—主动齿轮　2、4—从动齿轮

$i = $ 所有从动齿轮齿数的乘积/所有主动齿轮齿数的乘积 = 各级齿轮传动比的乘积

对于变速器，各档的传动比 i 就是变速器输入轴转速与输出轴转速之比。即

$$i = n_{输入}/n_{输出} = T_{输出}/T_{输入}$$

当 $i>1$ 时，$n_{输出} < n_{输入}$，$T_{输出} > T_{输入}$，此时实现降速增矩，为变速器的低档位，且 i 越大，档位越低；当 $i=1$ 时，$n_{输出} = n_{输入}$，$T_{输出} = T_{输入}$，为变速器的直接档；当 $i<1$ 时，$n_{输出} > n_{输入}$，$T_{输出} < T_{输入}$，此时实现升速降矩，为变速器的超速档。

例如，五档手动变速器各档的传动比见表。其1~3档为降速档，4档为直接档，5档为超速档。

档　位	传　动　比
1	3.455
2	1.944
3	1.286
4	0.969
5	0.800

（二）齿轮的作用

变速器或变速驱动桥中齿轮的作用就是传递转矩。齿轮通常安装在轴上，将旋转运动从一根轴传递到另一根轴。齿轮和轴有以下3种相互作用的方式：

- 轴驱动齿轮。
- 齿轮驱动轴。
- 齿轮在轴上自由旋转。

齿轮组既能降低转速增大转矩，也能增加转速降低转矩，还可在传递转矩时使转速不变或改变转矩传递的方向，如图所示。

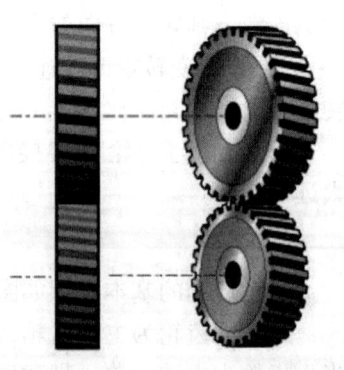

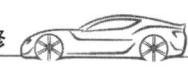

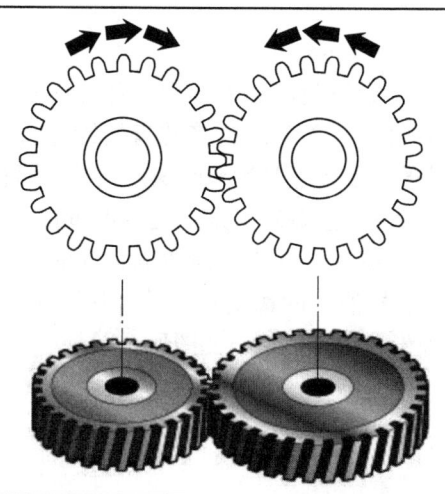

1. 两个齿轮的旋转

齿轮的一个基本规则是两个外侧啮合的齿轮沿相反的方向旋转，如图所示。当发动机驱动一个齿轮顺时针方向旋转时，将导致与之相啮合的另一齿轮逆时针方向旋转。如果要想使从动齿轮驱动车轮顺时针方向转动，就必须加入第三个齿轮。

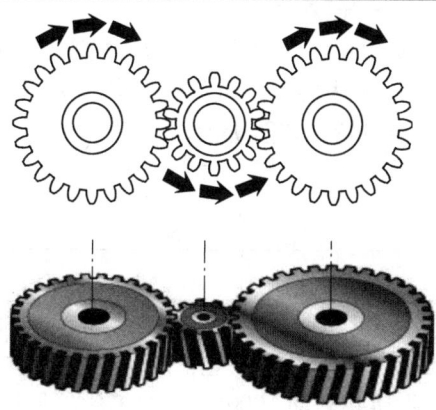

2. 三个齿轮的旋转

齿轮传动的另外一个基本规律是，当加入第三个齿轮后，齿轮组的输出齿轮与输入齿轮的转动方向相同，如图所示。

（三）齿轮的类型

在手动变速器中，常见的齿轮有以下 3 种类型，如图所示：

- 直齿圆柱齿轮。
- 斜齿圆柱齿轮。
- 直齿锥齿轮。

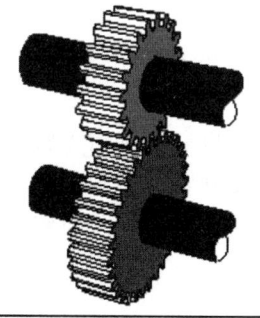

1. 直齿轮

直齿轮是应用于手动变速器和变速驱动桥中最简单的一种齿轮设计。直齿轮的主要优点在于它的齿轮是沿直线切削而成，所以直齿轮之间可以滑动啮合；直齿轮的主要缺点是在运行时有噪声。处于高转速状态时噪声尤为明显；直齿轮在手动变速器/变速驱动桥中一般用于倒档齿轮，如图所示。

2. 斜齿轮

斜齿轮是手动变速器和变速驱动桥中最常见的一种齿轮。斜齿轮在运行时，有2个或更多的齿始终保持完全啮合状态；斜齿轮的主要优点是运行时噪声很低，而且强度比直齿轮高；斜齿轮的主要缺点是不能与相邻的齿轮滑动啮合。必须始终保持接合状态。所以斜齿轮常常被称作常档位齿轮；前进档使用的都是斜齿轮，如图所示。有些变速器也将这种齿轮用于倒档，如图所示。

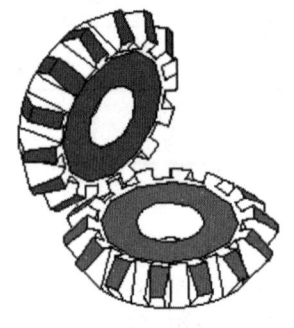

3. 直齿锥齿轮

直齿锥齿轮可以使相互接合的两个直齿锥齿轮以90°夹角绕轴旋转，在手动变速器中，直齿锥齿轮只用于差速器中的小齿轮和半轴齿轮，如图所示。

（四）齿轮传动比

变速器中的齿轮组从本质上说就是圆形的杠杆组，各个齿轮通过齿轮的大小和齿轮上齿的数量对力进行倍增，如图所示。

这就是发动机只产生100N·m的转矩却能移动并驱动1000kg重的车辆的原因。这要归功于齿轮传动比。齿轮传动比指的是档位齿轮齿数的比值。

$$传动比 = \frac{输出齿轮的齿数}{输入齿轮的齿数} = \frac{输入齿轮的转速}{输出齿轮的转速}$$

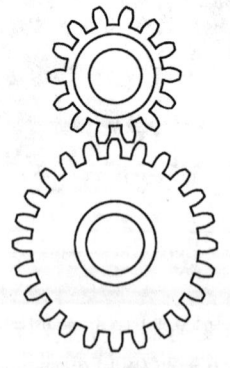
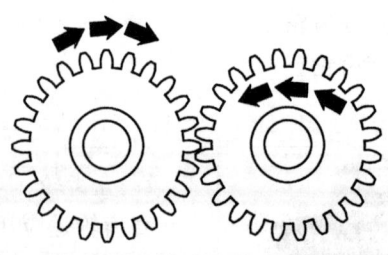

如图所示，齿轮大小相同，且齿轮上的齿数也相等，左侧的主动齿轮每转动一整圈，右侧的从动齿轮也转动一整圈，两个齿轮以相同的速度旋转，由于两个齿轮尺寸相同，齿轮上的齿数也相同，所以两个齿轮以相同的转矩转动，两个齿轮唯一的差别就是旋转的方向相反，传动比是1:1。

如图所示，左侧主动齿轮的齿数与大小明显小于右侧从动齿轮的齿数与大小，假设从动齿轮与主动齿轮的大小关系是2∶1，那么经过计算，该齿轮组的传动比是2∶1，在这个传动过程中，齿轮组实现了减速增矩。

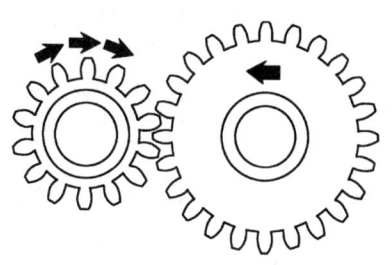 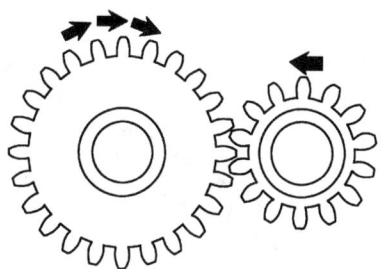

如图所示，左侧主动齿轮的齿数与大小明显大于右侧从动齿轮的齿数与大小，假设从动齿轮与主动齿轮的大小关系是1∶2，那么经过计算，该齿轮组的传动比是1∶2，在这个传动过程中，齿轮组实现了增速，同时转矩也减半。

如图所示，两轴变速器由6个齿轮组，组成5个不同的前进档和1个倒档，其各档位的传动比如下：

- 倒档齿轮传动比 = 3.727∶1。
- 1档齿轮传动比 = 3.417∶1。
- 2档齿轮传动比 = 2.136∶1。
- 3档齿轮传动比 = 1.448∶1。
- 4档齿轮传动比 = 1∶1。
- 5档齿轮传动比 = 0.805∶1。

特别提示：

倒档和1、2、3档齿轮均为减速齿轮传动比。

4档的齿轮传动比为1∶1，这表示主动轮和从动轮齿轮的齿数相同，传动比也相同。因此称为直接档传动。5档齿轮传动比为0.805∶1，这说明从动齿轮转1圈时，主动齿轮转动不足1圈，主动齿轮的转速比从动齿轮的转速慢，就叫作超速齿轮传动比。超速齿轮传动比可以使传动系统的转速高于发动机转速，因为车辆在高速运动时，只需很小的转矩就可以保持车辆的行驶。因此超速齿轮传动比可以使发动机在较低的转速下运行，提高燃油的经济性。

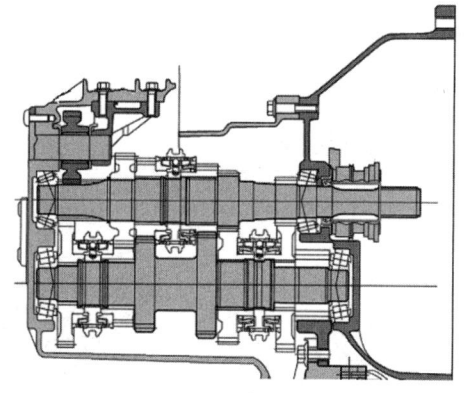

要确定出传动系统的总传动齿轮传动比，将具体档位的齿轮传动比乘以差速器的齿轮传动比即可得出。假定车辆的差速器齿轮传动比是4.06∶1，则实际的齿轮传动比可用具体档位的齿轮传动比乘以差速器齿轮传动比，即可计算得出，1档齿轮传动比是3.417∶1，乘以差速器传动比4.06，所得的结果是13.873∶1。也就是说，在1档时，传动系统将发动机的转矩增加了13.873倍。

（五）输入轴

手动变速器输入轴总成如图所示：

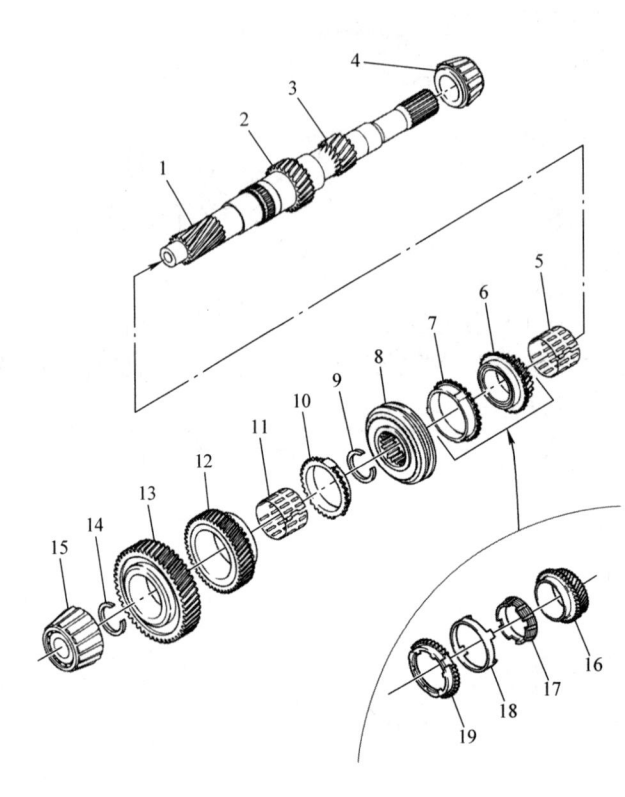

1—输入轴
2—2档齿轮
3—1档齿轮
4—圆锥滚柱轴承（输入轴末端）
5—3档齿轮滚针轴承
6—3档齿轮
7—3档同步器锁环
8—3档与4档同步器总成
9—卡环
10—4档同步器锁环
11—4档齿轮滚针轴承
12—4档齿轮
13—5档齿轮
14—卡环
15—圆锥滚柱轴承（输入轴前端）
16—3档同步器齿轮
17—3档内同步器锁环
18—3档同步器锥面体
19—3档同步器外锁环

其中，16～19属于双摩擦同步器的零件

（六）输出轴

手动变速器输出轴总成如图所示：

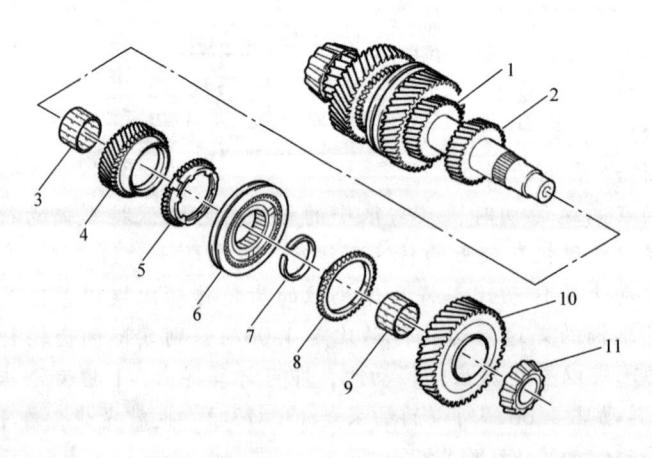

1—3档齿轮
2—4档齿轮
3—5档滚针轴承
4—5档齿轮
5—5档同步器锁环
6—5档与倒档同步器总成
7—卡环
8—倒档同步器锁环
9—倒档齿轮滚针轴承
10—倒档齿轮
11—圆锥滚柱轴承

（七）同步器

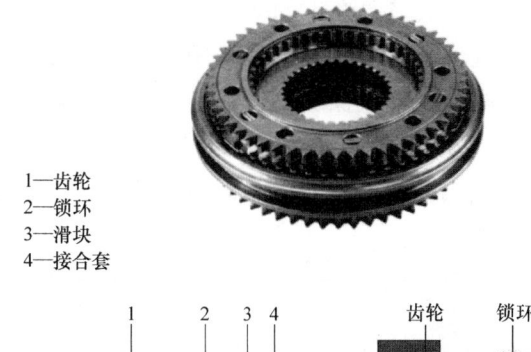

1—齿轮
2—锁环
3—滑块
4—接合套

目前汽车中手动变速器都采用同步器进行换档。

同步器的作用是当手动变速器换档时，使接合套与待啮合的齿圈迅速同步，缩短换档时间，避免齿轮啮合时出现撞击，如图所示。

同步器几乎都是摩擦式惯性同步器，按锁止装置不同，可分为锁环式惯性同步器（如图所示）和锁销式惯性同步器。

（八）换档机构

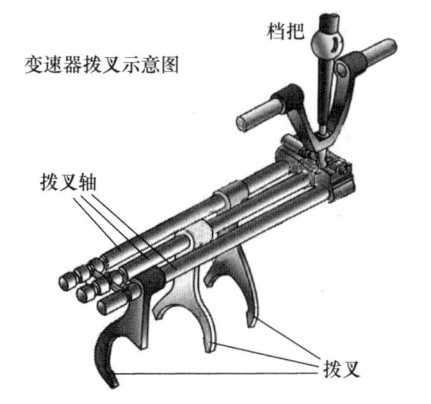

手动变速器操纵机构功用是保证驾驶人能准确可靠地将变速器换入所需要的档位，并可随时退至空档如图所示。

变速器操纵机构按照变速操纵杆（变速杆）位置的不同，可分为直接操纵式和远距离操纵式两种类型。

1. 远距离操纵式

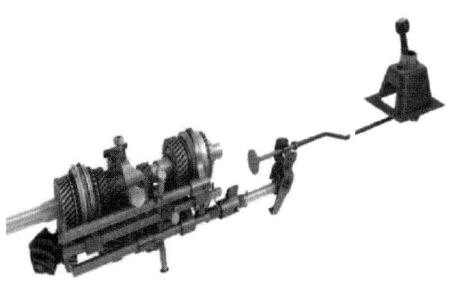

当驾驶人座位离变速器较远或将变速杆布置在转向盘下方（某些轿车）的转向管柱上时，通常在变速杆与换档拨叉之间增加若干个传动件，以组成远距离操纵机构，如图所示。

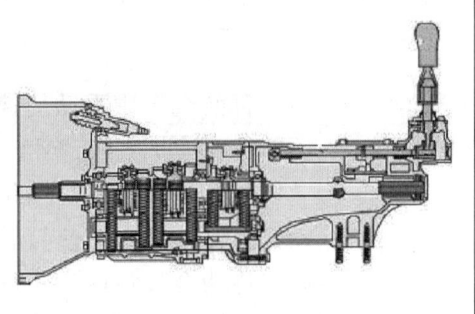

2. 直接操纵式

大多数汽车的变速器布置在驾驶人的座位附近，变速杆从驾驶室底板伸出，驾驶人可直接操纵。这种操纵机构一般由变速杆、拨块、拨叉、拨叉轴和安全装置等组成，多数装于变速器上盖或侧内盖，如图所示。

（九）手动变速器动力传递

手动变速器包括变速传动机构和操纵机构两部分。变速传动机构的主要作用是改变转矩的大小和方向；操纵机构的作用是实现换档，如图所示。

变速传动机构是变速器的主体，按工作轴的数量（不包括倒档轴）可分为两轴式变速器和三轴式变速器。

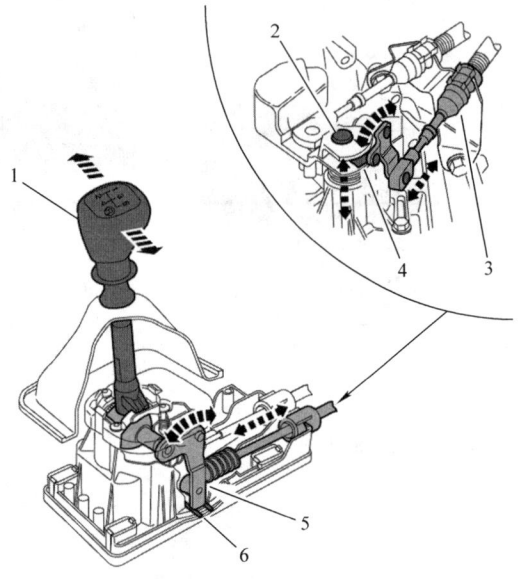

1—变速杆 2—选档轴 3—选档拉锁 4—连接滑块
5—角度选择杆 6—复位弹簧

1. 发动机横向布置的两轴式变速器

发动机横向布置的两轴式四档变速器结构。各前进档齿轮均采用同步器和常啮合斜齿轮，倒档齿轮采用直齿轮，并通过倒档惰轮改变齿轮旋转方向，如图所示。

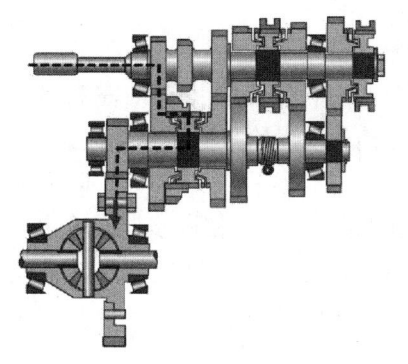	1档： 如图所示：1-2档同步器向左移挂入一档，使1档从动齿轮与输出轴接合。动力传递路线：输入轴→1档主动齿轮→一档从动齿轮→1-2档同步器→输出轴→主减速器主动齿轮→主减速器从动齿轮→差速器→半轴→车轮。
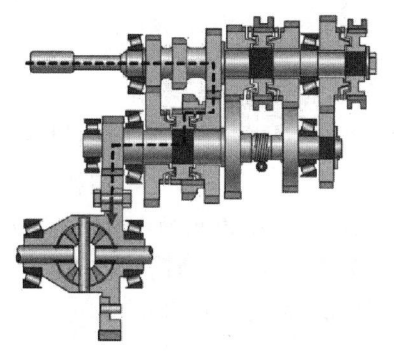	2档： 如图所示，1-2档同步器退出一档，再向右移挂入2档，使2档从动齿轮与输出轴接合。动力传递路线：输入轴→2档主动齿轮→2档从动齿轮→1-2档同步器→输出轴→主减速器主动齿轮→主减速器从动齿轮→差速器→半轴→车轮。
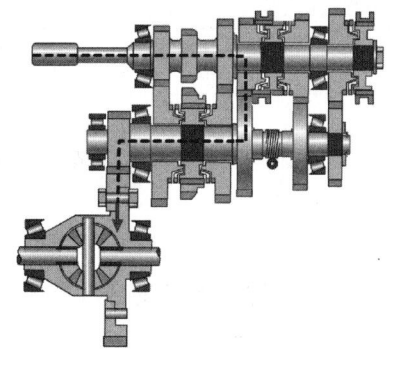	3档： 如图所示，1-2档同步器返回空档位置，3-4档同步器向右移挂入3档，使3档从动齿轮与输出轴接合。动力传递路线：输入轴→3档主动齿轮→3档从动齿轮→3-4档同步器→输出轴→主减速器主动齿轮→主减速器从动齿轮→差速器→半轴→车轮。
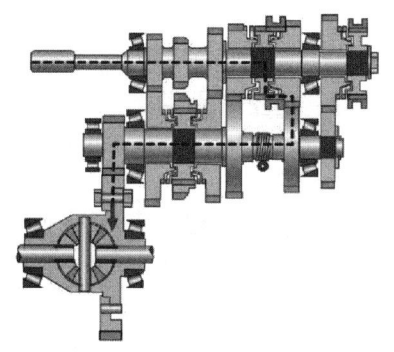	4档： 如图所示，3-4档同步器退出3档，再向左移挂入4档，使4档从动齿轮与输出轴接合。动力传递路线：输入轴→4档主动齿轮→4档从动齿轮→3-4档同步器→输出轴→主减速器主动齿轮→主减速器从动齿轮→差速器→半轴→车轮。

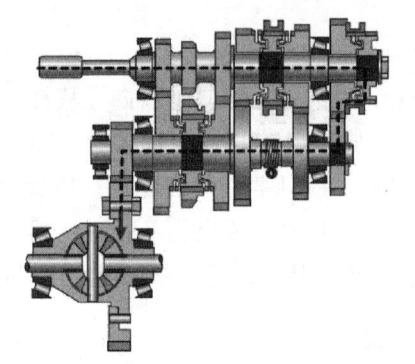

5档：

如图所示，5档同步器向左移挂入5档，使5档从动齿轮与输出轴接合。

动力传递路线：输入轴→5档主动齿轮→5档从动齿轮→5档同步器→输出轴→主减速器主动齿轮→主减速器从动齿轮→差速器→半轴→车轮。

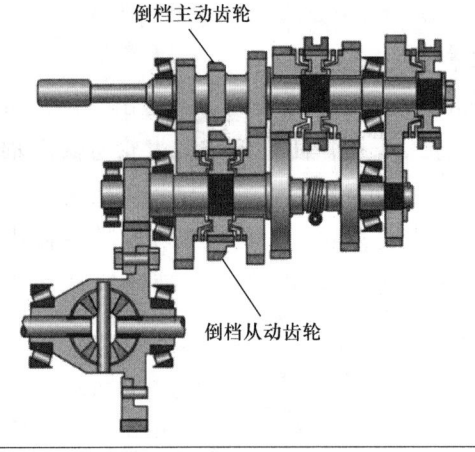

倒档：

如图所示，变速杆处于倒档位置时，倒档惰轮与倒档主动齿轮、倒档从动齿轮同时啮合。倒档从动齿轮与1－2档同步器的接合套做成一体。倒档惰轮改变变速器输出轴的转动方向，实现倒车。

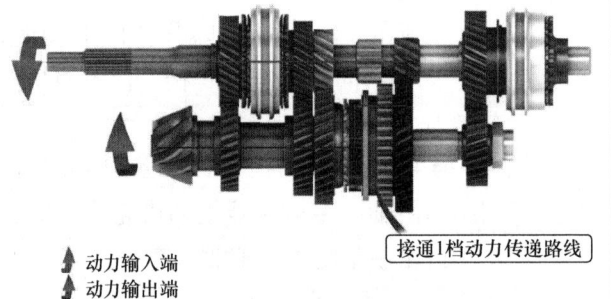

1档动力传递路线

2. 发动机纵向布置的两轴式变速器

1档：

动力传递路线图如图所示。

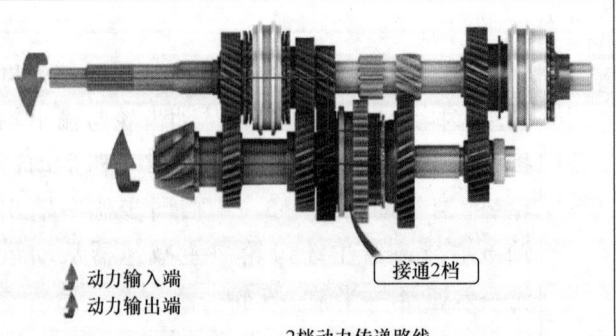

2档动力传递路线

2档：

动力传递路线图如图所示。

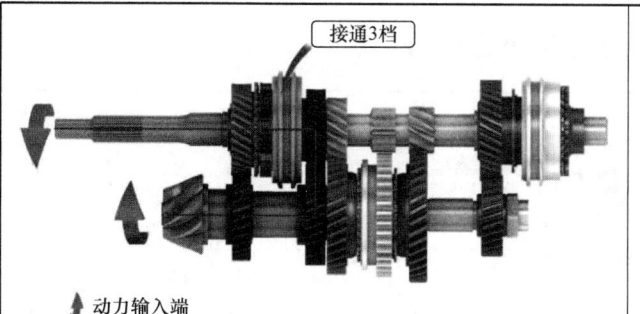 3档动力传递路线	3档： 动力传递路线图如图所示。
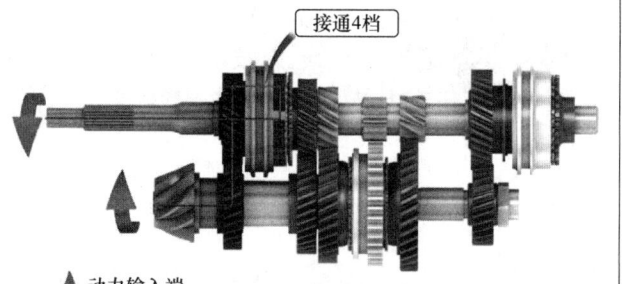 4档动力传递路线	4档： 动力传递路线图如图所示。
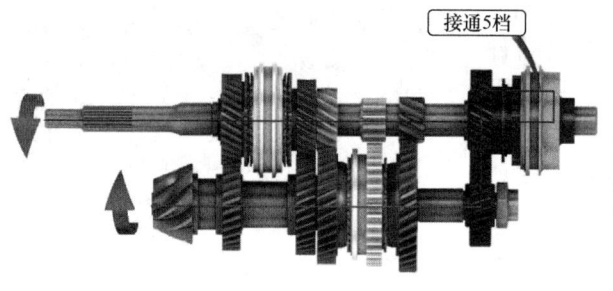 5档动力传递路线	5档： 动力传递路线图如图所示。
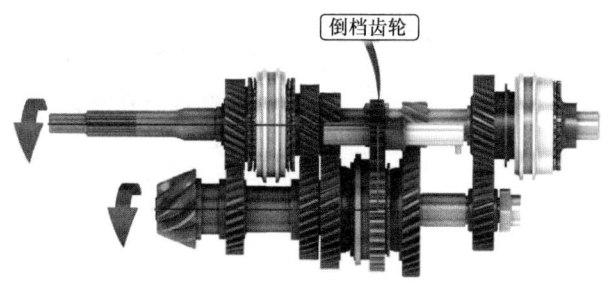 倒档动力传递路线	倒档： 动力传递路线图如图所示。

二、维修任务实施：诊断手动变速器故障

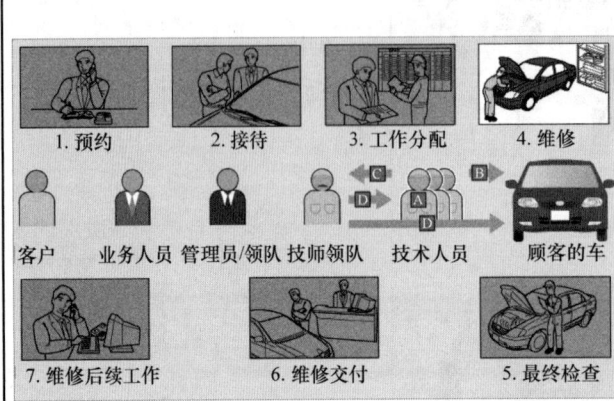

对技术人员要求：
- 接收/检查修理单。
- 接收用于修理的订购零件。
- 在允许的时间内进行工作。
- 向技师领队确认工作完成。

技师领队：
- 对技术难度高的工作向技术人员提供指导和帮助。

汽车在行驶过程中，变速器各运动机件常处于高转速、大负荷条件下工作，当行驶道路复杂时，档位变换频繁，在换档过程中，由于变速器内部齿轮之间、齿轮与轴之间的相对运动的变化而发生冲击，使各机件产生磨损，尤其是装配调整不当或驾驶人操作不当，更会使磨损加剧，甚至造成机件的损坏，而导致变速器故障的产生，如图所示。在本任务我们将就手动变速器的常见故障的故障现象与原因、分析与检查的方法进行介绍。

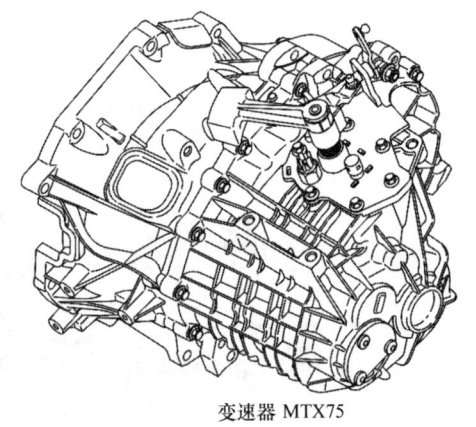

变速器 MTX75

（一）变速器换档困难

1. 故障现象与原因

换档困难是指变速器换入或摘下某档位时不顺畅，或无法换档，属于机械故障。导致换档困难故障的常见原因有：

- 换档拨叉轴弯曲变形。
- 自锁或互锁钢球破裂。
- 变速杆调整不当或损坏。
- 变速器轴弯曲变形或花键损坏。
- 同步器损坏或有缺陷等，如图所示。

2. 分析方法

手动变速器由齿轮机构、同步器、换档机构等组成，在分析故障原因时要结合手动变速器的构造、原理对其进行逻辑分析，如图所示。例如，如果变速器在某一档位入档困难，我们可以在发动机熄火的状态下进行换档操作，如果在发动机熄火状态下换档正常，则可以判断换档操纵机构正常，故障在换档执行机构中。

3. 检查方法

在离合器分离彻底、齿轮油质量和数量正常的情况下，可按下述方法进行检查与排除：

- 检查变速杆及操纵机构调整是否合适，有无变形、卡滞现象。
- 拆下变速器盖，检查换档拨叉轴是否弯曲变形，进而检查自锁和互锁钢球是否损坏，锁止变速叉轴弹簧是否过硬。
- 如果以上检查均正常，对于安装同步器的变速器，还应检查同步器是否损坏，主要包括检查同步器锥面螺旋槽是否磨损严重，同步器是否散架，同步器滑块是否磨损过度，同步器弹簧弹力是否过弱等，如图所示。
- 如果同步器正常，还应检查变速器轴是否弯曲变形，其花键是否磨损。

案例学习

一台配有手动变速器的车辆行驶 10 万 km，换 1 档入档困难，如果想换入 1 档需要在踩下离合器踏板的状态下，首先换入 2 档，然后直接从 2 档换入 1 档，才能够实现。维修人员对变速器进行了拆解，但未发现问题，装复后更换了变速器油，故障依旧。

维修人员求助于技术总监，技术总监经过分析，初步判断 1 档同步器花键毂、锁环、齿轮接合齿有磨损，对变速器进行拆检发现同步器锁环的啮合齿磨损，最终导致换档困难。

案例分析一：换档困难

1. 现象

离合器技术状况良好，但换档时不能顺利换入档位，常发生齿轮撞击声。

2. 原因

1）同步器故障。
2）拨叉轴弯曲、锁紧弹簧过硬、钢球损伤等。
3）一轴花键损伤或一轴弯曲。
4）齿轮油不足或过量、齿轮油不符合规格。

3. 故障诊断与排除方法

1）检查同步器是否散架、锥环内锥面螺旋槽是否磨损、滑块是否磨损、弹簧弹力是否过软等。

2）如果同步器正常，检查一轴是否弯曲、花键是否磨损严重。

3）检查拨叉轴是否移动正常。

本故障案例告诉我们，在对变速器进行拆解检查之前，首先要通过现象结合结构和原理进行逻辑性的分析，根据分析结果有目的地检查相应的零件，这样才能够有效、准确地进行维修作业。

（二）变速器脱档

汽车在某档位行驶过程中，当受到冲击载荷或某种外部振动时，变速杆自动跳到空档位置，档位齿轮脱离啮合状态，这种故障叫作变速器脱档。

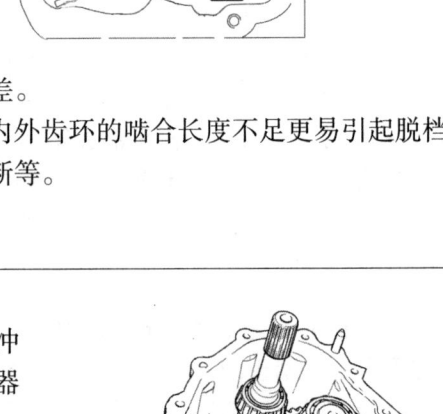

1. 导致故障的原因
- 变速器齿轮、接合套或同步器锥面轮齿磨损过量。
- 变速器轴承磨损松旷，变速器输入轴、输出轴之间轴的平行度超差。
- 变速器齿轮啮合长度不足，尤其是内外齿环的啮合长度不足更易引起脱档。
- 自锁装置磨损严重或弹簧过软、折断等。
- 同步器锁销松动或同步器损坏等。

2. 分析与检查的方法

脱档故障常出现在高档位上，在受到冲击振动时容易发生，如图所示。判定变速器有无脱档故障，可采用以下方法：

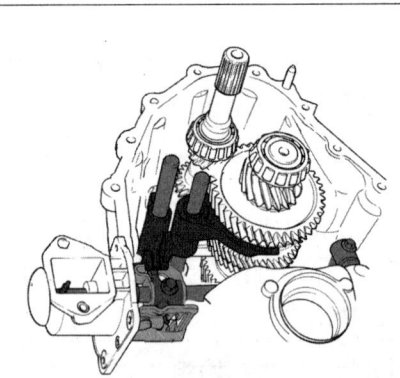

- 行驶中，急剧改变车速，即突然加、减速，快踩或快抬加速踏板。
- 利用汽车上坡或平路上，在中、高速行驶时踩制动踏板，"拖档"后快踩加速踏板。
- 在不平道路上行驶，使汽车颠簸振动来判断有无脱档。

案例分析二：变速器脱档

1. 现象

汽车在加速、减速、爬坡或剧烈振动时，变速杆自动跳回空档位置。

2. 原因

1）自锁装置的钢球未进入凹槽内或挂档后齿轮未达到全齿长啮合。

2）自锁装置的钢球或凹槽磨损严重，自锁弹簧疲劳过软或折断。

3）齿轮沿齿长方向磨损成锥形。

4）一、二轴轴承过于松旷，使一、二轴和曲轴三者轴线不同心或变速器壳与离合器壳接合平面相对曲轴轴线的垂直变动。

5）二轴上的常啮合齿轮轴向或径向间隙过大。

6）各轴轴向或径向间隙过大。

3. 故障诊断与排除方法

先确知跳档档位：走热全车后，采用连续加、减速的方法逐档进行路试便可确定。

将变速杆换入跳档档位，发动机熄火，拆下变速器盖，观察跳档齿轮的啮合情况。

1）未达到全长啮合，则故障由此引起。

2）达到全长啮合，应继续检查。

3）检查啮合部位磨损情况：磨损成锥形，则故障可能由此引起。

4）检查二轴上该档齿轮和各轴的轴向和径向间隙，间隙过大，则故障可能由此引起。

5）检查自锁装置，若自锁装置的止动阻力很小，甚至手感钢球未插入凹槽（把变速器盖夹在台虎钳上，用手摇动变速杆），则故障为自锁效能不良；否则，故障为离合器壳与变速器接合平面与曲轴轴线垂直变动等引起。

（三）变速器锁档

变速器锁档故障是变速器常见的故障之一，其主要原因是变速器锁止在某个档位，即便变速杆在空档位置。当变速杆在空档位置时，此时抬起离合器踏板，动力仍然能够通过变速器传递到传动机构，此时如果换入另一个档位（与故障锁止档位不同的档位），抬起离合器踏板，发动机熄火，原因是此时变速器同时换入了两个档位。

1. 导致故障的原因

- 变速器换档操纵机构损坏。
- 变速器同步器烧结。
- 变速器换档齿轮与轴之间轴承损坏等，如图所示。

2. 分析与检查方法

在对锁档故障进行诊断时，首先要排除离合器与传动系统的故障，对于离合器的检查，请参见本项目第一部分的内容。在对传动系统进行检查时，应将车辆升起，使驱动轮离地，对驱动轮的运转进行检查即可判断。在排除离合器和传动系统的可能故障之后，要对变速器进行检查，与变速器其他的诊断方法类似，结合构造和原理对故障现象进行分析，确定故障点后进行维修，如图所示。

案例学习

一辆配有手动变速器的车辆出现了1档起步熄火，空档抬离合器踏板后车辆行驶的故障，经技师分析后确定为变速器内部齿轮机构出现了锁档故障，欲对变速器进行拆检。此时，车间技术总监给这位维修技师提出了一个问题："你能否判断变速器锁档故障究竟锁的是哪个档位？"

技师听到问题后思考片刻，继续对车辆进行检查，该技师起动发动机后挂入1档缓慢抬起离合器踏板，发动机熄火，换入2档缓慢抬起离合器踏板，发动机熄火，换入3档缓慢抬起离合器踏板，发动机没有熄火并有车辆行驶的趋势。此时，技师将发动机熄火，并对技术总监说："我现在可以确定是3档齿轮与轴之间烧结所导致的故障，并且3档同步器没有问题。"技术总监听后很满意，点点头离开了。

案例分析三：变速器锁档

1. 现象

在离合器技术状况正常的情况下，变速器同时换入两个档或换需要的档位时，结果挂入别的档位。

2. 原因

1）互锁装置失效：如拨叉轴、互锁销或互锁钢球磨损过度等。

2）变速杆下端弧形工作面磨损过大或拨叉轴上拨块的凹槽磨损过大。

3）变速杆球头定位销折断或球孔、球头磨损过于松旷。

总之，乱档的主要原因是变速器操纵机构失效。

3. 故障诊断与排除方法

1）挂需要的档位时，结果换入别的档位：摇动变速杆，检查其摆转角度，若超出正常范围，则故障由变速杆下端球头定位销与定位槽配合松旷或球头、球孔磨损过大引起。变速杆摆转360°，则为定位销折断。

2）如摆转角度正常，仍换不上档或摘不下档，则故障由变速杆下端从凹槽中脱出引起（脱出原因是下端弧形工作面或导槽磨损）。

3）同时挂入两个档：则故障由互锁装置失效引起。

本故障案例告诉我们两点需要学习和总结的内容：第一，在分析和诊断故障时，要"求甚解""知其然还要知其所以然"，这位技师没有确定故障点就准备进行对变速器拆检,这一点技师显然工作不到位,并对其工作经验的积累和学习不利,后在技术总监的要求下,对故障做了进一步的分析后确认了故障点的位置;第二,在对故障进行分析时,一定要对变速器构造及其工作原理非常熟悉,并结合故障现象做进一步的分析,从这一点看,这位技师的基础知识和逻辑思维能力还是很扎实的。

(四)变速器异响

通常,变速器噪声由齿轮或轴承发出。对有噪声的汽车进行路试时,要注意噪声发生时的外部情况(包括档位、车速、加速、减速等)和噪声的变化规律(包括何时变大、何时减小等)等因素。

1. 齿面点蚀

如图所示,齿面点蚀是齿轮的一种常见故障,也是产生噪声的原因之一,究其原因包括:

- 齿轮材质问题。
- 变速器润滑不良。
- 腐蚀。
- 车辆长时间高负荷运转。

2. 轴承损坏

轴承的噪声在负荷下也会增大,通常表现为随车速加快而增大的隆隆声,如图所示。如果噪声在换到各档时都一直存在,则很可能是主轴轴承的噪声,而不是齿轮损坏。轴承噪声诊断起来非常困难。对动力流知识的掌握能为诊断工作提供很大的帮助。维修技师应当知道,轴承在负载增大时,轴承的噪声会增加。因此,噪声可能只出现在特定的档位,噪声产生时该档位的轴承正在承受最大的压力。

案例分析四:变速器异响

1. 现象

变速器异响是指变速器工作时发出的不正常的响声。

2. 原因

(1)齿轮异响

齿轮磨损过甚变薄,间隙过大,运转中有冲击;齿面啮合不良,如修理时没有成对地更换齿轮。新旧齿轮搭配,齿轮不能正确啮合;齿面有金属疲劳剥落或个别齿损坏折断;齿轮与轴上的花键配合松旷,或齿轮的轴向间隙过大;轴弯曲或轴承松旷引起齿轮啮合间隙改变。

(2)轴承响

轴承磨损严重;轴承内(外)座圈与轴颈(孔)配合松动;轴承滚珠碎裂或有烧蚀麻点。

(3) 其他原因发响

如变速器内缺油、变速器油过稀、过稠或质量变坏；变速器内掉入异物；紧固螺栓松动；里程表软轴或里程表齿轮发响等。

3. 故障诊断与排除

1) 变速器发出金属干摩擦声，说明缺油或油的质量不好。应加油或检查油的质量，必要时更换。

2) 行驶时换入某档若响声明显，即为该档齿轮轮齿磨损；若发生周期性的响声，则为个别齿损坏。

3) 空档时响，而踏下离合器踏板后响声消失，一般为一轴前、后轴承或常啮合齿轮响；如换入任何档都响，多为二轴后轴承响。

4) 变速器工作时发出突然的撞击声，多为轮齿断裂，应及时拆下变速器盖检查，以防机件损坏。

5) 行驶时，变速器只有在换入某档时齿轮发响，在上述完好的前提下，应检查啮合齿轮是否搭配不当，必要时应重新装配一对新齿轮。此外，也可能是同步器齿轮磨损或损坏，应视情况修复或更换。

6) 换档时齿轮相撞击而发响，则可能是离合器不能分离或离合器踏板行程不正确、同步器损坏、怠速过大、变速杆调整不当或导向衬套紧等。遇到这种情况，先检查离合器能否分离，再分别调整怠速转速或变速杆位置，检查导向衬套与分离轴承配合的松紧度。

如经上述检查排除后，变速器仍发响，应检查各轴轴承与轴孔配合情况、轴承本身的技术状态等；如完好，再查看里程表软轴及齿轮是否发响，必要时予以修理或更换。

(五) 变速器漏油

手动变速器中加注有变速器专用的润滑油，变速器漏油通常是密封不良所导致，当发现变速器漏油时，首先要判断泄漏或渗漏出的油液是不是变速器油，也有可能是机油或其他油脂。

1. 故障原因
- 变速器油过多。
- 变速器油选用不当。
- 加/放油螺栓密封不良。
- 变速器通气孔堵塞。
- 油封损坏。
- 变速器壳体损坏，如图所示。

项目二 传动系统检修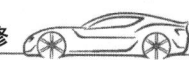

案例学习

　　一车主反映自己的汽车下方每天都可以看到一滩油迹，维修技师对其车辆进行检查时发现，变速器壳体处有很小的裂纹，因而断定变速器壳体损坏导致漏油。当技师将变速器拆下后发现，漏油位置并不是变速器壳体的裂纹，该裂纹只是变速器壳体在加工时的划痕，实际漏油的位置是发动机曲轴后油封。

案例分析五：变速器漏油

　　1. 现象

　　变速器周围出现齿轮润滑油，变速器齿轮箱的油量减少，则可判断为润滑油泄漏。

　　2. 原因及排除方法

　　1）润滑油选用不当，产生过多泡沫，或润滑油量太多，此时需更换润滑油或调节润滑油。

　　2）侧盖太松，密封垫损坏，油封损坏，密封和油封损坏，应更换新件。

　　3）放油塞和变速器箱体及盖的固定螺栓松动，应按规定力矩拧紧。

　　4）变速器壳体破裂或延伸壳油封磨损而引起的漏油，必须更换。

　　5）里程表齿轮限位器松脱破损，必须锁紧或更换；变速杆油封漏油，应更换油封。

　　本故障案例告诉我们，在检查变速器漏油的故障时，首先要判断泄漏的油液是不是变速器油，否则就会出现上文中技师的情况。

（六）齿轮的检查

　　在手动变速器中齿轮作为传递动力的主要零件，其质量和性能直接影响变速器的使用，在对手动变速器中的齿轮进行检查时，我们要检查以下内容：

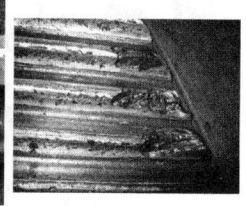

　　1. 齿轮齿面

　　如图所示，齿轮在啮合运转过程中，齿面承受较大的载荷，齿面一旦出现问题势必会影响变速器性能。

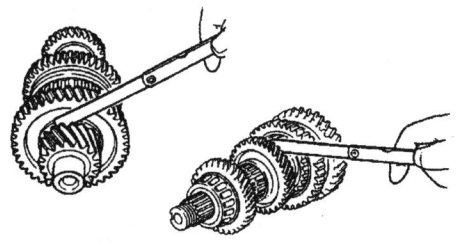

　　2. 齿轮的装配

　　齿轮安装在变速器中的轴类零件上，其安装质量会影响变速器装配的精度，从而影响变速器的性能。如图所示，齿轮在装配时要按照标准保持其位置误差。

（七）同步器的检查

通过同步器学习任务的介绍，我们了解到同步器的作用是在换档时使输入零件与输出零件的转速一致，从而实现换档。那么同步器的状态会直接影响手动变速器的换档质量。在装配和检修时对同步器的检查也至关重要。

1. 同步器接合套的检查

如图所示为同步器接合套与换档拨叉间间隙的检查，其测量结果如超过标准值，则会对变速器换档的质量及变速器使用的稳定性造成影响。

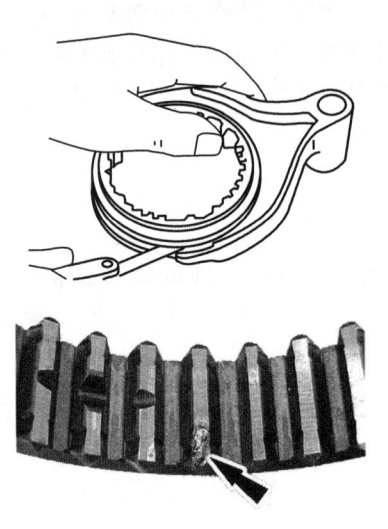

2. 接合套内圈接合齿的检查

如图所示接合套内圈的滑动啮合齿损坏，在检查过程中如果发现这种故障，要更换该零件，并同时检查与之相配合的零件是否损坏，如发现有损坏，则一同更换。

3. 同步器锁环的检查

检查同步器锁环外圈齿形的状态，该轮齿的形状直接影响同步器的工作质量，其与接合套的内圈齿相互接触配合工作，如图所示。

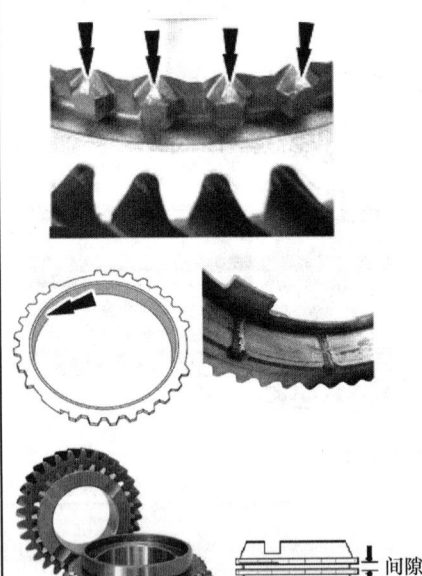

检查同步器锁环的槽是否磨宽、啮合齿是否磨圆及内表面是否变平滑。同步器锁环内表面加工有破坏油膜的凹槽。如果磨损或磨平，必须予以更换。有些同步器锁环在内表面有摩擦材料，检查摩擦材料是否磨损过度或损坏，如图所示。

检查同步器锁环与啮合齿之间的间隙。间隙过小说明同步器锁环磨损或扭曲。确保同步器锁环与啮合齿之间的间隙符合维修手册中的规范值，如图所示。

（八）换档机构的检查

在本任务前面部分，我们介绍了手动变速器换档机构的作用和结构，换档机构的性能会影响手动变速器的使用性能，驾驶人对换档机构的感觉也是非常敏感的，所以对换档机构的检查是十分必要的。

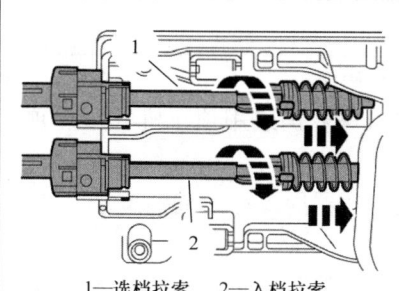 1—选档拉索　2—入档拉索	1. 换档操纵机构的检查 对换档拉索的检查如图所示，检查时需要注意： ● 拉索是否有损坏，内部的钢丝是否断裂等。 ● 拉索是否有锈蚀。 ● 固定和连接是否正确。
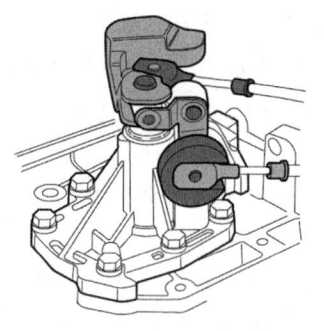	2. 变速器换档轴连接的检查 ● 拉索与换档轴的连接是否正确。 ● 换档轴是否润滑正常，有无锈蚀。
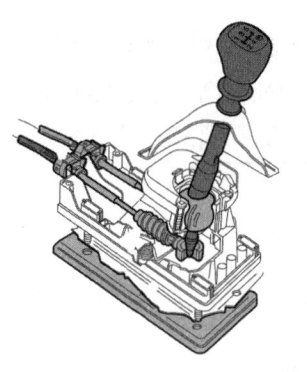	3. 变速杆的检查 ● 倒档保护锁是否正常。 ● 与换档拉索是否正确。 ● 变速杆动作是否顺畅。 变速杆活动间隙是否符合标准。
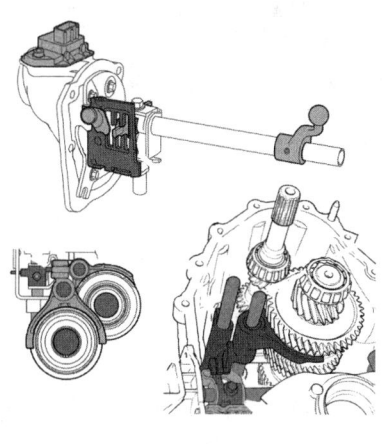	4. 换档执行机构的检查 ● 自锁机构是否工作正确。 ● 倒档锁机构是否工作正确。 ● 互锁机构是否工作正确。 ● 换档轴装配位置是否正确，工作是否正常。 ● 拨叉轴的技术参数是否符合标准。 ● 拨叉轴与拨叉是否连接正确。

（九）变速器油量检查与齿轮油更换

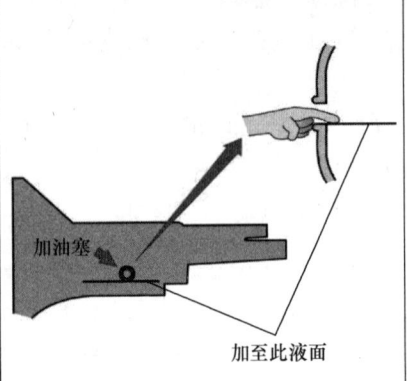

1. 检查变速器油量

1）将车辆驶入保养沟或用顶车机（千斤顶）顶起。

2）首先检查变速器周围有无漏油迹象，如油污等。

3）如图所示，在发动机未发动情况下，拆下变速器加油塞，用手指伸入加油孔内检查油面高度，其油面高度应与加油口齐平；若是油量不足，须检查各油封、垫片及放油塞等处是否泄漏，并添加油量至规定油面高度。

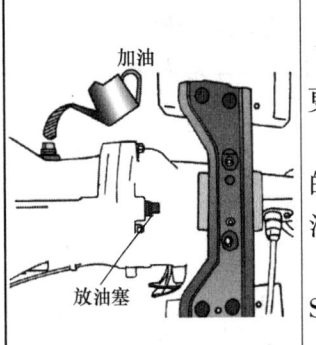

2. 更换变速器齿轮油

1）更换齿轮油，须在发动机达到工作温度时，熄火后更换。

2）如图所示，拆下变速器放油塞时，小心不要被高温的齿轮油烫伤；待齿轮油放除干净后，依规范力矩锁紧放油塞。

3）从加油塞或车速表小齿轮处添加规定之齿轮油（如SAE90号齿轮油），直到规定的油面高度后，锁回加油塞。

4）废油应统一回收，不可随意倾倒，以免污染环境。

任务三 检修自动变速器

自动变速器（Automatic Transmission，AT）是一种可以在行驶过程中自动改变齿轮传动比的汽车变速器，从而使驾驶人不必手动换档。目前，自动变速器的自动换档等过程都由自动变速器的电子控制单元（英文缩写为ECU，俗称电脑）控制，因此自动变速器又可简称为EAT、ECAT、ECT等，如图所示。

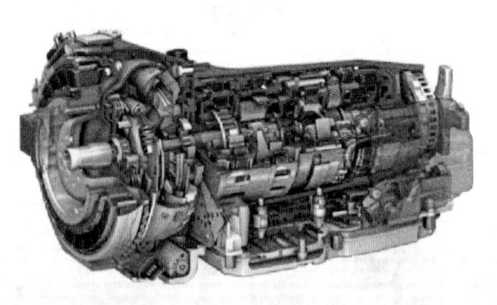

一、相关知识

（一）自动变速器的基本组成

自动变速器的厂牌型号很多，外部形状和内部结构也有所不同，但它们的基本组成相同，由液力变矩器和齿轮式自动变速器组合而成。常见的组成部分有液力变矩器、行星齿轮机构、离合器、制动器、油泵、滤清器、管道、控制阀体、速度调压器等,按照这些部件的功能,可将它们分成液力变矩器、变速齿轮机构、供油系统、自动换档控制系统(电子控制系统)和换档操纵机构五大部分,如图所示。

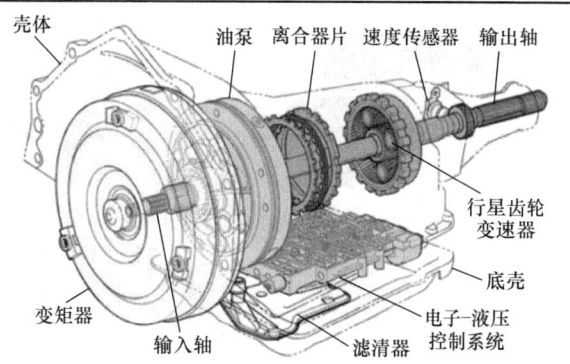

1. 液力变矩器

液力变矩器是一个通过自动变速器油(ATF)传递动力的装置,如图所示。

其主要功用是:

1)在一定范围内自动、连续地改变转矩比,以适应不同行驶阻力的要求。

2)具有自动离合器的功用。在发动机不熄火、自动变速器位于动力档(D位或R位)的情况下,汽车可以处于停车状态。驾驶人可通过控制节气门开度控制液力变矩器的输出转矩,逐步加大输出转矩,实现动力的柔和传递。

2. 机械变速器

以常见的行星齿轮变速器为例,其由2~3排行星齿轮机构组成,不同的运动状态组合可得到2~5种速比,如图所示。

其功用主要有:

1)在液力变矩器的基础上再将转矩增大2~4倍,以提高汽车的行驶适应能力。

2)实现倒档传动。

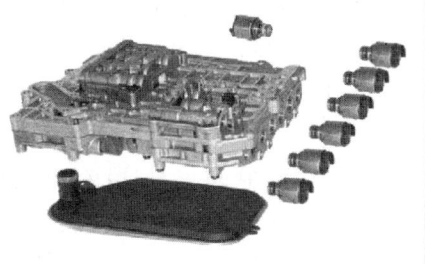

3. 液压控制系统

液压控制系统是由油泵、各种控制阀及与之相连通的液压换档执行元件(如离合器、制动器油缸等)组成的液压控制回路。汽车行驶中根据驾驶人的要求和行驶条件的需要,控制离合器和制动器的工作状况的改变来实现机械变速器的自动换档,如图所示。

4. 电子控制系统

电子控制系统将自动变速器的各种控制信号输入电子控制单元（ECU），经ECU处理后发出控制指令控制液压系统中的各种电磁阀实现自动换档，并改善换档性能，如图所示。

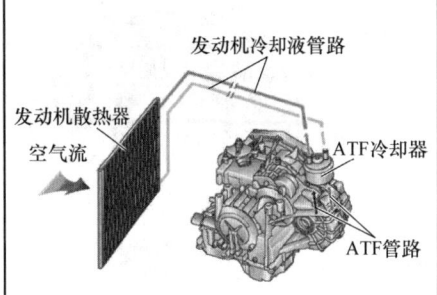

5. 冷却装置

自动变速器油（ATF）在自动变速器工作过程中会因冲击、摩擦产生热量，并且还会吸收齿轮传动过程中产生的热量，油温将会升高。油温升高将导致ATF黏度下降，传动效率降低，因此必须对ATF进行冷却，保持油温在80～90℃。ATF通过油冷却器与冷却液或空气进行热量交换，如图所示。

6. 滤油装置

自动变速器工作中各部件磨损产生的机械杂质，由滤油器从油中过滤分离出去，以减小机械磨损、避免堵塞液压油路和控制阀卡滞，如图所示。

（二）自动变速器的基本原理

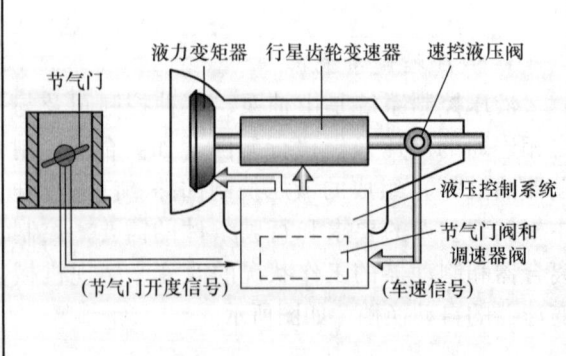

液控自动变速器的组成和原理示意图如图所示。

液控自动变速器通过机械传动方式，将汽车行驶时的车速和节气门开度这两个主控制参数转变为液压控制信号；液压控制系统的阀板总成中的各控制阀根据这些液压控制信号的变化，按照设定的换档规律，操纵换档执行元件的动作实现自动换档。

电控自动变速器的组成和原理图如图所示。

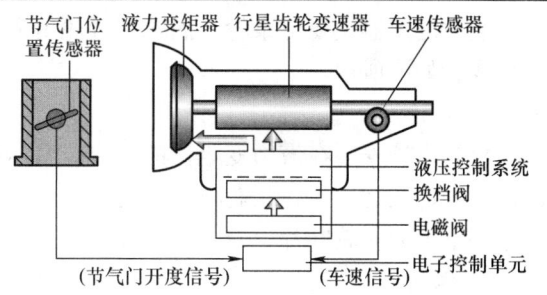

电控自动变速器是通过各种传感器，将发动机的转速、节气门开度、车速、发动机冷却液温度、自动变速器油温等参数信号输入电控单元（ECU），ECU 根据这些信号，按照设定的换档规律，向换档电磁阀、油压电磁阀等发出动作控制信号，换档电磁阀和油压电磁阀再将 ECU 的动作控制信号转变为液压控制信号，阀板中的各控制阀根据这些液压控制信号，控制换档执行元件的动作，从而实现自动换档过程。

（三）液力变矩器

液力变矩器是由泵轮、涡轮、导轮组成的液力元件，安装在发动机和变速器之间，以液压油（ATF）为工作介质，起到传递转矩、变矩、变速及离合的作用。

液力变矩器总成封装在一个钢制壳体（变矩器壳体）中，内部充满 ATF。液力变矩器壳体通过螺栓与曲轴后端的飞轮连接，与曲轴一起旋转。泵轮位于液力变矩器的后部，与变矩器壳体连在一起。涡轮位于泵轮前，通过带花键的从动轴向后面的机械变速器输出动力。导轮位于泵轮与涡轮之间，通过单向离合器支撑在固定套管上，使得导轮只能单向旋转（顺时针旋转）。泵轮、涡轮和导轮上都带有叶片，液力变矩器装配好后形成环形内腔，其间充满 ATF。

液力变矩器通常由泵轮、涡轮和导轮三个元件组成，称为三元件液力变矩器，也有的采用两个导轮，则称为四元件液力变矩器。

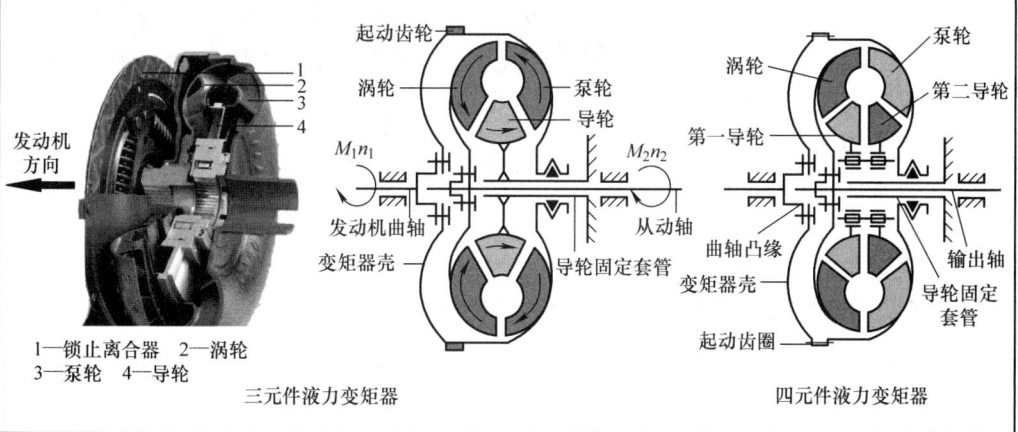

1—锁止离合器　2—涡轮
3—泵轮　4—导轮

三元件液力变矩器　　　　四元件液力变矩器

液力变矩器主要由泵轮、涡轮和导轮等基本零件组成，如图所示。

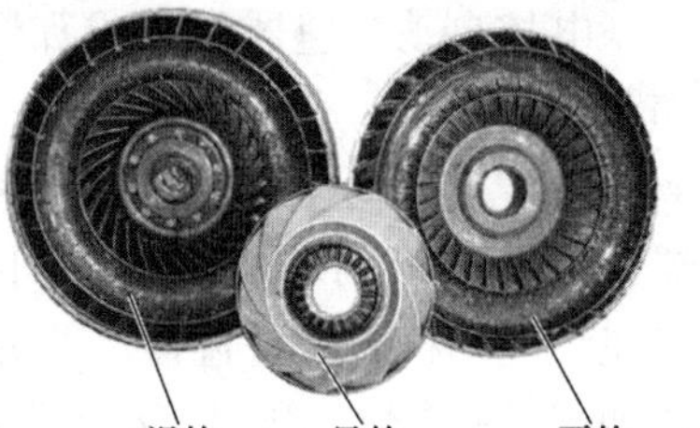

1. 泵轮

泵轮直接安装在液力变矩器的外壳上，与曲轴连接。发动机运转时，泵轮将中心的油液在离心力的作用下甩向涡轮叶片。

2. 涡轮

涡轮通过花键和变速器的输入轴连接。液压力从泵轮传递到涡轮叶片，然后流入导轮。液压力冲击涡轮的叶片，使涡轮和变速器的输入轴一起旋转。

3. 导轮

导轮安装在泵轮和涡轮之间的导轮支架上。导轮的作用是给来自涡轮叶片的液流导向，使其流向泵轮时的方向与泵轮的旋转方向一致，增大泵轮转矩。导轮上有单向离合器，使导轮只能和泵轮一个方向旋转（与发动机旋转方向相同），如油液试图使它与泵轮反转，就会锁住导轮。

4. 液力变矩器的其他零部件

液力变矩器除了有泵轮、涡轮和导轮外，还有其他零件，如图所示。

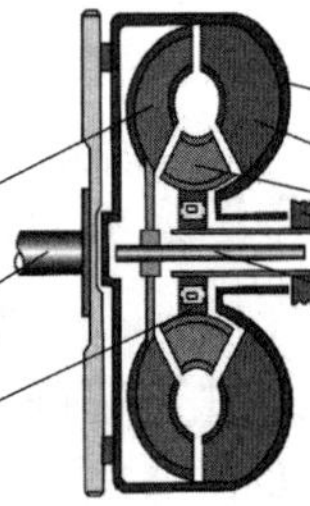

1）单向离合器：安装在导轮的叶片和支架之间。它的作用是在涡轮低速时锁住导轮，在涡轮高速旋转时使导轮旋转。

2）变矩器轮毂：作用是支撑变矩器的后端（发动机的后端轴承支撑变矩器的前端）。轮毂的外侧表面向变速器前端提供密封和轴衬。有些变速器上，轮毂还驱动变速器的油泵。

3）输出轴：结构如图所示。

（四）行星齿轮的结构

自动变速器中的变速齿轮机构和传统的手动齿轮变速机构一样，具有空档、倒档及2～4个不同传动比的前进档，只不过自动变速器中的档位变换不是由驾驶人直接控制，而是由自动变速器的液压控制系统或电子控制系统控制换档执行机构的动作来改变变速齿轮机构的传动比，从而实现自动换档，如图所示。

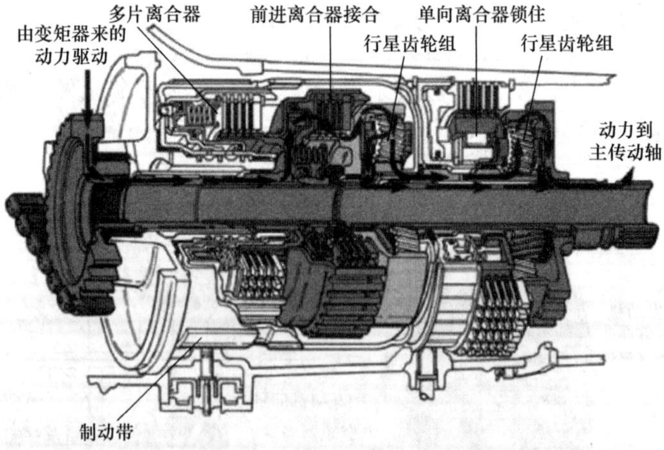

行星齿轮变速器是用行星齿轮机构实现变速的变速器。它通常装在液力变矩器的后面,共同组成液力自动变速器。行星齿轮机构有点像太阳系。它的中央是太阳轮,太阳轮的周围有几个围绕它旋转的行星轮,行星轮之间,有一个共用的行星架。行星轮的外面,有一个大齿圈,如图所示。

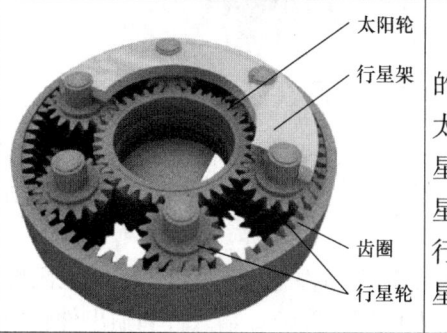

所有的行星齿轮组齿轮排列基本都是相同的,中间的齿轮称为太阳轮,就像是太阳系中的太阳一样。围绕着太阳轮旋转的是行星轮,行星轮固定在行星架上,行星轮可以被看作由行星轮和行星架组成的行星齿轮架总成的一部分。行星齿轮围绕齿圈旋转,太阳轮、行星轮、行星架和齿圈组成完整的行星齿轮组,如图所示。

(五)行星齿轮组的工作原理

行星齿轮组通过分别使行星架、齿圈和太阳轮成为不同的输入件、输出件和固定件来改变传动比。传动比分为以下几种情况:

1. 减速传动比

1)第一减速传动比,第一减速太阳轮为输入件(主动件),齿圈固定,行星架为输出件(从动件),如图 a 所示。通常传动比一般为 2.5~5,输入件和输出件转向相同。

2)第二减速传动比,第二减速齿圈为输入件(主动件),太阳轮固定,行星架为输出件(从动件),如图 b 所示。传动比一般为 1.25~1.67,输入件和输出件转向相同。

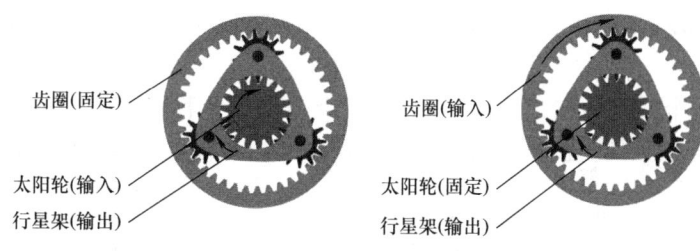

a)第一减速　　　　　　　　b)第二减速

无论是第一减速还是第二减速,行星架都是输出件,档位都减速。

2. 超速传动比

1)第一超速传动比,第一超速行星架为输入件(主动件),太阳轮固定,齿圈为输出件（从动件），如图 a 所示。传动比一般为 0.6~0.8，输入件和输出件转向相同。

2）第二超速传动比，第二超速行星架为输入件（主动件），齿圈固定，太阳轮为输出件（从动件），如图 b 所示。传动比一般为 0.2~0.4，输入件和输出件转向相同。

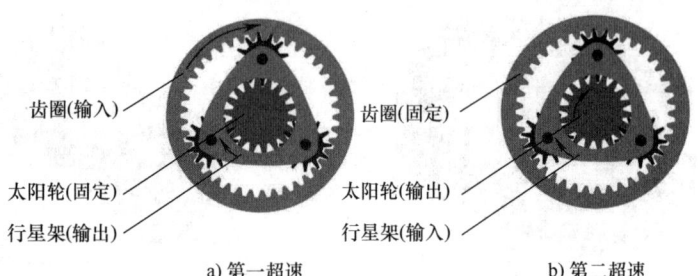

a) 第一超速　　　b) 第二超速

行星架为输入件，为增速档。

3. 倒档传动比

1）减速倒档传动比，减速倒档太阳轮为输入件（主动件），行星架固定，齿圈为输出件（从动件），如图 a 所示。传动比一般为 1.5~4，输入件和输出件转向相反。

2）超速倒档传动比，超速倒档齿圈为输入件（主动件），行星架固定，太阳轮为输出件（从动件），如图 b 所示。传动比一般为 0.25~0.67，输入件和输出件转向相反。

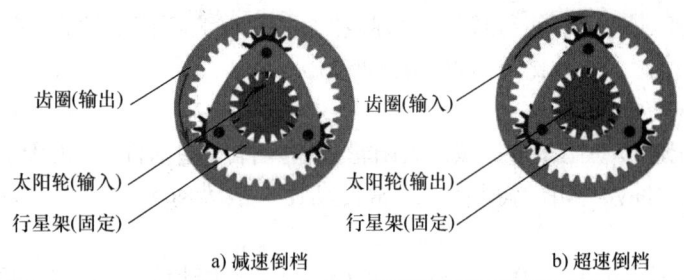

a) 减速倒档　　　b) 超速倒档

4. 直接档

当把行星架和齿圈结合为一体作为输入件（主动件），太阳轮为输出件（被动件），如图 a 所示，或者把行星架和太阳轮结合为一体作为输入件（主动件），齿圈作为输出件（被动件）的运动情况，如图 b 所示。三个元件中，两个元件为输入件（主动件），一个元件为输出件（从动件），此时的档位称为直接档。这时，行星齿轮间没有相对运动，作为一个整体运转，传动比为 1，输入件和输出件转向相同。

a) 行星架和齿圈结合　　　b) 行星架和太阳轮结合

5. 空档

自动变速器进入空档，行星齿轮组可以有两种方式。

① 没有固定件，因此动力无法通过行星齿轮组传递。

② 没有输入动力到行星齿轮组，因此行星齿轮组没有动力可供输出。

（六）自动变速器油泵

油泵是自动变速器中最重要的总成之一，它通常安装在变矩器的后方，由变矩器壳后端的轴套驱动。在变速器的供油系统中，常用的油泵有内啮合齿轮泵、转子泵和叶片泵。由于自动变速器的液压系统属于低压系统，其工作油压通常不超过 2MPa，目前应用最广泛的仍然是齿轮泵，如图所示。

（七）控制行星齿轮改变传动比的主要部件

1. 离合器

（1）离合器的作用

离合器的作用是将轴与行星齿轮机构的基本元件连接，或将行星齿轮机构的某两个基本元件连为一体。

（2）离合器的结构

离合器通常由离合器鼓、密封圈、离合器活塞、复位弹簧、钢片、摩擦片及离合器毂等组成，如图所示。

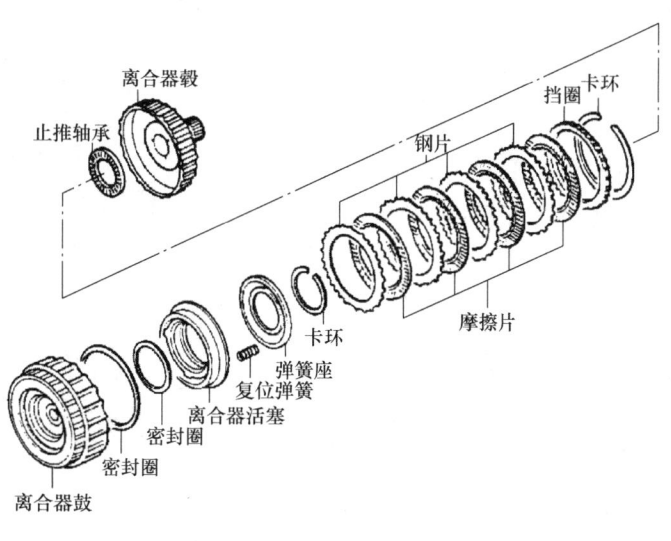

(3) 离合器的工作原理

离合器的工作原理如图所示。离合器鼓与离合器毂各自与自动变速器的输入轴或行星齿轮机构中的某个基本元件连接，钢片的外花键齿与离合器鼓的内花键齿圈啮合，摩擦片的内花键齿与离合器毂的外花键啮合。二者均可做轴向移动。摩擦片表面使用了摩擦系数较大的材料，当来自液压控制阀的油液推动活塞克服弹簧弹力，将钢片与摩擦片压紧在一起时，离合器鼓与离合器毂接合在一起，从而使二者连接的机件同步转动。当液压控制系统的压力消除时，活塞在弹簧弹力的作用下回位。钢片与摩擦片脱开，离合器鼓和离合器毂分离，所传递的动力切断。

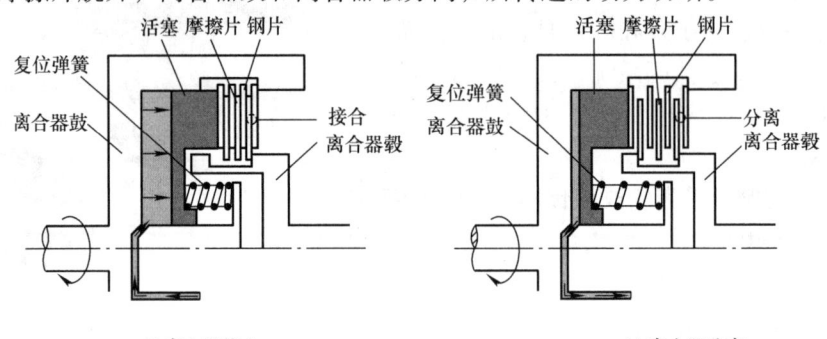

a) 离合器接合　　　　　　b) 离合器分离

2. 片式制动器

片式制动器由制动鼓、制动器活塞、复位弹簧、钢片、摩擦片及制动毂等部件组成。它的工作原理和多片湿式摩擦离合器基本相同，但片式制动器的制动鼓固定在变速器壳体上，如图所示。

钢片通过外花键齿安装在固定于变速器壳体上的制动鼓内花键齿圈中，或直接安装在变速器壳体上的内花键齿圈中，摩擦片则通过内花键齿和制动鼓上的外花键齿连接，如图所示。

当制动器不工作时，钢片和摩擦片之间没有压力，制动毂可以自由旋转。当制动器工作时，来自控制阀的液压油进入制动毂内的液压缸中，油压作用在制动器活塞上，推动活塞将制动器摩擦片和钢片夹紧在一起，与行星排某一基本元件连接的制动毂就被固定住而不能旋转，如图所示。

片式制动器的工作平顺性优于带式制动器，因此近年来在轿车自动变速器中，采用片式制动器的越来越多。另外，片式制动器也易于通过增减摩擦片的片数来满足不同排量发动机的要求。

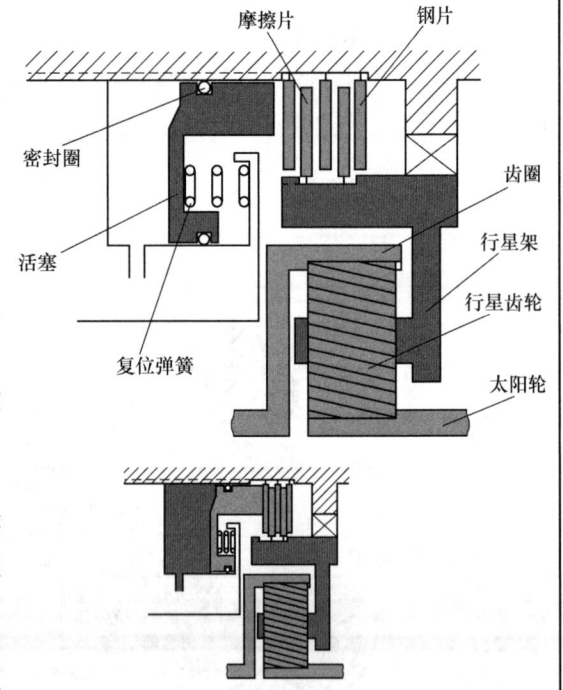

3. 单向离合器

单向离合器又称单向啮合器或自由轮离合器,与其他离合器的区别是,单向离合器无需控制机构。它是依靠其单向锁止原理来发挥固定或连接作用的,力矩的传递是单方向的,其连接和固定完全由与之相连接元件的受力方向所决定。当

滚柱式单向离合器　　楔块式单向离合器

与之相连接元件的受力方向与锁止方向相同时,该元件即被固定或连接;当受力方向与锁止方向相反时,该元件即被释放或脱离连接;即在驱动轴与从动轴之间,只能使从动轴作一个方向回转,反方向具有空转机能。单向超越离合器有多种型式,滚柱斜槽式和楔块式两种型式如图所示。

二、维修任务实施:诊断自动变速器故障

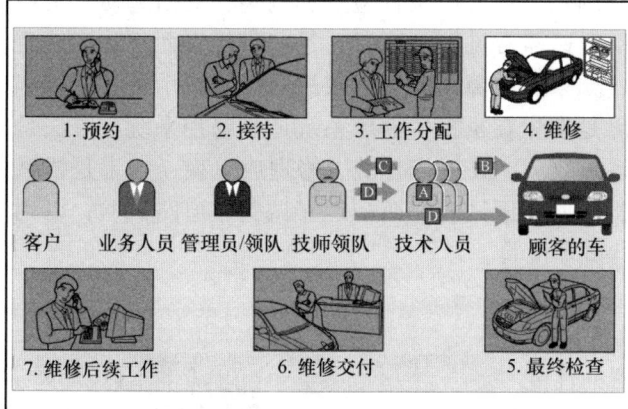

对技术人员要求:
- 接收/检查修理单。
- 接收用于修理的订购零件。
- 在允许的时间内进行工作。
- 向技师领队确认工作完成。

技师领队:
- 对技术难度高的工作向技术人员提供指导和帮助。

自动变速器常见故障是由于发动机怠速不正常、ATF 液面高度不正确、油质不良、变速杆位置不准确等原因造成的,对这些方面的检查就是自动变速器的初步检查。初步检查是自动变速器检修中要首先进行的,具体来说包括:ATF 检查和更换、变速器漏油检查、节气门拉索检查和调整、变速杆位置检查和调整、空档起动开关检查和调整和发动机怠速检查。这些项目也是自动变速器维护所需进行的项目。

1. 故障诊断与检修注意事项

1) 诊断、检修时要遵循由简入繁、由表及里的原则。
2) 要根据厂家推荐的程序进行。
3) 拆卸自动变速器时应先清洗外部。
4) 分解时应将零部件按原顺序放好。
5) 液压件及油路应用同型号的 ATF 清洗,油路应用压缩空气吹通,不能用抹布擦拭。
6) 零部件装配时应涂抹 ATF。

7）更换新的离合器片或制动器片等时，应在装配前放入 ATF 中浸泡 15min 以上。

2. 故障诊断与排除的基本程序

常见的电控自动变速器一般采用的故障诊断与排除程序为：

1）初步检查。
2）读取故障码。
3）手动换档试验。
4）失速试验。
5）油压试验。
6）换档迟滞试验。
7）道路试验。
8）电控系统检查。
9）车上和车下修理。

当自动变速器故障车辆进厂后，维修人员询问、分析车主的陈述，然后通过道路试验等方法确认故障。故障确认后，先进行初步检查，包括 ATF 检查和更换、变速器漏油检查、节气门拉索检查和调整、变速杆位置检查和调整、空档起动开关检查、调整和发动机怠速检查。自动变速器常见故障可以通过初步检查而排除，然后再进行故障码的读取及数据分析，如果有故障码，可以按故障码的提示去检修。如果没有故障码，要进一步判断故障是发生在机械、液压系统还是电控系统，方法是进行手动换档试验。如果是电控系统故障，要逐步检查、修理或更换；如果是机械和液压系统的故障，要进行失速试验、油压试验、换档迟滞试验、道路试验，以判断故障部位并进行修理，最后进行试车检验。

（一）ATF 检查和更换

1. 自动变速器油（ATF）品质的检查

ATF 质量直接影响自动变速器的性能和寿命，因此对 ATF 品质的检查尤为重要。

- 新的变速器油大多数都是鲜红色的。
- 如果变速器油中有悬浮杂质，则需要更换变速器油。
- 如果变速器油的颜色发黑且有焦煳味，则需要更换变速器油，并且需要对变速器进行进一步检查。

新变速器油　　　　旧变速器油

特别提示：

车辆中不同的自动变速器所使用的 ATF 类型也不尽相同。不同类型的 ATF 不得混用。

在保养过程中，要根据零件编号选择对应的零件，零件编号的获得以信息查询系统中相关信息为准。

2. 大众、奥迪09G型自动变速器换油保养项目

1）拆下变速器油底壳并放掉 ATF，更换滤清器。

2）装上油底壳从加注位置加注 ATF。

3）发动机处于工作状态（怠速运转），变速器不得进入故障运行模式，变速器变速杆置于 P 位。

4）变速器温度不得超过 30℃（连接 VAG1551 或 1552，进入地址 02 – 功能 08 – 数据组 06，观察第一区，即为 ATF 油温）。

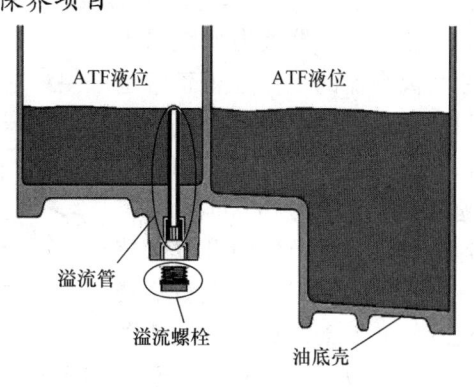

09G 变速器 ATF 的加注位置有两种：早期的大众甲克虫、途安等车型所用的 09G 变速器的 ATF 加注位置在变速器左侧的电磁阀插头附近处（有一个很短的加油管，与大众 01M 相似），通过打开上面的防尘密封帽，然后打开上面的螺栓进行加注；现在一汽 – 大众速腾、迈腾、宝来、上海大众朗逸、斯柯达等系列 09G 型变速器 ATF 加注位置有所改变，原有的位置已经被堵死，新的位置则设置在变速器的右侧差速器附近，该加注位置利用一个螺栓取代过去的加油管，如图所示。

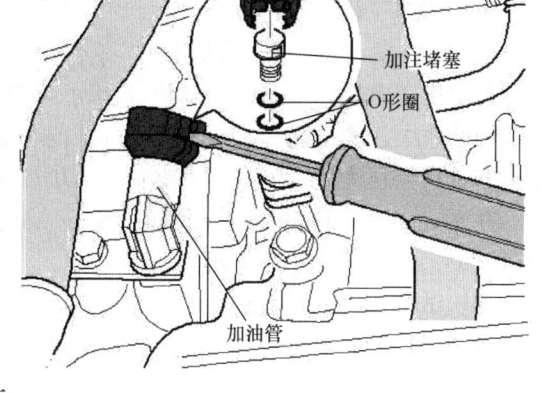

注意：无论是更换 ATF 还是日常的检查，我们都要按照标准严格遵循 ATF 的检查要求及操作步骤进行，同时一定要选用符合厂家标准要求的 ATF，否则可能会导致变速器严重损坏。

（二）变速器的检查

1. 换档质量的检查

换档质量的检查内容主要是检查有无换档冲击。正常的自动变速器只能有不太明显的换档冲击，特别是电控自动变速器的换档冲击应十分微弱。若换档冲击太大，说明自动变速器控制系统或换档执行元件有故障，其原因可能是主油压高或换档执行元件打滑，应做进一步的检查。

2. 锁止离合器工作状况的检查

自动变速器液力变矩器中锁止离合器的工作是否正常也可以采用道路试验的方法进行检查。试验中，让汽车加速至超速档，以高于80km/h的车速行驶，并让节气门开度保持在低于50%的位置，使变矩器进入锁止状态。此时，快速踩

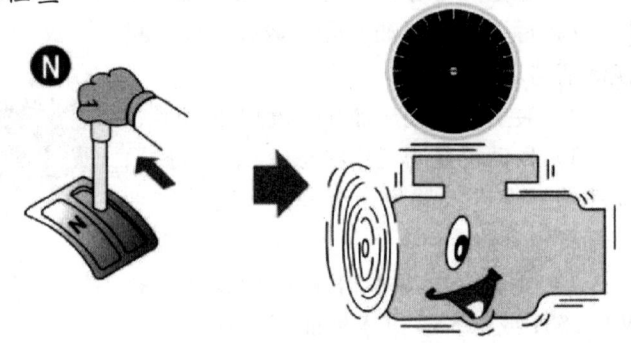

下加速踏板，使节气门开度超过85%，同时检查发动机转速的变化情况。若发动机转速没有太大的变化，说明锁止离合器处于接合状态；反之，若发动机转速升高很多，则表明锁止离合器没有接合，说明锁止控制系统有故障。

（三）油压试验

油压试验一般是做主油压测试，也可做进气门油压、速控油压、蓄能器背压测试。

1. 注意事项

1）运转发动机，让发动机和变速器温度正常。

2）拔去变速器壳体上的检查接头塞，连接压力表。

在油温正常时进行该试验（50~80℃）。

油压试验应由两人完成。一人应观察车轮及车轮塞木状况，同时另一人进行试验，如图所示。

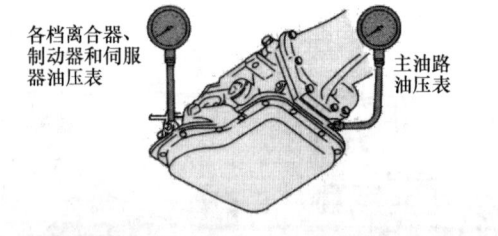 各档离合器、制动器和伺服器油压表　　主油路油压表	**2. 试验步骤** 1）运转发动机，让发动机和变速器温度正常。 2）拔去变速器壳体上的检查接头塞，连接压力表，如图所示。
	3）拉紧驻车制动手柄，用塞木塞住四个车轮，如图所示。

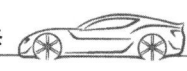

	4）起动发动机，检查怠速转速，如图所示。
	5）踩下制动踏板，将变速杆换入D位，如图所示。
	6）发动机怠速时测量主油压，如图所示。
	7）将加速踏板踩到底。在发动机达到失速转速时迅速读取油路最高压力，如图所示。 **注意**：如果在发动机转速未达到失速转速之前，后轮开始转动，则松开加速踏板停止试验。

任务四　检修双离合器自动变速器

20世纪80年代，双离合器自动变速器首次应用于赛车。其流畅重叠换档要求的高速计算复杂程度让它并未大规模量产。随着技术的发展和科技的进步，双离合器自动变速器已经开始大量普及。它采用类似手动变速器的齿轮传动机构，操作方法与自动变速器相同，如图所示。

一、相关知识

（一）双离合器变速器的结构组成

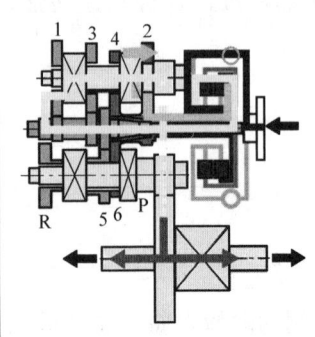

1. 双离合器特点
- 在升降档时，下一档永远提前啮合准备，不损失任何动力。
- 驾驶时，一组齿轮系统随时连接，下一组齿轮已经接合在其他齿轮系统（虽然这个齿轮的离合器仍然分离）。
- 此技术可避免扭力的损失，所以叫动力换档可以节省燃油4%～8%、响应更及时。

2. 双离合器变速器的组成
- 机械部分（平行轴式，输入轴是组合式）。
- 双离合器（分别对应两根输入轴）。
- 阀体。
- 控制模块。
- 液压系统。

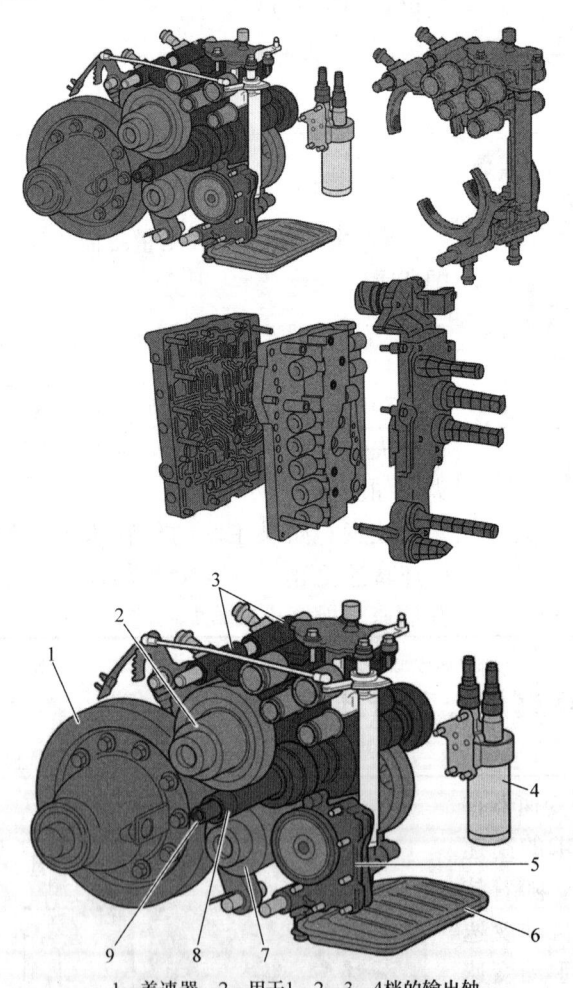

双离合器变速器内部组件结构如图所示。

1—差速器　2—用于1、2、3、4档的输出轴
3—档位拨叉　4—高压机油滤清器　5—油泵
6—带低压滤清器的油底壳　7—用于5、6、倒档的输出轴
8—外输入轴　9—内输入轴

3. 机械部分组成
- 有两个湿式离合器，但是没有一般的离合器踏板和传统的离合器机构。
- 此变速器设计包括三轴，有和手动档一样的换档机构，所有换档拨叉都用液压控制，与传统的自动变速器相比，其效率大有改进。
- 变速器的特点是分开（组合）式输入轴，每根输入轴有一个离合器；两个离合器之间相互独立地工作。
- 变速器有4个换档拨叉，由TCM通过电磁阀控制。

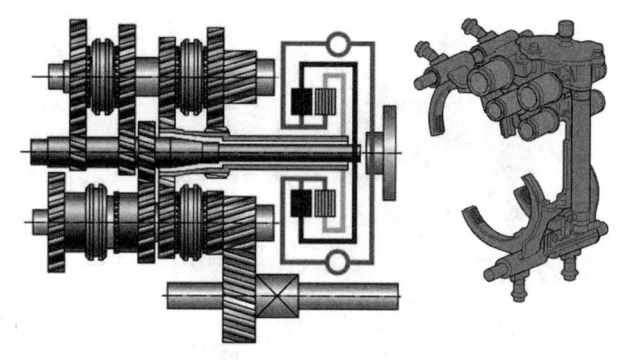

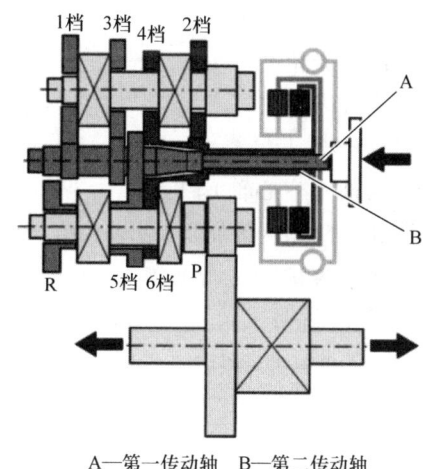

A—第一传动轴　B—第二传动轴

4. 齿轮构造介绍
- 两根传动轴分别由离合器1、离合器2控制与发动机动力的连接与断开，分别负责1、3、5档和2、4、6档的档位变换。
- 考虑到零件使用寿命，选择油槽膜片式离合器，离合器动作由液压系统来控制。

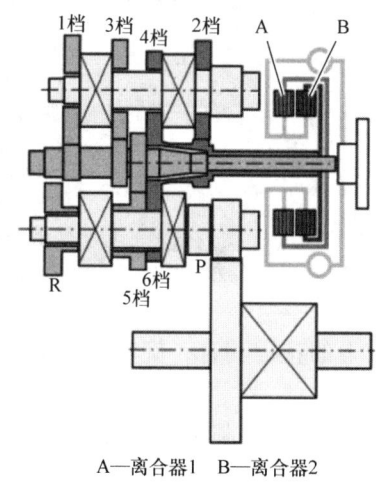

A—离合器1　B—离合器2

5. 双离合器变速器档位
- 奇数档位。
- 偶数档位。
- 输入轴。

离合器1对应奇数档1、3、5。
离合器2对应偶数档2、4、6。

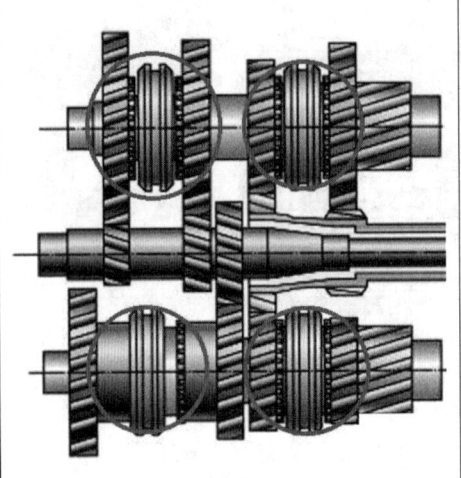

6. 同步器特性
- 同步单元、连锁滚珠、弹簧和配合凸缘部分组成一个整体,同步环由黄铜制成。
- 1、2、3 和 4 档均有双同步环,5、6 档和倒档有单同步环。
- 双同步环的优点主要是加大摩擦面积,有效的区域增加约 100%。
- 1、2、3 及 4 档的同步单元分别在 1、2、3、4 档的输出轴上。
- 5、6 档和倒档的同步单元分别在 5、6 档和倒档的输出轴上。

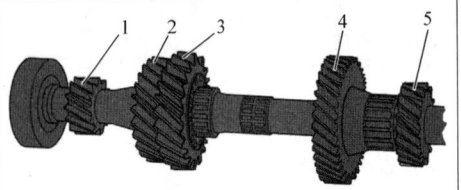

1—1档 2—3档 3—5档 4—4和6档 5—2档

7. 动力输入轴
- 内输入轴(实心轴)。
1) 1 档输入齿轮。
2) 3 档输入齿轮。
3) 5 档输入齿轮。
4) 对应离合器 1。
- 外输入轴(空心轴)。
1) 4 档和 6 档输入齿轮。
2) 2 档输入齿轮。
3) 对应离合器 2。
输入轴实物如左图所示。

8. 双离合器介绍
- 变速器有两个并行的湿式离合器。
- 排档过程中,离合器将来自发动机的动力传送到变速器中的分离式输入轴。
- "湿式"离合器是零件浸没在机油中,以减小摩擦,从而限制生热的离合器,每个离合器都有自身的供油和冷却系统。
- 圆盘式离合器使用液压执行换档,油在离合器活塞里面作用,离合器起动时,活塞中的液压迫使螺旋弹簧朝固定的止推板挤压圆盘离合器。
- 离合器圆盘内部有内齿,其能够与离合器鼓上的花键啮合,旋转过程中,离合器鼓啮合和接受来自发动机的动力。
- 在分开离合器时,活塞中的油压降低,这表示作用在圆盘和止推板的压力减小。

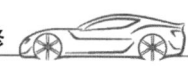

项目二 传动系统检修

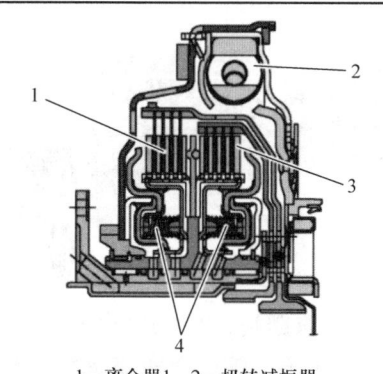

1—离合器1　2—扭转减振器
3—离合器2　4—螺旋弹簧

双离合器内部组件：
- 离合器 1 控制奇数齿轮：1、3、5 以及倒档齿轮。
- 离合器 2 控制偶数齿轮：2、4、6 齿轮。离合器之间相互独立。
- 双离合器系统有一个减振装置，将发动机与湿式离合器系统的输入侧相连。
- 只有换档过程中，两个离合器同时工作。

双离合器实物剖面如左图所示：
- 缓冲弹簧。
- 离合器片。
- 输入轴齿毂。

9. 变速杆总成

- 位于中央控制台内，并通过一根钢索机械连接至变速器。
- 除了 P/R/N/D 位置，配备 Geartronic 的变速杆托架有一个手动档（M）位置。手动档位置可以在行驶中的任何时候选中。
- 换低速档，档位选择器可以移动到"－"方向。换高速档，档位选择器可以移动到"＋"方向。起步时，第 3 档是可能达到的最高档位。发动机只可以在 P 或 N 位置起动。

（二）双离合器变速器的工作原理

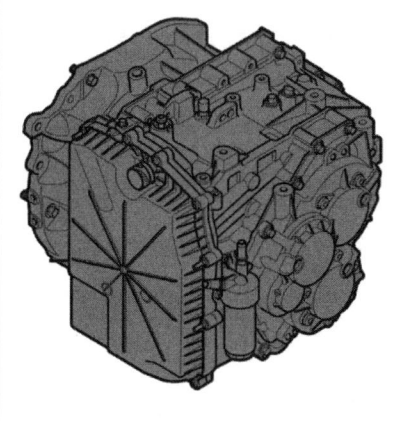

　　汽车换档时通过离合器实现分离与接合，在分离与接合之间就有动力传递暂时中断的现象，为了解决这个问题，汽车工程师发明了双离合器变速器，能消除换档离合时的动力传递停滞现象。

89

1. 双离合器工作原理

双离合器变速器是一个整体，有6个档位，离合器与变速器装配在同一机构内，两个离合器互相配合工作。

这两套离合器，A控制一套，B控制另一套。A挂上1档松开离合踏板起步时，这时B也预先挂上2档但踩住离合踏板；当车速上来准备换档，A踩住离合踏板的同时B即松开离合踏板，2档开始工作。

这样就省略了档位空置的时间，动力传递实现无缝连接。双离合器变速器两套离合器传动系统通过电控单元控制协调工作。

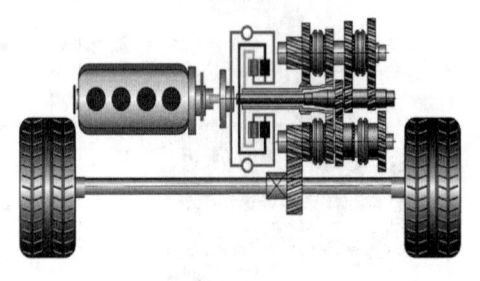

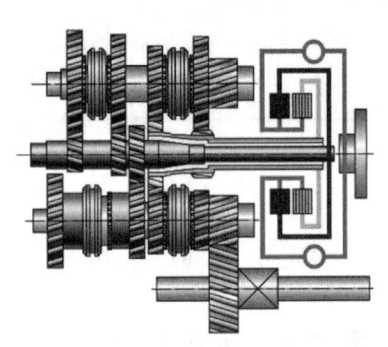

2. 动力传递

动力传递也称为动力流，掌握变速器的动力流对技师的诊断有必要的帮助。

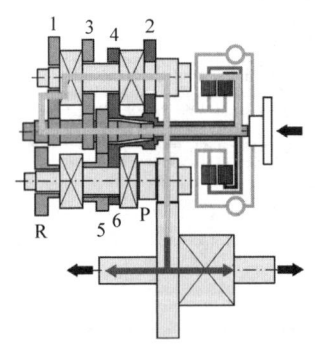

1档动力传递：

如左图所示，动力经离合器1传递至输入实心轴，经输入轴传递动力至1~4档输出轴的1档齿轮，经输出小齿轮到差速器。

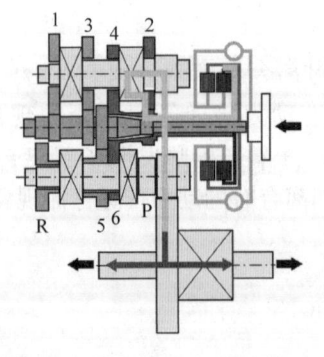

2档动力传递：

- 动力经离合器2传递至输入空心轴。
- 输入轴传递动力至1~4档输出轴的2档齿轮。
- 经由输出小齿轮到差速器。

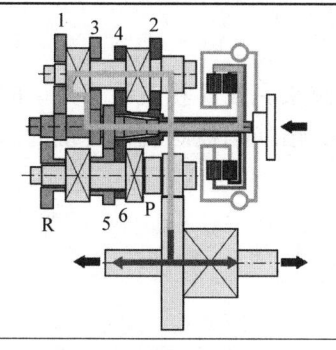	3档动力传递： ● 动力经离合器1传递至输入实心轴。 ● 输入轴传递动力至1~4档输出轴的3档齿轮。 ● 经由输出小齿轮到差速器。
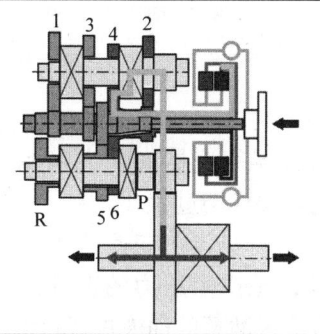	4档动力传递： ● 动力经离合器2传递至输入实空心轴。 ● 输入轴传递动力至1~4档输出轴的4档齿轮。 ● 经由输出小齿轮到差速器。
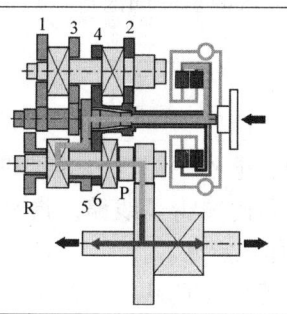	5档动力传递： ● 动力经离合器1传递至输入实心轴。 ● 输入轴传递动力至5、6、倒档输出轴的5档齿轮。 ● 经由输出小齿轮到差速器。
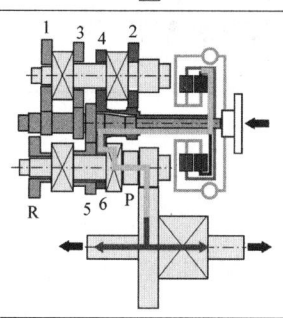	6档动力传递： ● 动力经离合器2传递至输入空心轴。 ● 输入轴传递动力至5、6、倒档输出轴的6档齿轮。 ● 经由输出小齿轮到差速器。
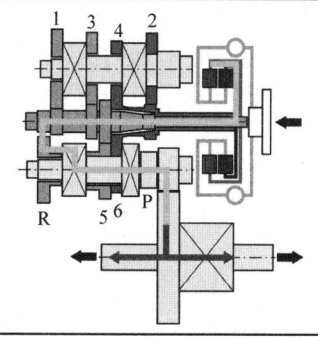	倒档动力传递： ● 动力经离合器1传递至输入实心轴。 ● 输入轴传递动力至5、6、倒档输出轴的倒档齿轮。 ● 倒档惰轮确保回转方向的反转。 ● 动力经由输出小齿轮到差速器。

（三）换档控制机构

手动变速器的换档过程，是通过一系列的杠杆系统来完成驾驶人手部力量的传递，实现换档动作的，而双离合器变速器的换档动作是由换档控制机构实现的。在本节将介绍双离合器变速器的换档控制机构，包括：
- 油泵。
- 阀体。
- 液压马达。
- 换档拨叉。

1—变速器油泵　2—变速器滤网

1. 油泵

油泵是双离合器变速器的动力来源，没有油泵就不可能实现换档过程。

如左图所示油泵安装在变速器内部，由发动机直接驱动，是产生压力的部件，变速器油滤清器，对进入油泵的油液进行过滤。

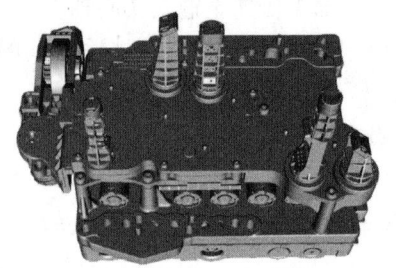

2. 阀体

阀体将TCM、电磁阀体、传感器和液压阀体高度集成，因此减少了线路，提高了双离合变速器的工作稳定性。

变速器控制模块（TCM）整合在Mechatronics单元中，安装于变速器内部。

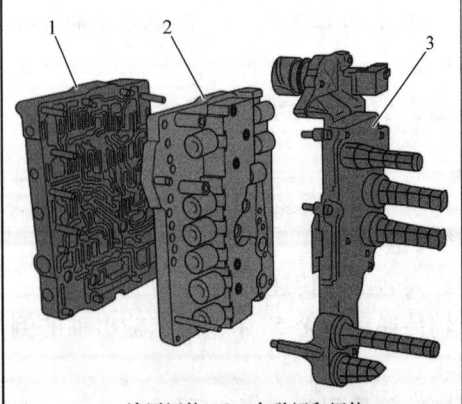

1—液压阀体　2—电磁阀和阀体
3—位置转速传感器及模块

变速器控制模块（TCM）和Mechatronics单元中的液压阀箱在工厂中通过匹配检查。这意味着控制模块和阀体必须一起更换。

3. 液压马达

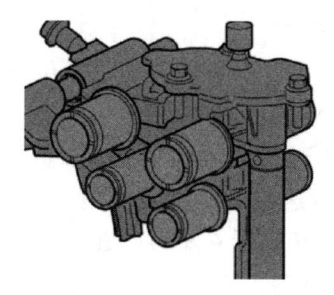

液压马达在整个系统中扮演了"动力肌肉"的角色，它直接把液压力作用到了换档拨叉，在最近的距离之内实现高效的换档动作。

如图所示，液压马达直接驱动拨叉运动，马达的动力来自于 TCM 控制的液压油，TCM 通过控制电磁阀实现对液压油的控制。

4. 换档拨叉

双离合器变速器的换档拨叉在视觉上很直观，类似手动变速器的换档拨叉。

双离合器的换档拨叉总成如图所示，具有以下特点：

- 只有换档拨叉的良好动作，才能实现档位的切换。
- 在变速器中有 4 个拨叉，TCM 控制电磁阀，起动液压装置，由此动力拨叉推动同步器与齿轮啮合。

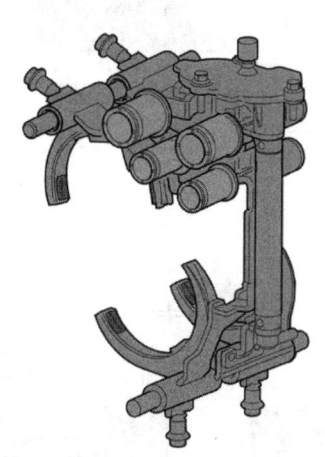

每个拨叉的齿轮位置为：

- 拨叉 1（奇数）：R – N – 5。
- 拨叉 2（奇数）：3 – N – 1。
- 拨叉 3（偶数）：2 – N – 4。
- 拨叉 4（偶数）：P – N – 6。
- 偶数和奇数齿轮可以同时起动，然后，并行操纵。

如果换上倒档，5 档和 N 位被阻塞，如果换 3 档，N 位和 1 档被阻塞，偶数齿轮也与之对应，从而实现变速器的互锁功能。

（四）电控系统

电控系统如同双离合变速器的大脑，通过各种传感器收集的信息进行运算，把处理结果通过不同的方式传递给各个执行单元，最终实现对变速器的控制。

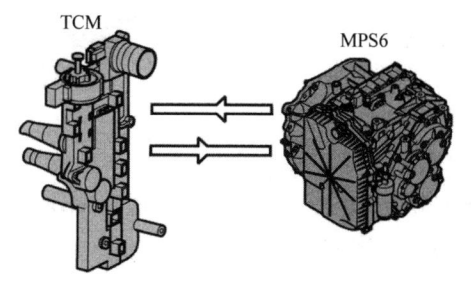

TCM 整合在 Mechatronics 单元中，其位于变速器前面的变速器外壳内。

TCM 有两个电源电压，一个来自发动机舱中的继电器/熔丝，另一个经由中央电子模块（CEM）中的舒适继电器控制。

1—发动机输入速度传感器
2—离合器触发点

1. 输入轴转速传感器

该传感器提供来自发动机的转速信号，位于离合器中，与TCM相连。

TCM向传感器提供7.2V电压，传感器以输入轴的齿轮触发点感知旋转速度，产生直流电压方波。轮齿经过时，信号变高（高于4.9V），在凹口经过时，信号变低（低于1.6V）。

TCM读取信号的频率在3.5Hz~8kHz之间变动，接收有关发动机输入速度信息。

注：传感器设计处理0~12000r/min的转速信号。传感器的另一个重要功能是其用作参考，可以诊断控制模块中的其他转速传感器。

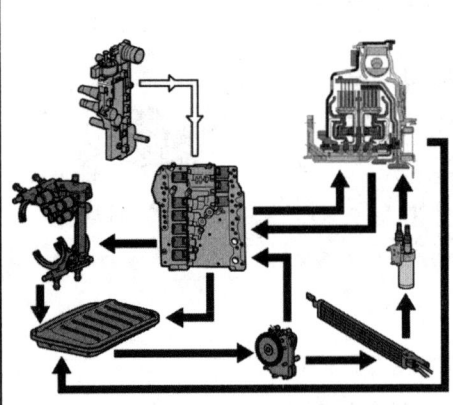

2. 控制系统工作原理

如左图所示为变速器控制模块控制路径图，其中油泵将油液泵出经过滤清器，建立变速器的工作油压与润滑油压。

变速器中的传感器将变速器运转状态信号输入给TCM。

TCM驱动控制电磁阀，电磁阀驱动终端执行器，实现变速器的正常工作。

3. 离合器控制原理

MPS6的换档功能可以划分为离合器系统和换档系统，这两个系统在换档过程中协同工作并使用同一个液压系统，TCM在油压和位置传感器的帮助下调节电磁阀来正确控制离合器和换档机构的油压。

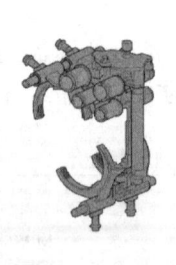 

在离合器接合和换档过程中离合器压力由PWM电磁阀（CSPS1和CSPS2）来确定。液压油是否流经离合器或者换档机构靠多路转换阀来调节（CSMS1和CSMS2）。

注：控制换档拨叉的换档电磁阀（SHSS1和SHSS2）仅用于控制换档系统，其他电磁阀和CPCUT用于控制离合器系统和换档系统中的压力和滑阀。

4. 换档控制原理

换档控制系统是基于软件策略根据行驶工况和驾驶人的输入确定换档点的，TCM 控制相应的电磁阀来实现自动的换档，为了实现根据某个驱动程序下精确的确定换档点，TCM 需要接收以下的信息：

- 所选变速器档位。
- 车速信息。
- 输入转速传感器的发动机转速信号。
- 奇、偶数档输入轴转速。
- 两个 TFT 的油温信息。
- 发动机转速、转矩和节气门位置信息。
- 发动机温度。
- 计算冷车时变速器油的黏度。
- 转向角度传感器信号以防止过弯时升档。
- YAW 信号用于防回转功能（仅适用于带坡道起步功能的车辆）。

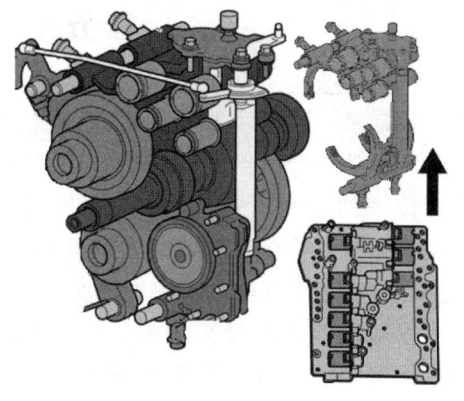

5. 离合器驱动控制

TCM 监控每次换档，保证在所有驾驶条件下换档的正确性、连续性和平稳性，由模块控制换档期间液压系统的压力变化和工作介入正时来实现的。

- 应用离合器压力调整，保证动力换档过程的离合器重叠工作时间和切换时间。
- 调整离合器压力准备条件，离合器不得超出应用压力。
- 根据温度、运行模式、档位条件等指标进行离合器转矩调整。

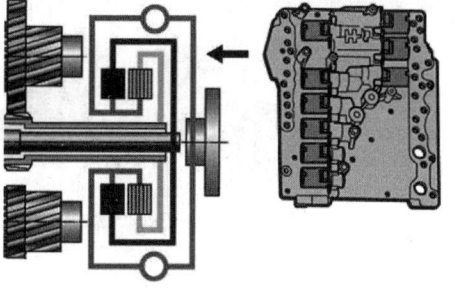

6. 离合器冷却控制

所谓"湿式"离合器并不意味着它完全浸入油里，换档机构油过量反而会使传动效率下降，因此湿式在此处意味着：当离合器断开或是换档过程中热量产生的时候，离合器系统通过冷却油流进行冷却。

如果离合器在固定行驶过程中处于接合状态的话，冷却油流将被切断，离合器室仅剩一点油雾，每个离合器都有其单独的油流供应及冷却系统。

任务五　检修驱动桥

驱动桥一般由主减速器、差速器、车轮传动装置和驱动桥壳等组成。它的作用是将万向传动装置传来的动力折过90°，改变力的传递方向，并由主减速器降低转速，增大转矩后，经差速器分配给左右半轴和驱动轮，如图所示。

发动机的动力经离合器、变速器、传动轴，最后传递到驱动桥再分配给左右半轴驱动车轮，在这条动力传递途径上，驱动桥是最后一个总成，它的主要部件是减速器和差速器。

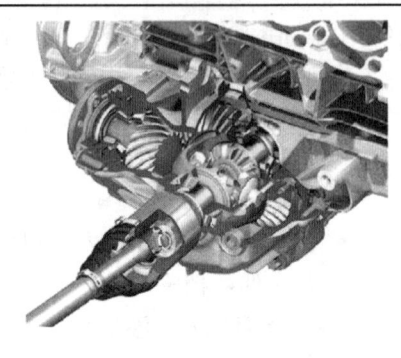

驱动桥一般由主减速器、差速器、半轴和桥壳组成。对于前置前驱的汽车而言，主减速器和差速器通常和变速器构成一个整体，统称为变速驱动桥，如图所示。

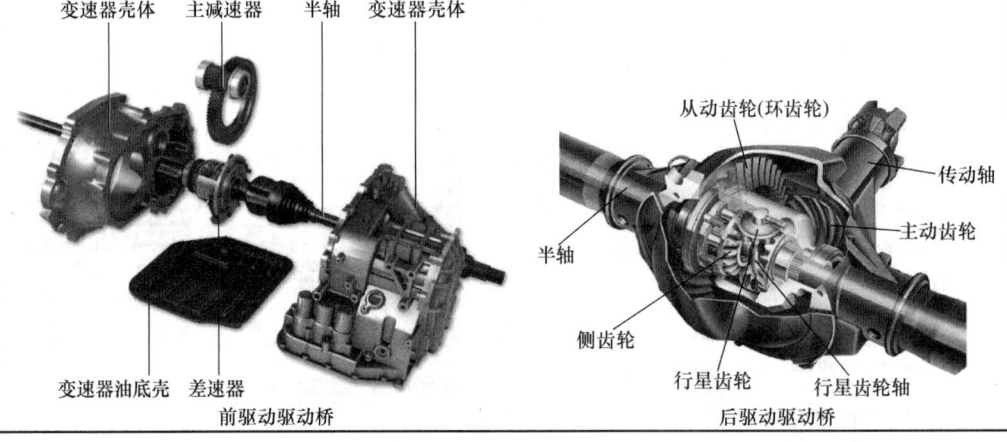

一、相关知识

（一）主减速器

在轿车中结构单元"差速器"由主减速器和真正的差速器组成。主减速器和差速器是互相协作的功能单元，共用一个壳体，通常称为差速器。

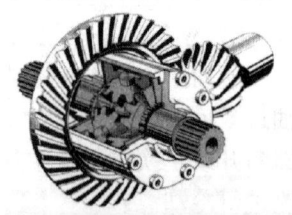

主减速器以固定传动比降低来自变速器的转速或提高转矩，并将转动继续传递给驱动轮。轿车主减速器传动比为4:1，货车为5:1~10:1。

锥齿轮传动

圆柱齿轮传动

对于发动机纵向布置的汽车，由于需要改变动力传递方向，单级主减速器都采用一对锥齿轮传动；对于发动机横向布置的汽车，单级主减速器采用一对圆柱齿轮。

锥齿轮减速器	圆柱齿轮减速器
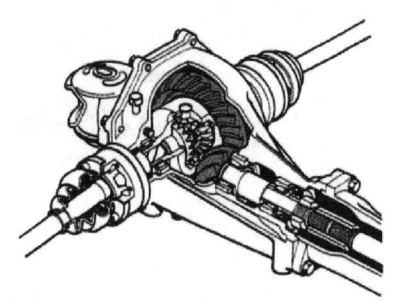 发动机纵置时使用锥齿轮减速器。主减速器将传动轴的转动方向改变90°。	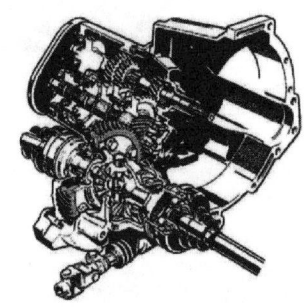 在发动机横置的前轮驱动车辆中，主减速器由一对斜齿圆柱齿轮组成。

锥齿轮减速器组成：
- 主动齿轮（小锥齿轮）和被动齿轮（大锥齿轮）。

主动齿轮轴相对被动齿轮轴向下偏移。这种传动方式称为双曲面齿轮传动，如图所示。

由于齿轮压力较高，因此需使用双曲面齿轮油。

① 由于轴偏移布置，因此齿面接触面积较大。从而可以传递较大的作用力。
② 运行更平稳。
③ 万向节通道可以保持较低。

齿面必须在齿轮节圆处接触，以便在磨损最小的情况下无噪声运转。

齿轮调整正确时，接触区位于主动齿轮的轮齿中部。

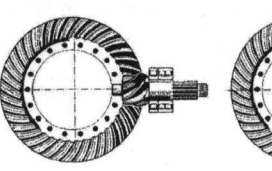
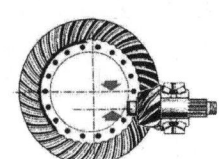

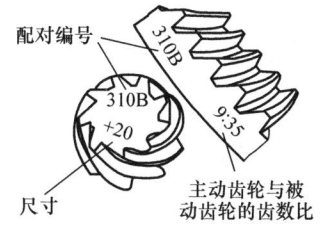

主动齿轮和被动齿轮由制造商配对调整到运行完全正常。两个齿轮只能成对更换。齿轮试运行时制造商确定的尺寸打印在齿轮上，如图所示。

锥齿轮采用按制造商公司名称命名的圆弧齿制。

格里森（Gleason）齿制	克林根贝格（Klingelnberg）齿制
轮齿是圆弧的一部分。被动齿轮的齿背厚度和齿高外侧大于内侧。 应用：乘用车、货车。 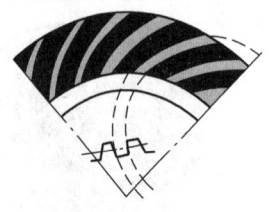	齿形是螺旋的一部分。 在整个齿宽上被动齿轮的齿背厚度和齿高相同。 应用：轿车。 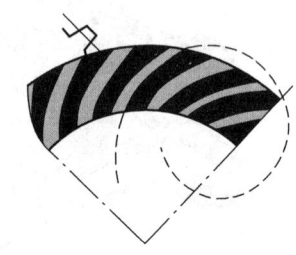

（二）差速器的结构

圆柱齿轮式差速器的十字轴安装在差速器壳结合面半圆槽所形成的圆孔内。每个轴颈上套有一个带有滑动轴承（衬套）的直齿圆锥行星齿轮，4 个行星齿轮的左右两侧各与一个直齿圆锥半轴齿轮相啮合。半轴齿轮的轴颈支承在差速器壳左右相应的孔中，其内花键与半轴相连。与差速器壳一起转动（公转）的行星齿轮拨动两侧的半轴齿轮转动。当两侧车轮所受阻力不同时，行星齿轮还要绕自身轴线转动（自转），实现对两侧车轮的差速驱动，如图所示。

汽车行驶时，动力经主减速器主动锥齿轮依次传至从动锥齿轮、差速器壳、十字轴、行星齿轮、半轴齿轮和半轴，最后传到驱动轮。差速器的润滑是和主减速器一起进行的。为了使润滑油进入差速器内，往往在差速器壳体上开有窗口。为保证润滑油能顺利到达行星齿轮和行星齿轮轴轴颈之间，在行星齿轮轴轴颈上铣出一平面，并在行星齿轮的齿间钻出径向油孔。在中型以下的货车或轿车上，因传递的转矩较小，故可用两个行星齿轮，相应的行星齿轮轴为一根直轴，如图所示。

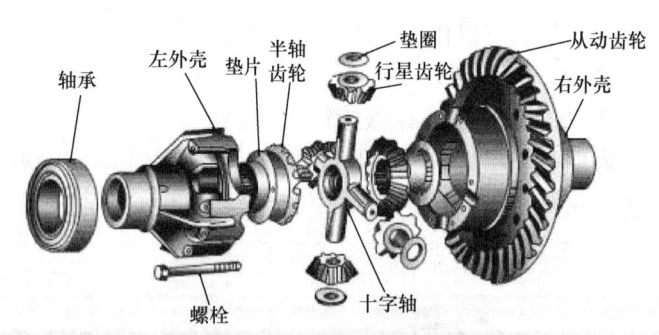

对称式锥齿轮差速器零件分解图

内摩擦力矩很小的对称式锥齿轮差速器的运动学和动力学特性可以概括为"差速但不差转矩"，即可以使两侧驱动轮以不同转速转动，但不能改变传给两侧驱动轮的转矩。锥齿轮式差速器动力传递：主减速器主动锥齿轮→从动锥齿轮→差速器壳→行星齿轮轴→行星齿轮→半轴齿轮→半轴→驱动轮。

（三）锥齿轮式差速器工作原理

1. 直行不差速时

如图所示，汽车直线行驶且不需要差速时，只要左右驱动轮所处路面状况相同，则左右驱动轮受到路面阻力相等，行星齿轮在其轴上不会发生转动，而是在差速器壳、行星齿轮轴的带动下，以相等的转矩，同时带动左右半轴齿轮旋转，使左右驱动轮

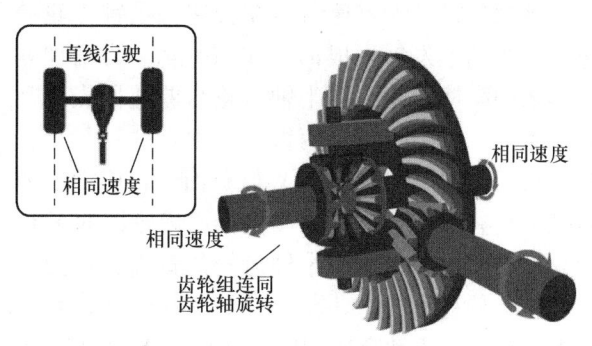

以与差速器壳相同的速度滚动，使汽车按直线方向行驶。

2. 转弯差速时

如图所示，当汽车右转弯时，道路要求右侧车轮应该滚慢一些，左侧车轮应该滚快一些。在差速器发生差速作用以前，右侧车轮有滑转趋势，即受到路面阻力大些；左侧车轮有滑拖趋势，即受到路面阻力小一些。这时，行星齿轮在绕半轴轴线公转

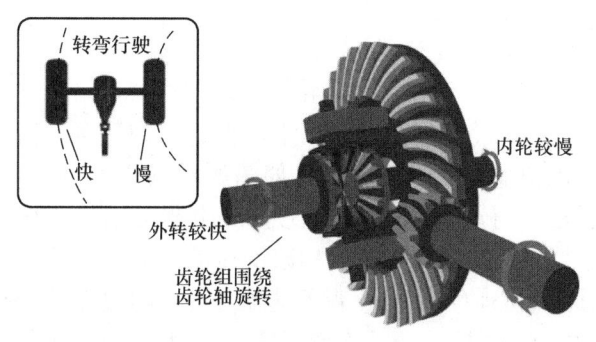

的同时又绕自身轴线自转，从而使右侧半轴齿轮转速减慢，左侧半轴齿轮转速加快。结果使右轮减慢、左轮加快，汽车顺利实现右转弯。

当汽车左转弯时，差速器的工作情况与汽车右转弯时正好相反，其差速作用使左轮减慢、右轮加快，汽车顺利实现左转弯。

（四）典型差速器

1. 强制锁止式差速器

强制锁止式差速器是在行星锥齿轮差速器上设置差速锁。强制锁止式差速器是用电磁阀控制的气缸操纵一个离合机构。当电磁阀接通时，控制气路打开，推动活塞右移，使外结合套与内结合套压紧成为刚性连接，左侧半轴与差速器壳相接合，差速器被锁止。这就相当于把左右两半轴锁成一体而一同旋转。这样，当一侧驱动轮打滑而牵引力过小时，从主减速器传来

的绝大部分转矩被分配到右侧驱动轮上，使汽车得以通过。

强制锁止式差速器结构简单，易于制造，但必须在停车时进行操作。而且接上差速锁时，左右车轮刚性连接，将产生前驱转向困难、轮胎磨损严重等问题。当车辆驶入良好路面时，需及时松开差速锁。

2. 摩擦片式自锁差速器

摩擦片式自锁差速器是在普通行星锥齿轮差速器的基础上发展而成的，如图所示。为增加差速器内的摩擦力矩，在半轴齿轮与差速器壳之间装有摩擦片。十字轴有两根相互垂直的行星齿轮轴组成，其端部均切出凸V形斜面，相应地差速器壳上也有凹V形斜面。两根行星齿轮轴的V形面是反向安装的，每个半轴齿轮的背面有推力压盘和主、从动摩擦片。推力压盘以内花键与半轴相连，而其轴颈处用外花键与从动摩擦片相连。主动摩擦片则用花键与差速器壳相连。推力压盘与主、从动摩擦片均可做微小的轴向移动。摩擦片式自锁差速器因结构简单、工作平稳而多用于轿车或轻型货车。

3. 托森差速器

托森差速器又称蜗轮蜗杆式差速器，是一种轴间自锁差速器，广泛用于四轮驱动的轿车，其在传动系统中的安装位置如图所示（以奥迪A4轿车为例）。发动机输出的转矩由驱动轴传入变速器，经过齿轮变速机构改变传动比后，由输出轴（空心轴）传至托森差速器外壳。通过差速器的差速作用，一部分转矩通过差速器主动齿轮传至前桥，另一部分转矩通过万向轴的法兰盘传至后桥，从而实现前后轴同时驱动和前后轴转矩的自动调节。托森差速器的锁紧系数 K 为 0.56，输出到半轴的最大转矩之比 $K_b = 3.5$。

托森差速器的结构如图所示，由空心轴、差速器外壳、前轴蜗杆、后轴蜗杆、蜗轮轴及蜗轮等组成。空心轴和差速器外壳通过花键相连而一同转动，蜗轮通过蜗杆轴支撑在差速器外壳上，并分别与前后蜗杆相啮合。每个涡轮上固定有两个正齿轮，每对蜗轮通过正齿轮相啮合。前轴蜗杆和前驱动轴为一体，后轴蜗杆和驱动后桥的万向轴的法兰为一体。

当汽车行驶时，来自发动机的转矩通过空心轴传至差速器外壳，然后通过蜗轮轴传至蜗轮，再传至蜗杆。前轴蜗杆通过前驱动轴将动力传至前桥，后轴蜗杆通过万向轴的法兰盘将动力传至后桥。当汽车转向时，前后桥将出现转速差，通过与蜗轮啮合的正齿轮的相对转动，使一轴转速提高，而使另一轴转速降低，从而实现差速作用。同时，差速器可使转速低的轴比转速高的轴分配到更大的转矩，从而提高了汽车通过坏路面的能力。

二、维修任务实施：检修驱动桥

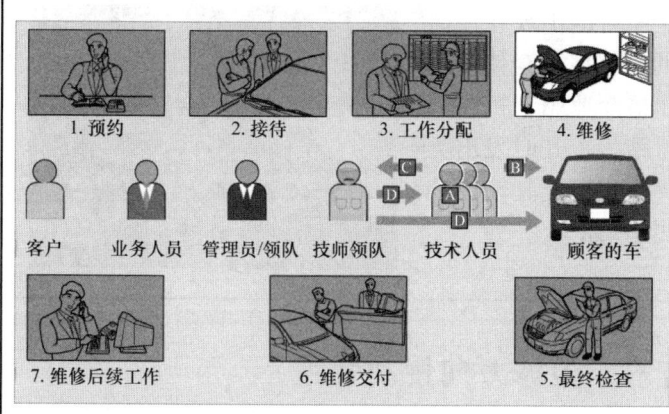

对技术人员要求：
- 接收/检查修理单。
- 接收用于修理的订购零件。
- 在允许的时间内进行工作。
- 向技师领队确认工作完成。

技师领队：
- 对技术难度高的工作向技术人员提供指导和帮助。

差速器故障的诊断

损坏的轴承

1. 差速器壳发出轴承噪声

当车轮转动时，差速器壳会发出轴承噪声。这种噪声可在任何档位上出现，但当车速增加时噪声会比较强烈。诊断这种类型的故障时，要特别注意发出噪声的位置。有时会把车轮轴承发出的噪声误认为是差速器轴承发出的噪声。当车辆处于行驶状态时，可使用底盘听诊器确定噪声出自什么位置。

损坏的齿轮

2. 差速器齿轮噪声

差速器不同的齿轮损坏，所导致的噪声也会有差别。

3. 半轴齿轮和差速器行星齿轮损坏

由于车辆在直线行驶时半轴齿轮和差速器行星齿轮均不转动，所以如果这些齿轮损坏，车辆在转弯时就会产生噪声。当车辆左转弯或右转弯时都可能发出噪声，车辆缓慢转急弯时噪声会更强烈。车轮尺寸不一致会造成车辆行驶时车轮的转速产生差异，导致半轴和差速器行星齿轮一直处于转动的状态，行驶一段时间后就会使半轴齿轮和差速器行星齿轮损坏。如果车辆驱动轮的尺寸不一致，半轴齿轮和差速器行星齿轮在车辆直线行驶时就会发出噪声。

半轴齿轮和差速器行星齿轮损坏

4. 输出齿轮/齿圈损坏

如果输出齿轮/齿圈的齿损坏，在行驶时会发出类似"咔哒"声或敲击声。车辆在重载时噪声会非常剧烈，噪声可能出现在任何车速状态下。输出齿轮/齿圈的齿损坏不会使车辆在静止和空档时产生噪声。如果变速驱动桥在汽车处于空档静止状态且离合器踏板松开时发出类似"咔哒"声或敲击声，则噪声很可能是输出轴或输入轴上的齿轮发出的，如图所示。

任务六　检修万向传动装置

汽车在行驶过程中，如果车轮受路面冲击，会使车轮和悬架产生振动，变速器的输出轴与驱动轮之间的相对位置就会发生变化。因此，变速器的输出轴与驱动轮之间不能通过刚性件连接并传动，而是采用万向传动装置，如图所示。万向传动装置的万向节、传动轴等结构可以实现变速器的输出轴与驱动轮之间动力的可靠传递。综上所述，万向传动装置的作用是在相对位置经常发生变化的两根传动轴之间传递动力。

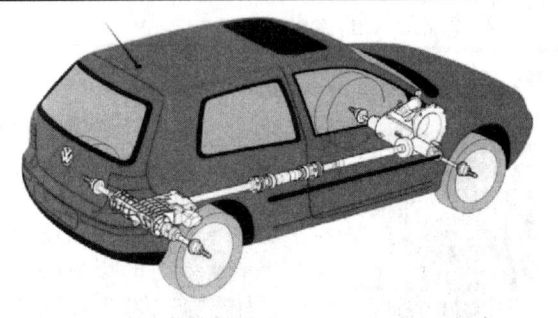

一、相关知识

（一）传动轴和半轴

轿车万向传动装置主要包括万向节和传动轴。对于前置前驱汽车而言，其发动机大都横置且不在车辆的中间位置，通常有一定的偏置。这种布置方式使得万向传动装置一般为不等距布置，即发动机传递的动力经过变速器再传递到差速器，差速器通过两个不等长的万向传动装置分别传递到两侧车轮，如图所示。两边的万向传动装置都分别由两个万向节和一根半轴组成，半轴一根较短，另一根较长。

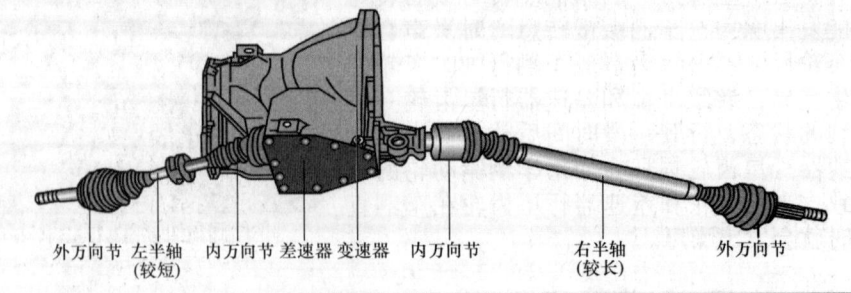

外万向节　左半轴　内万向节　差速器　变速器　内万向节　右半轴　外万向节
　　　　　（较短）　　　　　　　　　　　　　　　　　　　　　（较长）

重型车辆万向传动装置主要包括万向节和传动轴，对于传动距离较远的分段式传动轴，为了提高传动轴的刚度，还设置有中间支承，如图所示。

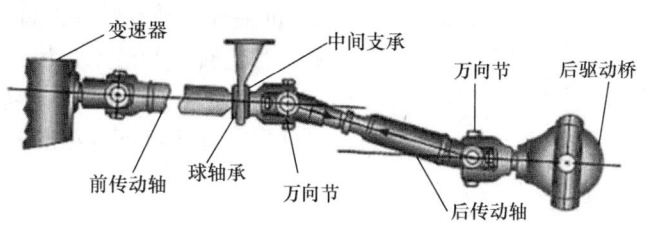

后轮驱动	前轮驱动
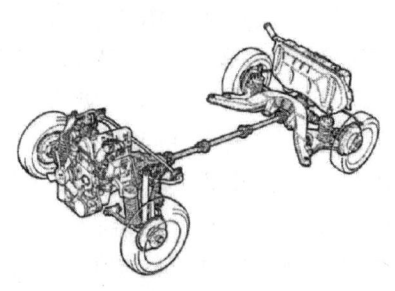	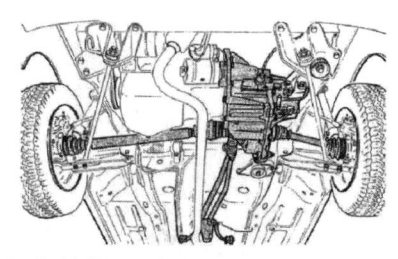
在后轮驱动车辆中，一根传动轴将转矩从变速器传递到主减速器。因为主减速器位置较低，所以传动轴向下倾斜。半轴将转矩从主减速器传递给驱动轮，如图所示。	在前轮驱动车辆中，半轴将转矩从主减速器递给驱动轮，如图所示。

采用独立悬架式驱动轮时，主减速器与车身固定连接，而驱动轮则上下移动，此外对驱动轴还有其他要求。

弹簧伸长和压缩	摆动
半轴必须参与车轮悬架的往复移动，同时补偿长度变化，如图所示。	发动机和变速器以弹性方式支撑。在某些转速范围内这个单元开始在其支座内摆动。这种运动必须由驱动轴补偿。
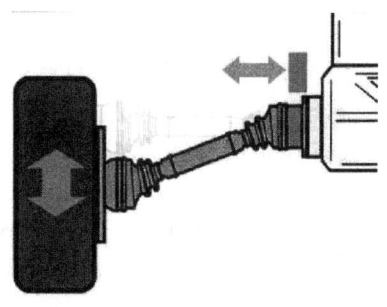	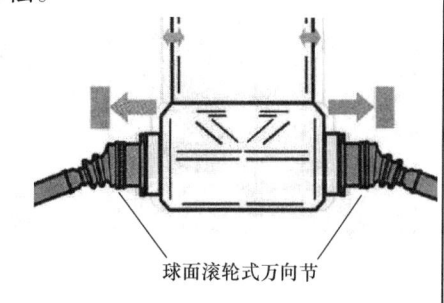

车轮转角

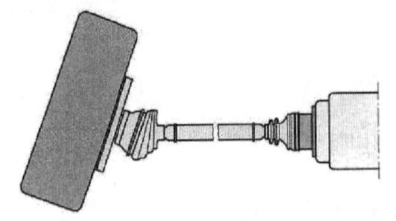

在前轮驱动车辆中，对半轴还有其他要求：
1) 前桥半轴必须有较大的许用偏转夹角，以便能够承受车轮转角和悬架行程。
2) 即使车轮转角较大时，半轴的转动也必须均匀，以确保转向系统不受振动影响。

（二）万向节

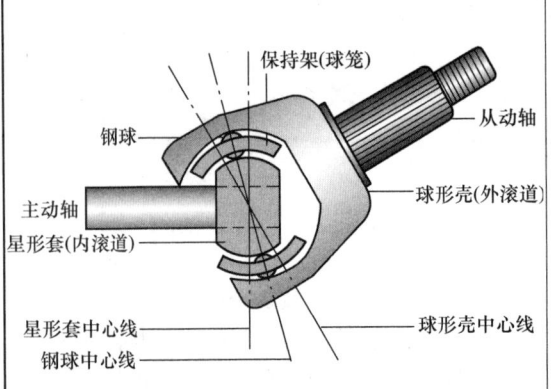

1. 球笼式万向节

球笼式万向节由主动轴、星形套（内滚道）、钢球、保持架（球笼）、球形壳（外滚道）和从动轴组成，如图所示。球笼式万向节工作时钢球在内外两个滚道之间滚动，两个滚道绕同一个中心转动，使得主动轴和从动轴只能绕着钢球座的中心转动而不能相对移动，因此球笼式万向节的特点是只能改变传动轴之间的角度，而不能改变传动轴之间的相对长度，一般外万向节使用球笼式万向节。

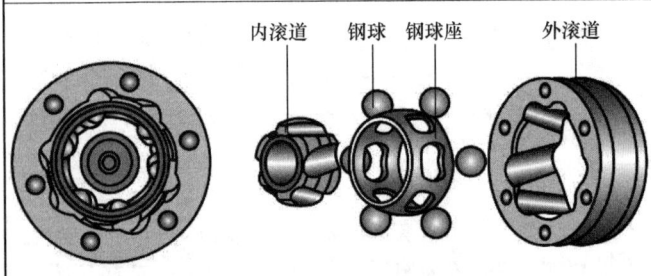

装配图　　　　　　　零件图

2. 球叉式万向节

球叉式万向节的结构与球笼式万向节类似，也是钢球在内外两个滚道之间滚动。

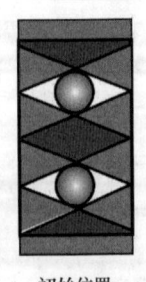 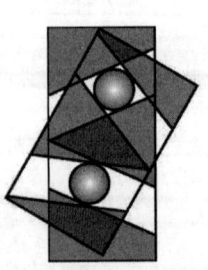

初始位置　　万向节拉伸　　万向节旋转

因为球叉式万向节内外两个滚道是相互交叉放置，成一定的角度，所以既能改变传动轴之间的角度，又能改变传递轴之间的相对长度，不过其长度改变的范围较小。外万向节一般使用球叉式万向节。

3. 三轴式万向节

三轴式万向节主要由三轴架、套在三轴架上的三个轴承以及与三轴架形状贴合的万向节壳体组成如图所示。三轴架通过轴承与万向节壳体的内表面直接接触,能够自由转动和移动。三轴式万向节一般使用在内万向节上,它既能改变传动轴之间的角度,又能改变传动轴之间的相对长度(调节范围较大,长度可达到20mm)。

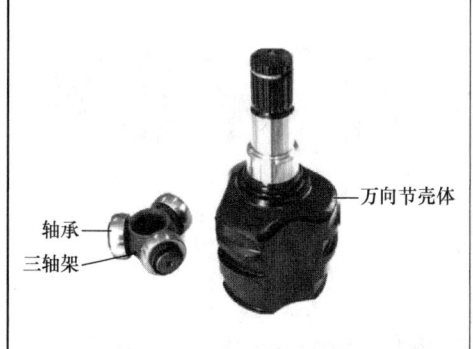

4. 十字轴式刚性万向节

十字轴式刚性万向节主要由十字轴、万向节叉等组成,如图所示。万向节叉上的孔分别套在十字轴的四个轴颈上。在十字轴轴颈与万向节叉孔之间装有滚针和套筒,用带有锁片的螺钉和轴承盖来使之轴向定位。

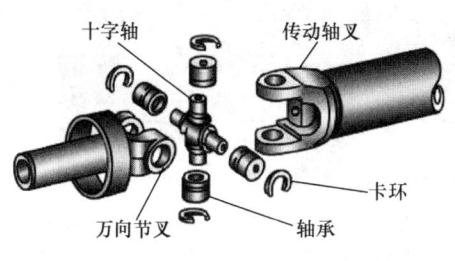

二、维修任务实施:检修万向传动装置

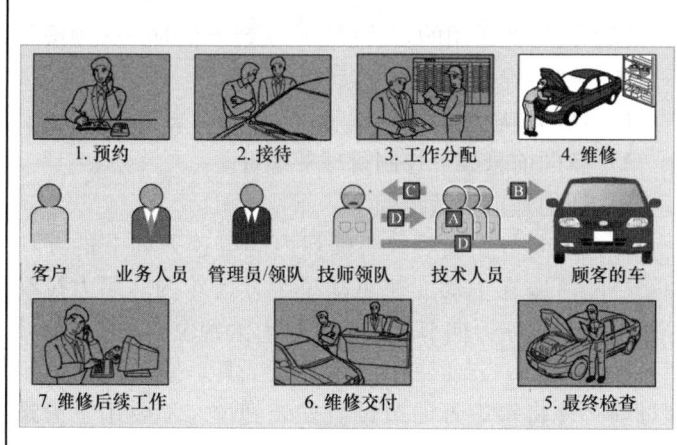

对技术人员要求:
- 接收/检查修理单。
- 接收用于修理的订购零件。
- 在允许的时间内进行工作。
- 向技师领队确认工作完成。

技师领队:
- 对技术难度高的工作向技术人员提供指导和帮助。

(一)传动轴的维修程序

传动轴维修程序因要维修的是内侧等速万向节还是外侧等速万向节而有所差异。在有些内侧等速万向节上,万向节本身无需维护。如果有多个等速万向节防尘套需要更换,则须更换整个轴(具体维修方案要根据维修的标准)。维修程序根据要维修等速万向节的类型不同而有所差异。维修车辆半轴时,一定要参阅信息查询系统说明,了解特定的维修程序。

1. 拆卸程序

虽然每个车型的传动轴拆卸程序都不尽相同，但有些拆卸步骤还是适用于各种车型的。以下就是一些通用的拆卸程序，如图所示。按照下列通用的操作程序对传动轴进行分解/装配和检查操作。进行拆卸操作时，拆下等速万向节防尘套后，用手指从万向节上提取少量的万向节润滑脂，如果发现润滑脂中有杂质，说明润滑脂已经被污染。必须对等速万向节进行分解、清洗并涂抹新的润滑脂。在无润滑脂润滑的状态下使用的等速万向节不能修理，必须更换。在等速万向节上只能使用专用的等速万向节防尘套卡箍，在维修案例中有等速万向节防尘套拆装。不能用软管夹和其他类型的夹子固定防尘套。防尘套卡箍只能用专用工具上紧。装配时，一定要安装新的弹簧挡圈或卡环。拆卸三销式内侧等速万向节，要将滚柱固定好，以免掉落。维护等速万向节时，只能使用专用高温等速万向节润滑脂或符合厂商规范的等效润滑脂。

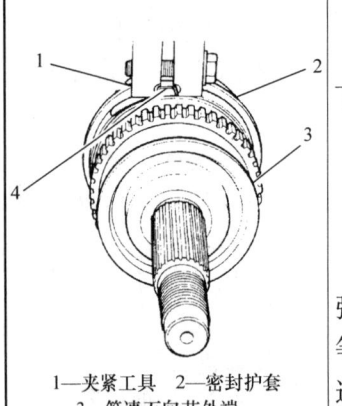

1—夹紧工具　2—密封护套
3—等速万向节外端
4—防护罩卡箍

2. 安装程序

以下是一些通用的安装程序。安装半轴时，必须换装下列新元件：

1）新的前轴轮毂固定螺母。
2）新的前悬架下控制臂球节螺母。
3）新的开口弹簧挡圈。

等速万向节安装后，要确保内侧等速万向节的开口弹簧挡圈落座在手动变速驱动桥半轴齿轮内。用力拉动等速万向节确认万向节已落座并且卡紧到位。安装外侧等速万向节时，一定要使用专用维修工具。安装轮毂固定螺母前必须将等速万向节过盈安装到位。不要用上紧螺母的方法将等速万向节拉入轮毂，如图所示。

特别提示：

为避免损坏万向节和防尘套，对于内侧传动轴接头，弯曲角度不要超过18°，对于外侧传动轴接头，弯曲角度不要超过45°。不要使半轴悬吊在内侧或外侧等速万向节上。

轮毂和外侧等速万向节轴是过盈安装的。在拆卸外侧等速万向节时，一定要使用合适的拉拔工具将万向节轴从轮毂中拆出。

分解和装配时，如果使用压缩空气会损坏轮毂轴承和等速万向节。

（二）传动轴的故障诊断

汽车传动机构由很多零件组成，这些零件大多是通过机械连接或机械传动组合在一起的，在机械传动中噪声和振动是常见的故障，如图所示，下面对传动机构中的半轴的常见问题进行介绍。

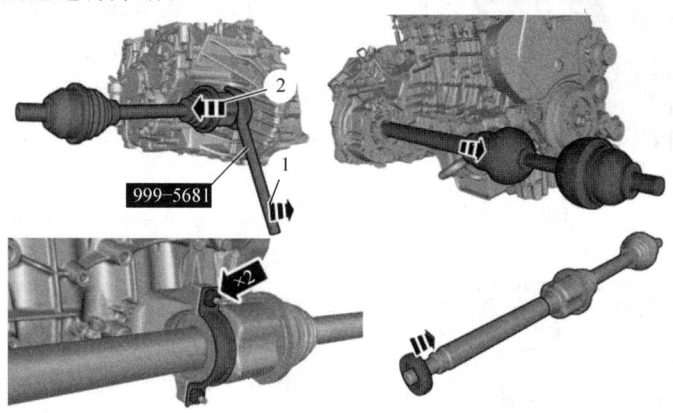

传动轴的故障现象一般表现为噪声和振动。所以在对半轴进行维修之前，要首先检查轮胎和车轮平衡是否正常。常见的半轴异响故障通常发生在转弯和加速时有"咔哒"声、"砰砰"声或摩擦噪声。

1. 检查外侧等速万向节

如图所示，由于外侧等速万向节损坏而产生的一种常见的故障现象。在车辆低速急转弯时会产生噪声，也可能会在车辆加速时产生噪声。故障原因一般是等速万向节防尘套损坏导致污物进入万向节。当万向节产生"咔哒"声或"砰砰"声等噪声时，必须更换万向节。

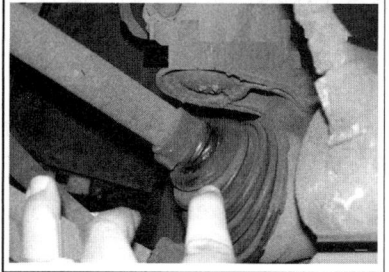

万向节防尘套密封不严或损坏导致润滑脂泄漏如图所示。如果万向节防尘套破裂或防尘套夹失效而使等速万向节泄漏润滑脂，则要更换防尘套和防尘套夹。

2. 车辆加速时抖动或振动

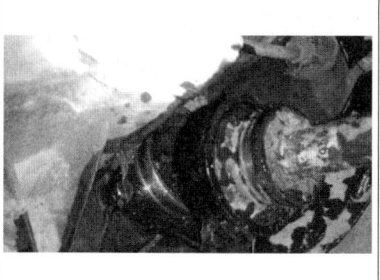

这种故障一般是由于等速万向节运行角度过高引起的。检查车辆的行驶高度和弹簧刚度系数，确保悬架系统在合乎规范的状态下运行。如果半轴带有中间轴，中间轴承磨损或损坏也会导致这种故障。等速万向节损坏也可能是导致该故障的原因，但等速万向节的损坏一般是由于万向节防尘套破损导致污物进入万向节而产生的，通过目视检查就可检查出来，如图所示。

3. 车辆时速大于40km/h时发生振动

这种故障一般是由于车轮或轮胎不平衡造成的。然而，如果外侧等速万向节未能正确落座在轮毂上，也会导致这种故障。这一般是由于内侧等速万向节磨损过度造成的。如果半轴带有中间轴，中间轴承磨损或损坏，也会导致这种故障，如图所示。

4. 车辆不能行驶

如果传动轴或等速万向节卡死，或从差速器半轴齿轮上脱落，车辆会由于差速器不能作用而无法行驶。如果内侧等速万向节破裂或从差速器上脱落，一定要查找故障原因，手动变速驱动桥安装偏差、发动机支座损坏、悬架故障或其他部件的故障都有可能使手动变速驱动桥或车轮无法正常工作，如图所示。

任务评价一

一、案例学习

一辆配有手动变速器的车辆被拖车拖到维修中心，经技师检查发现该车离合器打滑，该车行驶了7500km，在与车主沟通后，对该车进行了维修，更换了新的离合器压盘、离合器片、分离轴承。车辆维修完毕后，客户将车提走。然而2周后，该车带着相同的故障回到了维修中心。经检查，故障依旧。

一位有经验的维修技师与车主进行了沟通后得知，该故障并非维修质量问题，而是车主的驾驶习惯不当所导致，该车主在车辆行驶过程中，左脚始终放在离合器踏板上，这样就造成离合器分离轴承与压盘的始终接触，离合器长时间处于半联动状态造成了非正常损坏。

最后，维修中心对车辆进行了维修，并纠正了车主错误的驾驶习惯。

本故障案例告诉我们，驾驶人的非正常使用会损坏离合器，同时，作为维修技师，当发现故障点后，要究其原因，找到故障的根源。总之，作为一名合格的维修技师，在工作中要做到"知其然，知其所以然"。

二、思考题

1. 离合器的功用是什么？
2. 简述离合器的基本组成和工作原理。
3. 简述膜片弹簧离合器的结构特点及工作原理。

4. 离合器常见故障有哪些？如何判断这些故障？
5. 自动变速器的主要特点有哪些？
6. 自动变速器齿轮变速机构中离合器的作用是什么？
7. 自动变速器齿轮变速机构中制动器的作用是什么？

三、任务小结

在本项目内容中，重点学习了以下内容：
1. 离合器的作用、结构、工作原理。
2. 离合器的故障诊断。
3. 离合器的检查。

本项目的学习目标你已经达成了吗？请通过思考以下问题的答案进行结果检验。
1. 你知道离合器的作用吗？
2. 你能说出离合器由哪几部分组成吗？
3. 你知道离合器的工作原理吗？
4. 你知道如何判断离合器打滑吗？
5. 你认为离合器抖动是在离合器接合过程中出现，还是分离过程中出现？
6. 你知道如何判断离合器分离困难的原因吗？
7. 你知道离合器异响的根本原因吗？
8. 你知道如何检查离合器的操纵机构吗？
9. 你知道如何检查离合器片吗？
10. 你知道如何安装离合器吗？

四、课堂练习（不定项选择题）

1. 离合器中直接用螺栓紧固到飞轮上的部件是：（　　　）。
  A. 压盘
  B. 从动盘
  C. 膜片弹簧
  D. 离合器盖

2. 离合器中能吸收发动机扭转振动的部件是：（　　　）。
  A. 摩擦片
  B. 两片摩擦片中间的钢片弹簧
  C. 圆周方向的减振弹簧
  D. 膜片弹簧

3. 当离合器踏板踩到底时，以下说法正确的是：（　　　）。
  A. 分离轴承推压膜片弹簧
  B. 压盘压紧从动盘
  C. 从动盘与飞轮分离
  D. 变速器输入轴空转

4. 在车间内检查离合器打滑，使用的方法是：（　　　）。

A. 失速试验

B. 超速试验

C. 负载试验

D. 补偿试验

5. 离合器存在拖滞，可能造成什么故障现象：（　　）。

A. 车辆动力不足

B. 变速器挂档困难

C. 踩离合器踏板时抖动

D. 从动盘磨损加快

任务评价二

一、任务小结

在本项目内容中，重点学习了以下内容：

1. 手动变速器的结构。
2. 手动变速器的动力传递。
3. 手动变速器的诊断。
4. 手动变速器主要部件的检查。

本项目的学习目标你已经达成了吗？请通过思考以下问题进行结果检验。

1. 你知道齿轮传动的传动比的概念吗？
2. 你知道同步器是如何工作的吗？
3. 你知道变速器中自锁、互锁、换档锁的作用分别是什么吗？
4. 你知道手动变速器各档位的动力流吗？
5. 你知道手动变速器有哪些故障会导致换档困难？
6. 你知道变速器脱档的主要原因吗？
7. 你知道变速器锁档的主要原因吗？
8. 你知道常见的变速器异响都是由哪些原因引起的吗？
9. 你知道在检查齿轮时应着重检查哪些情况吗？
10. 你知道同步器的检查项目都有哪些？
11. 你知道换档机构的检查位置都有哪些？

二、课堂练习（不定项练习题）

1. 以下关于齿轮传动比的说法，叙述正确的是：（　　）。

A. 传动比的计算方法是输入部件的转速除以输出部件的转速

B. 传动比的计算方法是输出部件的齿数除以输入部件的齿数

C. 传动比小于1时，表明该传动属于减速传动

D. 传动比大于1时，表明该传动属于增矩传动

2. 以下关于同步器的说法，叙述正确的是：（　　）。

A. 在升档时，同步器的作用是通过摩擦降低输入轴转速，使之与输出同步

B. 在降档时，同步器的作用是通过摩擦提高输入轴转速，使之与输出同步
C. 同步器在工作时，自身不转动
D. 安装有同步器的车辆换档时无须使用离合器
3. 以下关于 MTX-75 手动变速器换档机构的说法，叙述正确的是：（　　）。
A. 变速器换档轴受操纵机构的控制，驱动换档执行机构
B. 换档轴的轴线运动，是变速器的选档动作
C. 换档轴的周向运动，是变速器的入档或摘档动作
D. 换挡轴与手动变速器的倒档锁机构相连接
4. 以下关于 MTX-75 手动变速器的叙述，说法正确的是：（　　）。
A. 变速器的倒档是靠中间轴的存在实现的
B. 与轴加工在一起的齿形或通过花键连接在轴上的齿轮称之为轮齿
C. 3 档和 4 档同步器安装在输出轴上
D. 在前进档位，倒档惰轮不旋转
5. 下列故障描述中，能够导致手动变速器换档困难的故障有：（　　）。
A. 输入轴轴承磨损
B. 同步器锁环齿形损坏
C. 换档拨叉轴弯曲
D. 倒档锁失效
6. 下列故障描述中，能够导致手动变速器脱档的故障有：（　　）。
A. 变速器自锁装置失效
B. 变速器互锁装置失效
C. 换档拉锁折断
D. 换档轴弯曲

三、思考题

1. 变速器有何功用？有哪些类型？
2. 两轴式和三轴式变速器各有何特点？分别应用于什么场合？
3. 同步器的作用是什么？有哪些类型？由哪几部分组成？
4. 变速器操纵机构的定位锁止装置有哪些？各有什么作用？
5. 变速器常见故障有哪些？叙述自动掉档的原因。

任务评价三

一、任务小结

在本项目内容中，重点学习了以下内容：
1. 半轴的结构。
2. 半轴的工作原理。
3. 差速器的工作原理。
4. 半轴的故障诊断。

5. 差速器的诊断。

6. 半轴的检修。

本项目的学习目标你已经达成了吗？请通过思考以下问题的答案进行结果检验。

1. 你知道半轴由哪几部分组成吗？

2. 你能说出半轴的工作原理吗？

3. 你知道车辆在转弯时差速器是如何运转的吗？

4. 你知道半轴经常出现哪些故障吗？

5. 你知道差速器经常出现哪些故障吗？

6. 你知道半轴的测量方法吗？

7. 你知道如何拆卸和安装半轴吗？

二、课堂练习

（一）不定项选择题

1. 以下关于半轴结构的说法，叙述正确的有：（　　　）。

A. 前驱车辆安装的半轴其万向节是不等速万向节

B. 前驱车辆的半轴通常由等速万向节、防尘套、轴组成

C. 变速驱动桥的位置不在车辆中心线上的车辆，半轴通常配备中间轴

D. 半轴的万向节通常有三销式等速万向节和球笼式等速万向节

2. 以下关于差速器的说法，叙述正确的有：（　　　）。

A. 差速器只有在车辆转弯时才工作，从而实现内外侧车轮的差速转动

B. 车辆在转弯时，由于有差速器的作用，内侧车轮的转速高于外侧车轮的转速

C. 将一侧驱动轮制动，那么另一侧车轮将以2倍于原先的转速旋转

D. 差速器可以起到减速增矩的作用

3. 以下哪些故障可能导致传动机构运转时发生噪声：（　　　）。

A. 万向节滚珠磨损

B. 防尘套卡箍脱落

C. 差速器轴承损坏

D. 半轴弯曲

（二）思考题

1. 当传动机构出现噪声故障时，如何区分是差速器的噪声还是半轴的噪声？

2. 万向传动装置有何功用？都应用在哪些场合？

3. 什么是单个刚性十字轴万向节传动的不等速性？此不等速性会给汽车带来什么危害？怎样实现主、从动轴的等角速传动？

4. 为什么传动轴采用滑动花键联接？请举例说明。

5. 对万向传动装置的基本要求有哪些？

项目三

行驶系统检修

项目描述

客户反映自己的 2015 款丰田卡罗拉 1.6L 手动 GL 型轿车在行驶中底盘前部有异响，打转向盘时变沉。维修人员对车辆进行路试，发现行驶中底盘右前部确实有异响，车身摆动，转弯打转向盘时变沉，尤其是经过颠簸路面时还会出现金属撞击声。

车辆底盘右前部异响的故障原因有很多，如轮胎、轴承、下摆臂、前悬架、稳定杆、半轴、制动器等故障都会造成异响，询问客户后得知不久前车辆刚刚更换过制动摩擦片，同时对半轴和轮胎都检查过，没有发现异常。使用故障诊断仪 VAS5052A 对此车的转向助力系统进行检查，没有发现故障。检查稳定杆及橡胶支座，没有发现异常。因此将故障点聚焦到前悬架、下摆臂、轴承等部分。

汽车在凹凸不平的路面行驶或高速行驶时，坐在车里的人很少会感到剧烈颠簸或抖动，汽车在满载时也很少会发生明显的变形，这些都是如何实现的呢？今天我们就来认识一下支撑全车重量并保证汽车正常行驶的汽车行驶系统，如图所示。汽车行驶系统一般由车架、车桥、车轮和悬架四部分组成。

汽车行驶系统基本作用如下：

1）接受由发动机经传动系统传递的转矩，并通过驱动轮与路面之间的附着作用，产生路面对驱动轮的牵引力，以保证汽车正常行驶。

2）支撑全车重量，传递并承受路面作用于车轮上的力及其所形成的力矩。

3）尽可能缓和不平路面对车身造成的冲击,并衰减其振动,保证汽车行驶平顺性。

4）与转向系统协调配合工作,实现汽车行驶方向的正确控制,以保证汽车操纵稳定性。

学习目标

知识目标
1. 能理解汽车行驶系统的分类。
2. 能理解汽车行驶系统故障的成因。
3. 能理解汽车行驶系统故障诊断的原则。
4. 掌握汽车故障行驶系统诊断的基本方法。
5. 掌握汽车故障行驶系统诊断的基本流程。
6. 掌握汽车故障诊断的注意事项。

技能目标
1. 能辨别按照不同标准对行驶系统故障分类。
2. 掌握故障诊断的基本原则。
3. 能使用行驶系统故障诊断流程。
4. 能区分汽车的人为故障和自然故障。
5. 掌握汽车故障诊断的基本技能。
6. 掌握汽车各个故障诊断流程的方法和技巧。

素养目标
1. 严格执行汽车故障诊断规范,养成严谨科学的工作态度。
2. 尊重他人的劳动,不窃取他人成果。
3. 养成总结故障诊断任务结果的习惯,为完成下次汽车故障诊断任务积累经验。
4. 培养团队协作精神。
5. 能够养成自觉遵守技术标准和要求规定、规范操作、安全、环保、"6S"作业的习惯。
6. 能够养成劳动光荣、创造伟大的思维和创新意识。
7. 养成主动思考、自主学习的习惯。
8. 提升发现问题、分析问题、解决问题的能力。
9. 培养知识总结、综合运用、语言表达的能力。

任务一　检修悬架系统

　　舒适性是轿车最重要的使用性能之一。舒适性与车身的固有振动特性有关,而车身的固有振动特性又与悬架的特性相关。汽车悬架是保证乘坐舒适性的重要部件。同时,汽车悬架做为车架(或车身)与车轴(或车轮)之间作连接的传力机件,又是保证汽车行驶安全的重要部件。因此，汽车悬架是衡量轿车质量的指标之一。悬架结构形式和性能参数的选择合理与否，直接对汽车行驶平顺性、操纵稳定性和舒适性有很大的影响。由此可见，悬架系统在现代汽车上是重要的总成之一，如图所示。

一、相关知识

（一）悬架系统的作用

汽车车架（或车身）若直接安装于车桥（或车轮）上，由于道路不平，由于地面冲击使货物和人会感到很不舒服，这是因为没有悬架装置。汽车悬架是车架（或车身）与车轴（或车轮）之间的弹性连接装置的统称，其作用包括：

- 弹性地连接车桥和车架（或车身），缓和行驶中车辆受到的冲击。
- 保证货物完好和人员舒适。
- 衰减由于弹性系统引进的振动，使汽车行驶中保持稳定的姿势，改善操纵稳定性。
- 承担着传递垂直反力、纵向反力（牵引力和制动力）和侧向反力以及这些力所造成的力矩作用到车架（或车身）上，以保证汽车行驶平顺。
- 当车轮相对车架跳动时，特别在转向时，车轮运动轨迹要符合一定的要求，因此悬架还有使车轮按一定轨迹相对车身跳动的导向作用。

1. 前悬架

前悬架连接前轮与车身，确保车辆行驶平顺性、操纵稳定性及舒适性，如图所示。

- 连接前轮与车身。
- 与转向系统共同实现车轮转向。
- 缓冲冲击。

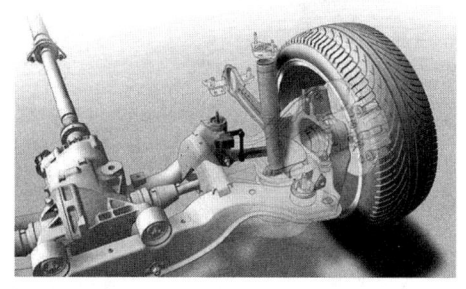

2. 后悬架

后悬架连接后轮与车身，确保车辆行驶平顺性、操纵稳定性及舒适性，如图所示。

（二）悬架系统的类型

1. 独立悬架

独立悬架是每一侧的车轮都是单独地通过弹性悬架悬挂在车架或车身下面的，如图所示。

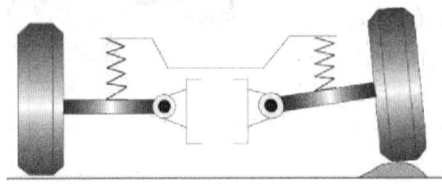

优点：质量小，减少了车身受到的冲击，并提高了车轮的地面附着力；可用刚度小的较软弹簧，改善汽车的舒适性；可以使发动机位置降低，汽车重心也得到降低，从而提高汽车的行驶稳定性；左右车轮单独跳动，互不相干，能减小车身的倾斜和振动。不过，独立悬架存在着结构复杂、成本高、维修不便的缺点。现代轿车大都是采用独立悬架，按其结构形式的不同，独立悬架又可分为横臂式、纵臂式、多连杆式、烛式以及麦弗逊式悬架等，如图所示。

每个车轮单独通过悬架与车架连接，可以单独跳动，可减少车身振动，消除车轮偏摆；降低汽车重心，提高行驶稳定性，广泛应用于轿车前悬架。

- 结构较复杂，成本较高。
- 允许前轮有大的跳动空间，有利于转向，便于选择软的弹簧元件使平顺性得到改善。
- 非簧载质量小，可提高汽车车轮的附着性。

如果采用螺旋弹簧或气体弹簧则需要有较复杂的导向机构。

2. 非独立悬架

非独立悬架的结构特点是两侧车轮由一根整体式车架相连，车轮连同车桥一起通过弹性悬架悬挂在车架或车身的下面，如图所示。

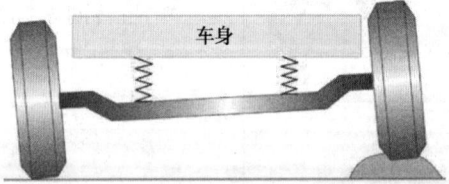

非独立悬架具有结构简单、成本低、强度高、保养容易、行车中前轮定位变化小的优点，但其舒适性及操纵稳定性都较差，如图所示。

两侧车轮刚性地连接在一起，只能共同运动的悬架，广泛应用于货车、客车和轿车后桥，如图所示。

- 结构简单，成本较低。
- 质量比较大，高速行驶时悬架受到冲击载荷比较大，平顺性较差。
- 现代轿车中基本上已不再使用，多用在货车和大型客车上。

（三）独立悬架分类

独立悬架可分以下3类：
- 麦弗逊式悬架。
- 双横臂式独立悬架。
- 多连杆独立悬架。

1. 麦弗逊式悬架

麦弗逊式悬架的车轮也是沿着主销滑动的悬架，但与烛式悬架不完全相同，它的主销是可以摆动的，麦弗逊式悬架是摆臂式与烛式悬架的结合。与双横臂式悬架相比，麦弗逊式悬架的优点是：结构紧凑，车轮跳动时前轮定位参数变化小，有良好的操纵稳定性，由于取消了上横臂，给发动机和转向系统的布置带来方便；与烛式悬架相比，它的滑柱受到的侧向力又有了较大的改善，如图所示。

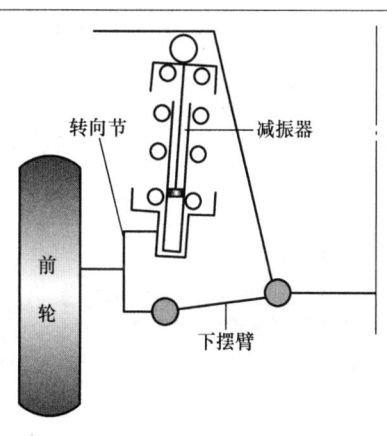

麦弗逊式悬架是当今世界应用最广泛的轿车前悬架之一，如图所示。

麦弗逊式悬架由螺旋弹簧、减振器、三角形下摆臂组成，绝大部分车型还会加上横向稳定杆。

减振器可以避免螺旋弹簧受力时向前、后、左、右偏移的现象，限制弹簧只能作上下方向的振动，并且可以通过对减振器的行程、阻尼以及搭配不同硬度的螺旋弹簧对悬架性能进行调校，如图所示。

2. 双横臂式独立悬架

不等长双横臂式悬架如图所示。上下两摆臂不等长，选择长度比例合适，可使车轮和主销的角度及轮距变化不大。这种独立悬架被广泛应用在轿车前轮上。双横臂的臂有做成 A 形或 V 形。V 形臂的上下 2 个 V 形摆臂以一定的距离分别安装在车轮上，另一端安装在车架上。

不等长双横臂上臂比下臂短。当车轮上下运动时，上臂比下臂运动弧度小。这将使轮胎上部轻微地内外移动，而底部影响很小。这种结构有利于减少轮胎磨损，提高汽车行驶平顺性和方向稳定性，如图所示。

双横臂悬架拥有上下两个摇臂，横向力由两个摇臂同时吸收，支柱只承载车身质量。因此横向刚度大。由于上下使用不等长摇臂（上长、下短），让车轮在上下运动时能自动改变外倾角并且减小轮距变化，减小轮胎磨损，并且也能自适应路面，轮胎接地面积大，贴地性好，如图所示。

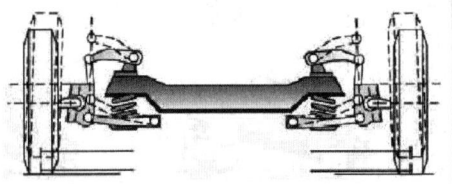

- 由于多了一个上摇臂，所以需要占用较大的空间，因此小型车的前桥一般布置不下此种悬架。
- 提高汽车行驶平顺性和方向稳定性。

3. 多连杆独立悬架

多连杆独立悬架是由 3~5 根杆件组合起来控制车轮的位置变化的悬架。多连杆独立悬架能使车轮绕着与汽车纵轴线成一定角度的轴线内摆动，是横臂式和纵臂式的折中方案，适当地选择摆臂轴线与汽车纵轴线所成的夹角，可不同程度地获得横臂式与纵臂式悬架的优点，能满足不同的使用性能要求。多连杆独立悬架的主要优点是：车轮跳动时，轮距和前束的变化很小，汽车在驱动、制动状态下都可以按驾驶人的意图进行平稳地转向，其不足之处是汽车高速时有轴摆动现象，如图所示。

多连杆独立悬架结构相对复杂，材料成本、研发成本以及制造成本远高于其他类型的悬架，而且其占用空间大，中小型车出于成本和空间考虑极少使用这种悬架。但舒适性能是所有悬架中最好的，操控性能也和双叉臂式悬架难分伯仲，高档轿车由于空间充裕且注重舒适性能和操控稳定性，所以大多使用多连杆独立悬架。可以说，多连杆独立悬架是高档轿车的绝佳搭档，如图所示。

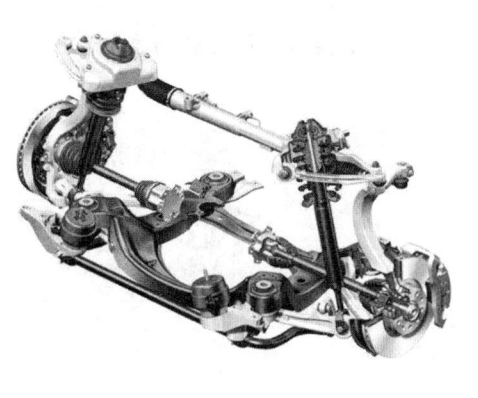

通过各种连杆配置（通常有三连杆、四连杆、五连杆），首先能实现双叉臂悬架的所有性能，然后在双叉臂的基础上通过连杆连接轴的约束作用使得轮胎在上下运动时前束也能相应改变，这意味着弯道适应性更好，如图所示。

- 在前驱车的前悬架，可以在一定程度上缓解转向不足，给人带来精确转向的感觉。
- 如果用在后悬架上，能在转向侧倾的作用下改变后轮的前束，这就意味着后轮可以在一定程度上随前轮一同转向，达到舒适操控两不误的目的。
- 与双叉臂悬架一样，多连杆独立悬架同样需要占用较多的空间，而且多连杆独立悬架无论是制造成本还是研发成本都是最高的，所以常用在中高级车的后桥上。

（四）悬架系统组成

悬架一般由弹性元件、导向机构、减振器和横向稳定杆组成，正是有了这四个部分，才衍生出了各式各样的悬架系统。

1. 弹性元件

弹性元件，顾名思义就是用来起缓冲作用的部件，其中比较常见的就是螺旋弹簧、钢板弹簧、扭杆弹簧和气体弹簧，在轿车上应用最多的是螺旋弹簧，而钢板弹簧主要应用在一些轻型货车、中及重型汽车和客车上。

支撑垂直载荷，缓和和抑制不平路面引起的振动和冲击。弹性元件主要有钢板弹簧、螺旋弹簧、扭杆弹簧，如图所示。

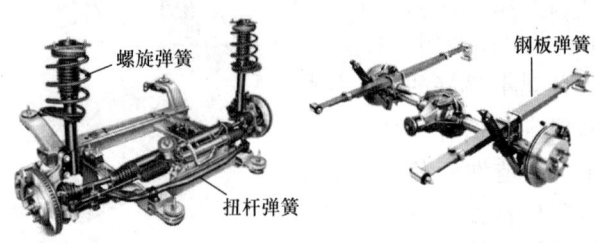

气体弹簧如图所示。

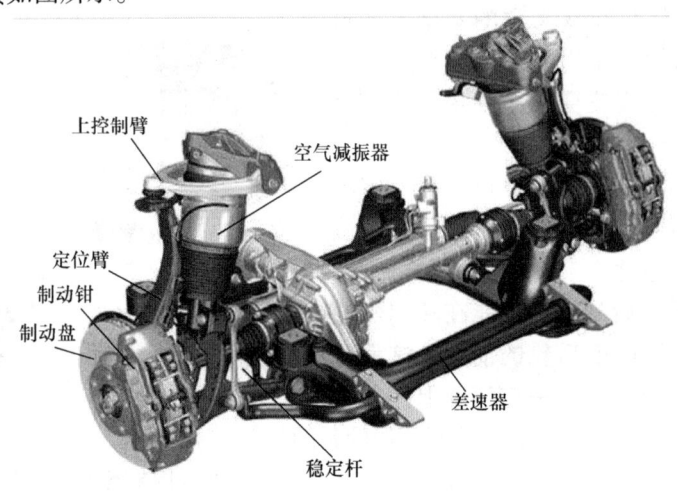

2. 导向机构

导向机构用来传递车轮与车身间的力和力矩，同时保持车轮按一定运动轨迹相对车身跳动，通常导向机构由控制摆臂式杆件组成，种类有单杆式、多连杆式。钢板弹簧作为弹性元件时，不需要另设导向机构，它本身兼起导向作用。

拖臂和车轮转轴构成一个单元，用钢板制成。根据FoPB（脚踏式驻车制动）或EPB（电子驻车制动）和减振器型式，拖臂有不同的类型。

拖臂的衬套不可作为更换零件提供。在出现衬套磨损时，拖臂需要作为一个单元更换。

（1）上控制臂

上控制臂大多采用铝合金的，也有采用铸铁制造的。前驱车和四驱车的连杆臂不同，减振器类型也不同，如图所示。

- 对于标准减振器和前驱车，车辆左右两侧的控制臂是相同的。

对于车身自动水平调节系统、全时四驱车型，车辆左右两侧的控制臂是不同的。

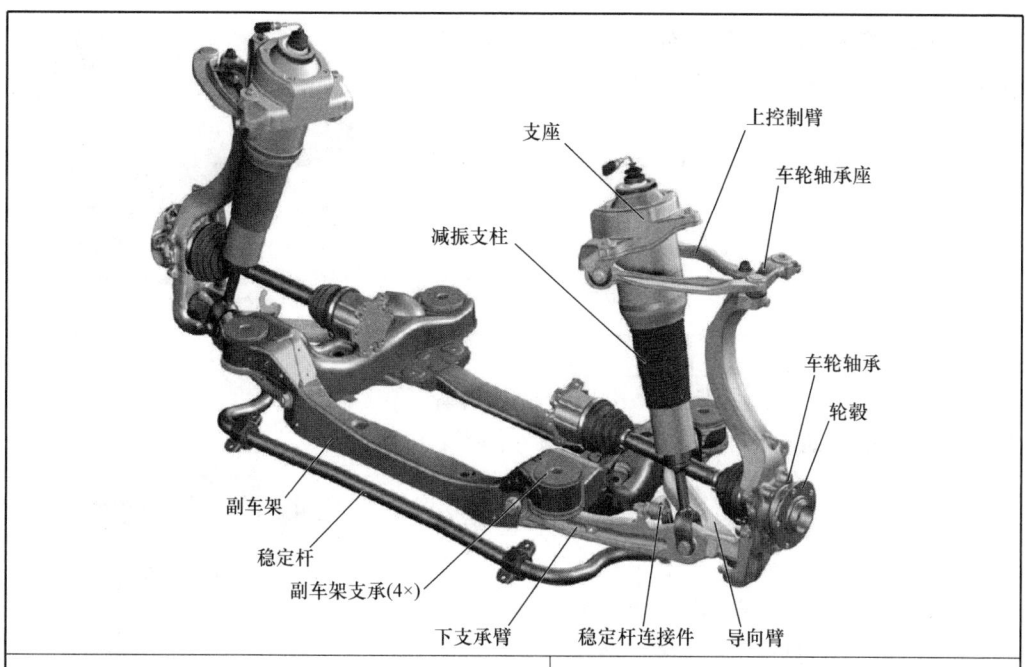

奥迪轿车的上控制臂均为铝制锻件。为了降低轮胎噪声并提高舒适性，导向臂通过一个大液压减振衬套来与副车架相连，如图所示。

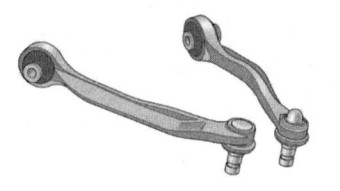

沃尔沃轿车的上控制臂是采用铸铁制造的，如图所示。

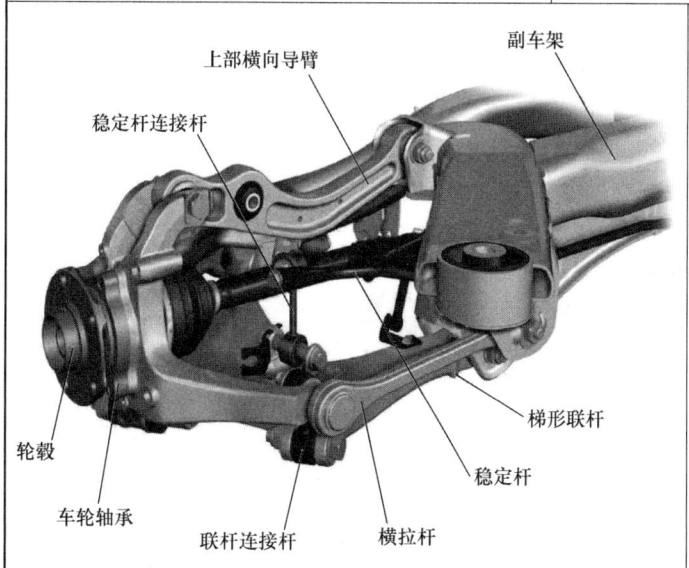

（2）横拉杆

横拉杆使用铝合金或钢板制造，在车辆左、右两侧是相同的，如图所示。

- 横拉杆的衬套不可作为更换零件提供。
- 衬套出现磨损时，整个横拉杆都需要更换。

沃尔沃轿车的横拉杆是使用钢板制造的,如图所示。

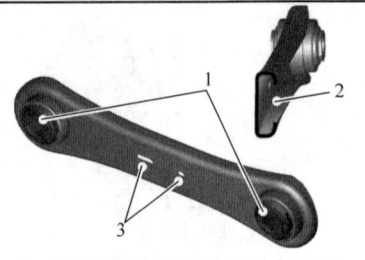

1—橡胶衬套　2—开口面向车辆后部
3—倾斜传感器的固定架

（3）副支架

副支架使用冲压钢板制造,由四个橡胶衬套安装在车体中,如图所示。

- 橡胶衬套有不同的横向和纵向刚性。因此,在更换衬套时,必须记下正确的位置。
- 根据发动机型式,副支架有不同的型式。
- 8 缸发动机的副支架得到强化,除其他方面外,还有多个发动机的固定架。这种型式的发动机安装在副支架上时,橡胶衬套亦得到了强化。

奥迪 A8 轿车使用铝制副车架,与钢制结构相比,副车架质量减小约 9kg。副车架在车身上的支承采用四个相同的液压衬套,如图所示。

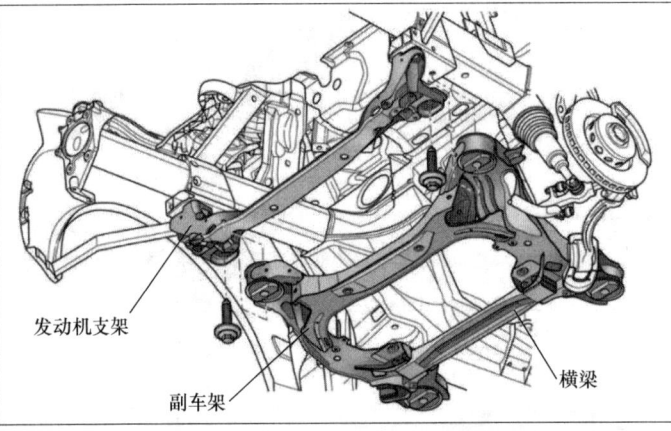

发动机支架　副车架　横梁

3. 减振器

减振器的作用是吸收弹簧起落时车辆的振动,使其迅速恢复平稳的状态。当轿车在不平坦路面上行驶,车身会产生振动,减振器能迅速衰减车身振动,利用油液流动的阻力来消耗振动的能量,以改善汽车行驶的平稳性。减振器和弹性元件是并联安装的,如图所示。

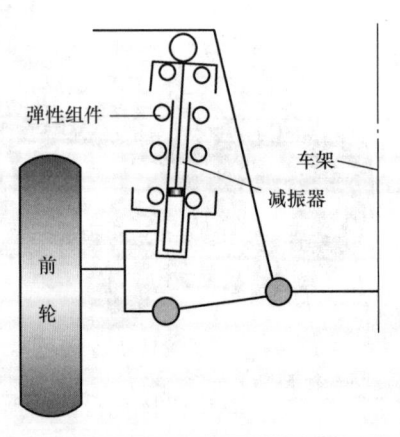

弹性组件　车架　减振器　前轮

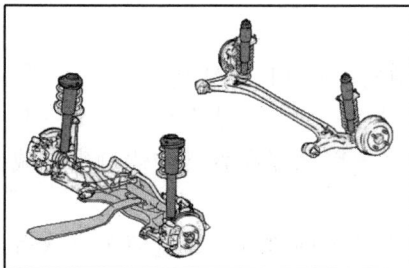

减振器上端与车身或车架相连，下端与车桥相连，如图所示。

减振器分为：
- 液力减振器。
- 充气式减振器。
- 阻力可调式减振器。

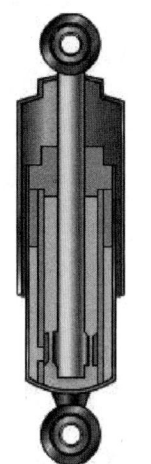

汽车悬架广泛采用液力减振器。其工作原理是利用液体流动的阻力来消耗振动的能量。当车架与车桥相对运动时，活塞在缸筒内就上下移动，减振器壳体内的油液便反复地从一个内腔通过一些窄小的孔隙流入另一内腔，如图所示。

此时，孔壁与油液间的摩擦及液体分子内摩擦便形成对振动的阻尼，使车身和车架的振动能量转化为热能而被油液和减振器壳体所吸收，最后散到大气中去。减振器的阻尼力大小随车架与车桥的相对运动速度的增减而增减，并且与油液的黏度有关。

减振器的阻尼力越大，振动衰减得越快，却使得并联的弹性组件的作用不能充分发挥。另外，过大的阻尼力可能导致减振器连接件及车架损坏。为解决弹性组件与减振器之间的这一矛盾，对减振器提出如下要求：

1）在悬架压缩行程（车桥与车架相对移近的行程）内，减振器阻尼力应较小，以便充分利用弹性组件的弹性，以缓和冲击。

2）在悬架伸张行程（车桥与车架相对远离的行程）内，减振器阻尼力应较大，以求迅速减振。

3）当车桥（或车轮）与车架的相对速度过大时，减振器应当能自动加大液流通道面积，使阻尼力始终保持在一定限度之内，以避免承受过大的冲击载荷。

在压缩和伸张行程内均能起作用的减振器，称为双向作用式减振器。目前，汽车上广泛采用双向作用式减振器。

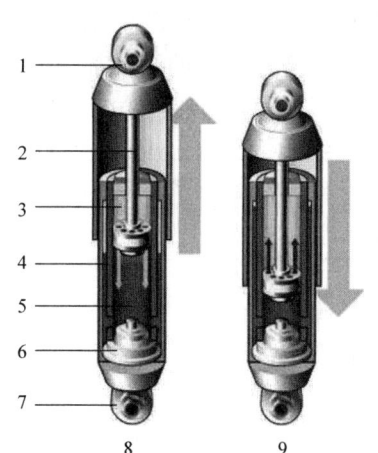

1—上支座 2—活塞杆 3—油 4—储油缸体
5—压力筒 6—底部阀 7—下支座
8—拉伸循环 9—压缩循环

当车架与车桥作往复相对运动时，减振器中的活塞在缸筒内也作往复运动，减振器壳体内的油液便反复地从一个内腔，通过一些窄小的孔隙流入另一内腔，如图所示。

- 孔壁与油液间的摩擦及液体分子内的摩擦便形成对振动的阻尼力，使车身和车架的振动能量转化为热能，被油液和减振器壳体所吸收，并散到大气中。
- 活塞，它把油缸分为了上下两个部分。当弹簧被压缩，活塞向下运行，活塞下部的空间变小，油液被挤压后向上部流动；反之，油液向下部流动。

4. 横向稳定杆

横向稳定杆又称防倾杆、平衡杆，是汽车悬架中的一种辅助弹性元件。

为改善汽车行驶平顺性，通常把悬架刚度设计得比较低，其结果是影响了汽车行驶稳定性。为此，在悬架系统中采用了横向稳定杆，用来提高悬架侧倾刚度，减小车身侧倾角。

横向稳定杆的功用是防止车身在转弯时发生过大的横向侧倾，尽量使车身保持平衡，减少汽车横向侧倾程度并改善平顺性。横向稳定杆实际上是一个横置的扭杆弹簧，在功能上可以看作一种特殊的弹性元件。当车身只作垂直运动时，两侧悬架变形相同，横向稳定杆不起作用。汽车转弯时，车身侧倾，两侧悬架跳动不一致，外侧悬架会压向稳定杆，稳定杆就会发生扭曲，杆身的弹力会阻止车轮抬起，从而使车身尽量保持平衡，起到横向稳定的作用，如图所示。

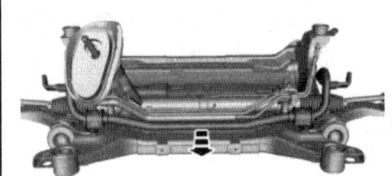

（1）前横向稳定杆

又称防倾杆、平衡杆，是汽车悬架中的一种辅助稳定元件，如图所示。

- 车身只作垂直移动而两侧悬架变形相等时，横向稳定杆在稳定杆衬套内自由转动，横向稳定杆不起作用。
- 车身倾斜时，稳定杆两边的纵向部分向不同方向偏转，于是稳定杆便被扭转。弹性的稳定杆所产生的扭转内力矩就妨碍了悬架弹簧的变形，因而减小了车身的横向倾斜和横向角振动。

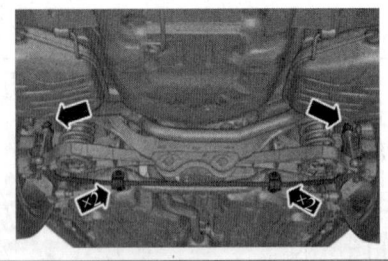

（2）后横向稳定杆

与前横向稳定杆作用相同，如图所示。

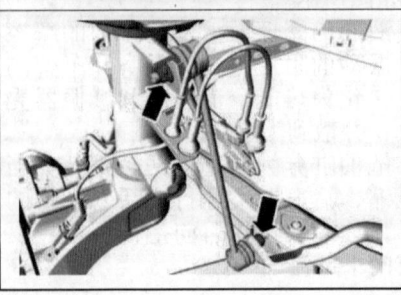

（3）稳定杆连杆

是横向稳定杆与悬架的连接件，与横向稳定杆一同作用，如图所示。

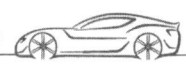

二、维修任务实施：检修悬架系统

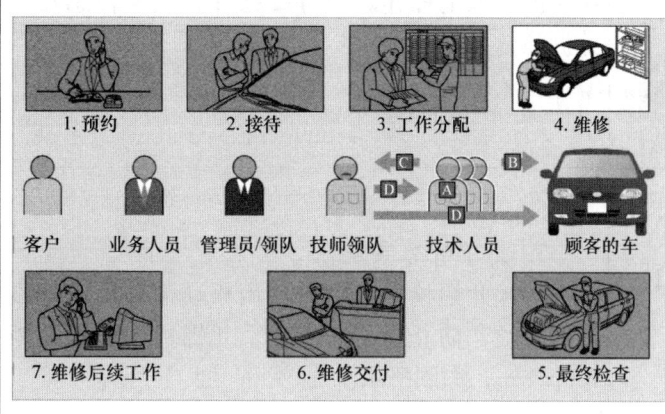

对技术人员要求：
- 接收/检查修理单。
- 接收用于修理的订购零件。
- 在允许的时间内进行工作。
- 向技师领队确认工作完成。

技师领队：
- 对技术难度高的工作向技术人员提供指导和帮助。

悬架系统元件拆装有标准的拆装步骤，本任务仅以轿车为例，讲解部分悬架元件拆装步骤，悬架系统所有元件的拆装应严格按照信息查询系统信息中拆除、更换与安装的步骤进行，如图所示。

（一）前悬架系统拆卸

在悬架系统元件拆装过程中，都会有相应的拆装准备工作，包括需要使用的专用工具及注意事项在信息查询系统中都有详细的介绍，应严格按照信息查询系统中的拆装顺序及操作规范进行。本学习任务首先介绍的是专用工具，其次介绍的是拆装前准备，再次介绍前悬架拆装标准步骤，具体操作如下：

1. 拆卸车轮

拆车车轮步骤如图所示：

1）设置驻车制动，或者将变速杆置于P位。

2）举升车辆至合适的位置。

3）按照对角线的方式，依次拆卸车轮螺栓。

4）取下车轮。

2. 拆卸稳定杆连杆

拆卸稳定杆连杆上部螺栓并将轮速传感器一并拆除，如图所示。

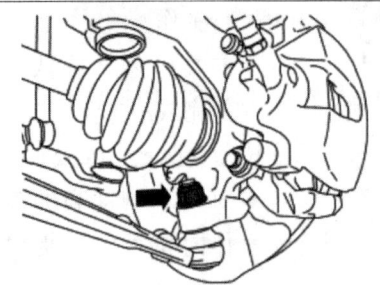

3. 拆下臂球头螺栓

拆卸此螺栓时，应先使用松动剂并用钢丝刷清洁螺纹，防止拆卸时打滑。此螺栓的锁紧力矩100N·m，如图所示。

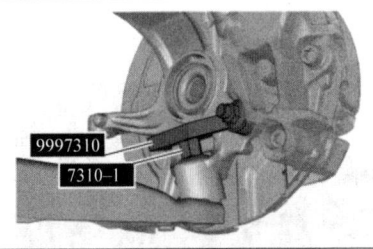

4. 拆下臂球头

拆卸球头时，应使用专用工具，将球头顶出，如图所示。

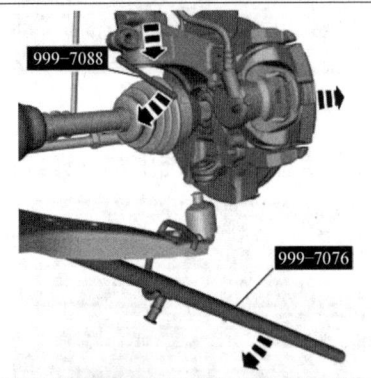

5. 分离转向节与弹簧支柱

需要两人配合拆卸，应使用专用工具，顺时针方向旋转90°，将转向节开口涨大，同时使用专用工具将下臂向下拉出。这时就能实现转向节与弹簧支柱的分离，如图所示。

6. 转向节与弹簧支柱拆分

分离后的转向节将下球头重新装入并固定好转向节，如图所示。

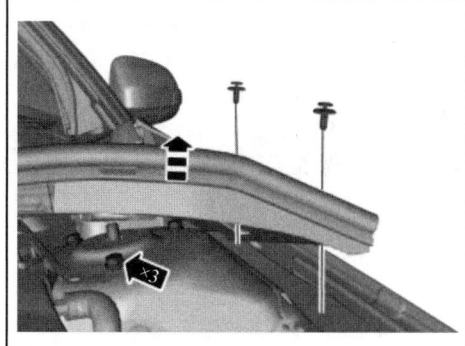	7. 拆下弹簧支柱 先将弹簧支柱总成的上部饰板拆除，详见信息查询系统，拆卸弹簧支柱总成时需要两人配合。拆卸时，一人拆上部三颗螺栓，另一人扶住弹簧支柱总成，待螺栓拆除后，将总成拆下，如图所示。

（二）后部悬架元件拆装

在悬架系统元件拆装过程中，都会有相应的拆装准备工作，包括需要使用的专用工具及注意事项在信息查询系统中都有详细的介绍，应严格按照信息查询系统中的拆装顺序及操作规范。

本学习任务介绍后减振器拆装标准步骤，而装复步骤按拆卸的反序安装即可，具体操作如下：

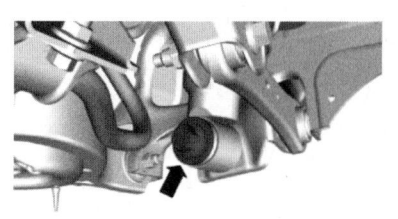	1. 减振器下部固定螺栓 将图中凸显的螺栓拆除即可释放减振器的束缚力。 减振器螺栓拆的顺序是逆时针方向。 如果拆装时感觉轮胎阻碍视线，则可将轮胎拆下。
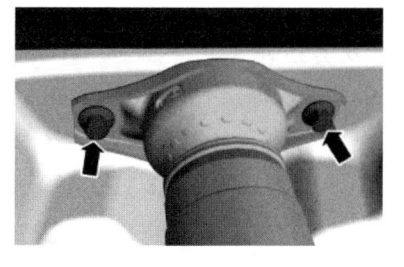	2. 减振器上部固定螺栓 减振器上部由两颗螺栓固定，当拆下一颗螺栓后需要一只手扶住减振器，另一只手将螺栓旋下，再将减振器取下，如图所示。

（三）减振弹簧的拆装

在悬架系统元件拆装过程中，都会有相应的拆装准备工作，包括需要使用的专用工具及注意事项在信息查询系统中都有详细的介绍，应严格按照信息查询系统中的拆装顺序及操作规范进行。

本任务首先介绍的是专用工具，其次介绍减振弹簧拆装标准步骤。拆装前准备，需要把减振弹簧支柱总成提前做好标记，具体操作如下：

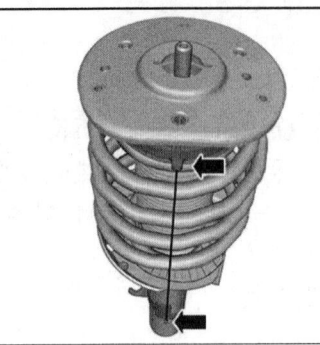	1. 拆卸前做好标记 提前做好标记可保证安装准确无误，如图所示。
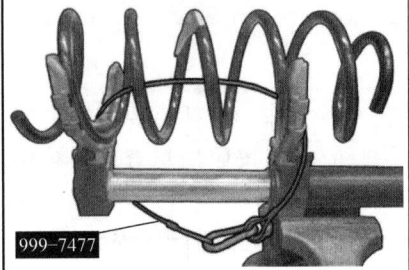	2. 压缩弹簧 使用压缩专用工具并做好保险措施，如图所示。
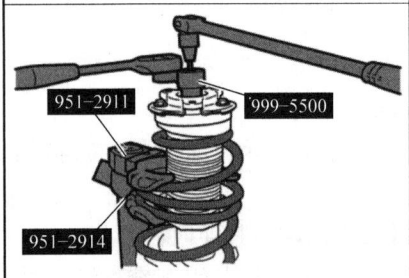	3. 拆除锁紧螺母 使用专用工具拆卸，如图所示。
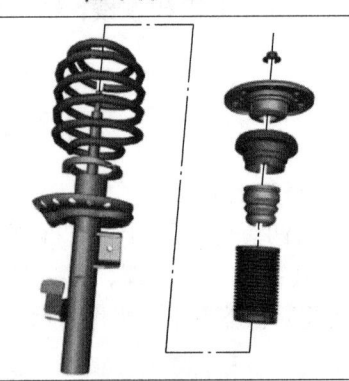	4. 更换弹簧及其组件 安装顺序按拆卸的反序进行，如图所示。
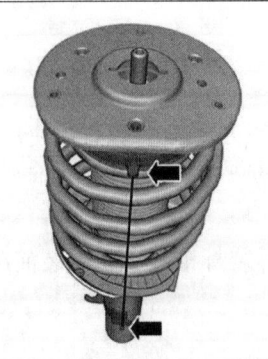	5. 再次确认标记 确认安装无误，如图所示。 **特别提示：** 在拆卸过程中切勿强行用蛮力拆除，而在拆一些较重的零件或者在拆除一些较复杂的零件时，应由两人或多人配合，合理使用举升工具及起吊工具，工作时做好安全防护，穿工作服及安全鞋，适时戴上手套，遵守车间安全操作规程，同时要严格按照信息查询系统提示进行操作。

项目三 行驶系统检修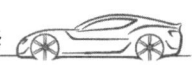

任务二　检修轮辋与轮胎

轮胎是在各种车辆上装配的接地滚动的圆环形弹性橡胶制品。通常安装在金属轮辋上，能支撑车身，缓冲外界冲击，实现与路面的接触并保证车辆的行驶性能。轮胎常在复杂和苛刻的条件下使用，它在行驶时承受着各种变形、负荷、力以及高低温作用，因此必须具有较高的承载性能、牵引性能、缓冲性能。同时，还要求具备高耐磨性和耐屈挠性，以及低的滚动阻力与生热性，如图所示。

轮胎支撑汽车的总质量，与悬架共同吸收和缓和汽车行驶时所受到的冲击和振动，以保证汽车具有良好的乘坐舒适性和行驶平顺性；还可保证车轮与路面的良好附着而不致打滑，使汽车平稳行驶，如图所示。

一、相关知识

作为车辆的"脚"，轮胎对于行车安全可是起着至关重要的作用，因此轮胎养护就显得尤为重要。

轮胎是接触路面的唯一部件，支持三种基本性能——汽车的行驶、转动和停止。轮胎由胎面、胎侧、胎体（气帘层、胎体帘布层、钢丝带束层、冠带层）组成，如图所示。

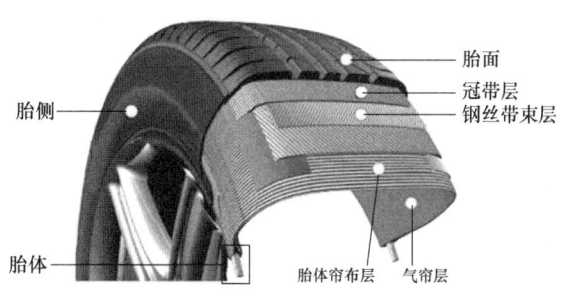

129

（一）轮辋

轮辋是固定轮胎及连接轮胎与车轴的中间部件，如图所示。

经过不断地改进，在现代工业技术条件下，轮辋已经成为功能完善的整体式组件。它担负着承载车重、传递动力、支撑轮胎等功能，而且作为一个旋转运动部件，轮辋在具有一定刚度的前提下，必须符合轻质、耐疲劳、符合动平衡等技术条件。铝合金轮辋与过去的钢制轮辋相比，质量大幅度减小：同尺寸和同强度下，铝合金轮辋的质量约相当于钢轮辋的一半。轻质的铝合金轮毂可以让车辆动力表现更佳，同时更节能而且散热性更好。

1. 钢制轮辋

钢制轮辋具有如下特点，如图所示：

- 制造简单适宜大批量生产。
- 为了减小质量，改善制动装置的冷却，车轮上通常开有多个孔洞。
- 易变形，多应用于低端车型。

2. 合金轮辋

大多数轿车采用合金轮辋，如图所示。相对于钢制轮辋，合金轮辋具有如下特点：

- 质量小：轻于钢制轮辋，可以有效降低油耗。
- 散热性好：合金的热传导系数为钢的3倍。车辆高速行驶时，也能使轮胎保持在适当的温度，使轮胎不易老化，延长寿命，降低爆胎风险。
- 圆度高：圆度的精度高达0.05mm，运转平衡性能佳，有利于消除转向盘抖动现象。
- 坚固耐用：耐冲击力、抗张力及热力较高，可以有效减小路面冲击所产生的变形。
- 美观：合金轮辋设计新颖、形状美观、光泽鲜亮，大大提高了汽车的美感与价值。

（二）轮胎的分类

按照气候条件的不同，可使用不同类型的轮胎以满足各种的道路条件，这些轮胎类型包括：

- 夏季轮胎。
- 冬季轮胎。
- 四季轮胎。

1. 夏季轮胎

夏季轮胎用于气温在 0℃ 以上的春、夏、秋季。为了能够在干、湿路面拥有优良的操纵性能和制动性能，要求其具备较大的与地面之间的接触面积，以增加轮胎与地面之间的摩擦力，如图所示。

- 胎面设计大多采用简单的块状花纹，以增加与地面的接触面积。
- 为了增强在湿路面的排水性能，花纹沟多为沿圆周方向的直线型。

2. 冬季轮胎

冬季轮胎选用的材料与夏季轮胎不同，其材质相对较软，轮胎花纹沟相对更宽更深。冬季轮胎可以在冰雪路面能够提供更强的附着性和防滑性，保障低温状态下汽车在路面上的附着力，如图所示。

冬季轮胎在冬季干冷、湿滑、积雪的路面上都能提供更好的制动和操控等性能；国际上通用的标准就是适合低于 7℃ 温度下使用的冬季轮胎。

3. 四季轮胎

四季轮胎全年都能使用，综合了夏季轮胎和冬季轮胎的性能。但是在特定季节，其综合性能比夏季轮胎或者冬季轮胎要弱，如图所示。

- 在极低气温下四季轮胎的附着性能会随之而减弱。
- 在较高的温度下其附着性能和排水性能比夏季轮胎弱。

（三）轮胎的基本术语

轮胎的基本术语来表明相关的参数性能，主要包括：

- 轮胎直径。
- 轮胎总宽度。
- 适用轮辋宽度。
- 轮辋直径。
- 断面宽度（W）。
- 断面高度（H）。
- 胎面宽度。
- 扁平比。

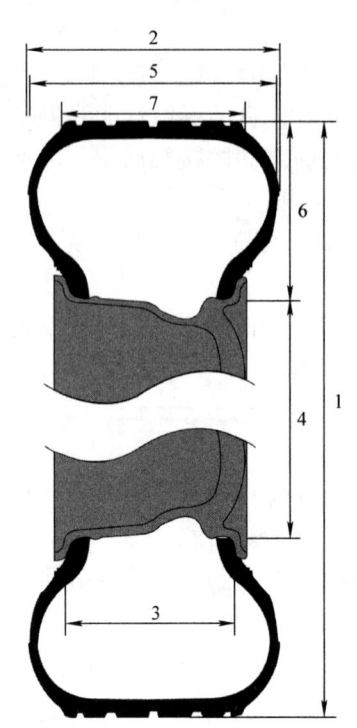

1．基本术语如图所示

1）轮胎直径：在无负载时，充气轮胎的总直径。

2）轮胎总宽度：轮胎侧面（含文字部分），轮胎的最大宽度。

3）适用轮辋宽度：最适宜轮胎性能的轮辋宽度。

4）轮辋直径：适合轮胎的轮辋直径与轮胎内径相同。

5）断面宽度（W）：无负载时，充气轮胎胎边外侧之间的宽度。

6）断面高度（H）：无负载时，轮辋胎唇到胎面外表面的距离。

7）胎面宽度：轮胎花纹部分的宽度。

1—轮胎直径 2—轮胎总宽度 3—适用轮辋宽度 4—轮辋直径 5—断面宽度(W) 6—断面高度(H) 7—胎面宽度

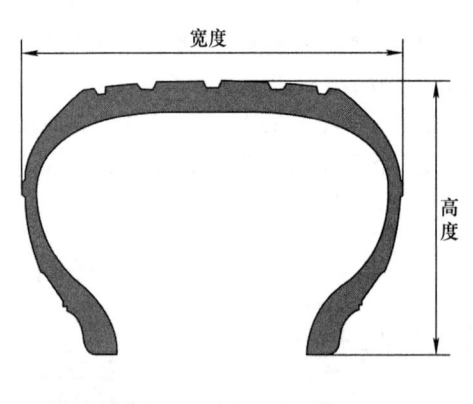

2．扁平比

- 扁平比 = 断面高度/断面宽度×100%，如图所示。
- 扁平比越低，轮胎的操控性越好，胎侧壁刚性越强，安全系数比较高；但是舒适度较低，适用于运动型车型。
- 扁平比越高，轮胎的操控性下降，刚性较差，爆胎时下沉量大，安全系数较低；但是舒适性好，适用于大部分车型。

（四）轮胎的信息识别

轮胎规格的表示方法基本上有米制和寸制两大系统，目前大多数国家包括我国在内均采用寸制表示法。

按国家标准规定，在外胎的两侧要标出生产编号、制造厂商标、尺寸规格、层级、最大负荷和相应气压、胎体帘布汉语拼音代号、安装要求及行驶方向记号等。

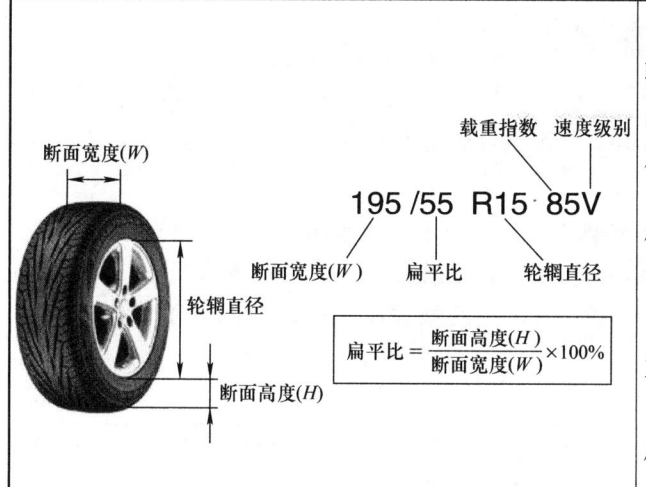

	一般普通断面货车轮胎和轿车斜交轮胎使用此标志。它主要由以下5部分组成,如图所示: 1)轮胎名义断面宽度,单位为in。 2)轮胎结构标志。 3)轮辋名义直径,单位为in。 4)荷重等级,即最大载荷质量。 5)速度等级,轮胎能行驶的最高车速。

以轿车轮胎的规格 195/55 R 15 85 V 为例进行说明。

1)195 表示轮胎宽度 195mm,货车子午线轮胎的宽度一般用 in 为单位。

2)55 表示扁平比为55%,扁平比为轮胎高度 H 与宽度 W 之比,有55、60、65、70、75、80 等级别。

3)R 表示子午线轮胎,即"Radial"的第一个字母。

4)15 表示轮胎内径 15in。

5)85 表示载重指数,即最大载荷质量。载重指数为 85 的轮胎的最大载荷质量为 515kg。常见的载重指数及对应的最大载荷质量见下表。

6)V 表示速度等级,表明轮胎能行驶的最高车速。

在轮胎侧壁所表示的主要信息有轮胎宽度、扁平比、轮胎结构、适合的轮辋直径、载重指数、速度代码、内外标识、DOT 标识、统一轮胎品质分级系统(UTQG)、ECE 标识、轮胎类型等信息。

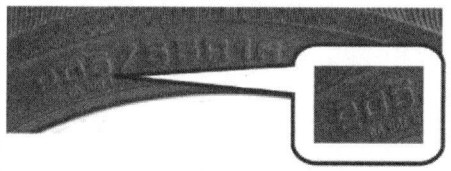	1. 轮胎宽度标识 如图所示的"205"代表轮胎的宽度是 205mm。轮胎宽度越大与地面的接触面积越大,稳定性越好、摩擦系数越大。
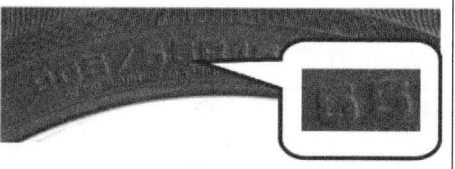	2. 扁平比标识 如图所示的"55"代表扁平比。
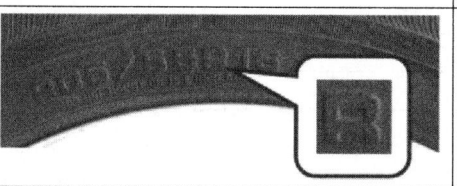	3. 轮胎结构标识 如图所示的"R"表示子午线轮胎,轿车大部分所采用的轮胎都是子午线轮胎。

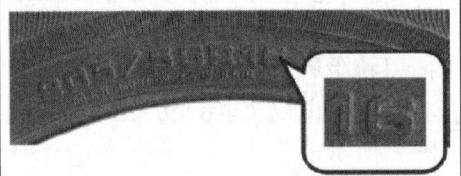	**4. 适用的轮辋直径标识** 如图所示的"16"表示轮胎适合安装的轮辋直径是16in。
	**5. 载重指数标识** 载重指数：轮胎在最高速度行驶状态下，可承载的最大质量所对应的数字代码，如图所示。

载重指数（LI）	最大载荷质量/kg	载重指数（LI）	最大载荷质量/kg
71	345	99	775
72	355	100	800
73	365	101	825
74	375	102	250
75	387	103	875
76	400	104	900
77	412	105	925
78	425	106	950
79	437	107	975
80	450	108	1000
81	462	109	1030
82	475	110	1060
83	487	111	1095
84	500	112	1129
85	515	113	1164
86	530	114	1200
87	545	115	1237
88	560	116	1275
89	580	117	1315
90	600	118	1355
91	615	119	1397
92	630	120	1440
93	650	121	1485
94	670	122	1531
95	690	126	1578
96	710	124	1627
97	730	125	1677
98	750		

6. 速度代码标识

速度等级表明轮胎在规定条件下承载规定负荷的最高速度。字母 A～Z 代表轮胎从 4.8km/h 到 300km/h 的认证速度等级，如图所示。

常见的速度等级及对应最高车速见下表。

速度等级	最高车速/（km/h）	速度等级	最高车速/（km/h）
L	120	T	190
M	130	U	200
N	140	H	210
P	150	V	240
Q	160	ZR	240 以上
R	170	W	270
S	180	Y	300

表格中表明了速度代码所对应的最高速度。示例轮胎的速度代码为"V"表示此轮胎能够行驶的最高车速为 240km/h。

7. 内外标识

在有些车型上使用非对称轮胎。这种轮胎要求正确安装的方向，才能提供最佳性能。一般用"OUTSIDE"或"INSIDE"来标出，如图所示。

- "OUTSIDE"表示外侧。
- "INSIDE"表示内侧。

8. 旋转方向

在有些品牌的轮胎上采用的单方向旋转的轮胎。一般在轮胎的侧壁上用箭头来进行标注，箭头方向应与车辆前进时轮胎的旋转方向一致，如图所示。

9. DOT 标识

DOT 标识指的是美国交通部的安全标准，如图所示。

10. 统一轮胎品质分级系统（UTQG）

UTQG 是美国交通部针对胎面磨耗、附着力和耐高温能力定义的性能分级标准，它仅适用于轮辋直径为 13in 或以上的轮胎，但不包括冬季轮胎，如图所示。

11. 轮胎类型标识

一般在轮胎侧面以 M+S（泥雪地）标记和雪花标识（泥和雪花）来判断冬季轮胎，如图所示。
- 仅有 M+S 表示四季轮胎。
- （M+S）+雪花表示冬季轮胎。

二、维修任务实施：检修轮辋与轮胎故障

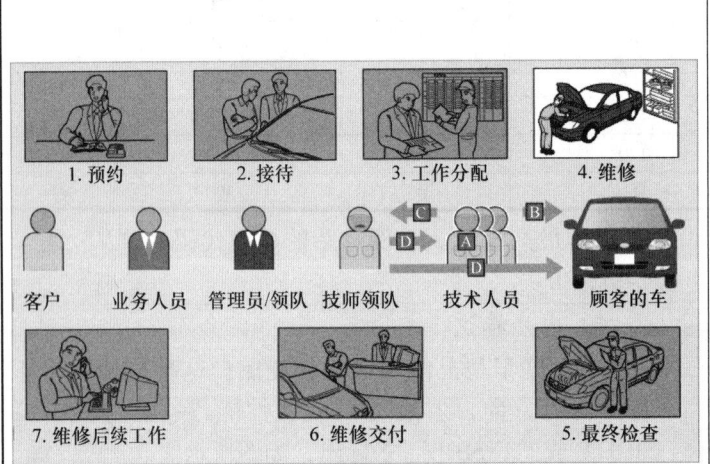

对技术人员要求：
- 接收/检查修理单。
- 接收用于修理的订购零件。
- 在允许的时间内进行工作。
- 向技师领队确认工作完成。

技师领队：
- 对技术难度高的工作向技术人员提供指导和帮助。

（一）车轮与轮胎的拆装

必须按照规范拆装车轮和轮胎，否则可能会导致安全事故的发生或者车轮和轮胎的损坏，如图所示。

在对车轮进行拆装的过程中，特别要注意的是螺栓的安装顺序和锁紧力矩。

从车轮上拆卸轮胎时，需要使用专门的轮胎拆装机。不同品牌的轮胎拆装机对于轮胎的拆装方法略有不同，使用前应详细阅读操作手册，如图所示。

车轮的拆卸

轮胎的拆装

	1. 车轮的拆卸 拆卸车轮螺栓时对力矩没有要求，但是一定要按照规定的顺序进行。 拆车车轮步骤： 1）设置驻车制动，或者将变速杆置于P位。 2）举升车辆至合适的位置。 3）按照对角线的方式，依次拆卸车轮螺栓。 4）取下车轮。
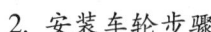	2. 安装车轮步骤 安装车轮时，应注意车轮螺栓的拧紧顺序和拧紧力矩。 1）清理轮圈与轮毂的接触面。 2）装上车轮，用手完全拧紧车轮螺栓。 3）降下车辆时车辆无法移动。 4）使用力矩扳手按顺序拧紧车轮螺栓。 5）拧紧力矩分两级完成： － 分级1：20N·m； － 分级2：140N·m。 **注意**：切记不能使用气动工具直接上紧。
	3. 轮胎的拆卸 从车轮上拆卸轮胎时，应参考以下步骤进行： 1）使用轮胎气门芯工具放掉轮胎气压。
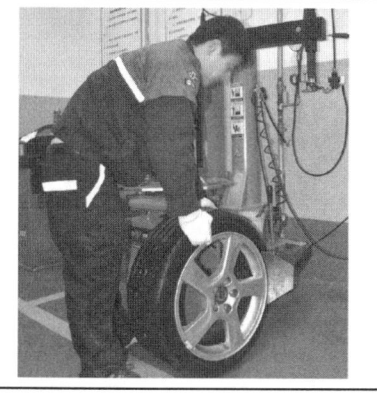	2）使用轮胎拆装机的侧铲，压开轮胎侧壁。 **注意**：受压位置应尽可能地避开气门嘴。

	3）将车轮放置在轮胎拆装机上，操作轮胎拆装机卡紧车轮。
	4）使用轮胎拆装机上臂压下轮胎胎面。 **注意**：保持上臂头与轮辋之间的距离，避免划伤轮辋。
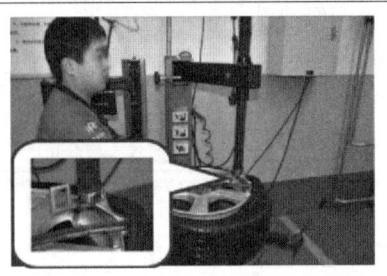	5）使用撬杆撬起轮胎的上侧胎壁，应在轮胎拆装机上臂之上。
	6）在使用轮胎拆装机压下胎壁的同时旋转轮胎，拆下轮胎的上半部分。
	7）使用撬杆撬起轮胎的下侧胎壁，如图所示。

	8）旋转轮胎拆装机拆下轮胎，如图所示。
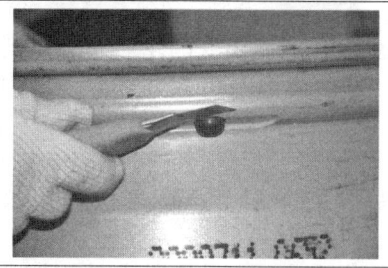	4. 气门嘴的更换 拆开轮胎后，使用美工刀和气门嘴安装工具对气门嘴进行更换。 气门嘴更换步骤： 1）拆下轮胎后，使用美工刀切掉气门嘴的橡胶部分。
	2）装入新的气门嘴，使用气门嘴安装工具将其安装到轮辋上。
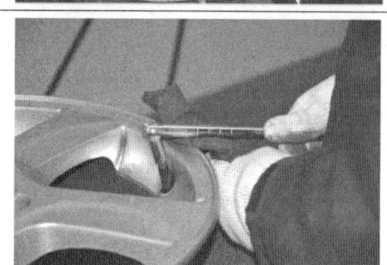	3）使用气门嘴安装工具，利用杠杆原理上紧气门嘴。 在上紧的过程中，注意对轮辋的保护；更换完成后，重新做动平衡。
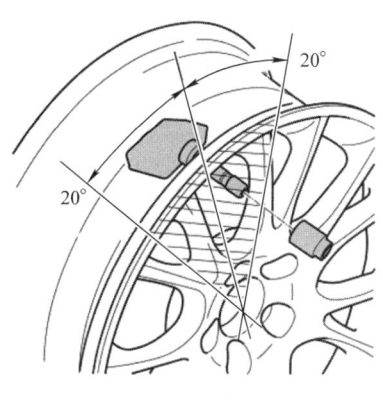	5. 具有轮胎压力传感器的轮胎拆装 具有轮胎压力监控系统（TPMS）功能的车轮，拆装轮胎的方法与普通轮胎基本一致，主要区别如下： ● 在侧面压开轮胎时有特定位置。 ● 要按照标准力矩拧紧压力传感器。 ● 重新设定胎压监测警告。 （1）操作位置 拆卸轮胎时，在胎压传感器左右各20°的位置禁止一切操作。 安装胎压传感器时，螺钉的锁紧力矩为8N·m。

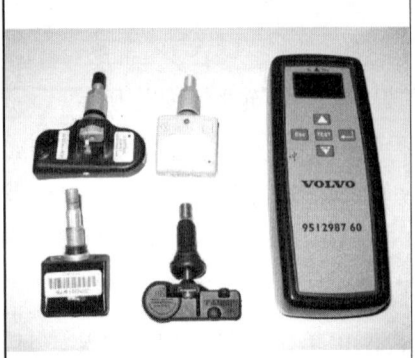

（2）重设警告

在 2 种状态下需要对 TPMS 进行重设警告。
- 当驾驶人信息模块（DIM）显示轮胎气压低警告或者轮胎气压超低警告时。
- 更换新的轮胎压力传感器时。

重设警告有 2 种方法：

1）停车后，向压力低的轮胎充气达到标准压力的 95%，然后以超过 40km/h 的速度驾驶，累计时间至少 10min。

2）如果顾客到厂，向压力低的轮胎充气达到标准压力的 95%，然后使用专用工具来起动传感器，重设警告。

6. 轮胎的安装

将轮胎安装到轮辋上时，应参考以下步骤进行：

1）安装轮胎时，要先判断轮胎的内外侧与滚动方向。如没有内外侧与滚动方向，生产日期应该放在外侧。

2）安装前，先要对安装的轮胎内侧进行润滑。

3）将轮胎放在轮胎拆装机上。

4）借助轮胎拆装机压下轮胎侧壁，然后慢慢旋转轮胎拆装机，安装轮胎下部进入轮辋。

5）使用轮胎拆装机辅助支臂和撬杆压下轮胎上部侧壁并慢慢地旋转轮胎拆装机使轮胎上部装入轮辋。

6）对轮胎充气。

（二）车轮动平衡

车轮的轮辋或者轮胎可能会因为质量分布不均匀，而影响了车轮的旋转平顺性。这种现象如果过于严重，则会影响车辆的驾驶性能，如图所示。

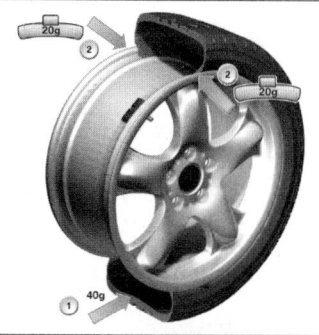	尽管目前普通车辆轮胎的宽度相对较窄，但是通常仅进行静态不平衡校正是不能使轮胎平衡的。在实际中，动态不平衡校正（简称车轮动平衡）非常重要，尤其对于宽面轮胎。 车辆动平衡是确保轮胎整体平衡的最好方法，下面将介绍使用车轮动平衡机进行车轮动平衡的操作方法。
	1）将轮胎压力调整到合适的气压。 2）去除轮辋上的铅块，将轮胎花纹沟里的石子剔除干净，将轮辋处理干净。
	3）将轮胎安装面朝内，装入平衡轴。 4）选择合适的锥体，用锁紧装置将轮胎锁紧。锥体一定要对准中心孔，否则数据可能不准。
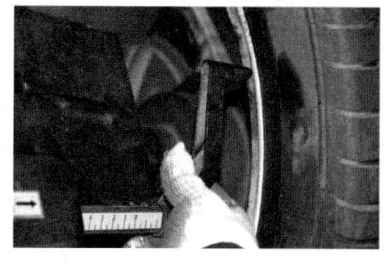	5）打开平衡机电源，用尺子测量轮辋距离平衡机的距离。

	6）测量轮辋宽度和轮辋直径。
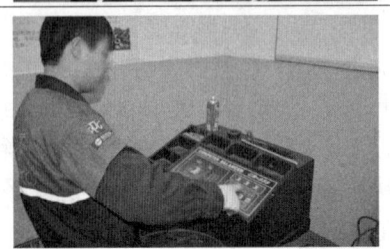	7）依次输入刚才的测量数据。
	8）按下"开始"按键，平衡机开始带动轮胎旋转；测量开始，不要站在轮胎附近以免发生危险。
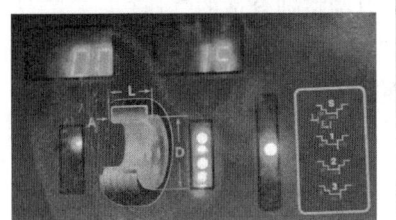	9）平衡机测出数据后会自动停止，将轮胎旋转至平衡机一侧位置灯全亮（不同机型显示方式不同）。
	10）在全亮这一侧的轮辋最高点（时钟12点位置），敲入相应质量（克数）的铅块。 11）在另一侧，用同样的方法敲入相应质量（克数）的铅块。
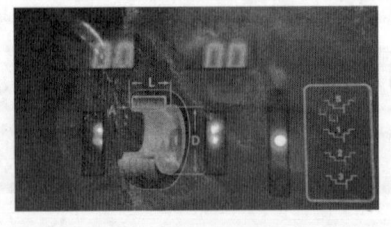	12）重新起动平衡机进行测量，如果两侧均显示为"00"，则动平衡成功完成。否则，应重新匹配铅块。

（三）拆卸车轮

1）紧固车轮上所有的车轮螺母，然后将各车轮螺母松开两圈。
2）将车辆降低到地面上。
3）对车轮与轮辋配合很紧的车，可尽力向两侧剧烈晃动车辆使车轮松动，自动档车型从前进档（D位）换到倒档（R位），手动档车型移动变速杆让车辆向不同方向各移动1~2m并迅速用力地踩下制动踏板以使车轮松动。
4）使发动机熄火并举升车辆。
5）车轮螺母必须以下图的顺序紧固，以避免车轮、制动盘/鼓变形。

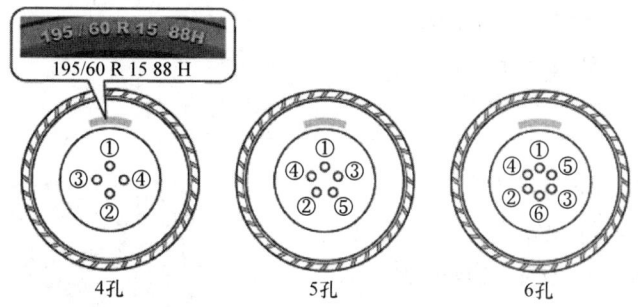

6）拆卸车轮螺母和车轮时，不可将铝质车轮竖直放置。应将未经修整的车轮背面放在柔软清洁的表面上。在拆卸安装过紧的车轮时，不可用力过大（例如锤击），而应当用手或橡胶锤轻敲轮胎侧壁。

（四）安装车轮

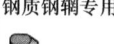 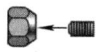 钢质钢辋专用　　铝质钢辋专用  	安装时，依规范力矩及拆卸顺序进行，并注意下列事项： 1）如图所示，车轮螺母先以手旋入数牙后，再依对角交叉方式均匀地锁紧，且须注意螺母的方向。
 使螺母与车轮上的螺栓孔对准，再将各螺母逐一均匀旋紧	2）如图所示，安装铝质轮辋的车轮时，须在车轮装置定位后，将车轮螺母略加锁紧，再轻轻将车轮向外拉，使螺母与车轮螺钉孔相配合，以手旋紧螺母后，再对角交叉均匀地锁紧，如图所示。 3）安装轮辐盖时，须配合气嘴的位置。

（五）检查所有轮胎花纹深度及磨损形态

1）检查所有轮胎（包括备胎）的花纹深度及磨损形态。

2）检查胎面和胎壁是否有裂纹、割痕或者其他损坏。

3）检查胎面和胎壁是否嵌入任何金属微粒、石子或者其他异物。

4）使用一个轮胎深度规测量轮胎的胎面深度。

提示：

同时，可以通过观察与地面接触的轮胎表面的胎面磨耗指示标记检查胎面深度。

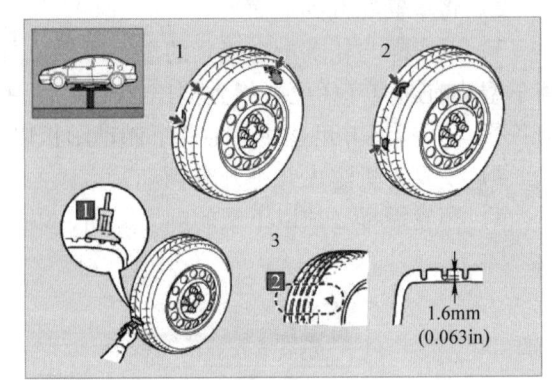

① 轮胎磨损的极限标准。

为了保证车辆行驶安全，各国均规定了车辆轮胎的磨损极限，一般轮胎磨损到了极限位置，则必须更换轮胎。

- 我国国家标准规定：轿车用的子午线轮胎花纹磨损极限为1.6mm。
- 美国规定：汽车轮胎的磨损极限为花纹沟槽深度不低于1.0mm。
- 日本规定：轿车用的轮胎磨损极限为1.6mm。

为了方便客户对车辆轮胎磨损程度进行判断，所有车辆的轮胎都配置轮胎磨损指示标志。当轮胎磨损到指示标志位置时，就说明轮胎磨损已经到了极限，则必须更换轮胎。

② 轮胎磨损的测量。

当车辆进入车间进行轮胎检查时，技师可以使用轮胎花纹深度测量尺来测量轮胎花纹的深度，以判断轮胎的磨损程度。

测量轮胎花纹深度时，将测量工具伸入轮胎胎面同一横截面几个主花纹沟槽中，测量它的深度得出一组数值，从中得出平均数。如果胎面有任何一个地方的花纹深度低于1.6mm，都要对轮胎进行更换。

为了保证车轮行驶性能，建议夏季轮胎花纹深度不低于3mm，冬季花纹深度不低于4mm。

（六）检查轮胎气压

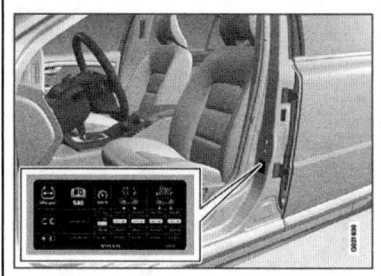

1. 轮胎压力标准

车辆行驶之前，应根据车辆上轮胎压力铭牌的信息将前后轮胎调整为标准压力。

如图所示为 S80L 轮胎压力的铭牌信息，它包括了常规轮胎和备用轮胎的气压标准。对于常规轮胎，由铭牌信息可知，如果车辆经常行驶在城市道路，而乘员数量在 3 个以内，则前后轮的轮胎标准应分别为 220kPa、210kPa。对于低油耗轮胎（ECO），其气压标准为 260kPa。对于备用轮胎，应将其气压调整为 420kPa，并且行驶车速不能超过 80km/h。

2. 检查轮胎压力方法

1）将气嘴盖取下。

2）如图所示，在轮胎冷时，将胎压表压在气嘴上，不可有滋滋的漏气声；若不合规范，须加以充气。

3）检查胎压或充气后，须以肥皂水检查气嘴是否漏气，确定无漏气现象，用手将气嘴盖锁紧，以防灰尘和水分渗入。

3. 轮胎压力的调整

轮胎压力的大小会直接影响轮胎的使用寿命和车辆的行驶性能，因此应该定期测量并调整轮胎压力至标准状态。

1）轮胎气压和轮胎磨损关系：

轮胎在三种不同的压力状态下和地面接触的痕迹如图所示。

标准胎压：

- 轮胎与地面接触均匀，轮胎的附着力理想，使用寿命正常。

胎压过低：

- 轮胎两边与地面接触，中间接触面过小，将会加快轮胎的两侧磨损，缩短其使用寿命。
- 胎压过低，容易导致油耗高。

胎压过高：

- 只有轮胎的中间部位与地面接触，导致接触面积变小，摩擦力变小。
- 容易导致转向盘不稳、制动力不足等问题。

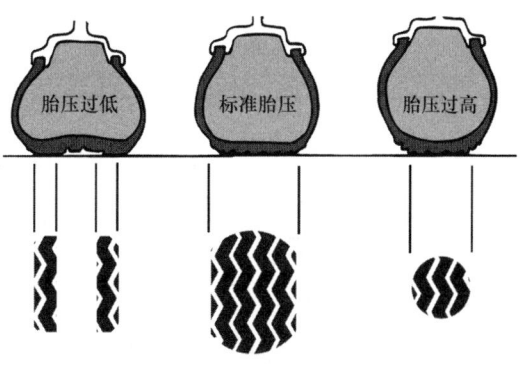

- 轮胎中间部分磨损加快。

2）轮胎充气程度应依负载质量作调整，一般小型车充气胎压 1.6～2.4kg·f/cm²。检查时，须以冷时轮胎胎压为测量基准，不可在行驶一段时间后，因为轮胎温度升高后导致胎压升高，而采取降低胎压的动作，如下图所示，为胎压高低与路面接触的情形。

① 充气不足：胎面的两外缘与路面接触，胎壁过度扭曲，造成两侧快速磨损、转向困难，甚至爆胎等。

② 适度充气：胎面与路面正常接触，轮胎性能得以发挥。

③ 过度充气：胎面中央与路面摩擦，造成胎面中央过度磨损、吸振不良及操控不易等。

（七）轮胎换位

轮胎在使用过程中，因受驾驶习惯、车辆保养不善、胎压不正确及轮胎换位松懈等因素影响，胎面往往会出现不规则磨损，导致轮胎使用寿命缩短，车辆异常颠簸。一旦发现轮胎有不规则磨损的情况，可对轮胎进行换位，使胎面磨损更均匀，延长轮胎使用寿命。

为减少轮胎磨损不均匀现象发生，建议当轮胎每行驶 7000～10000km 时，对轮胎进行换位。轮胎换位应根据轮胎的不同特点采用不同的换位方法，具体可参照车辆使用手册，或寻求专业轮胎技术人员帮助。

当四个轮胎大小、形状完全一样时，轮胎换位方法如下图所示。

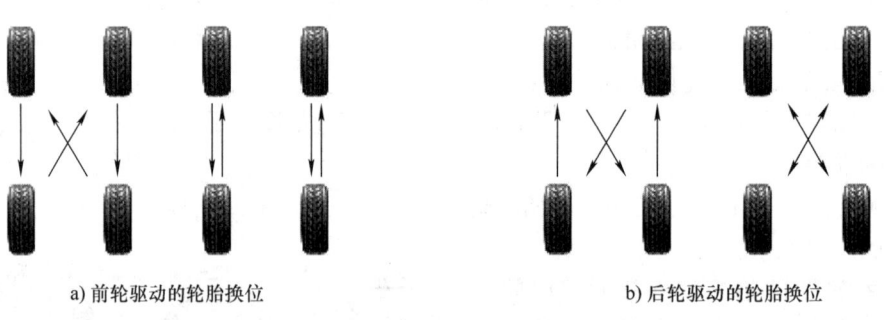

a) 前轮驱动的轮胎换位　　　　　　　　b) 后轮驱动的轮胎换位

任务三　四轮定位

当车辆使用很长时间后，就发现转向沉重、发抖、跑偏、不正、不归位或轮胎单边磨损、波状磨损、块状磨损、偏磨等不正常磨损，以及在驾驶时，车感漂浮、颠簸、摇摆等现象出现时，这时就要使用四轮定位仪检查车轮定位值。后轮定位包括车轮外倾角和后轮前束。车轮定位的作用是使汽车保持稳定的直线行驶和转向轻便，并减少汽车在行驶中轮胎和转向机件的磨损，如图所示。

底盘特性通过车轮定位实现：

车轮定位是车轮相对车身和路面的几何位置。进行车轮定位的非常重要的原因有：

1）确保正确的直线行驶性能。
2）确保转弯行驶时轮胎附着良好。
3）减少轮胎磨损。

一、相关知识

（一）车轮定位的基本概念

驾驶人转动转向盘，便可使汽车按所需的方向行驶，但是如果在直路上行驶时，驾驶人要靠不停地操作转向盘，才能保持车辆直线行驶，或者在转弯时，要用很大的力气，才能使车辆转向，则驾驶人要消耗很大体力并承受很大的精神压力。为解决这个问题，同时也为防止车胎过早磨损，车轮根据一定要求，按一定的角度安装在车身（或底盘）上。这些角度总结来称为"车轮定位"。定位是指前后桥、车轮、转向部件和悬架部件之间角度关系的一个综合性名词术语。

只要车轮正确定位，转向便很容易。汽车直线行驶时，驾驶人只需对转向盘略加调整，使可使其位于正向前方位置，转弯时也只需很小的力气。也就是说，构成"车轮定位"的各种角度关系全部调整正确了，转向便很容易。但哪怕只要其中有一项调整不当，便有可能产生以下问题：

- 转向困难。
- 转向稳定性差。
- 转向回位不良。
- 轮胎寿命缩短。

如果发生下列情况，可能需要检查车轮转角：

- 汽车撞上障碍物。
- 轮胎具有异常或不均匀磨损。
- 存在转向问题。
- 汽车被"拉"向一侧。
- 转向后转向盘无法自动回正。
- 直线向前行驶时转向盘不"正"。
- 减振器或转向部件已更换。

（二）可调节的定位角

大部分车辆都有三个可调节的定位角：车轮外倾角、主销后倾角和前束。

1. 车轮外倾角

车轮外倾角是从汽车前面看车轮相对于垂直参照的倾斜角，该角度的测量单位是度和分。与后倾角一样，外倾角也有三种类型，如图所示。

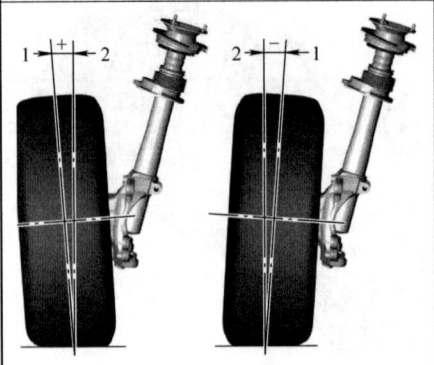

1—轮胎中心线　2—垂直参照线

- 负：车轮顶部向内倾斜。
- 正：车轮顶部向外倾斜。
- 零：车轮未倾斜。

2. 主销后倾角

主销后倾角是转向轴线向前或向后倾斜的角度。主销后倾角是从侧面观察时，测量转向轴线至垂直线之间的角度而得，如图所示。

- 从垂直线向后倾斜，称为正主销后倾角。
- 从垂直线向前侧倾斜，称为负主销后倾角。
- 与垂直线重合，称为零后倾角。
- 转向轴线的中心线与地面有一个交点，轮胎与路面接触有一个中心点，这两个点之间的距离称为主销后倾移距。

（1）正后倾角

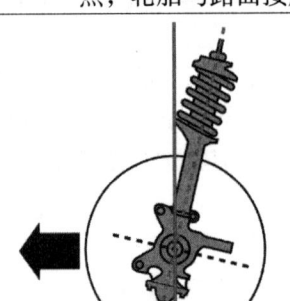

正后倾角是转向轴的假想延长线出现在轮胎与路面的接触点前面。正后倾角导致轮胎后部的摩擦。摩擦将造成轮胎自动直线向前滚动或恢复至直线向前滚动。大多数汽车均有正后倾角，因此它会自动直线向前滚动。即使正后倾角向汽车提供较大的方向稳定性，但如果该角过大，则可能造成：

- 低速时转向迟缓和不稳定。
- 高速时漂移。

（2）负后倾角

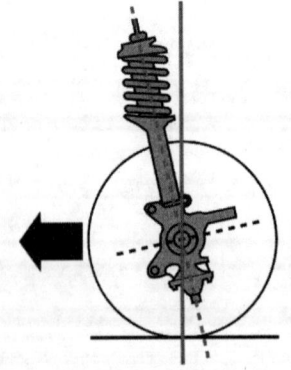

负后倾角是转向轴的假想延长线出现在轮胎与路面接触点后面，其作用是使汽车转向更轻松。但负后倾角也有缺点，主要包括：

- 汽车被拉向一侧。
- 转向盘不会自动回正。
- 制动时稳定性不佳。

3. 车轮前束

前束是用来测量车轮向前转动或偏离车辆中心线的距离，如图所示。从正上方看，是两轮前方距离与后方距离之差。

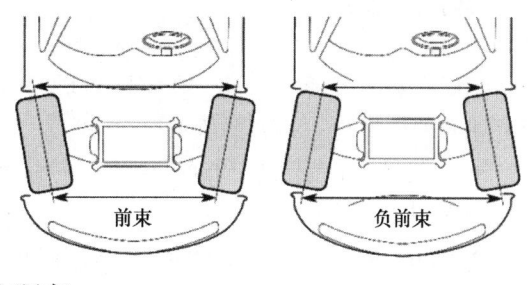

- 前束是两轮前方距离小于后方距离。
- 负前束是两轮前方距离大于后方距离。
- 零前束是两轮前方距离等于后方距离。

转弯时改变前束：

在转弯时，现代汽车中的车轮悬架设计使所有的车轮转角具有一个共同的交点。到这一共同交点的距离随着前轮的转向角度发生变化。该点与汽车的实际转向半径相同。这意味着前悬架的设计使内前轮的转向角度始终稍大于外前轮。随着转向盘转动，转角发生更大的变化。如果转角不变，汽车将不稳定，且会造成十分严重的轮胎磨损，如图所示。

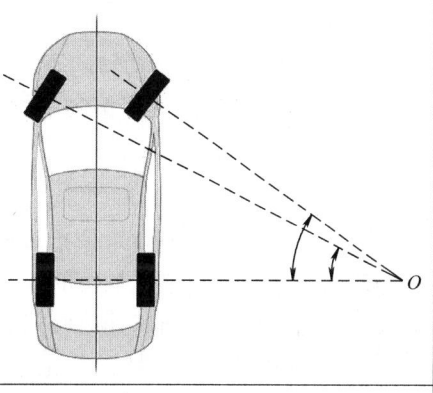

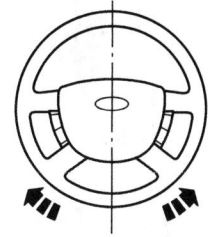

4. 转向盘对中

转向盘对中指的是汽车直线行驶时，转向盘处于不遮挡驾驶人对仪表板的视线的位置。如果转向盘不对中，则应检查前轮和后轮的前束，如图所示。

（三）不可调节的定位角

即使某些定位角不能调节，但仍需对它们进行检测，因为它们可以给某些潜在故障提供重要线索。

1. 转向角

转向角是指转向时两前轮转向角度的差值。设计转向角是非常必要的，因为当转向时外侧车轮移动的距离要大于内侧车轮移动的距离。在转向过程中，前轮前束之间的实际差别通常为1°或2°，如图所示。

- 如左、右前轮以完全相同的转动量转动（即左、右转向角相同），其转弯半径便完全相同，但每个车轮绕不同的中心转动。由于轮胎的侧滑，不能平稳转弯导致轮胎还是会有不正常的磨损。

外侧车轮转角要始终大于内侧车轮转角。

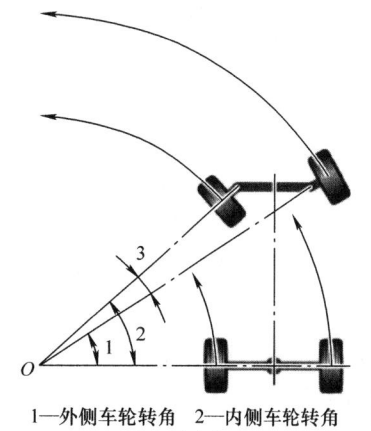

1—外侧车轮转角　2—内侧车轮转角
3—转向角

转向特性曲线:

转向角度不变,以一定速度转弯行驶时,车轮在半径特定不变的圆周上通过,这是理所当然的事情。但是,在实际行驶过程中在这种状态下渐渐加速后,经常出现下述四种特性之一,如图所示。

- 不足转向,偏离圆周运动轨迹,向外侧跑偏的特性。
- 过度转向,与不足转向相反,向内侧跑偏的特性。
- 中性转向,在上述二者之间,基本上在圆周上回转的特性。
- 反转向特性:最初转向不足,向外侧跑偏,但中途突然向内侧跑偏的特性。反转向的情况,是部分后置发动机轿车等出现的特殊实例。

1—转向过度　2—反转向特性
3—转向不足　4—中性转向
5—回转中心

2. 转向节主销轴线内倾角

转向节主销轴线内倾角是指转向节主销轴线端部内倾,当转向节主销轴线向下延伸时,它将触及轮胎接触面的某一点。外倾角和转向节主销轴线内倾角的作用是共同来减小当车辆驶过凸起处或凹陷处和有洞路面时的影响,如图所示。

- 当车辆转向时,转向节主销轴线内倾引起芯轴高度发生变化,同时主销后倾角也会引起芯轴的高度变化。由于主销内倾角与后倾角的同时作用,在转向时,车轮的外倾角将发生改变,引起轮胎磨损。
- 当芯轴处于最低点时,车轮处于直线行驶状态。通过芯轴作用于车辆的重力倾向于将车轮拉回直线行驶位置,因为芯轴总是寻找高度最低的位置,有助于车轮回位。

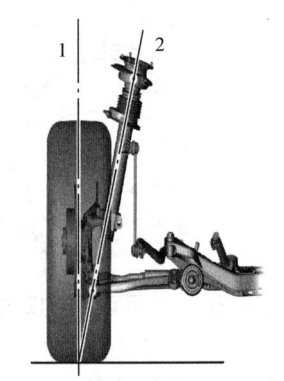

1—垂直参照线　2—转向节主销轴线

当车辆前轮轮胎在转台上时,可以观察到转向节主销轴线内倾角倾向使车轮返回直线行驶位置这一现象,当车轮急速由直线行驶转向时,车轮趋向返回直线行驶位置。

3. 包容角(车轮外倾 + 主销内倾角)

包容角是车轮外倾角和转向节主销轴线内倾角的合角,也即车轮中心线与主销轴线的夹角,如图所示。

车辆一侧的车轮与主销夹角正常差值在0.5°以内。

如果车轮与主销夹角不恰当,前支柱或芯轴总成将弯曲。这种损坏通常是由前端碰撞引起的。弯曲的芯轴可以影响包容。

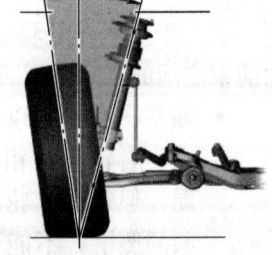

当包容不恰当时,车辆将来回摆动、波动、轮胎磨损过快或转向盘在完成转向后不能恢复直线行驶位置。校正包容的唯一方式就是更换已损坏的芯轴或支柱。

4. 磨胎半径

磨胎半径是指（在路上）轮胎中心至转向节主销轴线延长线的距离。

- 在典型的后轮驱动悬架上，从转向节主销轴线延伸出来的一条直线将接触到轮胎中心的内侧地面。悬架的这种几何线称为正磨胎半径。

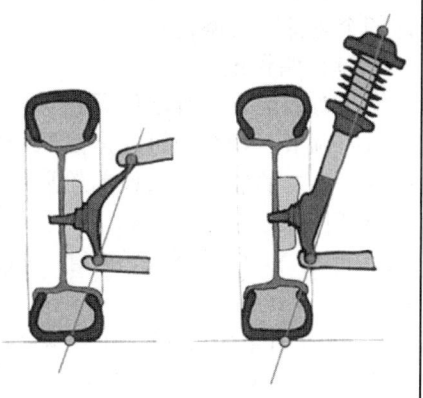

- 前轮驱动车辆采用负磨胎半径设计，目的是在一个轮胎出现故障的情况下，加强对车辆的控制。如果在车辆行驶过程中左前轮胎出现故障，这时负磨胎半径将使车辆偏向右行驶，这种力将由右前轮胎向内运动的力来抵消，从而使车辆继续沿直线方向行驶。

- 磨胎半径能够影响轮胎的磨损。改变磨胎半径可以改变轮胎承载自身质量的位置。如果车辆一侧承载质量高于另一侧时，将引起轮胎不均匀磨损或轮胎磨损过快。

- 转向时，磨胎半径越大，轮胎接触地面的摩擦力越大，转向越沉重，但是转向稳定性较好；小的磨胎半径能够轻便地转向，但转向稳定性较差。

5. 推力角和车辆轮迹

推力角是车辆在俯视平面内纵向轴线和推力线（是一条假想的线，从后轴中心向前延伸，由两后轮共同确定的后轴行驶方向线）的夹角，如图所示。车辆前轮决定行驶的方向，前轮向哪个方向行驶，后轮也随着向哪个方向行驶。然而，后轮却控制着行驶轨迹，行驶轨迹与推力角有关。推力角是由后轮前束所决定的。如果推力角超出规格，改变车桥至车身的关系将改变推力角读数。只要推力角与车辆中心线重合，那么后车轮的轨迹与前轮轨迹也是重合的，并且车辆是沿着直线方向行驶的；推力角与中心线不重合时，如果前轮与中心线平行，车辆将无法直线行驶。如果想要车辆直线行驶，前轮

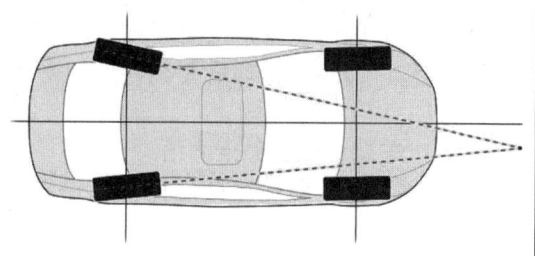

必须有一定的转向角度，转向角度与推力角相同，这样车辆才能直线行驶。此时，转向盘有一定的转角，车身与直线行驶方向有一定的夹角。为了使车辆能沿着直线方向行驶，所以车辆前轮必须随着推力角平行转向；车身与直线行驶方向不平行；前轮轮胎将产生不均匀磨损。

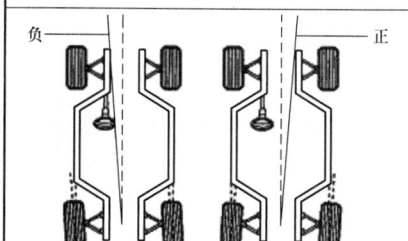

负推力角和正推力角：

正推力角表示推力线指向车辆的右侧；负推力角表示推力线指向车辆的左侧，如图所示。

（四）两轮定位与四轮定位的区别

两轮定位的实质是对前轮进行定位调整，而四轮定位需要前、后轮配合调整，即四个轮都需要调整。

（1）两轮定位

仅对两前轮进行定位调整。在一个前轮定位过程中，转向和悬架部件都沿中心线进行调节。调节的目的是使两个前轮之间的位置适当，在一个前轮定位过程中进行一个重要的假设：假设前轮后面的所有部件都处于良好状态下，有许多因素能够影响后轮定位角，如图所示。

- 后副车架和后桥可能偏离中心线。
- 控制臂轴套被磨损。
- 弹簧弹性衰减。
- 累积的制造公差导致后轮定位角超出技术规格。
- 不恰当的敲击或猛烈的路面振动将使后悬架部件弯曲而超出技术规格。

（2）四轮定位

在四轮定位过程中，必须测量或考虑后悬架定位角。

如果后悬架定位角不可调节，推力角也已确定，那么前轮将依照推力角被定位。

如果后悬架角可以调节，每个后轮都按中心线以适当的角度进行单独调节，那么当前轮按中心线进行定位后，车辆的操纵和轮距都将是适当的。

四轮定位的实质是对前轮、后轮进行定位调整，因而四轮定位需要前、后轮配合调整，即四个轮都需要调整，如图所示。

（五）车架移位及悬架术语

车架移位是指前轮彼此之间前后位置关系，当一个车轮中心偏后于另一个车轮时，可以说成是产生后置。

1. 车架移位

车架移位又叫后错，会造成车辆一侧的轴距缩短。当轴距差值过大时会引起车辆向一侧跑偏。有时，定位良好的车辆仍有操纵方面的故障，例如当车辆行驶时，转向轮向一侧跑偏或转向盘偏离中心。如果定位正确，但仍出现操纵方面的故障，则可能出现极大的车架移位情况。

由于制造公差差错而引起的车架移位是非常罕见的，车架移位通常是前轮或后轮末端碰撞过程中冲击力所引起的。这种冲击力使车架或车身结构变成

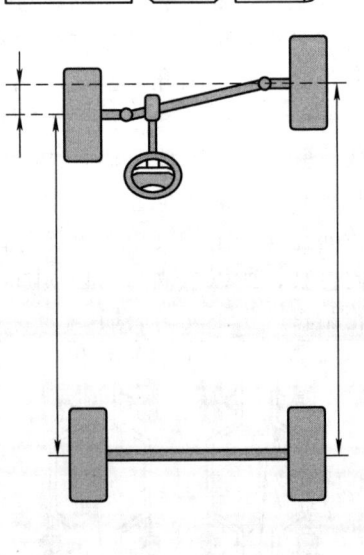

成不规则的正方形，从而使车架或车身结构形成了一个菱形。当遇到车架移位现象时，应向车辆用户核查一下车辆是否发生过碰撞。

2. 跑偏

跑偏是一种影响汽车方向稳定性的情况，当汽车具有向某一侧"跑偏"趋势时，驾驶人需要持续地向相反的方向转动转向盘，以维持汽车直线行驶。

3. 缓慢跑偏

缓慢跑偏是指转向盘松开后，汽车行驶轻微地偏向右方或左方。缓慢跑偏不像跑偏那样严重，它是很轻微的方向改变。驾驶人一般不必像跑偏那样持续修正方向来维持汽车直驶。当然，也需要向相反方向转动转向盘。

所有汽车都存在一定的缓慢跑偏量，这是正常现象。正常的缓慢跑偏可由下述情况引起，如侧风、道路拱起、路面不平整等。

4. 行驶不稳

行驶不稳是汽车左右转动的一种自动转向现象。这种现象可由很多因素引起，后面会讲到。驾驶人此时需不断地向相反方向转动转向盘以修正汽车行驶方向，保持直线行驶。行驶不稳也指汽车沿着不平整道路行驶时出现的一种趋势，如驶向裂缝路面、下陷路面、凸起路面等。

5. 路拱

路拱是道路建设时中央高于两边的弓形。这样做的目的是使水流和石屑容易排离路面。汽车若在大拱度道路上行驶，将会沿着路拱坡度向下缓慢跑偏。

虽然绝大多数道路是中央拱起，高于两边，但某些中央排水的道路也可能是两边拱起，高于中央，所以车辆在不同路拱道路上行驶会出项不同的"跑偏"。

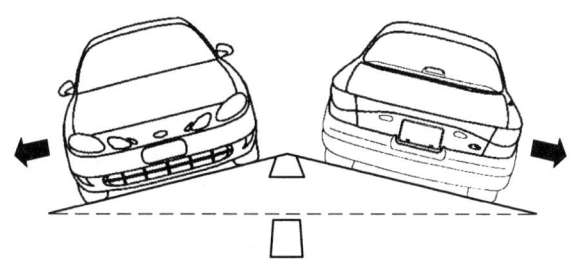

二、维修任务实施：四轮定位

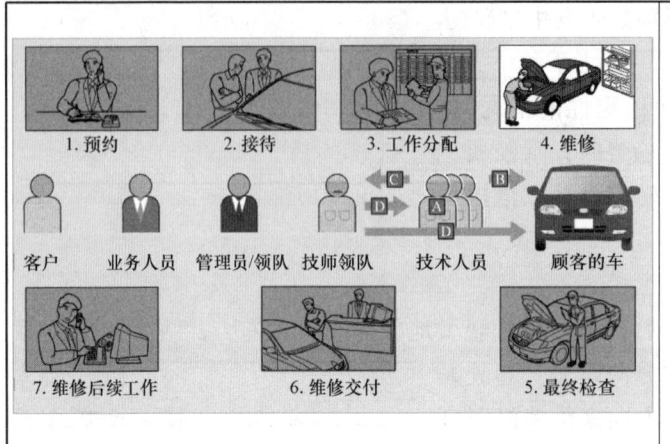

对技术人员要求：
- 接收/检查修理单。
- 接收用于修理的订购零件。
- 在允许的时间内进行工作。
- 向技师领队确认工作完成。

技师领队：
- 对技术难度高的工作向技术人员提供指导和帮助。

（一）故障症状分析

通过故障症状分析能够确认引发故障范围，并指引技师进行相应检测。

1. 不动转向盘的情况下，车辆直线行驶跑偏
可能的故障原因：
- 不恰当的主销后倾角设置。
- 不均匀的外倾角设置。
- 不均匀的轮胎磨损。
- 不恰当的轮胎充气。

2. 制动过程中车辆跑偏
可能的故障原因：
- 不均匀的主销后倾角。
- 支柱连杆轴套磨损。
- 制动系统问题。

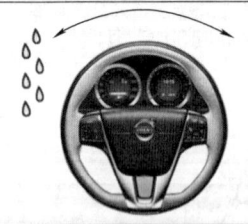

3. 转向生硬
可能的故障原因：
- 过大的主销后倾角设置。
- 转向器粘滞。
- 动力转向系统故障。

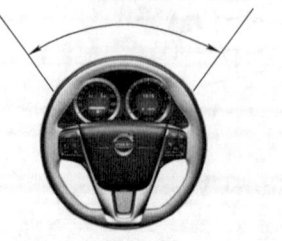

4. 转向间隙过大
可能的故障原因：
- 齿轮齿条架衬套磨损。
- 车轮轴承松动。
- 转向横拉杆磨损。
- 控制臂轴套磨损。
- 转向器调节不适当。

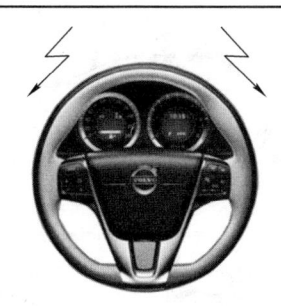

5. 车辆来回摆动或需要连续性转向校正

可能的故障原因：
- 不均匀的主销后倾角。
- 不恰当的前束。
- 转向器调节不适当。
- 不足的主销后倾角。

颠簸冲击　　　缓慢地摇晃

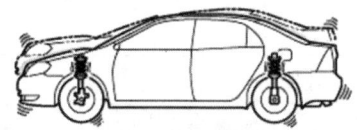

6. 振动
- 轮胎/车轮振摆过大。
- 不恰当的轮胎平衡。
- 损坏的驱动轴或万向节。
- 发动机、变速器或车架安装松动或磨损。

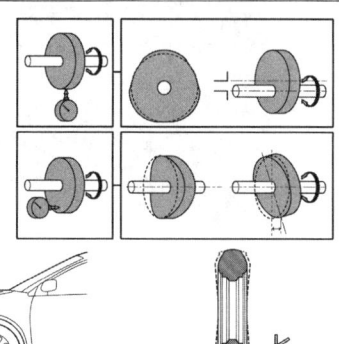

7. 前轮跳动（颠簸）

可能的故障原因：
- 轮胎/车轮振摆过大。
- 不恰当的轮胎平衡。
- 轮毂或轮毂双头螺栓振摆过大。
- 发动机、变速器或车架安装松动或磨损。

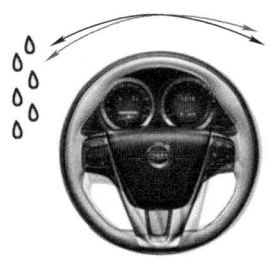

8. 控制方向费力

可能的故障原因：
- 发动机、变速器或车架安装松动或磨损。
- 不恰当的传动系统角度。

9. 行驶异响

可能的故障原因：
- 拉杆或摆臂球头松旷。
- 拉杆或摆臂的胶套松旷。
- 悬架固定螺栓未紧固。
- 发动机、变速器或车架安装松动或磨损。

故障症状表仅作为故障排除的参考，具体问题需要具体分析，单是一个引发异响就有多种原因，仍然需要技师做好诊断识别，排除非故障干扰，确定是一个原因还是多个原因引发的底盘故障。

（二）悬架系统的部件检查

为了配合悬架系统的诊断维修，需要做相应部件的检查，以下介绍了车轮定位前检查以及悬架部件检查，在利用经验判断的同时，也要用测量工具辅助检查，以便排除干扰确定故障位置，如图所示。

1. 车轮定位前检查

在进行车轮定位前，必须检查汽车各种底盘部件是否磨损或损坏。失效或损坏的底盘部件被视为会引起与车轮定位不正确相似的症状。

在这种情况下，调整车轮转角甚至可能会导致问题更趋严重。

在进行车轮定位前，应检查并纠正下列部件：
- 轮辋是否出现损坏、变形以及车辆是否使用了正确型号的轮辋。
- 转向连杆间隙或损坏。
- 球头间隙或损坏。
- 衬套间隙或损坏。
- 支架或连杆臂损坏。
- 转向部件损坏或卡滞。
- 轮胎损坏以及胎压不正常。
- 轮胎的滚动方向是否正确。
- 制动器磨损或使用不当。
- 车轮轴承间隙或损坏。
- 前部总成与后部悬架的总体状况。

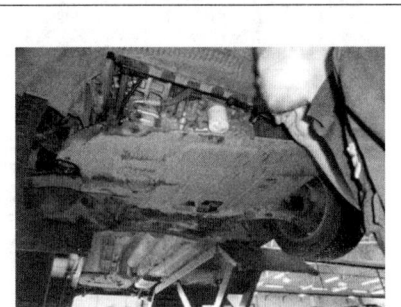

2. 车轮定位的负载

在进行车辆定位前,必须检查车辆负载是否异常。与空载汽车相比,超载汽车经常显示其他车轮转角。

- 尽量确保汽车空载以进行车轮定位。
- 所有的测量都必须在满油箱时进行。

3. 车轮定位设备

有几种类型的设备可用于调整车轮转角,必须遵照制造商的建议进行校准。一些设备在每次使用时都必须进行校准,其他设备一年至少校准一次。使地板与使用的起重机保持完全水平也是必要条件。

4. 轮胎的检查

(1) 对轮胎轮辋进行检查

①正常磨损轮胎。②轮胎一侧磨损。③轮胎两侧磨损。④轮胎中间磨损。⑤轮胎出现点状磨损。

(2) 轮胎换位

轮胎在使用过程中,因受驾驶习惯、车辆保养不善、胎压不正确及轮胎换位松懈等因素影响,胎面往往会出现不规则磨损,导致轮胎使用寿命缩短,车辆异常颠簸。为使胎面磨损更均匀,延长轮胎使用寿命,建议车辆每行驶 8000 ~ 10000km 时,对轮胎进行换位。

轮胎换位应根据轮胎的不同特点采用不同的换位方法,具体可参照车辆使用手册,或寻求专业轮胎技术人员的帮助。

当四个轮胎大小、形状完全一样时,轮胎换位方法如图所示。

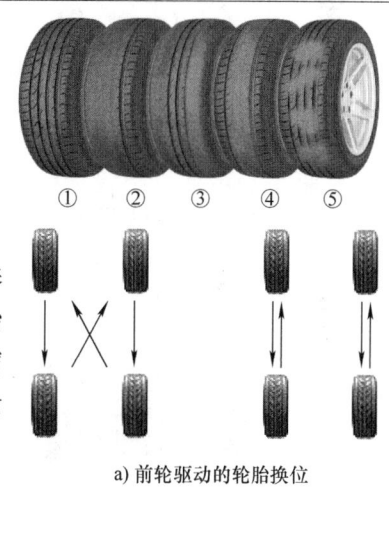

a) 前轮驱动的轮胎换位

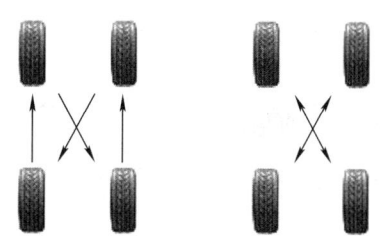

b) 后轮驱动的轮胎换位

5. 不正常的轮胎磨损的处理方法

不正常的轮胎磨损征兆、原因及处理方法。

征兆	原因	处理方式
胎肩磨损	• 充气不足（两侧磨耗） • 车轮外倾角不正确（单侧磨耗） • 转弯过急 • 没有定期调换轮胎	• 调整 • 修理或更换车轴及悬架构件 • 转弯减速 • 定期调换轮胎
胎面中心磨损	• 充气过量 • 没有定期调换轮胎	• 调整 • 定期调换轮胎
前束或前展磨损	• 前束或前展量不正确	• 调整
磨损不均	• 外倾角或后倾角不正确 • 悬架作用不良 • 轮胎不平衡 • 制动鼓失圆 • 其他机构状况 • 没有定期调换轮胎	• 修理或更换车轴及悬架组件 • 修理、换新、重装 • 车轮平衡 • 校正平衡 • 校正或换新 • 定期调换轮胎

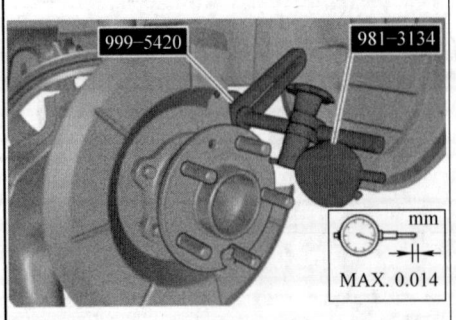

6. 轮毂轴承检查

轮毂轴承跳动量应≤0.014mm。

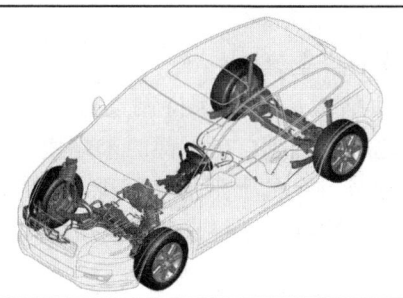	**7. 转向系统的检测** 转向系统检测参照"转向系统测试与维修"的内容。
	**8. 弹簧的检测** 弹簧失效的原因有以下两点，检测时一般使用目测或手压车头等方式。 • 经常超载。 • 经常行驶在不平的路面上。
	**9. 橡胶弹簧的检测** 主要靠目测或手压方式。
	**10. 拉杆及摆臂的检测** 使用目测或比较法。
	11. 橡胶件的检查 通过用手摇晃悬架接头上的连接，检查衬套是否磨损或有无裂纹，并且检查是否摆动。同时检查连接是否损坏，如图所示。 • 利用强光照射查看轴套橡皮部件，轴套橡皮部件如发丝般宽窄的裂缝就是可以接受的。若轴套破裂或损坏，则应予更换。 • 用合适的工具将下控制臂内侧向一边撬起。如果发现有过大程度的移动，则应更换轴套。

	**12. 球节的检查** 使用制动踏板压力器保持制动踏板被踩下，确认前轮笔直向前。在下臂的末端使用一个工具检查球节过余的上下滑动间隙。检查球节防尘罩是否有裂纹、撕裂或者其他损坏。
	**13. 减振器损坏** 检查减振器是否有凹痕。另外，检查防尘罩是否有裂纹、裂缝或者其他损坏。停车时用力往下按压汽车的一端，如汽车摆动三、四次，则说明减振器的减振性能已经很弱。检查减振器是否有渗漏油迹象。拆下减振器检查时是否发生活塞杆卡滞或推拉活塞杆没有阻力，当有以上几项发生时，必须更换减振器。
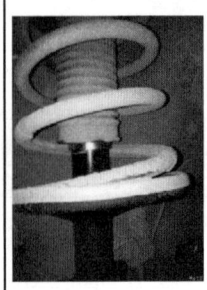 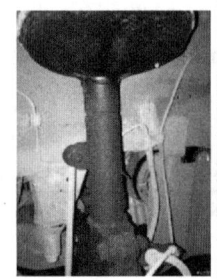	**14. 检查减振器漏油** 检查减振器应该没有油泄漏。轻微的液痕迹是可以接受的。允许密封件微渗漏的目的是润滑活塞连杆。减振器装有足够的油液，允许由于轻微渗漏而引起的油液流失。若密封件周围和减振器机体上存有大量的油液，是很容易发现的，这时应更换减振器。

（三）行车测试

进行行车测试以检查确定当车辆离开工场时是处于完美的状况，每次维修时都必须进行行车测试，行车测试时，都必须注意交通状况和安全。

1. 行车前检查

在行车测试中作以下检查，并视需要加以修正，起动发动机之前检查确定及起动时确定：

- 点火、转向盘锁以及遥控器功能正常。
- 指示灯和仪表功能正常，包括指示灯以及 SRS、ABS 警告灯。
- 自动变速器。
- 起动机仅在 P 和 N 位运作而倒车灯仅在 R 位亮起。
- 起动机功能正常而没有异常噪声。
- 发动机起动正常。

项目三　行驶系统检修

2. 开始驾驶时检查确定
- 离合器没有卡住或滑动。
- 加速正常，没有"爆燃"或其他异常情况发生。
- 由 2500r/min 加速至 4500r/min 节气门全开。
- 变速器功能正常并且没有异常噪声。
- 转向中没有间隙或异常的胶黏感觉。
- 转向盘位置正确并且在转向后能正确回位。
- 车轮没有失衡现象。
- 变速器中没有振动声或异常噪声。

3. 继续驾驶并检查确定
- 车辆稳定且直线行驶。
- 发动机在正确的时间内达到正常的运作温度。
- 在正常道路速度下车轮没有不平衡。
- 车体、前或后悬架系统中没有发出任何异常噪声。
- 没有异常风声出现。
- 气候控制和控制件功能正常。

4. 制动时检查确定
- 踏板力正常以及没有振动。
- 配备 ABS 的车辆在车轮开始锁定时会脉动。
- 驻车制动功能处于最佳状态。

5. 对于自动变速器
- 换档锁在 P 位工作并且控制杆保持在位。
- 在失速速度时没有滑动发生。
- 在 D 或 R 位。
- 当控制杆从较高档位移到较低档位时，变速器降档并且汽车发动机制动。

6. 行车测试后检查确定
- 发动机在熄火后不会持续旋转。
- 发动机舱里没有泄漏。
- "维修组件"已安装好，并且看不到任何异常现象。
- 擦去所有外溢的机油及指纹。
- 车体或车内饰板中见不到明显的缺陷。
- 擦拭转向盘和变速杆。检查确定车辆没有显示任何进过工厂的痕迹。

7. 交车时向顾客逐一解释维修单上的条目
- 告诉顾客维修中做了什么以及行车测试中的观察结果。
- 如果需要进一步修理以确保车辆无任何故障，与顾客预约好。
- 对待顾客的态度要良好，使他相信自己的车在工厂得到很好的照看。

（四）车轮定位调整

车轮定位角对车辆的行驶和性能有很大影响。它们既影响路面上的轮胎接触面，也影响汽车的抓地性。

大多数车轮定位角均为动态响应，这表示由于悬架几何结构，它们会根据不同状况发生改变。车轮转角是赛车中的重要参数，用于设置汽车，以获得最佳的性能。其中最常出现的车轮转角是外倾角、前束与后倾角。如果松开转向盘时，汽车被"拉"向左侧或右侧，则可能需要调整车轮转角。此外，错误的车轮转角可能会造成不必要的轮胎磨损。

四轮定位仪测量汽车四轮定位角度的重要工具之一。

建议使用这一操作顺序，以获得最佳的车轮定位效果：
- 检查/调整前轮外倾角。
- 检查/调整后轮悬架角。
- 检查/调整前束。

步骤一　上举升台并安装检测设备

1) 检查四柱举升机工作是否正常。

2) 检查四轮定位仪附属设备是否正常。
3) 将被检测的车开到举升机上。

4）汽车驶上平台时前轮需停放于转盘中央，转盘需在载重时有自由旋转及前后左右滑动的功能。转盘平面须一致，不可左右上下晃动，转盘必须定期保养，检查其滑动及转动灵活，不良转盘会造成测量及调整不准。

5）汽车驶上平台时，后轮须停于后滑板上，后滑板须有自由旋转（±5°）及左右滑动的功能，后滑板也须定期检查确保其活动性，否则也会影响测量及调整准确度。平台左右后滑板于左右转盘须保持水平，尤其在载重下仍须保持水平。前转盘及其后滑板必须保持水平以确保后倾角的测量准确性。

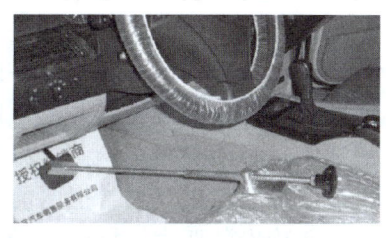

6）汽车驶上平台的正确位置后，用制动踏板固定器将制动踏板固定。制动踏板固定器用于防止在转测或调整定位角度时汽车车轮滑动。车身没有固定好，则必然会产生测量及调整误差。

7）在平台上用手分别压几次车辆的四角，重重地弹动前后悬架几次。这样悬架会恢复到正常设定。

8）测量四个车轮轮胎的气压，气压不足的应充气，并记录下来。

9）使用米尺测量车辆高度，并记录下来。

10）四轮定位夹具的功能是连接传感器与车轮钢圈，此夹具必须保持非常良好的精密度以避免造成测量误差。在安装夹具与钢圈时，必须保持其平稳性，夹具必须牢固于钢圈上以防止脱落损坏传感器。安装传感器夹具后，把两前轮处于向前直行的角度，正确安装四个不同位置的传感器。根据传感器上的图标安装传感器。

注意：

- 在前后轮上设置测试仪器。根据说明设置测试仪器，将转车台放在前轮下，使用可作横向运动的转车台。
- 前轮在转车台上时车辆必须保持水平位置。这样在检查外倾角和后倾角时才能得到正确的数值。
- 检查确定转台没有接近其极限位置。

11）打开主机的电源。

13）按传感器上任意一个按键进行开机。

14）操作软件进入［测量调整］，显示器上显示四轮定位应用程序。

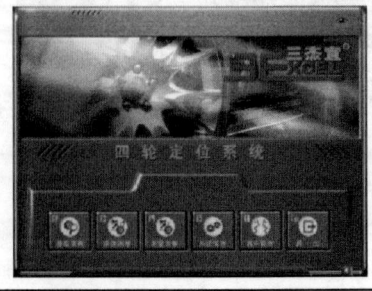

12）拔下转角盘和后滑板的定位销。

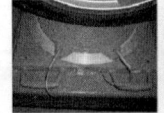 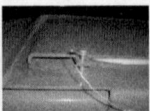 

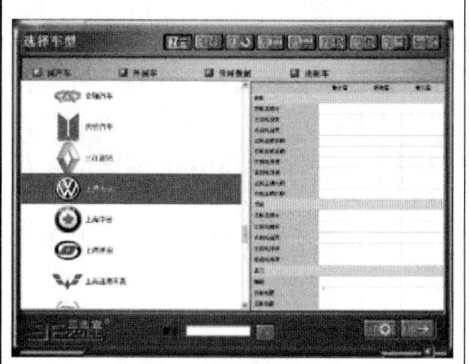

15）通过选择［测量调整］功能按钮以后，程序进入选择车型屏幕，如图所示。在该屏幕下，操作人员通过鼠标来选择正确的车辆厂商、年款和车型以后，单击［下一步］按钮或按 F11 功能热键进入偏心补偿功能。如果操作人员不想做偏心补偿功能，可以直接点击偏心补偿按钮后面的其他功能按钮进入其他功能的测量。

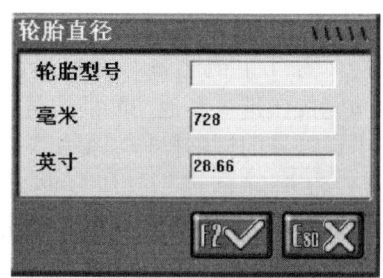

16）使用底盘高度测量模式时，对于需要采用测量底盘高度来执行定位检测的车辆来说，当选择相应车型时，系统会弹出一个提示屏幕来要求操作人员根据屏幕提示，用测量工具如卷尺，测量屏幕所提示位置的高度，并把相应的测量数据输入到对应的文本框内。

注意：车型选择时要保证车型选择的正确性。

输入轮胎直径，当前束用毫米或英寸为单位时，请单击［轮胎直径］按钮或按 F12 重新输入轮胎外直径。

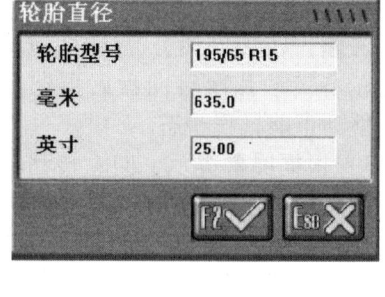

也可以直接输入轮胎型号，系统将自动计算轮胎直径的毫米和英寸值。

在车辆定位过程中，偏心补偿是一个非常重要的步骤，它是为了减小由于钢圈的变形和轮夹的安装而引起的误差。建议每次测量时都选择该操作步骤，以提高测量精度。

做偏心补偿前，取下制动踏板压紧器，用二次举升举起车身，使车轮处于自由旋转状态。把各测量探头调平并锁紧。

偏心补偿的详细操作步骤如下：

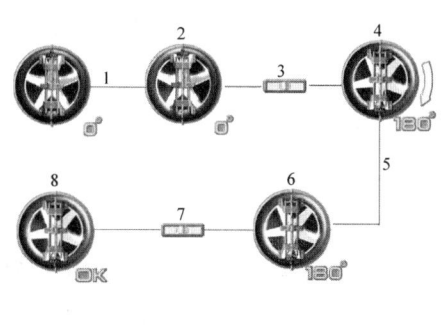

松开测量探头，转动车轮连同轮夹，让轮夹基本处于垂直状态后，将整个总成保持在这个位置。按下测量探头显示面板上的［偏心补偿］按键后，偏心补偿按键上的指示灯 1 开始闪烁，屏幕提示该车轮处于 0°状态，并弹出水平泡提示调平测量探头。当调平并锁紧测量探头后，指示灯 1 保持常亮，同时屏幕提示把该车轮旋转 180°。

松开测量探头,把车轮连同轮夹一起向车辆前进方向转动180°后,将整个总成保持在这个位置。再按下测量探头显示面板上的[偏心补偿]按键,当偏心补偿按键上的指示灯2闪烁后,屏幕提示该车轮处于180°状态,并弹出水平泡提示调平测量探头,当调平并锁紧测量探头,指示灯2保持常亮,同时屏幕提示该车轮处于OK状态,该车轮的偏心补偿结束。

再按下测量探头显示面板上的[偏心补偿]按键,指示灯1和2熄灭。其他车轮的偏心补偿重复以上步骤即可。

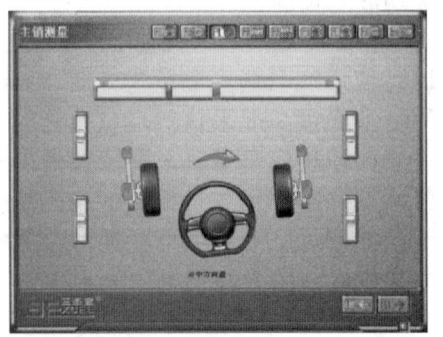

步骤二 主销测量与调整

单击[主销测量]按钮或按F4功能热键进入主销测量程序,然后根据屏幕提示的动画和文字操作即可。如果操作人员不想做主销测量功能,可以直接单击[主销测量]按钮后面的其他功能按钮进入其他功能的测量。

主销测量的详细操作步骤如下:

1)根据屏幕提示,压紧制动踏板,松开转向盘固定架,调平并锁紧测量探头。

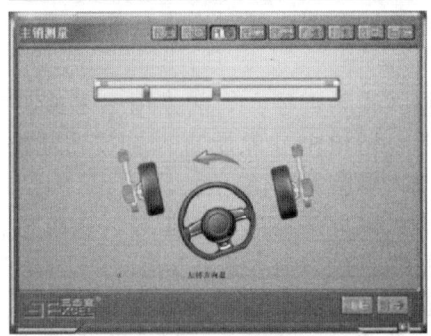

2)根据屏幕提示对中转向盘,让红色滑块进入中间的绿色区域,如图所示。

注意:在转向盘正前打直前,必须先左右转动几次转向盘后再把转向盘调整到正前打直状态。

3)根据屏幕提示,向左转动转向盘,当滑动块进入左边的绿色区域后,稳定住转向盘,直到屏幕提示向右转动转向盘为止。

4)根据屏幕提示,向右转动转向盘,当滑动块进入右边的绿色区域后,稳定住转向盘,直到屏幕提示回正转向盘为止。

注意:操作人员不可以坐到汽车里面操作,应站在外面,并注意双腿不能挡住传感器CCD光点之间的连接。

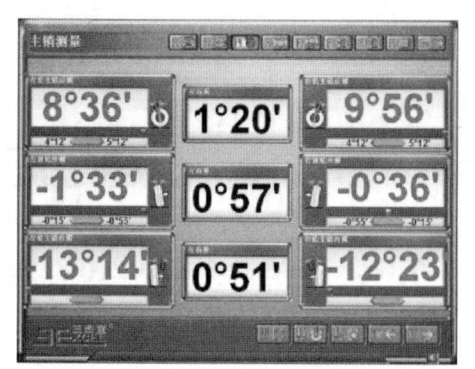

5）根据屏幕提示，向左转动转向盘，当滑动块进入左边的绿色区域后，稳定住转向盘，直到屏幕提示向右转动转向盘为止。

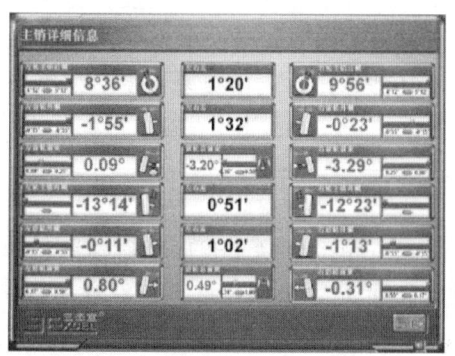

6）在主销测量结果屏幕，单击［详细数据］按钮或按 Ctrl + F4 功能组合热键进入主销、前轮和后轮定位参数的查看。

7）主销动态调整

在主销测量结果屏幕，单击［动态主销］按钮或按 Ctrl + F5 功能组合热键进入主销动态测量与调整屏幕。

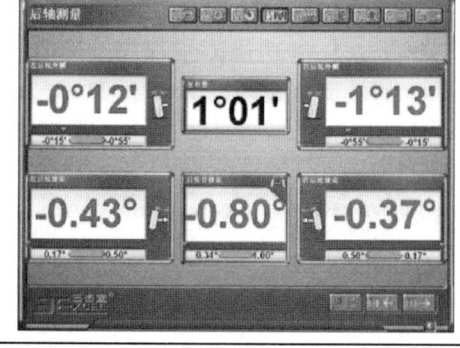

步骤三　后轴测量与调整

用鼠标单击［后轴测量］按钮或按 F5 功能热键进入后轴测量程序，然后根据屏幕提示的动画和文字操作即可。后轴的测量结果与调整屏幕，如图所示。操作人员根据屏幕提示信息，把车辆的相应定位参数的实际测量值调整到标准值范围之内即可。

步骤四 前轴测量与调整

用鼠标单击［前轴测量］按钮或按F6功能热键进入前轴测量程序，然后根据屏幕提示的动画和文字操作即可。前轴的测量结果与调整屏幕。根据屏幕提示信息，把车辆的相应定位参数的实际测量值调整到标准值范围之内即可。

注意： 为了保证前轮前束测量和调整正确，在测量前束前，必须把转向盘左右转动几次后再调平转向盘，并用转向盘固定架将其固定好。

举起车身调整： 在调整车辆外倾角或前束比较费劲时，用鼠标单击［举升调整］按钮或按CTRL+F7功能组合热键进入举升调整功能。操作人员只要根据屏幕提示，顺序往下操作即可。

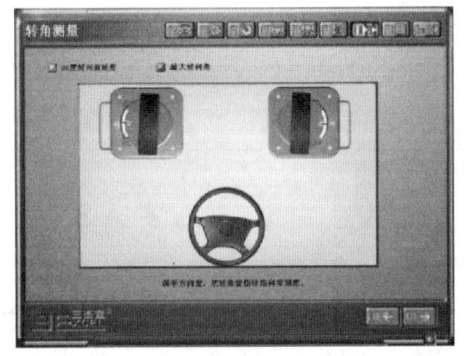

步骤五 转角测量

用鼠标单击［转角测量］按钮或按F8功能热键进入转角测量屏幕。在该屏幕下有两个选项：20°转向前展差和最大转向角。当选择相应的功能后，根据屏幕上的动画和文字提示操作即可。

注意： 在测量转角前需要把测量探头从车轮上取下来。当没有配电子转盘时，操作人员需要手工把左/右转角盘所转的实际角度分别输入到系统提示屏幕对应的文本框内。

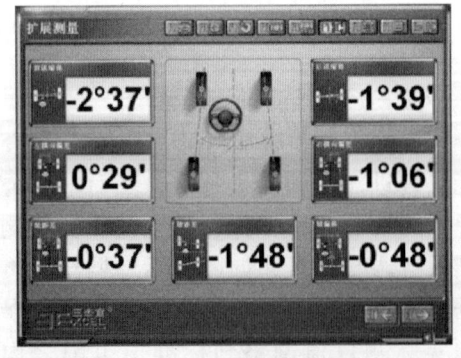

步骤六 扩展测量

用鼠标单击［扩展测量］按钮或按F7功能热键进入扩展功能测量程序，然后根据屏幕上的动画和文字提示操作即可。扩展功能主要完成轮距偏差（角）、轴距偏差（角）、前退缩角、后退缩角、左横向偏位和右横向偏位等参数的测量。

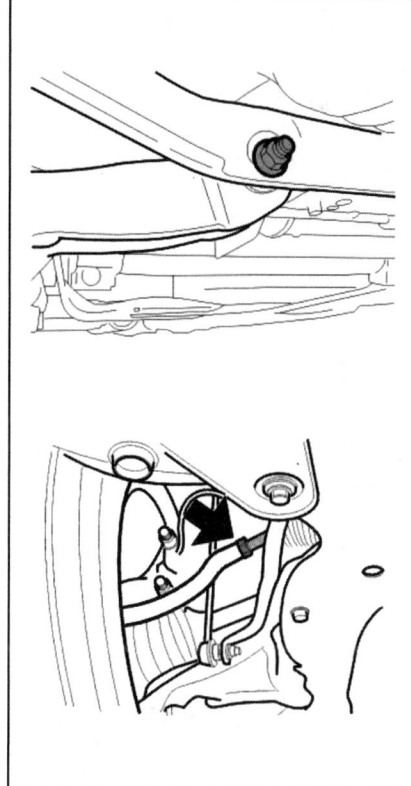

拓展学习：

1. 调整后轮束角方法
- 松脱下控制臂上的内侧螺母。
- 使用偏心螺钉，将束角调整为正确值，请参阅车轮外倾角。
- 稍微锁紧螺母。
- 检查推力角，如果不符合规定值，则松开螺母，重新调整束角。
- 上紧螺母。上紧至100N·m。

2. 调整前轮束角

一旦锁定螺母松开后，即用束紧杆调整。正调整值产生正前束，负值则产生负前束。
- 关于各种车型的正确值，请参阅车轮外倾角。
- 上紧之后用防锈剂对支柱螺纹进行处理。

注意：各束紧杆之间的长度差异不得超过2mm。在锁定螺母和螺纹边缘之间进行测量。

任务评价

一、案例学习

一辆轿车车辆经过事故维修，交车终检时，检验员反映行驶在颠簸路时，悬架部件"嗒嗒嗒"异响，并且具有一定速度，连续转弯时车辆侧向支撑力略微不足，技师对悬架系统进行检查时，没发现异常，外出试车故障依旧。于是，技师开始检查所有拆装过的零件。当检查到稳定杆连杆的位置的时候发现没有紧固到位，将该螺栓紧固后异响消除，为保险起见，维修技师将更换过配件的零件固定螺栓都做了紧固，确保维修质量。

维修资料显示，在每一项拆装的后面都有标准力矩，如果在拆装过程中严格按照标准步骤拆装步骤会规避掉很多不必要的错误，比如说在最后一步，技师如果能按标准拧紧，一定不会出现没有紧固的错误发生。

在零配件的装复过程中，工作会被一些干扰中断（比如紧固螺栓时，他人请你临时帮忙），千万不要只安装一半就离开，应一次紧固到位并打好扭力，降低未紧固的风险。另外，应养成一个好的习惯，当所有工作结束之后，要把紧固过的螺栓重新检查一下，以防止有漏紧现象发生。

本故障案例告诉我们，按照标准步骤进行有序的工作是维修质量的保障，既关系到维修结果正确性，更会影响到车辆的安全性能。

1. 行驶平顺性不良

（1）故障现象

汽车行驶时出现振动，加速时出现窜动，驾乘人员感觉很不舒服。

（2）故障主要原因及处理方法

造成行驶平顺性不良的原因主要是：

1）前稳定杆卡座松旷或橡胶支承损坏，应予更换。

2）车轮动平衡超标，应予校正。

3）减振器或缓冲块失效，应予修理或更换。

4）传动轴动不平衡，应予校正。

5）钢板弹簧支架衬套磨损松旷，应予更换。

6）车轮轴承松旷或转向横拉杆球头松旷，应予更换。

7）钢板弹簧U形螺栓滑牙或松动，应予更换或紧固。

8）发动机横梁和下摆臂的固定螺栓或衬套松旷，应予修理或更换。

9）半轴内外万向节磨损松旷，应予更换。

10）轮胎气压过高，磨损不均，应予调整或更换等。

（3）故障诊断方法

针对不同的行驶平顺性特征、行驶平顺性常见不良故障原因的诊断流程，找出故障部位。

2. 车身横向倾斜

（1）故障现象

汽车车身左高右低或左低右高，出现倾斜。

（2）故障主要原因及处理方法

造成车身横向倾斜的原因主要是：

1）左右轮胎气压不一致，应按规定充气。

2）左右轮胎规格不一致，应予更换。

3）悬架弹簧自由长度或刚度不一致，应予更换。

4）下摆臂变形，应予校正或更换。

5）发动机横梁和下摆臂的固定螺栓或衬套松旷，应予修理或更换。

6）减振器或缓冲块损坏，应予更换。

7）发动机横梁变形，应予校正或更换。

8）车身变形，应予整形修理等。

（3）故障诊断方法

先检查左右轮的气压、规格是否一致，再检查悬架、车身等部位，确定故障位置、车身横向倾斜常见故障原因的诊断流程。

3. 行驶无力

（1）故障现象

即使将加速踏板踩到底，汽车驱动力也不足，出现加速不良、爬坡无力等现象。

（2）故障主要原因及处理方法

造成汽车行驶无力的根本原因是发动机无力，传动系统传动效率低，车轮受到的阻力过大。

具体原因主要是：

1）发动机无力，排除方法见发动机章节。
2）离合器打滑，排除方法见本章离合器维修。
3）变速器缺油或润滑油变质，应予添加或更换。
4）变速器齿轮啮合间隙过小，应予重新选配。
5）万向传动装置中间支承轴承缺油、锈蚀甚至失效，应予润滑或更换。
6）主减速器、差速器或半轴的传动齿轮（花键）啮合间隙过小，应予调整。
7）驱动桥缺油或润滑油变质，应予添加或更换。
8）轮胎气压严重不足，应予充气或修补后充气，必要时更换轮胎。
9）车轮制动拖滞，排除方法见本章制动系统维修。
10）驻车制动拉索复位不畅，造成后轮制动未完全释放，应予润滑或更换。
11）轮毂轴承过紧，应予调整。
12）前轮定位不正确，应予调整或更换部件等。

（3）故障诊断方法

按照故障原因的可能性从大到小，检查的难易性从易到难的顺序，首先应检查轮胎气压是否严重不足。在排除发动机无力的情况下，检查影响传动系统传动效率降低的因素是否存在。最后检查排除车轮受到的阻力过大的因素。

4．行驶跑偏

（1）故障现象

汽车正常行驶，不踩制动时，必须紧握转向盘才能保持直线行驶，若稍有放松便自动跑向一边。

（2）故障主要原因及处理方法

造成汽车行驶跑偏的根本原因是汽车车轮的相对位置不正确，两侧车轮受到的阻力不一致。具体原因主要是：

1）两前轮轮胎气压不等，直径不一或汽车装载质量左、右分布不均匀，应予调整或更换。
2）左、右两前钢板弹簧翘度不等，弹力不一或单边松动、断裂，应予更换。
3）前梁、车架发生水平面内的弯曲，应予校正。
4）汽车两边的轴距不等，应予调整。
5）两前轮轮毂轴承的松紧度不一，应予调整。
6）前轮定位不正确，应予调整或更换部件。
7）车轮有单边制动或拖滞现象，应予检修。
8）转向杆系变形，应予校正或更换。
9）动力转向系统控制阀损坏或密封环弹性减弱，阀芯运动不畅或偏离中间位置，应予调整或更换等。

二、项目小结

在本项目内容中，重点学习了以下内容：
1. 悬架系统的作用及分类。
2. 悬架系统组成。
3. 悬架系统拆装。

本项目的学习目标你已经达成了吗？请通过思考以下问题的答案进行结果检验。

1. 拖拉机与汽车都行驶在颠簸路面时，在拖拉机上的驾乘人员觉得冲击特别大，非常颠簸，而在汽车上的驾乘人员只觉得轻微晃动，同样是机动车，为什么会有不同的感受？
2. 你知道车轮是如何安装在汽车上的吗？
3. 你知道麦弗逊悬架有什么功能特点吗？除了麦弗逊悬架，现代汽车上还有哪些类型的悬架？
4. 汽车悬架系统中有哪些元件属于弹性元件？
5. 减振器的作用是什么？减振器有哪几种类型？
6. 你知道汽车行驶中横向稳定杆何时起作用吗？
7. 你知道哪里能找到悬架元件的标准拆装步骤吗？前部悬架元件拆装需要哪些专用工具？
8. 你知道如何拆装后悬架元件吗？
9. 你知道如何进行减振弹簧的拆装吗？

三、课堂练习

（一）填空题

1. 汽车悬架的技术状况对汽车的_____、_____和_____等多种使用性能都有很大影响。
2. 汽车悬架一般由_____、_____、_____、_____和横向稳定杆组成。
3. 弹性元件，顾名思义就是用来起缓冲作用的部件，其中比较常见的就是_____、_____、_____。
4. 减振器上端与车身或者车架相连，下端与车桥相连。当轿车在不平坦路上行驶，车身会发生振动，_____，_____来消耗振动的能量。
5. 横向稳定杆主要由 U 形横向稳定杆、_____和_____组成，支座固定在车身上，稳定杆两端通过连杆与下摆臂相连。当车身只作垂直移动而两侧悬架变形相等时，横向稳定杆在支座的套筒内自由转动，横向稳定杆_____起作用。

（二）不定项选择题

1. 汽车行驶中，在垂直方向振动时产生异响，下列哪一项可能产生此故障：（　　）。
   A. 横拉杆球头连接松旷 B. 悬架弹簧垫块磨损

C. 轮胎胎压不足　　　　　　　　D. 车轮外倾角不对

2. 汽车悬架系统中的横向稳定杆在什么时候起作用：（　　）。

　　A. 车身上下振动　　B. 汽车转弯　　C. 车身纵向振动　　D. 以上都不正确

3. 关于汽车减振器，以下说法正确的是：（　　）。

　　A. 减振器承担一部分车身质量

　　B. 减振器的阻尼减弱后车身高度降低

　　C. 减振器将汽车振动烦人的机械能转变为热能

　　D. 以上都不正确

4. 在下列选项中，为独立悬架汽车非簧载质量的是：（　　）。

　　A. 轮胎　　　　　B. 驱动桥　　　　C. 车身　　　　　D. 变速器

5. 下列选项中属于独立悬架的特点的是：（　　）。

　　A. 结构较简单，成本较低

　　B. 非簧载质量大，不利于提高汽车车轮的附着性

　　C. 允许前轮有大的跳动空间，有利于转向，便于选择软的弹簧元件使平顺性得到改善

　　D. 以上都不正确

6. 在下列选项中属于非独立悬架与独立悬架区别是：（　　）。

　　A. 独立悬架两侧车轮分别独立地与车架（或车身）弹性地连接，当一侧车轮受冲击，其运动直接影响到另一侧车轮，非独立悬架特点与之相反

　　B. 非独立悬架，两侧车轮安装于一整体式车桥上，当一侧车轮受冲击力时不会直接影响到另一侧车轮，独立悬架特点与之相反

　　C. 非独立悬架，两侧车轮安装于一整体式车桥上，当一侧车轮受冲击力时会直接影响到另一侧车轮，独立悬架特点与之相同

　　D. 独立悬架两侧车轮分别独立地与车架（或车身）弹性地连接，当一侧车轮受冲击，其运动不直接影响到另一侧车轮，非独立悬架特点与之相反

7. 在下列选项中哪个系统中能查找到元件拆装步骤及锁紧力矩：（　　）。

　　A. TIE　　　　　B. PCC　　　　　C. VIDA　　　　　D. DICE

8. 下列选项中属于螺旋弹簧特点是：（　　）。

　　A. 螺旋弹簧本身消耗能量，储存了位能的弹簧将恢复原来的形状，把位能重新变为热能

　　B. 螺旋弹簧可以无限压缩和拉伸，确保车辆的减振缓冲

　　C. 螺旋弹簧在车上需要润滑保养，并怕油污，但构造较为简单

　　D. 在悬架中必须另装减振器和导向机构，前者起减振作用，后者用以传递垂直力以外的各种力和力矩，并起导向作用

9. 下列选项中属于悬架按导向机构分类的是：（　　）。

　　A. 独立式悬架及非独立式悬架　　　　B. 被动悬架及主动悬架

　　C. 麦弗逊式及多连杆式　　　　　　　D. 以上选项都不对

(三) 问答题

1. 车轮沿主销移动的独立悬架有哪些分类？简述麦弗逊悬架的组成及特点？

2. 简述减振器的分类及各类减振器的工作原理。

(四) 思考题

在进行悬架元件拆装的时候是否需要专用工具？用专用工具有哪些好处？在哪里能查到我想要的专用工具？

项目四

转向系统检修

项目描述

一辆 S60 客户反映，车子在冷车转向时快速打方向没有助力效果，转向很沉，但慢速打方向时还算正常。但热车后，故障消失。

技师检查时发现油液略黑，更换油液、助力泵后都没有效果。最后更换转向器后彻底解决问题。经过拆检分析，发现转向器液压缸的中间油封老化。

分析过程：故障原理是由于油封老化，造成在低温时密封不良，导致不能满足快速打方向时的油液需求，但当热车后，油封受热后，质地变软，密封功能恢复。

本故障案例告诉我们，在检修转向系统故障时，如果了解工作原理，可以提高我们的工作效率。

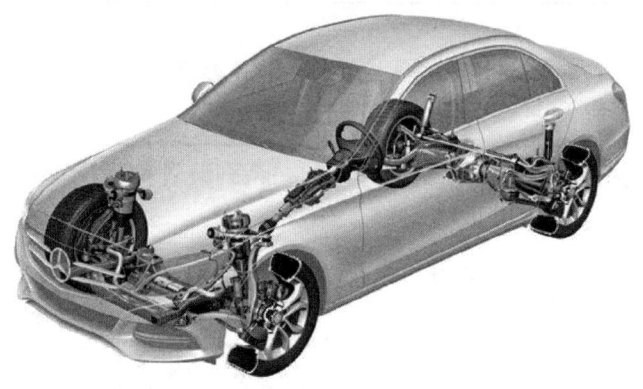

学习目标

知识目标

1. 能理解汽车转向系统的分类。
2. 能理解汽车转向系统故障的成因。
3. 能理解汽车转向系统故障诊断的原则。
4. 掌握汽车转向系统故障诊断的基本方法。
5. 掌握汽车转向系统故障诊断的基本流程。

6. 掌握汽车故障诊断的注意事项。

技能目标

　　1. 能辨别按照不同标准对转向系统故障分类。
　　2. 能掌握转向系统故障诊断的基本法则。
　　3. 能使用转向系统故障诊断流程。
　　4. 能区分汽车转向系统的人为故障和自然故障。
　　5. 掌握汽车转向系统故障诊断的基本技能。
　　6. 掌握汽车转向系统故障诊断流程的方法和技巧。

素养目标

　　1. 严格执行汽车故障诊断规范，养成严谨科学的工作态度。
　　2. 尊重他人的劳动，不窃取他人成果。
　　3. 养成总结故障诊断任务结果的习惯，为下次汽车故障诊断任务积累经验。
　　4. 培养团队协作精神。
　　5. 能够养成自觉遵守技术标准和要求规定、规范操作、安全、环保、"6S"作业的习惯。
　　6. 能够养成劳动光荣、创造伟大的思维和创新意识。
　　7. 养成主动思考、自主学习的习惯。
　　8. 提升发现问题、分析问题、解决问题的能力。
　　9. 培养知识总结、综合运用、语言表达的能力。

任务　检修转向系统

　　用来改变或保持汽车行驶或倒退方向的一系列装置称为汽车转向系统。汽车转向系统的功能就是按照驾驶人的意愿控制汽车的行驶方向。汽车转向系统对汽车的行驶安全至关重要，因此汽车转向系统的零件都称为保安件。汽车转向系统和制动系统都是汽车安全必须要重视的两个系统，如图所示。

　　汽车转向系统分为两大类：机械转向系统和动力转向系统。

　　完全靠驾驶人手力操纵的转向系统称为机械转向系统。

　　借助动力来操纵的转向系统称为动力转向系统。动力转向系统又可分为液压动力转向系统、电动助力动力转向系统和气压动力转向系统。

对现代转向系统的要求：
- 确保转向能力与行驶状态相匹配。
- 考虑到功能、舒适性和安全性方面。
- 减振。
- 将相关路面信息传输给驾驶人。
- 转弯行驶后车轮回正。

转向过程必须考虑到功能、舒适性和安全性。车辆应能对很小的转向移动作出精确且目标准确的反应，不需要通过转向盘进一步进行校正。

但是，此时不允许车辆反应过于迅速。迅速转动转向盘时，车辆不得突然转向。转向移动量较小时，例如快速直线行驶时，车轮上的转向力不得提升过快。

其目的是提高舒适性。舒适性还包括转向盘转动圈数较少，以便停车入位时不费力。为了在车速较高时也能可靠操控车辆，转向系统必须与道路接触良好。驾驶人应该还能"感知"路面情况。此外，坑洼或沟槽等不平路面不应造成转向盘脱手或车辆偏转。动平衡较差的车轮不应导致转向盘振动较大。

因此对转向系统的减振方面也提出了值得注意的要求。转向系统必须具有传输相关路面信息和过滤干扰因素的功能。每次转向操纵之后，转向盘都应平稳地返回到中间位置，必须能够引导车辆并为驾驶人提供关于行驶状态和路面状况的反馈信息。

一、相关知识

（一）转向系统术语

汽车转向系统是用来改变汽车行驶方向的机构的总称，如图所示。转向系统的功用是保证汽车能按驾驶人的意愿进行直线或转向行驶。

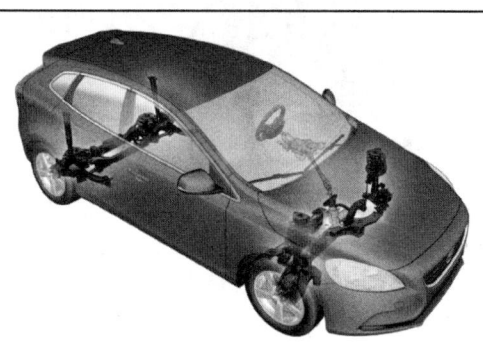

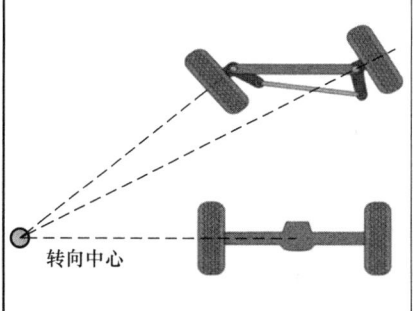

为了保证汽车在转弯时，内外车轮纯滚动运行，英国学者阿克曼在1817年申请专利，利用四连杆原理解决了这一问题。

1. 阿克曼定理

依据阿克曼转向几何设计的车辆，沿着弯道转弯时，利用四连杆的相等曲柄使内侧轮的转向角比外侧轮大2°~4°，使四个轮子路径的圆心交会于后轴的延长线的转向中心，让车辆可以无滑动转弯，如图所示。

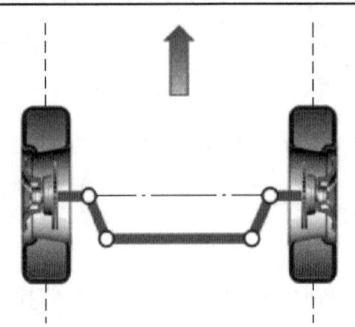

2. 梯形连杆机构

在实车上，转向器及其横拉杆、转向节臂构成一个转向梯形。如图所示，两个车轮的转向轴与转向器相互平行，构成梯形的两个边。在实际应用中，由于很多汽车现在都采用独立前悬架，转向器利用两个可以独立活动的转向横拉杆来解决单侧上下运动问题，如图所示。

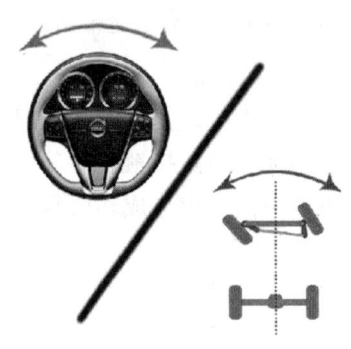

3. 转向角传动比

转向角传动比为转向盘和同侧转向轮转向角度之比，即转向器角传动比与转向机构角传动比之积。

转向角传动比指转向盘的旋转角与车轮旋转角之比。乘用车的传动比大约为 16 到 20 之间。有的车辆转向盘转角大约为 3.75 圈，旋转角度为 1350°。车轮旋转角度大约为 70°。传动比为 19，如图所示。

4. 转向盘自由间隙

转向盘自由间隙是指转向不发生偏转的情况下，转向盘所能转过的角度。这是整个转向系统和转向轮之间综合间隙的叠加。

转向盘的自由间隙可以减缓路面冲击，使转向柔和，同时还能降低驾驶人的疲劳强度。乘用车转向盘的自由间隙一般为 0°~10°。如果间隙过大，可能是由转向器或转向节过度磨损造成的，如图所示。

5. 转向中心与转弯半径

汽车转向时，要求所有车轮轴线都应相交于一点，此交点 O 称为转向中心。这样才能保证各车轮在转向过程中均做纯滚动，避免汽车在转向时轮胎与地面间产生滑动使轮胎严重磨损。由图中的几何关系可见，汽车转向时内转向轮的偏转角 β 大于外转向轮偏转角 α。在车轮为刚体的假设条件下，内外两转向轮偏转角满足下面的关系式：

$$\cot\alpha = \cot\beta + B/L$$

式中　B——两侧主销轴线与地面交点之间的距离，也称为轮距（m）；

　　　L——汽车轴距（m）。

由转向中心 O 到外转向轮与地面接触点的距离 R 称为汽车的转弯半径。转弯半径越小，则汽车转向所需场地越小，其机动性就越好。当前外转向轮偏转角达到最大值 α_{max} 时，转弯半径 R 为最小值。最小转弯半径 R_{min} 与 α_{max} 的关系为：

$$R_{min} = L/\sin\alpha_{max}$$

式中 R_{min}——最小转弯半径（m）；

L——汽车轴距（m）；

α_{max}——前外转向轮最大偏转角（°）。

转向盘的转角增量与同侧转向节转角的相应增量之比 i，叫作转向系统的角传动比。转向盘转角增量与转向摇臂转角相应增量之比 $i_{\omega1}$ 叫作转向器角传动比。转向摇臂转角增量与同侧转向节转角相应增量之比 $i_{\omega2}$ 叫作转向传动机构角传动比。显然有 $i_\omega = i_{\omega1} i_{\omega2}$。

由于转向传动机构角传动比 $i_{\omega2}$ 一般多为 1 左右，所以转向系角传动比 i_ω 主要由转向器角传动比 $i_{\omega1}$ 决定。转向系角传动比 i_ω 大，可使驾驶人操纵转向盘省力，但转向操纵机构不够灵敏，所以在选取 i_ω 时应适当兼顾转向省力和转向灵敏的要求。重型货车和中级以上轿车普遍采用动力转向系统，以满足上述要求。一般货车的转向器角传动比 i_ω 为 16~32，而轿车的 i_ω 为 12~20。

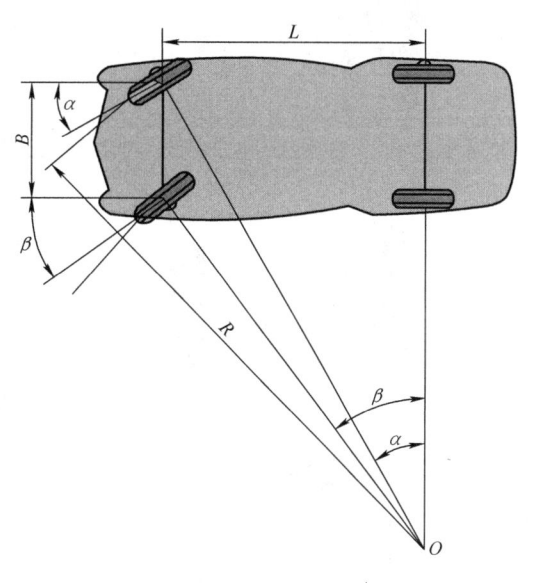

6. 转向梯形

转弯行驶时，一个车桥上的车轮所走过的距离不同。如果两个车轮的转向角度相同，那么两个车轮都无法在自然路面上滚动，如图所示。

每个车轮都受另一个车轮的影响，同时通过所产生的侧向力迫使车轮离开自然路面。车轮在路面上摩擦，这会导致轮胎磨损加剧，并影响行驶安全性。为确保车轮在不滑动的状态下滚动，弯道内侧车轮的转向角度必须比弯道外侧车轮的角度大，如图所示。

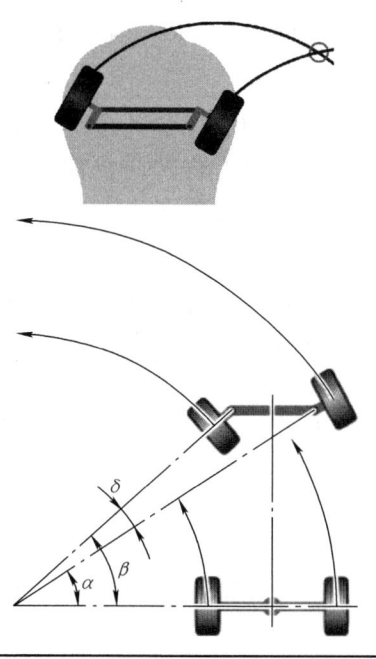

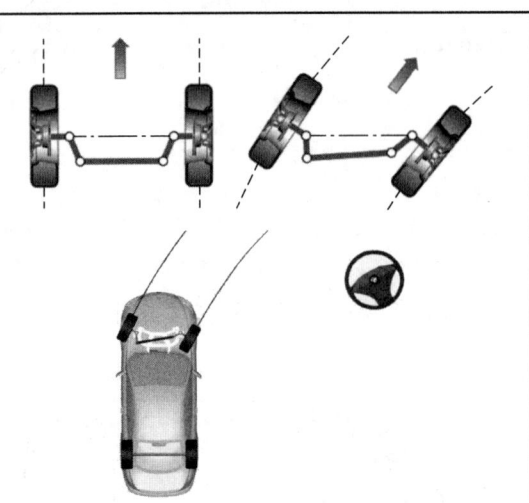

弯道内侧和弯道外侧车轮的转向角度形成了轮距差角，利用转向梯形可以使所有车轮围绕共同的弯道中心点滚动。

轮距差角是弯道内侧和弯道外侧车轮之间转向角的差值，如图所示。

$$\delta(轮距差角)=\beta-\alpha$$

前桥、转向拉杆臂和转向横拉杆共同构成转向梯形。这种几何形状可以产生轮距差角，就是说可以使弯道内侧和弯道外侧车轮的转向角度不同，如图所示。

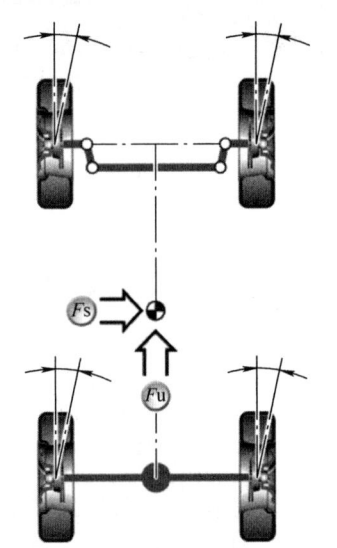

7. 行驶特性

车辆转弯时的行驶特性也称为自转向特性。这种行驶特性在很大程度上受到侧向力与前桥和后桥车轮负荷之间关系变化的影响。侧向力随离心力的增大而增大。

前桥和后桥上受侧向力影响产生的侧偏角相同。中性转弯性能可以实现最佳的侧向力利用率，从而达到最大转弯速度，但也会降低对于车辆稳定性的主观感觉，如图所示。

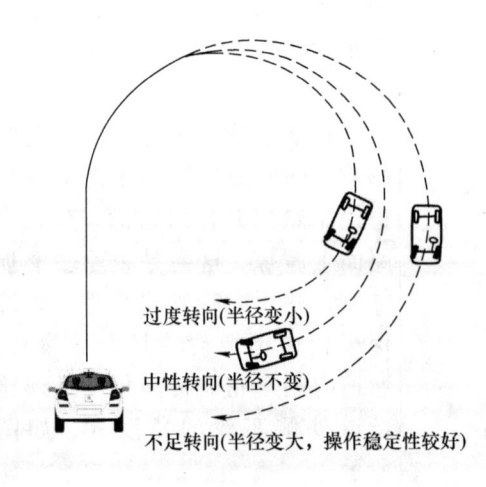

8. 转向系统的转向特性

驾驶人将转向盘偏转一定角度，然后保持该角度并使车辆以一稳定车速转向，其转向所经过的路线称为车辆的转向特性，如图所示。如果转向所经过的路线的转弯半径越来越大，即越来越远离预定路线，称为不足转向；若转弯半径越来越小，即越来越超出预定路线，称为过度转向；当转弯半径不变，即车辆按预定路线转向时，则叫中性转向。实验表明，汽车具有适度的不足转向时，可获得良好的操纵稳定性。

（二）转向操纵机构

从转向盘到转向传动轴这一系列部件和零件属于转向操纵机构。它由转向盘、转向柱管、转向轴等部件组成。它的作用是将驾驶人转动转向盘的操纵力传给转向器，如图所示。有些转向系统考虑车架变形的影响，在转向操纵机构中增加了一个挠性万向节。还有一些转向系统，由于总布置的要求，转向盘与转向器的轴线相交成一定的角度，在结构中采用了万向节和传动轴。

由于在发生车祸时，对驾驶人造成主要威胁的是转向盘及转向柱管等，所以人们在设计转向操纵机构时，增加了安全措施，如采用安全转向柱、安全联轴器及能量吸收装置等。

1. 转向盘

转向盘不但要完成转向力的传递，还要满足驾驶人的其他功能需求。

如图所示的轿车转向盘，除了转向的基本功能外，转向盘上还有喇叭按钮、音响按钮，改善了驾驶人的操作方便性。

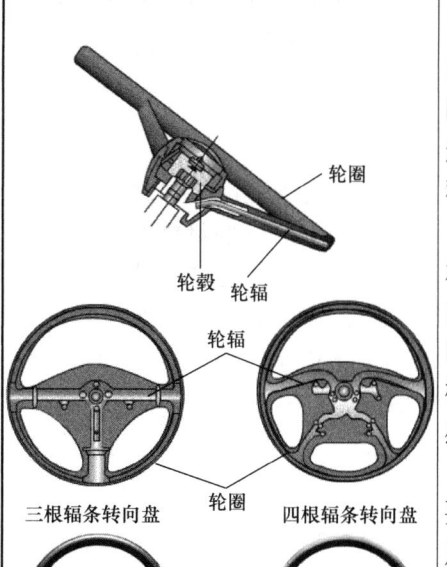

2. 转向盘的结构

如图所示为转向盘的结构示意图，转向盘由轮毂、轮辐、轮圈组成。为了防止二次碰撞时，转向盘对驾驶人的伤害，转向盘的轮辐一般较软，外面由较软的泡沫等材料组成，最大程度地吸收驾驶人的冲击能量。

轮辐一般为三根辐条或四根辐条，如图所示，也有用两根辐条的。转向盘轮毂孔具有细牙内花键，借此与转向轴相连。转向盘内部由成型的金属骨架组成。骨架外面一般包有柔软的合成橡胶或树脂，也有包皮革的，这样可有良好的手感，还可以防止手心出汗时握转向盘打滑。

当汽车发生碰撞时，从安全性考虑，不仅要求转向盘应具有柔软的外表皮以起到缓冲作用，而且还要求在撞车时转向盘骨架能够产生变形，以吸收冲击能量，减轻驾驶人的受伤程度。

转向盘上装有喇叭按钮，有些轿车的转向盘上还装有车速控制开关和撞车时保护驾驶人的气囊装置。

3. 转向柱

转向轴是连接转向盘和转向器的传动件，并传递它们之间的转矩。转向柱管安装在车身上支撑着转向盘。转向轴从转向柱管中间穿过。

转向轴多由无缝钢管制成，上部用轴承或衬套支撑在转向管柱内，下部支撑在下固定支架内的轴承中，轴承下端装有弹簧，可自动消除转向管柱与转向轴之间的轴向间隙。转向管柱的下端压装在下固定支架的孔内。下固定支架用两个螺栓固定在驾驶舱底板上。转向管柱上端通过上支架固定在驾驶舱前围仪表板上，如图所示。

近年来，由于公路的改善，车速的提高，许多国家都制定了严格的安全法规。轿车除要求装有吸能装置的转向盘外，还要求转向柱管也必须备有缓和冲击的吸能装置。转向轴和转向柱管的吸能装置有多种形式。其基本原理是，当转向轴受到巨大冲击时，转向轴产生轴向位移，使支架或某些支撑件产生塑性变形，而吸收冲击能量。

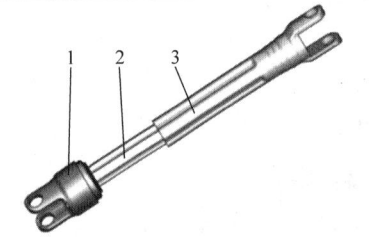

1—万向节连接法兰　2—伸缩节内套　3—伸缩节外套

（1）溃缩式转向柱

转向柱的功能之一就是保证驾驶员的安全，在有的轿车上采用了一种安全机构——当前部受到碰撞时，转向柱内套与外套之间发生相对溃缩，防止转向盘冲击驾驶人的胸部，如图所示。

（2）下沉式转向柱

当碰撞时，驾驶人由于惯性继续向前移动，导致驾驶人的胸部可能与转向柱撞击，为了防止对驾驶人造成伤害，转向柱一般设计成下沉式，碰撞时吸收了转向柱对驾驶人的冲击能量，保证了驾驶人的安全，如图所示。

（三）转向器

转向器的作用是使驾驶人只用适当的力就能转动前轮。在20世纪初期，转向器是蜗轮蜗杆式与齿扇式转向器，如图所示。这种转向器的优点是驾驶人转动前轮时节省了转向力，但也产生了较大摩擦力，驾驶人缺乏路感。在20世纪

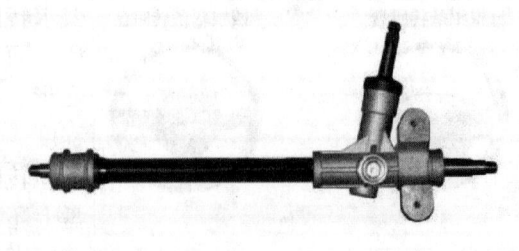

70年代末和80年代,汽车厂商将大多数后驱汽车换成轻便、经济性好的前驱汽车。这种汽车需要使用尺寸尽可能小、重量尽可能轻的零件。齿轮齿条式转向器正好适合紧凑的前驱汽车需要,如图所示。

1. 定传动比与变传动比

前面讲了转向角传动比的概念,下面我们了解一下传动比大小对转向的影响。传动比越大,驾驶操纵越省力,但驾驶人操纵的角度就越大,不利于方向的快速响应;传动比越小,驾驶操纵越费力,但驾驶人操纵的角度就越小,方向的响应越快。定传动比转向器不能兼顾,所以现在有些转向器采用变传动比。转向盘在中间位置需要的转向力小且经常使用,要求转向灵敏,因此希望中间位置附近速比小,以提高灵敏性。大角度转向位置转向阻力大,但使用次数少,因此希望大角度位置速比大一些,以减小转向力。

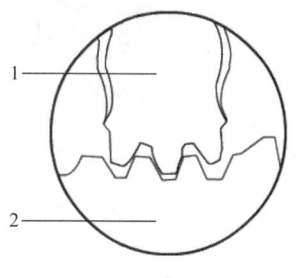

A
1—转向齿轮　2—齿条齿形

(1) 定传动比转向器

在定传动比转向机构(A)中,通过整个齿条运动范围时传动比保持不变。所有齿条的齿隙都是相同的,转向齿轮的移动量与齿条的移动量完全相同,如图所示。

(2) 变传动比转向器

在变传动比转向机构(B)中,传动比随机构位置的变化而变化。与定传动比不同,变传动比能使齿条运动更多或更少一些,这取决于机构的位置。之所以能够做到变传动比,是因为齿轮齿和齿轮隙的尺寸改变了。其结果是在不增加中心灵敏度的同时,减小了转向盘在左、右大范围打方向时转动力,如图所示。

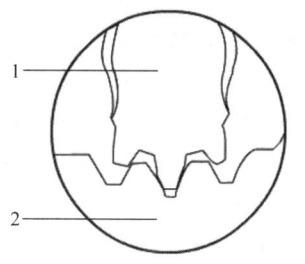

B
1—转向齿轮　2—齿条齿形

2. 齿轮齿条式转向器

齿轮齿条式转向器是一种最常见的转向器。它的优点是结构简单、成本低廉、转向灵敏、体积小,可以直接带动横拉杆。目前它在轿车上得到广泛应用,如图所示。

(1) 齿轮齿条式转向器工作原理

齿轮齿条式转向器工作原理如图所示,转向齿轮轴只可转动,不可平移,与它配合的是一个齿条,通过齿轮向左或向右转动,实现齿条的左右移动。

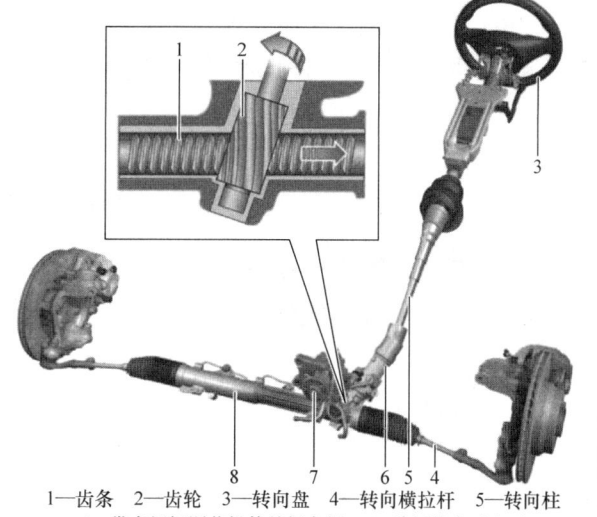

1—齿条　2—齿轮　3—转向盘　4—转向横拉杆　5—转向柱
6—带有阀门调节机构的扭力杆　7—液压转向助力泵
8—齿轮齿条式转向器

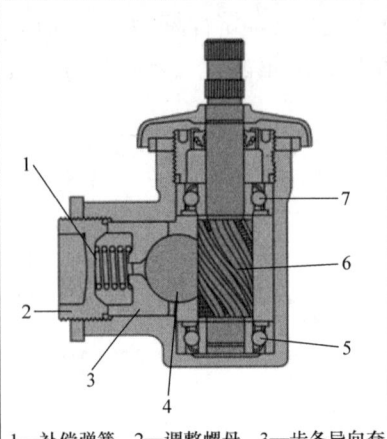

1—补偿弹簧　2—调整螺母　3—齿条导向套
4—转向齿条　5—下轴承　6—转向齿轮
7—上轴承

（2）齿轮间隙调整

为了保证转向器工作时齿轮与齿条间隙为最佳，减小受冲击时的噪声，在齿条与齿轮之间有一个螺栓，螺栓下面有一弹簧，保证合适的预紧力。随着使用，这个间隙会变大，如果变大，转向盘的自由间隙也会变大，在受到路面冲击时，可能引起过大的噪声。

注意： 此螺栓在售后维修中，不允许手动调整，如图中的调整螺母，如果自由间隙过大，可能内部磨损造成的。如果调整过紧，可能导致在转向到某一位置时转向阻滞或失灵。

3. 循环球式转向器

循环球式转向器主要由螺杆、螺母、转向器壳体以及许多小钢球等部件组成，所谓的循环球指的就是这些小钢球，它们被放置于螺母与螺杆之间的密闭管路内，起到将螺母螺杆之间的滑动摩擦转变为阻力较小的滚动摩擦的作用，当与转向盘转向管柱固定到一起的螺杆转

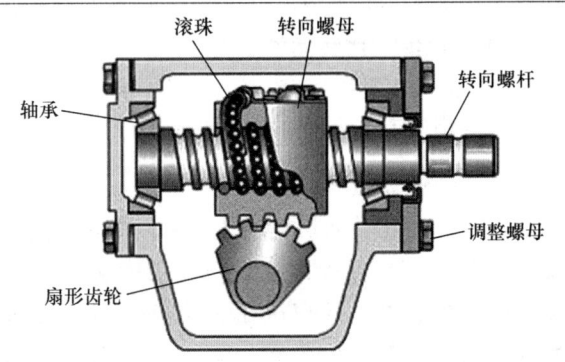

动起来后，螺杆推动螺母上下运动，螺母在通过齿轮来驱动转向摇臂往复摇动从而实现转向。在这个过程当中，那些小钢球就在密闭的管路内循环往复的滚动，所以这种转向器就被称为循环球式转向器，如图所示。

在中、大型商用车上循环球式转向器还扮演着重要角色，但是在小型乘用车当中，采用循环球式转向器的已经越来越少了，就连一直坚持用循环球式转向器的奔驰车也逐步转变为齿轮齿条。

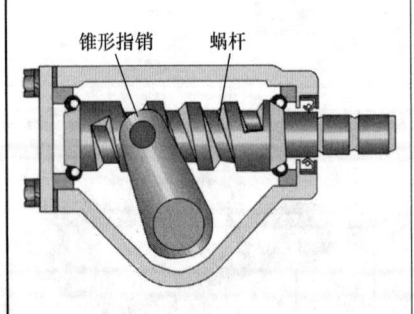

4. 蜗杆曲柄指销式转向器

蜗杆曲柄指销式转向器的传动副以转向蜗杆为主动件，装在摇臂轴曲柄端部的指销为从动件。转向时，通过转向盘转动蜗杆、嵌于蜗杆螺旋槽中的锥形指销一边自转，一边绕转向摇臂轴做圆弧运动，从而带动曲柄和转向垂臂摆动，再通过转向传动机构使转向轮偏转，如图所示。这种转向器通常用于转向力较大的货车上。

（四）转向传动机构

转向传动机构的功用是将转向器输出的力矩放大传到转向桥两侧的转向节，使两侧的转向轮偏转，且使两转向轮偏转角按一定关系变化，实现汽车的转向行驶。转向传动机构的组成与布置形式取决于转向器的位置和转向轮悬架的类型，如图所示。

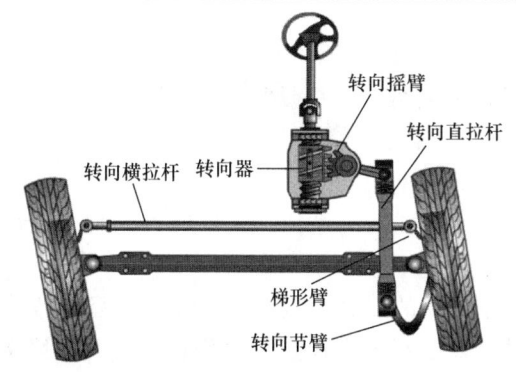

1. 蜗杆曲柄指销式转向传动机构

如图所示，蜗杆曲柄指销式转向器与非独立悬架配用的转向传动机构主要包括转向摇臂、转向直拉杆、转向节臂、转向减振器、梯形臂和横拉杆等。

（1）转向摇臂

转向摇臂的作用是把转向器输出的力和运动传递给直拉杆或横拉杆，进而推动转向轮偏转。转向摇臂的典型结构如图所示，它多采用铬钢类的优质钢经锻造和机械加工制成，上端加工出带细齿花键的锥孔与转向臂轴连接，下端通过球头销与直拉杆连接。转向摇臂通过焊接或者通过螺栓连接在一起。球头销的球面部分必须耐磨损，并且能承受较大的冲击负荷，因此球头销球表面一般都应进行表面强化和硬化处理。转向摇臂的摆动方向随转向传动机构的布置方式不同而不同，分有前后方向摆动和左右方向摆动。

为了保证转向摇臂轴在中间位置时，从转向摇臂起始的全套转向机构也处于中间位置，在摇臂轴的外端面和转向摇臂上花键孔的外端面上刻印有短线，作为装配标志。装配时，应使两个零件上的标记对齐。

（2）转向直拉杆

转向直拉杆的作用是将转向摇臂传来的力和运动传给转向梯形臂（或转向节臂）。它所受的力既有拉力，也有压力，因此直拉杆都采用优质特种钢材制成，以保证工作可靠。在转向轮偏转或因悬架弹性变形而相对于车架跳动时，转向直拉杆与转向摇臂及转向节臂的相对运动都是空间运动，为了不发生运动干涉，上述三者间的连接都采用球销，如图所示。

(3) 转向横拉杆

直拉杆和横拉杆是汽车转向系统的两个主要零件,直拉杆是方向机拉臂和转向节左臂连接的一个杆,把方向机动力传给转向节后就可以控制车轮了,横拉杆是连接左右转向臂的,一可以使两个车轮同步,二可以调正前束,如图所示。

(4) 转向减振器

随着车速的提高,现代汽车的转向轮有时会产生摆振(转向轮绕主销轴线往复摆动,甚至引起整车车身的振动),这不仅影响汽车的稳定性,而且影响汽车的舒适性、加剧前轮轮胎的磨损。在转向传动机构中设置转向减振器是克服转向轮摆振的有效措施。转向减振器的一端与车身(或前桥)铰接,另一端与转向直拉杆(或转向器)铰接。转向减振器是内部充满液体的筒式减振器,并利用液体分子的内摩擦产生的黏性阻尼来衰减振动,如图所示。

因转向减振器是呈水平状态布置在汽车上,故对其密封要求严格,并备有隔离工作液体和空气的补偿室。减振器工作时,补偿室的容积要发生变化,因此补偿室常由具有弹性的皮囊制成。在压缩行程,液体挤开活塞上的流通阀之后流过流通孔,与此同时活塞排挤液体压开压缩阀座上的压缩阀后进入补偿室,使皮囊膨胀。在拉伸行程,液体挤开活塞上的复原阀通过复原孔,同时皮囊靠本身弹性复位,使补偿室内的液体挤开阀座上的补偿阀后进入工作腔,以补偿活塞杆所空出的容积。液体如此往复地通过这些孔道时,其分子间的内摩擦阻力就逐步衰减了活塞往复拉伸和压缩所形成的振动。

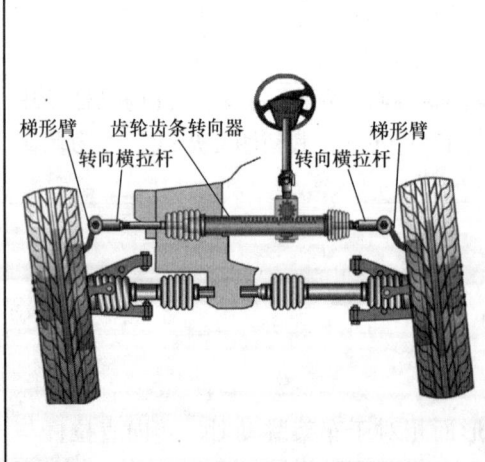

2. 齿轮齿条式转向传动机构

当转向轮为独立悬架时,每个转向轮都需要相对于车架作独立运动,因而转向桥必须是断开式的。与此相应,转向传动机构中的转向梯形也必须是断开式的,所以采用齿轮齿条转向传动机构,如图所示。

齿轮齿条转向传动机构是一种最常见的转向传动机构。其基本结构是一对相互啮合的小齿轮和齿条。转向轴带动小齿轮旋转时,齿条便做直线运动。有时,靠齿条来直接带动横拉杆,就可使转向轮转向。这是一种最简单的转向器。

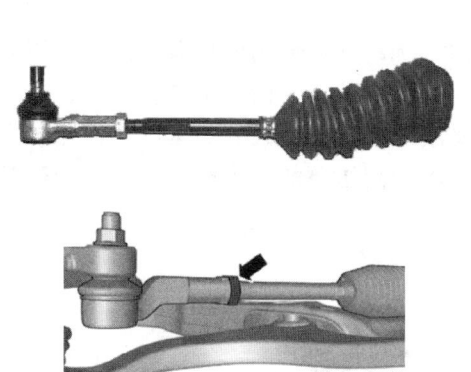

（1）转向横拉杆

转向横拉杆是汽车的转向系统的一个主要零件，连接左右车轮的转向臂把转向器动力传给转向节后就可以控制车轮了，横拉杆可以使两个车轮同步，还可以调正前束，如图所示。

转向横拉杆两端都配有球形铰节，用于在悬架上下运动时，转向器随之运动。如图所示的转向横拉杆，通过螺纹与转向球头相连，在箭头所示的位置可以调节前轮前束。

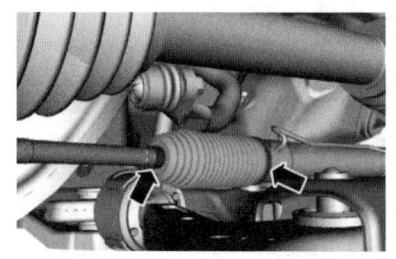

（2）转向横拉杆内防尘套

为了保证转向内球头，不受灰尘影响，在球头的位置配有防尘套。同时，由于齿条会伸长与收缩，防尘套都呈可以伸长与收缩的波纹管形式，如图所示。

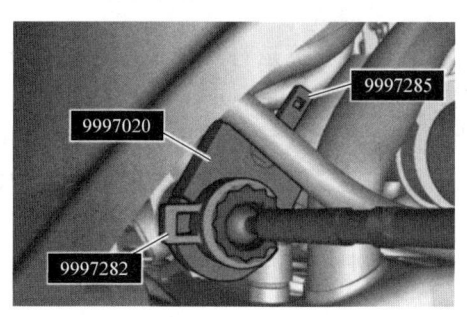

（3）转向横拉杆内球头拆卸

由于内球头可以自由地各方向运转，所以拆装时需要使用专用工具，如图所示。步骤如下：

- 从前束调整螺栓处拆除转向横拉杆。
- 拆除防尘套。
- 使用固定转向器外套。
- 使用专用工具旋转球头，完成拆卸。

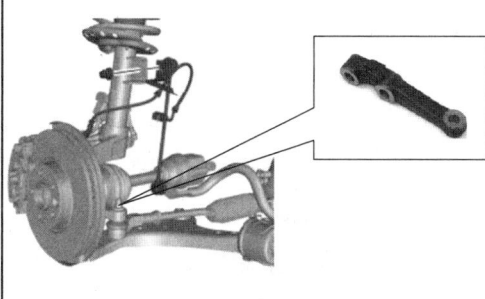

（4）转向节臂

转向节臂是整个转向梯形的重要组成部分，它形成梯形两个斜边，是实现阿克曼定理的基础。

现在乘用车转向节臂都与转向节集成一体。在出厂时就铸造成型，如果梯形臂变形，会导致转向梯形失效，左右转向角不能满足阿克曼定理，车轮在转向时出现滑动，造成转胎的早期磨损。如果出现变形，我们不能进行对元件的调整，只能更换转向节总成，如图所示。

（五）液压助力转向系统作用

液压动力转向系统是一个经济型助力转向系统，它一般由液压泵、油管、压力流量控制阀体、传动带、储油罐等部件组成，如图所示。无论汽车是否转向，这套系统都要工作，而且在转向车速较低时，需要液压泵输出更大的功率以获得比较大的助力，所以也在一定程度上浪费了资源，又由于液压泵的压力很大，也比较容易损坏助力系统。

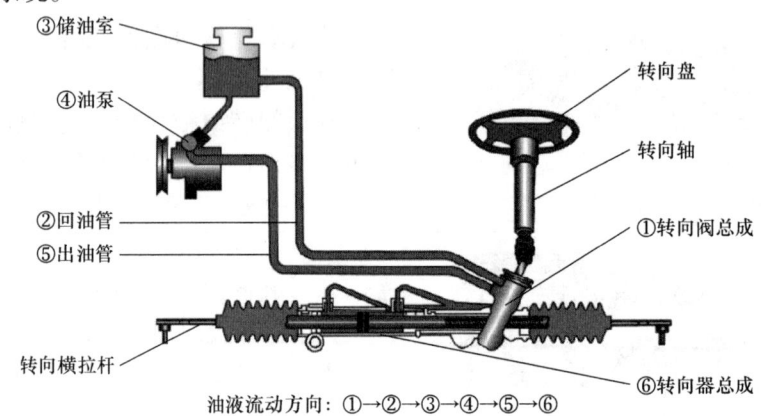

油液流动方向：①→②→③→④→⑤→⑥

机械式液压助力转向系统由液压泵及管路和油缸组成，如图所示。为保持压力，不论是否需要转向助力，系统总要处于工作状态，能耗较高。

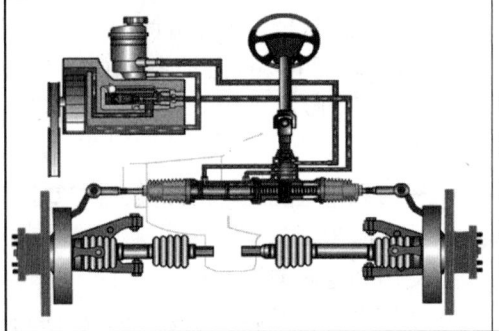

动力转向系统是将发动机输出的部分机械能转化为压力能，并在驾驶人控制下，对转向传动机构或转向器中某一传动件施加辅助作用力，使转向轮偏摆，以实现汽车转向的一系列装置。采用动力转向系统可以减小驾驶人的转向操纵力，如图所示。

（六）液压助力系统组成

现代轿车动力大、速度快，为了操纵的轻便和灵敏，一般都加装了液压转向动力装置。它具有工作噪声低，灵敏度高，体积小，能够吸收来自不平路面的冲击力的特点，在现代轿车上得到十分广泛的应用，如图所示。

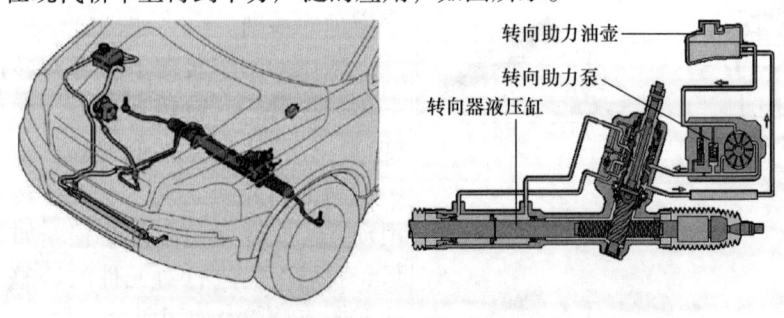

液压助力系统组成
- 带有液压缸的转向器。
- 液压助力泵。
- 转向助力油壶。
- 液压助力油管。

（1）转向助力油壶

转向助力油壶的主要作用是储存油液、过滤油液以及缓冲回油速度等，如图所示。

轿车助力油壶的外形图如图所示。右侧的油管来自于转向器，由于转向器回油有一定的压力，如果不加以控制，会在油壶内形成假沸腾的现象。为了避免这种现象，现在的车型一般在回流管增加一个滤网，增加回流阻力，降低回流速度。另一种常见的结构是在回流板边上直接增加一个挡板，使回流油直接冲刷在挡板，也起到降低回流速度的功能。如果这些功能部件损坏，可能造成假沸腾的现象。

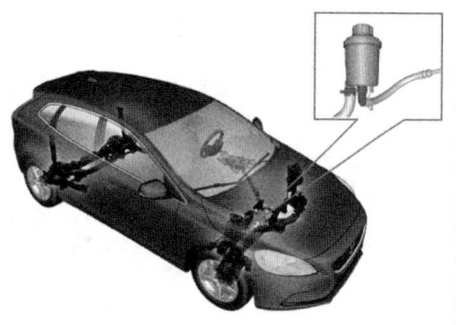

（2）转向散热油管

由于转向系统的油液压在未转动方向时，也是流动的，能及转向转向盘时的功率驱动，转向助力油液会产生大量热量，如果这些热量不进行散热会导致转向助力油液的早期氧化变化。所以在大功率车型上都装配有一个散热器，用于油液的散热，如图所示。

转向散热油管安装在转向器的出口管上，用于油液的散热，油管一般会做成螺旋状或加装散热片，以利于散热，如图所示。

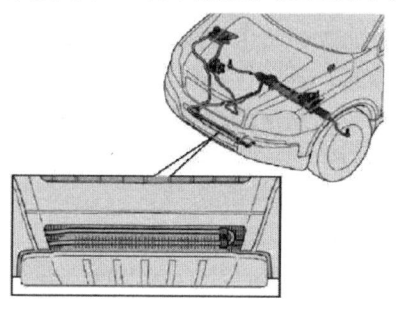 

（3）转向助力油泵

转向助力主要是协助驾驶人作汽车方向调整，为驾驶人减轻打转向盘的用力强度。当然，助力转向在汽车行驶的安全性、经济性上也有一定的作用。

转向助力油泵是助力转向系统的动力源，其作用是将输入的机械能转换为液压能输出。在转向油泵只受发动机驱动的情况下，一旦发动机停止转动，油泵即无压力油输出，如图所示。

（七）转向助力油泵的基本结构及工作原理

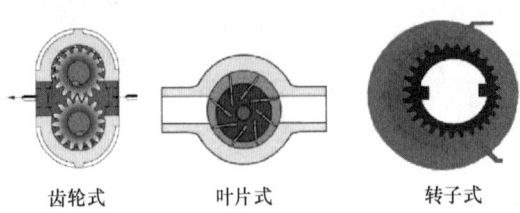

齿轮式　叶片式　转子式

转向助力油泵结构形式有齿轮式、叶片式、转子式等，如图所示。

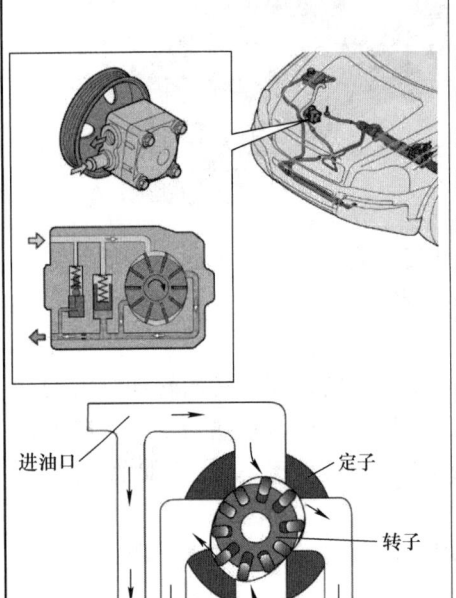

转向助力油泵经转向控制阀向转向动力缸提供一定压力和流量的工作油液。目前，转向助力油泵大多采用双作用式叶片泵，这种油泵有两种结构形式，一种为潜没式，另一种为非潜没式。潜没式油泵潜没在储液罐的油液中。非潜没式转向油泵的储液罐与转向油泵分开安装，用油管与转向油泵相连接。液压转向助力泵一般由发动机通过传动带驱动，如图所示。

双作用式叶片泵工作示意图如图所示。当转子顺时针转动时，叶片在离心力和高压油的作用下紧贴在定子的内表面上，从进油口吸入油液；而后工作容积由大变小，压缩油液，经出油口向外供油。由于转子每旋转一周，每个工作腔都吸、压油两次，故将这种形式的叶片泵称为双作用式叶片泵。双作用式叶片泵有两个吸油区和两个排油区，并且各自的中心角是对称的，所以作用在转子上的油压作用力互相平衡，因此这种油泵也称为卸荷式油泵。

1. 转向助力泵结构

转向助力泵类型很多，但叶片型式的助力应用最广，现在我们就以叶片泵为例介绍一下它的结构与工作原理。

转向助力泵内部包括一个转子、一个定子以及转子上的10个叶片。叶片可以随着空间的变化里外运动。

如图所示，转向助力泵形成两个工腔，左图所示的视角，转子是逆时针运转。当叶片空间变大时，由进口吸入油液；当叶片空间变小时，由出口排出油液。

1—油液进口　2—油液出口　3—叶片　4—转子

2. 转向助力泵流量控制阀

由于转向助力泵是通过发动机传动带驱动的，发动机高速运转时，转向助力泵也高速运转，产生的流量、压力与低速时有很大差别，为了保证驾驶人在高速与低速时操纵转向时有同样的反应，助力泵的流量必须加以控制，保证在高速与低速几乎同样大小的流量。这个控制机构就是流量控制阀。

（1）低速状态下的流量控制阀

流量控制阀与转向助力泵集成一体。如图所示流量控制机构包括一个流量控制阀、一个节流孔、一个可变节流孔。在发动机低速状态下油液的流速较慢，可变节流孔的阻力较小，在弹簧的作用下，不能推动可变节孔的柱塞。出口的流量较慢，出口的压力与流量控制阀下方的压力几乎相同，没有油液回流到泵的入口。

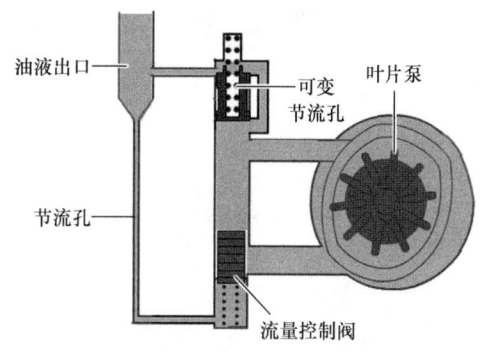

（2）高速状态下的流量控制阀

当发动机高速运转时，出口的流速加快，可变节流孔的阻力变大，柱塞的两端压差加大，推动柱塞向上移，减少出口的流量。同时，由于出口油液的快速流动，在文丘里原理的作用下，出口的节流孔产生效果，在流量控制阀的下方作用的压力减小，流量控制阀下移，使叶片泵的出口油液直接流回叶片泵的入口，降低了出口的压力与流量，如图所示。

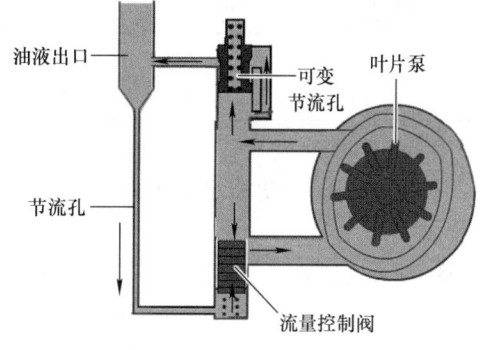

（3）转向盘打死状态下的流量控制阀

在转向盘打死的状态下，油液变成静止状态，可变节流孔两端没有压力差，开度处于最大位置。由于没有流速，油液出口的压力与流量控制阀下方的压力相同。油泵达到最大压力状态后顶开流量控制阀，使油液流回叶片泵的入口，所以这种状态不能持续时间过长，否则可能导致助力泵损坏，如图所示。

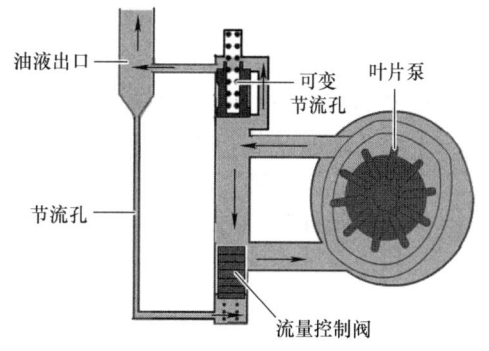

(八)液压助力转向器

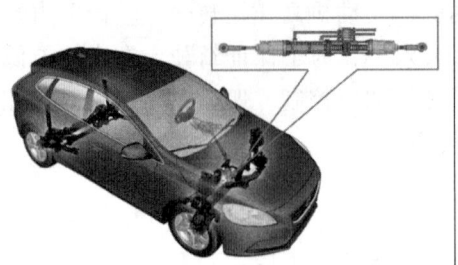

液压助力转向器的功能主要有以下几方面,如图所示:
- 液压助力执行。
- 油液左右液压缸分配。
- 路感反馈。

1. 液压助力转向器

液压助力转向器在齿条上增加了液压缸,利用转子分配阀实现左右液压缸油液分配进行助力。

液压助力转向包括以下部件,如图所示:
- 左、右液压缸,液压缸中间通过一个油封进行隔离。
- 转向齿轮。
- 转子分配阀。
- 进油管。
- 回油管。

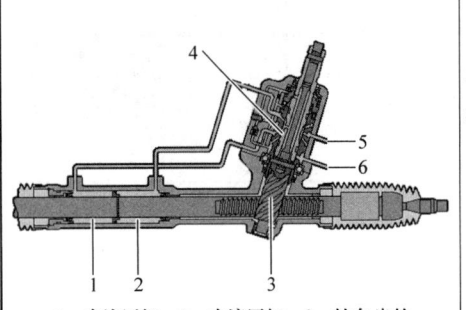

1—左液压缸 2—右液压缸 3—转向齿轮
4—转子分配阀 5—进油管 6—回油管

2. 转子分配阀的工作原理

转子分配阀的功能是实现左右液压缸的分配,还要保证路面冲击不会对转向产生影响。

转子分配阀主要包括以下几部分,如图所示。

- 回位杆:回位杆一端连接转向柱,另一端连接转向齿轮。回位杆的弹性主要用于确定起始助力的力矩和回位的强度。
- 分配阀内套:内套与转向柱刚性相连,上面有几道竖向油槽,分别连接左右液压缸、回油管。
- 分配阀外套:外套与转向齿轮刚性相连,外套外侧有三道横向油槽,分别连接左、右液压缸,进油管;外套内侧也有油槽,与外侧不同的是竖向油槽。
- 油封:主要用于密封转向助力油,防止泄漏到外侧,但这个油封只密封回位的油液。

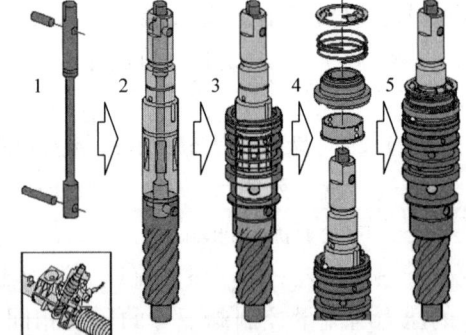

1—回位杆 2—分配阀内套 3—分配阀外套
4—油封定位环 5—完整分配阀外形

转向控制阀（转阀）处于直线行驶位置时，由储液罐、转向油泵、控制阀组成的供能装置输出的油液流入转阀进油孔进入阀腔。由于转阀处于中立位置，它使转向动力缸的两腔相通，则油液经回油管路流回转向油罐，因此转向动力缸完全不起作用，该动力转向装置为常流式转阀体式动力转向器，如图所示。

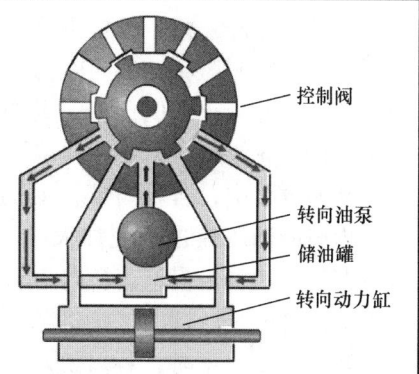

当刚一开始向右转动转向盘时，转向轴连同阀芯被顺时针转动时，因受到转向节臂传来的路面转向阻力，动力缸活塞和齿条暂时都不能运动，所以转向齿轮暂时也不能随转向轴转动。这样由转向轴传到转向齿轮的转矩只能使扭杆产生少许扭转变形，使转向轴得以相对转向齿轮转过不大的角度，从而转阀使动力缸右腔成为高压的进油腔，使右腔成为低压的回油腔。作用在动力缸活塞上向左的液压作用力帮助转向齿轮迫使转向齿条开始右移，转向轮开始向右偏转。同时转向齿轮本身也开始与转向轴同向转动。只要转向盘继续转动，扭杆的扭转变形便一直保持不变，转向控制阀所处的位置也不变。一旦转向盘停止转动，动力缸暂时还继续工作，导致转向齿轮继续转动，使扭杆的扭转变形减小，直到扭杆回复自由状态，控制阀回到中间位置，动力缸停止工作为止。此时转向盘即停驻在某一位置上而不动，则车轮

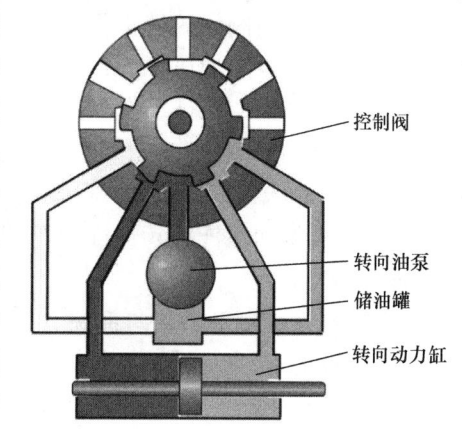

转角也就保持一定角度，若转向盘继续转动时，则转向动力缸又继续工作。这种转向动力缸随转向盘的转动而工作，又随转向盘的停止转动而停止加力动作的作用称为动力转向装置的随动作用，如图所示。

向左转动转向盘时，转向轴连同阀芯被逆时针转动时，因受到转向节臂传来的路面转向阻力，动力缸活塞和齿条暂时都不能运动，所以转向齿轮暂时也不能随转向轴转动。

当轴传到转向齿轮的转矩使扭杆产生扭转变形，使转向轴得以相对转向齿轮转过不大的角度，从而转阀使动力缸左腔成为高压的进油腔，使左腔成为低压的回油腔。作用在动力缸活塞上向右的液压作用力帮助转向齿轮迫使转向齿条开始左移，转向轮开始向左偏转，如图所示。

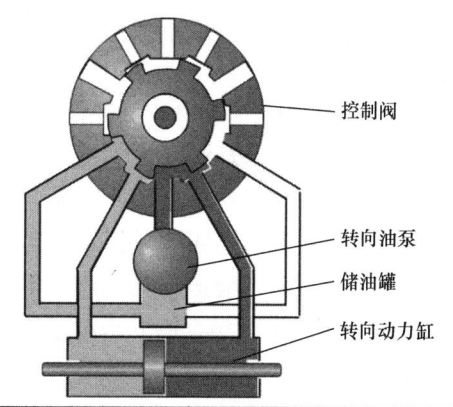

由上述可知，动力转向器的工作特点如下：

当转向盘停在某一位置不再继续转动时,此时阀体随螺杆在液压力和扭弹力的作用下,沿转向盘转动方向旋转一个角度,使之与阀芯相对角位移量减小,上、下动力腔油压差减小,但仍有一定的助力作用。此时的助力力矩与车轮的回正力矩相平衡,使车轮维持在某一转向位置上。

转向过程中,若转向盘转动的速度快,阀体与阀心的相对角位移量也大,上、下动力腔的油压差也相应加大,车轮偏转的速度也加快;若转向盘转动的速度慢,车轮偏转的速度也慢;若转向盘转到某一位置上不动,车轮也转到某一相应的位置上不动。这就是所谓的"渐进随动原理"。

转向后需回正时,若驾驶人放松转向盘,阀心回到中间位置,失去了助力作用,此时车轮在回正力矩的作用下自动回位;若驾驶员同时回转转向盘,转向助力器助力,帮助车轮回正。

当汽车直线行驶偶遇外界阻力使车轮发生偏转时,阻力矩通过转向传动机构、转向螺杆、螺杆与阀体的锁销作用在阀体上,使之与阀心之间产生相对角位移,这样使动力缸上、下腔油压不等,产生了与车轮转向相反的助力作用。在此力的作用下,车轮迅速回正,保证了汽车直线行驶的稳定性。

一旦液压助力装置失效,该动力转向器即变成机械转向器。此时转动转向盘,带动短轴转动,短轴下端法兰盘边缘有弧形缺口,转过一定角度后,通过螺杆上端法兰盘的凸块带动螺杆旋转保证汽车转向。不过,这时转向盘的自由行程加大,转向沉重。

(九)电子控制助力转向系统

电动助力转向系统(Electric Power Steering,EPS)是一种直接依靠电动机提供辅助转矩的动力转向系统,与传统的液压助力转向系统(Hydraulic Power Steering,HPS)相比,EPS系统具有很多优点。EPS主要由转矩传感器、车速传感器、电动机、减速机构和电子控制单元(ECU)等组成,如图所示。

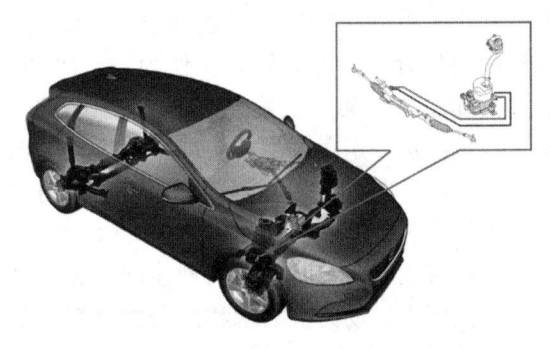

电动助力转向系统是汽车转向系统的发展方向。该系统由电动助力机直接提供转向助力,省去了液压动力转向系统所必需的动力转向油泵、软管、液压油、传动带和装于发动机上的带轮,既节省能量,又保护了环境。另外,它还具有调整简单、装配灵活以及在多种状况下都能提供转向助力的特点。正是有了这些优点,电动助力转向系统作为一种新的转向技术,将挑战大家都非常熟知的液压转向系统。

驾驶人在操纵转向盘进行转向时,转矩传感器检测到转向盘的转向以及转矩的大小,将电压信号输送到电子控制单元,电子控制单元根据转矩传感器检测到的转矩电压信号、转动方向和车速信号等,向电动机控制器发出指令,使电动机输出相应大小和方向的转向助力转矩,从而产生辅助动力。汽车不转向时,电子控制单元不向电动机控制器发出指令，电动机不工作，如图所示。

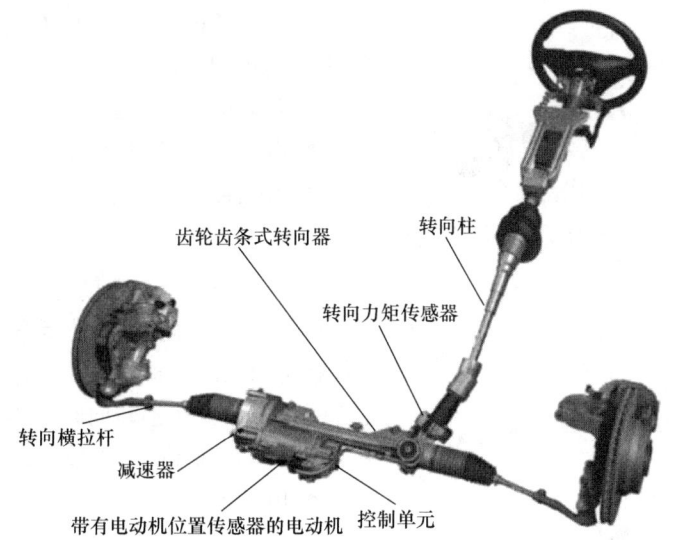

首先，转矩传感器测出驾驶人施加在转向盘上的操纵力矩，车速传感器测出车辆当前的行驶速度，然后将这两个信号传递给 ECU；ECU 根据内置的控制策略，计算出理想的目标助力力矩，转化为电流指令给电动机；然后，电动机产生的助力力矩经减速机构放大作用在机械式转向系统上，和驾驶人的操纵力矩一起克服转向阻力矩，实现车辆的转向，如图所示。

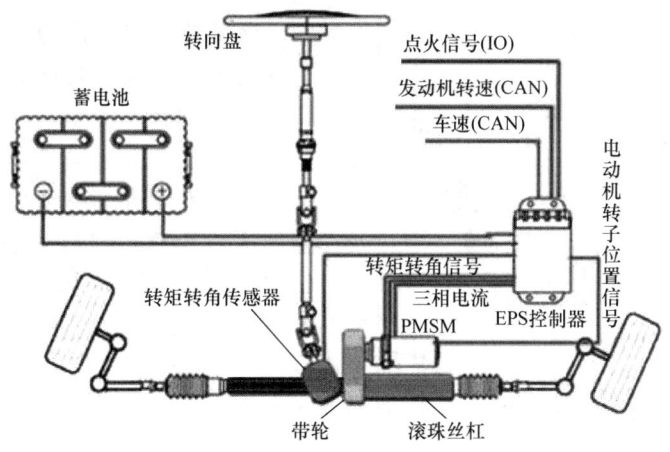

1. 电子控制液压助力转向系统

电子控制液压助力转向系统，利用电动机取代了原来的液压助力泵，简化了部件，节省了燃油，如图所示。

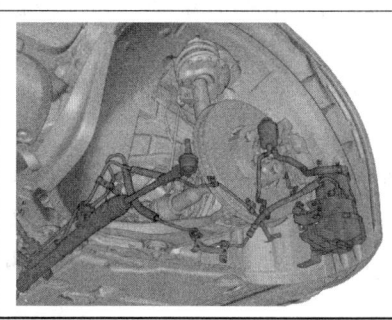

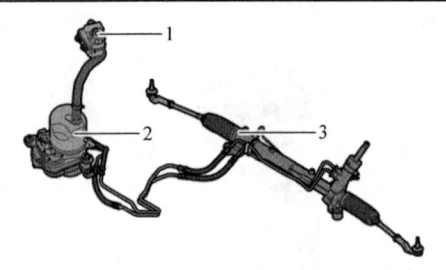

1—转向助力油壶　2—电动转向助力泵　3—转向器

(1) 电子控制液压助力转向系统包括以下部件,如图所示:
- 转向助力油壶。
- 电动转向助力泵。
- 转向器。

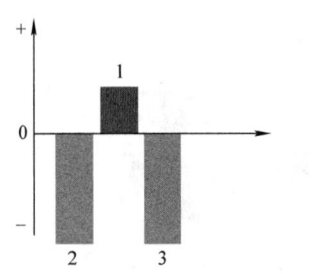

1—EHPAS增加的重量导致的燃油量增加
2—EHPAS节省的燃油量
3—总的节省燃油量

(2) 电子控制液压助力转向系统特点

电子控制液压助力转向系统由于使用电动泵代替了原来的机械泵,这样电动泵只在需要工作时才工作,在不转向时就不参加工作,大大节省燃油。统计的节油数据如图所示:
- 电动液压压力转向系统节省燃油消耗0.111L/100km。
- 由于电动泵比机械泵得,导致增加燃油消耗0.002L/100km。
- 共节省0.109L/100km。

2. 电动助力转向系统

电动助力转向系统是汽车转向系统的发展方向。该系统由电动助力机直接提供转向助力,省去了液压动力转向系统所必需的动力转向油泵、软管、液压油、传动带和装于发动机上的带轮,既节省能量,又保护了环境。另外,它还具有调整简单、装配灵活以及在多种状况下都能提供转向助力的特点。

驾驶人在操纵转向盘进行转向时,电动机的助力大小取决于转向力的大小、车速、发动机转速等参数,更符合驾驶人的需求,而在汽车不转向时,电动机不工作,又起到节省燃油的效果。电动助力转向系统有两种,一种是安装在转向柱的助力系统,另一种是安装在转向器上,直接驱动齿条的助力系统。直接驱动齿条的助力系统,由于驱动更直接,助力的功率更大。

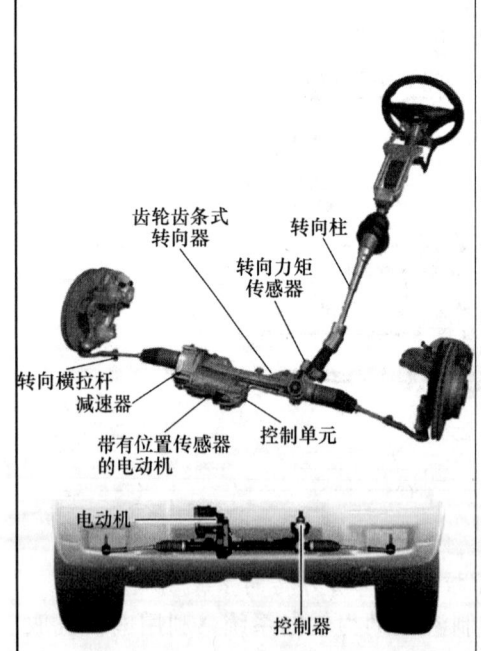

电动转向系统的结构相对简单,只在转向机的齿条上增加了电动机。控制器根据接收到的信号,就能实现合适的助力效果,如图所示。

项目四　转向系统检修

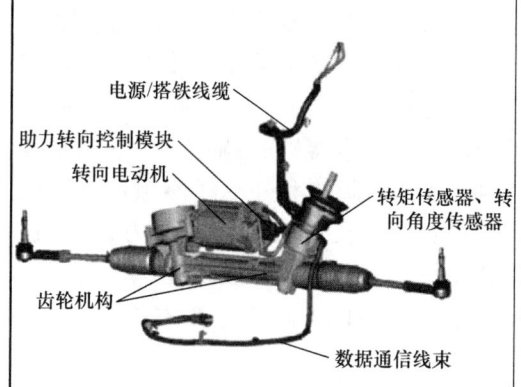 电源/搭铁线缆 助力转向控制模块 转向电动机 转矩传感器、转向角度传感器 齿轮机构 数据通信线束	（1）转向器结构 电动助力转向系统和机械转向系统及液压助力转向系统大部分结构都类似，主要不同的地方是转向器总成部分。电动助力转向系统的转向器总成由转向电动机、齿轮机构、助力转向控制模块、转矩传感器、转向角度传感器和相关的数据线、电源线等组成，如图所示。
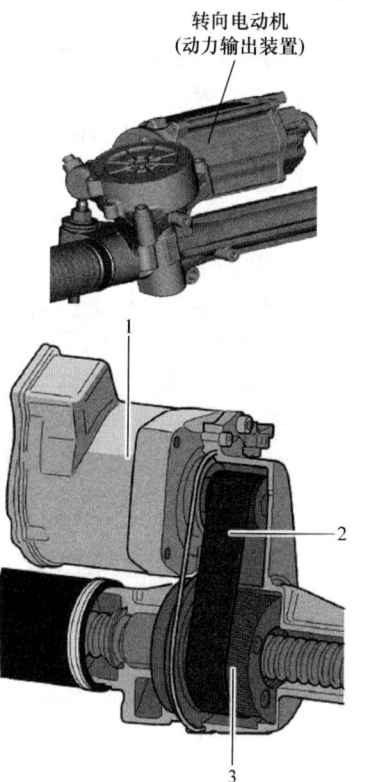 转向电动机（动力输出装置） 1 2 3 1—电动机　2—传动带　3—带内螺纹的滑套	（2）转向电动机 转向器总成所使用的转向电动机是三相交流电动机，转向电动机是电动转向器的动力输出装置，如图所示。 有的转向器驱动电动机传动采用传动带，相对其他类型的变化如下，如图所示： ● 安装在齿条附近的电动机。 ● 齿条通过一个带有内螺纹的滑套实现助力。 ● 增加了电动机与齿条驱动套的传动带。
 助力转向控制模块（控制转向电动机的电流大小）	（3）助力转向控制模块 助力转向控制模块根据转矩传感器、转向角度传感器以及车速传感器等传感器传来的信号来控制转向电动机的电流大小，如图所示。

197

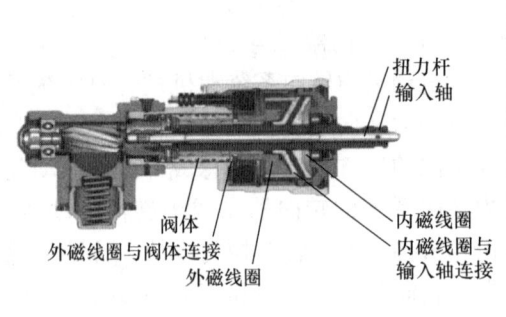

（4）转矩传感器、转向角度传感器

电动助力转向系统的转矩传感器和转向角度传感器集成在一起（以下简称转矩角度传感器），由输入轴、扭力杆、内磁线圈、阀体和外磁线圈组成。输入轴的上端连接着转向盘和扭力杆上端，输入轴下端连接着内磁线圈。扭力杆下端连接着阀体，阀体连接着外磁线圈，如图所示。

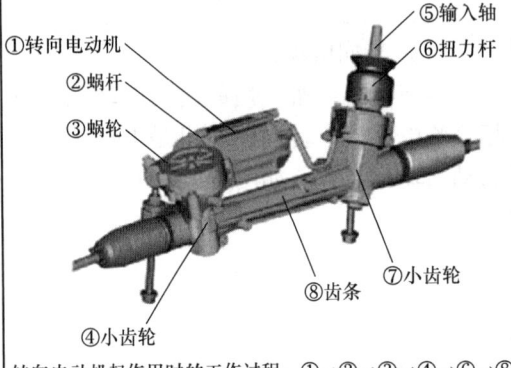

转向电动机起作用时的工作过程：①→②→③→④→⑥→⑧
转向电动机不起作用时的工作过程：⑤→⑥→⑦→⑧

（5）齿轮机构

齿轮机构由蜗轮蜗杆总成、小齿轮和齿条组成。当转向电动机起作用时，转向电动机带动蜗杆，蜗杆带动蜗轮，蜗轮带动同轴的齿轮，齿轮再带动齿条，如图所示。当转向电动机不起作用时，直接依靠机械转向，此时转向盘带动输入轴，输入轴带动扭力杆，扭力杆带动小齿轮，最后齿轮带动齿条。

（十）电动助力转向系统的工作原理

电动助力转向系统在工作时，助力转向控制模块接收转矩角度传感器传来的信号，控制转向电动机从而控制汽车的转向过程。而转矩角度传感器在汽车不同工作状态下所产生的信号也不同。

1）在汽车未转向时，内磁线圈和外磁线圈位置一一对应，两个线圈所产生的磁场相互抵消，如图所示，没有信号输出，转向电动机不起作用。

2）在车速较慢时，驾驶人转动转向盘，转向盘传递过来的力一部分通过输入轴传递给内磁线圈，另一部分通过扭力杆传递给阀体及与其相连的外磁线圈。由于车速较慢，地面的附着力大，使扭力杆发生扭转，使内磁线圈相对外磁线圈转过一个角度，从而产生磁场，如图所示，输出信号，控制转向电动机为转向提供助力。

当内、外磁线圈对齐时磁场抵消，转向电动机不起作用

■外磁线圈　■内磁线圈

当内、外磁线圈不对齐时磁场产生，转向电动机提供助力

■外磁线圈　■内磁线圈

3）在车速较快时，驾驶人转动转向盘，转向盘传递过来的力一部分通过输入轴传递给内磁线圈，另一部分通过扭力杆传递给阀体及与其相连的外磁线圈。由于车速较快，地面的附着力小，扭力杆不发生扭转，内磁线圈和外磁线圈位置一一对应，两个线圈所产生的磁场相互抵消，没有信号输出，转向电动机不起作用，转向时无助力。

二、维修任务实施：诊断转向系统故障

对技术人员要求：
- 接收/检查修理单。
- 接收用于修理的订购零件。
- 在允许的时间内进行工作。
- 向技师领队确认工作完成。

技师领队：
- 对技术难度高的工作向技术人员提供指导和帮助。

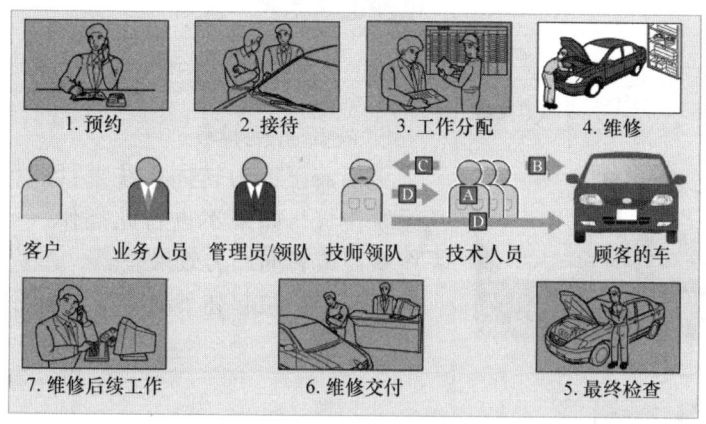

使用机械转向装置可以实现汽车转向，当转向轴负荷较大时，仅靠驾驶人的体力作为转向能源则难以顺利转向。动力转向系统就是在机械转向系统的基础上加设一套转向加力装置而形成的。转向加力装置减轻了驾驶人操纵转向盘的作用力。转向能源来自驾驶人的体力和发动机（或电动机），其中发动机（或电动机）占主要部分，通过转向加力装置提供。正常情况下，驾驶人能轻松地控制转向。但在转向加力装置失效时，就回到机械转向系统状态，一般来说还能由驾驶人独立承担汽车转向任务。

这种转向器结构简单、操纵灵敏性高、转向操纵轻便，而且由于转向器是完全封闭的，平时不需检查调整。

（一）转向系统检测

转向系统检测这部分主要介绍转向系统维修操作的标准流程与部件、功能的检测方法，如图所示。这些检测包括：
- 标准液压系统放气方法。
- 转向助力压力测试方法。
- 转向力测试的方法。
- 最大转向角的检测与调整。
- 转角梯形检测。

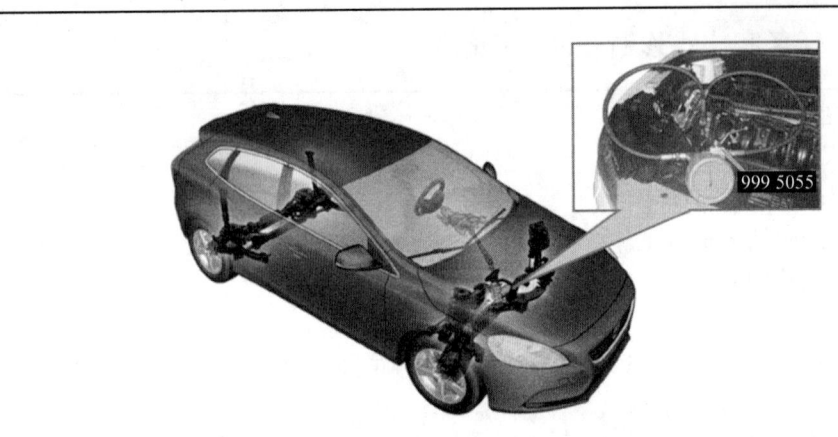

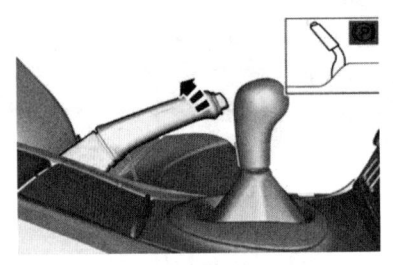

1. 液压系统排气

更换液压助力转向系统部件时，需要进行液压系统排气，如果不进行此操作，可能导致转向系统噪声或转向助力效果差。

第一步：拉起驻车制动器，如图所示。

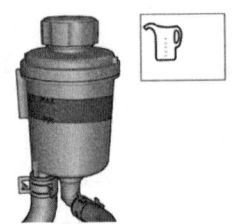

第二步：加注转向助力油液到MAX位置，如图所示。

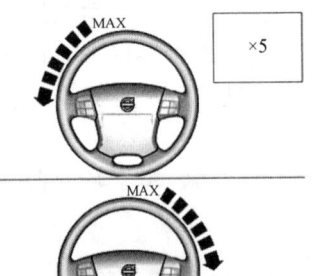

第三步：向左旋转转向盘到极限位置，再向右旋转转向盘到极限位置。重复上述步骤五次，如图所示。

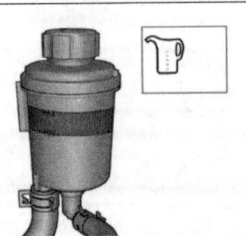

第四步：加注转向助力油液到MAX位置，如图所示。

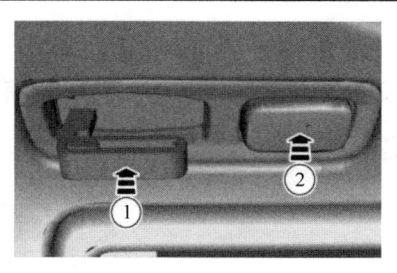	第五步：起动发动机，如图所示。
	第六步：让发动机怠速运转，发动机转速保持在500~1000r/min，如图所示。
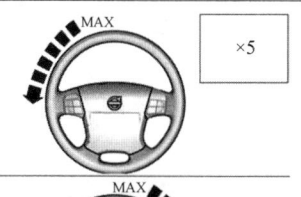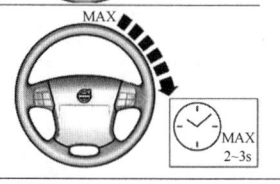	第七步：向左旋转转向盘到极限位置，再向右旋转转向盘到极限位置，如图所示。 **注意**：在极限位置不能超过3s。
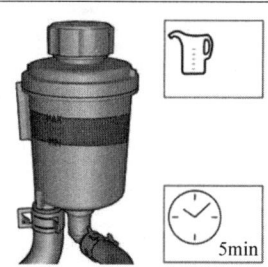	第八步：等5min后，加注转向助力油液到MAX位置，如图所示。
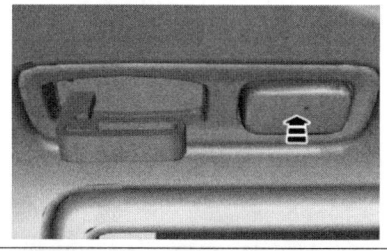	第九步：关闭发动机，如图所示。
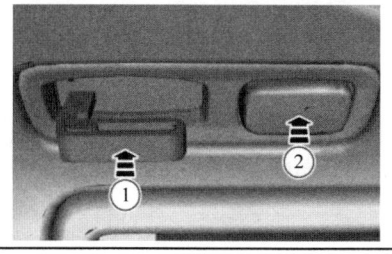	第十步：起动发动机，如图所示。

	第十一步：发动机怠速运转，让发动机转速在500~1000r/min，如图所示。
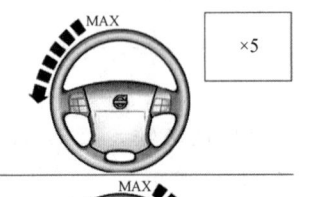	第十二步：向左旋转转向盘到极限位置，再向右旋转转向盘到极限位置，如图所示。重复动作五次。 **注意**：在极限位置不能超过3s。
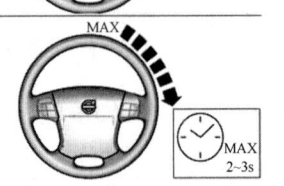	第十三步：关闭发动机。
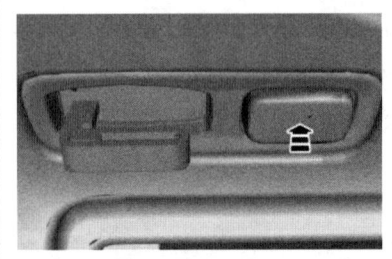	第十四步：加注转向助力油液到MAX位置，如图所示。
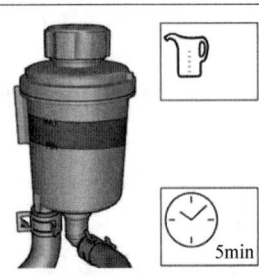	第十五步：起动发动机，如图所示。
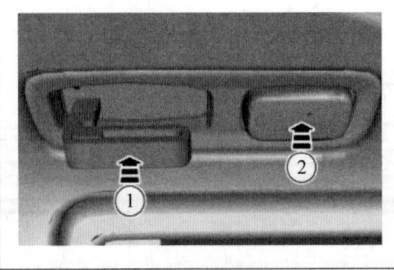	第十六步：发动机怠速运转，发动机转速保持在500~1000r/min，如图所示。

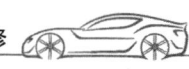

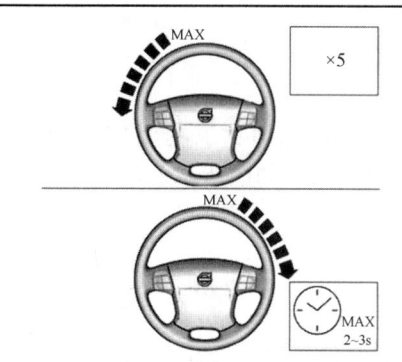	第十七步：向左旋转转向盘到极限位置，再向右旋转转向盘到极限位置，如图所示。重复动作五次。 **注意**：在极限位置不能超过3s。
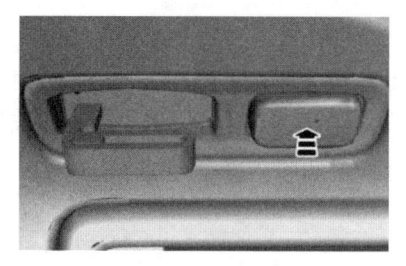	第十八步：关闭发动机，如图所示。
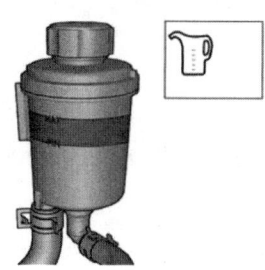	第十九步：加注转向助力油液到MAX位置，如图所示，完成液压系统排气。
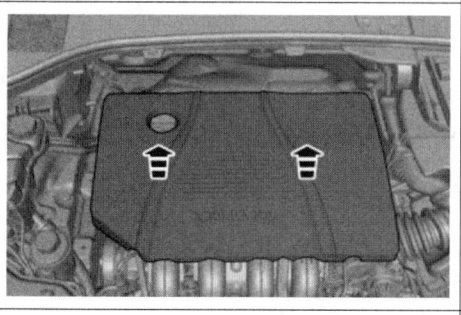	2. 转向助力压力测试 当怀疑转向系统有故障时，要进行转向系统的压力测试，压力测试有助于诊断转向助力泵、转向器的工作状态。 第一步：拆除发动机护罩，如图所示。
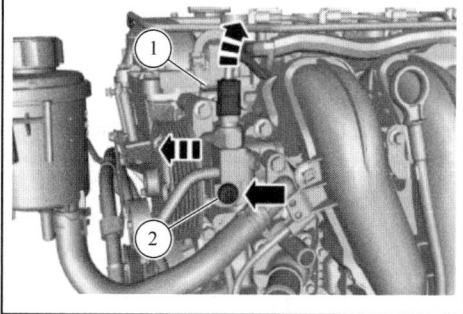	第二步：松开转向助力泵上的出油管，如图所示。 **注意**：由于转向助力油液是可燃的，不要让转向助力油溅到发动机上。

	第三步：分别在油管上与转向助力泵上安装专用检测接头，如图所示。
	第四步：安装转向助力油表，同时使油表处于开关阀与油泵之间，同时要求开关阀处于打开位置，如图所示。
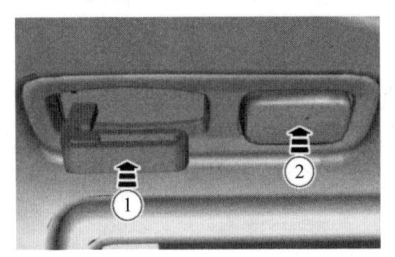	第五步：起动发动机，如图所示。
	第六步：发动机怠速运转，发动机转速保持在500~1000r/min，如图所示。
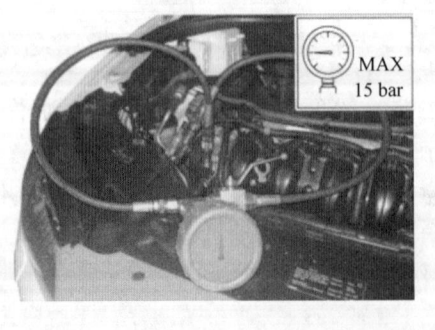	第七步：此时油表的读数应不超过15bar，如果压力过高可能转向器内部堵塞或油管堵塞，如图所示。

项目四　转向系统检修

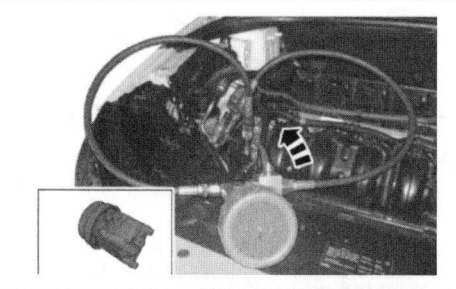	第八步：关闭开关阀，准备测试转向助力泵，如图所示。
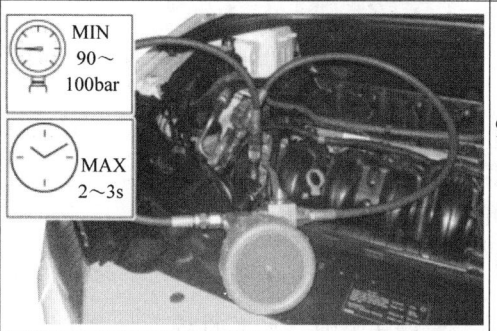	第九步：此时油表的读数应该不低于90～100bar，如果低于此数值，说明转向助力泵损坏，如图所示。 **注意**：开关阀处于关闭的时间不能超过3s。
	第十步：打开开关阀，如图所示。
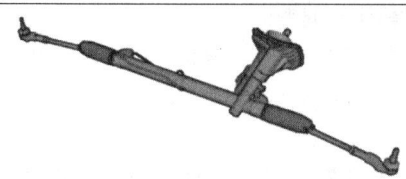 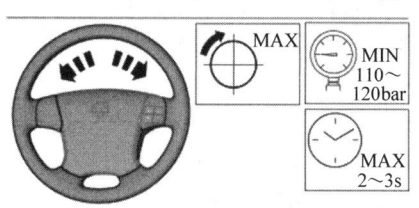	第十一步：分别向左旋转转向盘到极限位置，再向右旋转转向盘到极限位置，观察油表的读数应该不低于110～120bar。如果压力读数低于此数值，可能转向器损坏，如图所示。 **注意**：旋转转向盘到极限位置的时间不能超过3s。
	第十二步：拆除压力油表，如图所示。 **注意**：由于转向助力油液是可燃的，不要让转向助力油溅到发动机上。

第十三步：拆除油表接头，恢复助力泵油管连接，如图所示。

3. 转向力测试

当客户抱怨转向力沉时，我们需要进行转向力测量，用来判断该车辆是否存在故障。

转向力测试按以下流程进行：

- 保证下列正常：
  - 轮胎尺寸和轮胎压力。
  - 助力液液面高度。
  - 传动带的松紧。
- 将车轮停在坚硬、水平的路面上，并使车轮朝正前方向。
- 起动发动机并使动力转向液升温至 50~60℃。
- 如图所示将转向盘从中间位置旋转一圈 360°后，以弹簧秤勾住转向盘外缘，沿切线方向拉动，其始动拉力应合乎规范（一般在4kg·f以下）。

4. 最大转向角调整

如果客户抱怨车辆左右转向时最大转向角不同，我们需要进行最大转向角的调整。

（1）最大转向角调整

最大转向角测量按以下流程进行，如图所示：

- 将车辆放在四轮定位仪上。
- 松开转角盘的固定销。
- 记录转角盘的零位。
- 向左旋转方向到极限位置，观察左前轮的最大转向角，记录数据。
- 向右旋转方向到极限位置，观察右前轮的最大转向角，记录数据。

（2）最大转向角调整

如果上述测量，左右最大转向角不相等，升起车，先松开转向横拉杆的锁止螺母，然后旋转转向横拉杆，保证左右横拉杆的螺纹伸出长度，偏差在3mm之内，如图所示。

5. 转向梯形检查

当车辆打方向时,车轮出现噪声或转向车轮出现异常磨损时,我们需要进行转向梯形的检测。

像检查最大转向角一样,把车放在四轮定位仪上,按以下流程进行,如图所示:

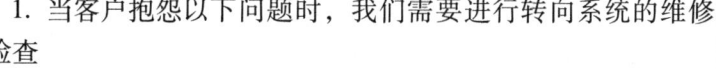

1—内侧20°转角　2—外侧18°转角

- 向左打方向,保证左车轮转向角度为20°。
- 观察右车轮转角是否为18°。
- 再向右打方向保证右车轮转向角度为20°。
- 观察左车轮转角是否为18°。

如果检查上述角度不正确,说明转向梯形结构出现变形,需要进行维修。

(二) 转向系统常见故障诊断

	1. 当客户抱怨以下问题时,我们需要进行转向系统的维修与检查 ● 转向盘反冲。 ● 转向助力不正常。 (1) 转向盘反冲 转向盘反冲是指车辆行驶到不平路面时,驾驶人从转向盘处感到振动,如图所示。 转向盘反冲的原因包括: ● 转向横拉杆外球头松旷。 ● 转向横拉杆内球头松旷。 ● 转向器内部齿条磨损。 ● 转向器安装松动。

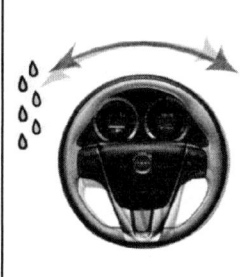	(2) 快速转向沉 快速转向沉指的是慢速打方向时,转向力正常,当迅速打方向时,转向力突然增大,如图所示。 快速转向沉的原因包括: ● 转向助力油少。 ● 转向助力泵传动带打滑。 ● 转向器内部泄漏。 ● 助力泵内部磨损,油压不足。 (3) 转向沉 转向沉指的是驾驶旋转转向盘的力比正常值大。 转向沉的原因包括: ● 转向助力泵压力不足。 ● 转向器内部阻滞。 ● 转向传动机构球头卡滞。

- 轮胎压力过低。
- 转向油污染。

（4）转向力忽大忽小

转向力忽大忽小指的是转向力不均匀，转向力一会儿正常，一会儿沉，如图所示。

转向力忽大忽小的原因包括：
- 转向柱变形。
- 转向器内齿条变形。

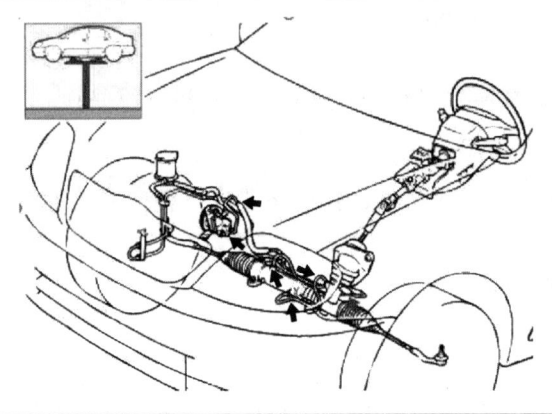

（5）检查动力转向液是否渗漏
- 齿轮箱。
- PS 叶轮泵。
- 液体管路和连接点。

2. 裂纹和其他损坏

检查 PS 软管是否有裂纹和其他损坏。

（三）调节前束

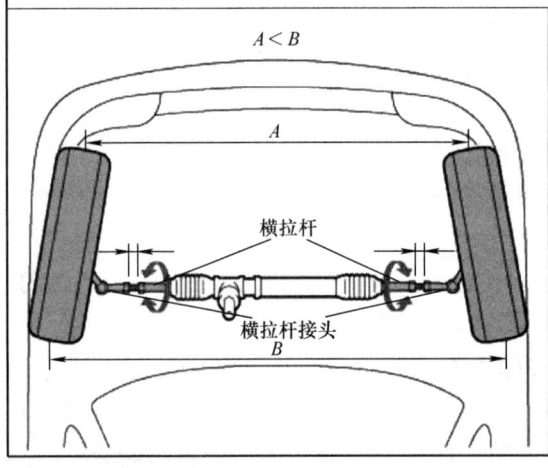

对于调节的方法，要在四轮定位上进行，可参考修理手册。

任务评价一

一、案例学习

一客户抱怨车辆转向时车轮与地发出磨损声音，但直线行驶时一切正常。

根据所学知识了解到，引起这种异响的原因，可能为差速器工作不正常或转向梯形结构不正常。

技师检查了差速器，未见异常。更换了左右悬架，故障依旧。技师想到可能转向梯形结构变形造成这种情况。在对底盘进行仔细检查过程中发现转向节臂变形。

更换转向节臂后，故障解决。

本故障案例告诉我们，掌握转向系统的基本工作原理，从原理出发去诊断故障，能提高工作效率，避免客户不必要的损失。

二、项目小结

在本项目内容中，重点学习了以下内容：

1）阿克曼定理、转向角传动比定义、转向盘自由间隙定义。
2）转向盘与转向柱的结构与功能。
3）转向器的结构组成及工作原理。
4）转向横拉杆、转向节臂的功能介绍。

本项目的学习目标你已经达成了吗？请通过思考以下问题进行结果检验。

1）在转弯时，车辆是如何实现内外车轮纯滚动运转的？
2）转向盘与转向车轮转向角之间的关系？
3）你知道什么是转向自由间隙吗？
4）你知道转向盘的功能是什么吗？
5）转向柱是如何防止驾驶人受到冲击的？
6）变传动比转向器的优点是什么？
7）齿轮齿条式的工作原理？
8）你知道转向传动机构包括哪些元件吗？
9）你知道如果转向节臂变形，会对转向产生什么影响吗？

三、课堂练习

（一）填空题

1. 阿克曼定理，要求在转向时，内侧车轮转角_____（大/小）于外侧转角。
2. 转向角传动比越小，转向力需求越_____（大/小）。
3. 齿轮齿条式转向器的齿轮间隙是通过_____保证的。

（二）不定项选择题

1. 在讨论转向盘自由间隙时：技师 A 说转向横拉杆外接头磨损可能导致转向盘自由间隙过大。技师 B 说转向器安装衬套松动可能导致转向盘自由间隙过大。谁说得对？（　　）

　　A. 只有技师 A 对　　　　　　　　B. 只有技师 B 对
　　C. 二者都对　　　　　　　　　　D. 二者都不对

2. 下列关于转向柱的说法中，哪些是正确的？（　　）

　　A. 转向柱在前面碰撞中，可以收缩，防止对驾驶人造成伤害
　　B. 当事故中，驾驶人撞击转向盘时，转向柱也会收缩
　　C. 转向柱收缩后，我们只需把它拉长到标准长度就可以再次使用
　　D. 转向柱变形后必须更换

3. 关于齿轮齿条式转向器，下列说法哪些是正确的？（ ）
   A. 齿轮齿条式转向器，我们需要定期进行齿轮间隙的调整
   B. 齿轮齿条式转向器，不平的路面不会对转向盘产生冲击
   C. 变传动比齿轮齿条式转向器，是通过改变齿条的长度来实现的
   D. 齿轮齿条式转向器，齿轮间隙不需要调整，如果过大，更换转向器

4. 关于转向节臂，技师 A 说转向节臂变形，可能导致转向时车轮出现滑移，造成轮胎早期磨损。技师 B 说转向横拉杆弯曲，前束正常的情况，也会导致转向时车轮出现滑移，造成轮胎早期磨损。谁说得对？（ ）
   A. 只有技师 A 对   B. 只有技师 B 对
   C. 二者都对   D. 二者都不对

（三）问答题

说出阿克曼定理的含义。

（四）思考题

根据转向自由间隙的定义，讨论一下，如果转向自由间隙变大，可能的原因有哪些？

任务评价

一、案例学习

一辆 S60 车主反映，冷车转向时快速打方向没有助力效果，方向很沉，但慢速打方向时，相对来说还正常。但热车后，故障消失。

技师在检查时发现油液略黑，更换了油液、助力泵都没有效果。最后更换转向器解决问题。经过拆检分析，发现转向器的液压缸的中间油封老化。

分析过程：故障原理是由于油封老化，造成在低温时密封不良，导致不能满足快速打方向时的油液需求，但当热车后，油封受热后，质地变软，密封功能恢复。

本故障案例告诉我们，在维修转向系统故障时，如果了解工作原理，可以提高工作效率。

二、项目小结

在本项目内容中，重点学习了以下内容：
1. 液压助力转向系统组成。
2. 转向助力油壶的结构与功能。
3. 转向散热油管的结构与功能。
4. 转向助力泵的结构与工作原理。
5. 液压助力转向器的结构与工作原理。

本项目的学习目标你已经达成了吗？请通过思考以下问题进行结果检验。
1. 你知道液压助力系统包括哪几部分吗？
2. 转向助力油壶是如何减缓助力油的回液强度的？
3. 你知道散热油管是装在助力油壶的回油管上还是出油管上？
4. 转向助力泵是如何产生高压的？
5. 转向助力泵是如何调节发动机转速变化对转向助力的影响的？
6. 液压助力转向器是如何工作的？
7. 转子分配阀是如何实现左右油液分配的？

三、课堂练习

（一）填空题

1. 当车辆直行，发动机运转时，动力转向油泵的压力_____（小/大）。
2. 当车辆直行，发动机运转时，转向器左右侧液压缸的压力_____（小/大）。
3. 流量控制阀安装在_____（转向助力泵/转向器）内部。
4. 转向散热油管安装在_____与_____之间。

（二）不定项选择题

1. 液压助力转向系统包括：（　　）。
   A. 转向助力油泵　　　　　　　B. 转向助力油壶
   C. 液压助力转向器　　　　　　D. 液压助力散热油管
2. 转向助力油壶的作用包括：（　　）。
   A. 储存油液　　　　　　　　　B. 过滤油液
   C. 减缓回流油的流速　　　　　D. 防止油液温度过高
3. 转向散热油管堵塞，技师 A 仅仅会导致温度高。技师 B 可能导致转向器与散热油管之间的接头容易漏油，因为正常情况，这段油管压力非常低，如果堵塞，这段压力会上升得很高。谁说得对？（　　）
   A. 只有技师 A 对　　　　　　B. 只有技师 B 对
   C. 二者都对　　　　　　　　　D. 二者都不对
4. 下列关于转向助力泵的说法，哪些是正确的？（　　）
   A. 怠速时，从油泵流出的流量低，流量阀完全关闭，所有油液从油泵流出经转向器分配阀又流回油壶
   B. 发动机高转速时，动力转向油泵输出的油比系统需要的油多，多余的油通过流量控制阀流回转向助力泵的入口
   C. 转向盘打到极限位置时，油液通过流量控制阀泄出，保护助力泵
   D. 转向盘打到极限位置时，管路中的油压是最高时，此状态不能超过 3s，时间过长，会导致油泵损坏
5. 关于液压助力转向器，技师 A 说转子分配阀如果工作不正常，会导致方向跑偏。技师 B 说液压助力转向器，左右液压缸中间的密封圈密封不良，会导致转向时助力效果差。谁说得对？（　　）

A. 只有技师 A 对　　　　　　　　B. 只有技师 B 对
C. 二者都对　　　　　　　　　　D. 二者都不对

（三）问答题

1. 流量控制阀是如何工作的？

2. 转子分配阀是如何工作的？

（四）思考题

如果流量控制阀卡在某一位置，会导致什么故障发生？

任务评价三

一、案例学习

一辆带有电子控制液压助力系统的车辆，没有助力。技师验证，发现在任何时间都没有助力效果。检查油液液面高度，检查结果正常。

技师想到此车的油压是由电动机直接驱动的。检查油泵的插头，发现插头松动，重新安装后，故障排除。

本故障案例告诉我们，了解系统的结构组成与工作原理，对我们的诊断有很大的帮助。

二、项目小结

在本项目内容中，重点学习了以下内容：
1. 电子控制液压助力转向系统特点介绍。
2. 电动助力转向系统介绍。

本项目的学习目标你已经达成了吗？请通过思考以下问题进行结果检验。
1. 电子控制液压助力转向系统的优点？
2. 电动助力转向系统包括哪些部件？

三、课堂练习

（一）填空题
1. 电子控制液压助力转向系统与传统液压助力转向系统的区别是_____。
2. 电动助力转向系统的电动机安装在_____。

（二）不定项选择题
1. 电子控制液压助力转向系统包括：（　　）。
A. 转向助力油　　　　　　　　　　B. 转向助力油壶

C. 电动转向助力泵 D. 液压助力转向器
2. 电动转向助力系统包括：（　　）。
A. 与转向器集成在一起的电动机 B. 独立的电动机
C. 独立的传动带 D. 转向助力油

（三）问答题

电动转向系统的优点是什么？

（四）思考题

电子控制液压助力转向系统，如果电动机不工作，是否还有常规助力转向？

任务评价四

一、案例学习

一客户抱怨转向力忽大忽小，技师检查转向助力油液、转向助力传动带未见异常。更换转向器、转向助力泵后故障依旧。更换转向柱后，故障解决。

故障原因为转向柱变形。经与客户沟通得知，原来此车曾经撞过。

本故障案例告诉我们，了解常见故障的特点，有利于快速排除故障。

二、项目小结

在本项目内容中，重点学习了以下内容：
1. 转向系统检测的标准流程。
2. 常见故障的分析。

本项目的学习目标你已经达成了吗？请通过思考以下问题进行结果检验。
1. 如何进行液压系统的排气？
2. 如何进行液压转向系统的压力测试？
3. 如何判断转向力是否正常？
4. 如何进行最大转向角调整？
5. 转向梯形变形会导致什么故障？
6. 如何诊断转向盘反冲？
7. 如何诊断快速转向沉？
8. 如果诊断转向力忽大忽小？

三、课堂练习

（一）填空题

1. 在＿＿＿＿＿＿＿＿情况下，需要进行液压系统的排气操作。
2. 在＿＿＿＿＿＿＿＿情况下，需要进行液压助力系统压力测试。

3. 左右最大转向角不相等，＿＿＿＿＿＿＿＿＿＿需要调整。

（二）不定项选择题

1. 在进行液压系统的部件更换后，如果不进行液压系统的排气操作，可能会出现：（　　）。
   A. 转向助力泵噪声　　　　　　　　B. 助力效果差
   C. 油壶中产生泡沫　　　　　　　　D. 不会产生什么影响

2. 液压助力转向沉可能的原因，包括：（　　）。
   A. 转向助力泵工作不良　　　　　　B. 转向器工作不良
   C. 转向球节缺乏润滑，卡滞　　　　D. 胎压太低

3. 转向盘反冲的原因包括：（　　）。
   A. 转向横拉杆内球头松旷　　　　　B. 转向横拉杆外球头松旷
   C. 转向器齿条磨损　　　　　　　　D. 减振器磨损

（三）问答题

1. 说出转向力测量的步骤：

2. 说出转向梯形检查的步骤：

（四）思考题

一客户反映，行驶过程中，必须持续在方向上施加力，否则就会出现自动转向的问题，技师在举升机上也发现，着车后，转向盘自动向一侧转向，你作为技师，如何进行下一步的检测？

项目五

制动系统检修

📑 项目描述

一辆 XC90 车辆，新车出售不久，客户抱怨有时松开制动踏板后，车辆似乎还有制动效果。技师经过试车后，发现松开制动踏板的一小段时间内，有制动拖滞现象，而且时有时无，车速慢时较为明显。

技师首先怀疑真空助力器的弹簧复位不良，更换真空助力器后，故障在一小段时间内没有出现，而后故障重现。技师又更换了制动踏板，制动踏板拆卸后，用手试验发现制动踏板复位不良。

本故障案例告诉我们，制动拖滞现象首先要判断是所有车轮制动拖滞还是仅单个车轮的现象。如果是所有车轮制动拖滞，重点考虑制动主缸之前的制动系统部件。

📑 学习目标

知识目标
1. 能分析汽车制动故障诊断。
2. 能掌握和理解汽车制动故障的成因。
3. 能掌握汽车制动检查和维修方法。
4. 掌握汽车 ABS 故障诊断的基本方法。
5. 掌握汽车制动故障诊断的基本流程。

技能目标
1. 能分析和掌握制动系统故障诊断与维修。
2. 能区分汽车制动系统的人为故障和自然故障。
3. 掌握汽车底盘制动诊断的基本技能。
4. 掌握汽车不同类型制动系统故障诊断流程的方法和技巧。

素养目标

1. 严格执行汽车电器故障诊断规范,养成严谨科学的工作态度。
2. 培养团队协作精神。
3. 能够接受新的知识。
4. 能够而且愿意探索新事物,有学习愿望,有求知欲。
5. 阅读资料画出关键技术点,归纳整理故障诊断方法。
6. 能够清晰、友好且有趣地向他人口头转述信息。
7. 能够解决棘手的任务。
8. 树立目标并制订实现目标的计划。
9. 客观公正自评和评价他人。
10. 能够与合作伙伴良好地交流和相互理解。
11. 能够养成自觉遵守技术标准和要求规定、规范操作、安全、环保、"6S"作业的习惯。
12. 能够养成劳动光荣、创造伟大的思维和创新意识。

任务一 制动系统检修

汽车制动系统的功用是根据需要使汽车减速或在最短的距离内停车,以保证行车的安全,如图所示。

1. 良好的制动效能

汽车的制动效能是指在良好路面上,汽车以一定初速度制动直到停车的制动距离或制动时汽车的减速度,是制动性能最基本的评价指标。汽车应具备良好的制动效能以确保安全。

2. 连续制动时的恒定性

汽车制动系统的恒定性是指汽车在连续制动时,即使工作条件恶劣(如涉水、在冰雪路面上或下长坡),也应能保证其制动效能不下降。

3. 制动系统出现故障时的可靠性

汽车制动系统的可靠性是指当制动系统中某一部分出现问题时,必须使剩下的其他部分仍能保证最低限度的制动效能。当制动系统的双管路系统中一个管路系统出现问题时,另一个管路系统需要确保仍能维持一定的制动力。

4. 制动方向的稳定性

汽车制动系统在制动过程中,应保证汽车无跑偏,无侧滑并且不会背离驾驶人给定的行驶方向。

一、相关知识

制动系统为行车安全提供了基本保障。掌握制动系统的基本原理，对维修工作是非常必要的，如图所示。

（一）制动系统的作用

汽车上用以使外界（主要是路面）在汽车某些部分（主要是车轮）施加一定的力，从而对其进行一定程度的强制制动的一系列专门装置，统称为制动系统，如图所示。

汽车制动系统的功用是按照需要使汽车减速或在最短距离内停车，下坡行驶时保持车速稳定，使停驶的汽车可靠驻停。

当汽车行驶在宽阔平坦、车流和人流较少的路况下，可以通过高速行驶提高运输效率。但在汽车行驶过程中也会遇到复杂多变的路面状况，如进入弯道、行经不平道路、两车交会、突遇障碍物等，为了保证行驶安全，就要求汽车在尽可能短的距离内将车速降低，甚至停车，如图所示。

汽车下长坡时，在重力的作用下，汽车有不断加速到危险程度的趋势，此时应将车速限定在安全值内，并保持相对稳定；对停驶的车辆，特别是在坡道上停驶的汽车应使之可靠地驻留在原地，如图所示。

为完成汽车制动系统的作用，现代汽车上一般设有以下几套独立的制动系统。

1. 行车制动系统

用于使行驶中的车辆减速或停车，如图所示，制动器安装在全部的车轮上，通常由驾驶人用脚操纵，如图所示。

2. 驻车制动系统

用于使停驶的汽车驻留在原地，通常由驾驶人用手操纵，如图所示。

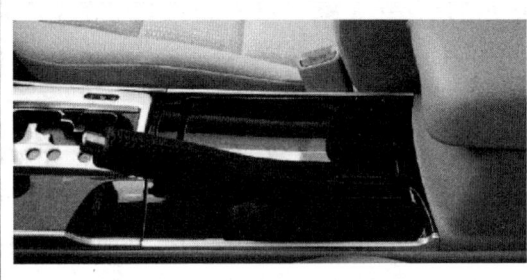

3. 应急制动、安全制动和辅助制动系统

1）应急制动装置是用独立的管路控制车轮的制动器作为备用系统，其作用是在行车制动装置失效的情况下保证汽车仍能减速或停车。

2）安全制动装置是在制动气压不足时起制动作用，使车辆无法行驶。

3）辅助制动装置是为了下长坡时减轻行车制动器的磨损而设计的，其中利用发动机排气制动应用最广，如图所示。

（二）制动原理

制动系统的一般工作原理是：利用与车身（车架）相连的非旋转元件和与车轮（或传动轴）相连的旋转元件之间的相互摩擦来阻止车轮的转动或转动的趋势。

如图所示，在汽车进行制动时，通过制动液将制动压力传递到每个车轮的制动器上。

制动前，液压系统中充满制动液。踩下制动踏板，制动主缸将制动液压入制动轮缸。而后制动系统间隙消失并开始产生制动力矩，液压和踏板力继续增长直到完全制动。

项目五 制动系统检修

在此过程中，由于在液压作用下油管的弹性膨胀变形和摩擦元件的弹性压缩变形，踏板和制动轮缸活塞都可以继续移动一段距离。放开踏板，在复位弹簧的作用下，制动液回到制动主缸。

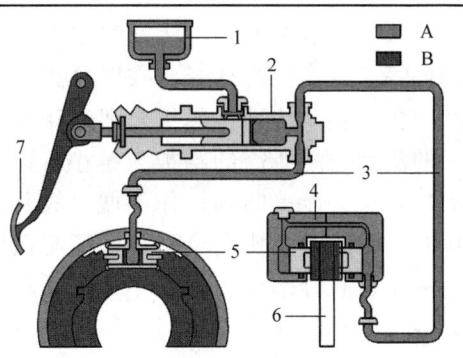

1—储液罐 2—制动主缸 3—制动管路
4、5—制动轮缸 6—制动盘 7—制动踏板
A—制动液 B—橡胶密封件

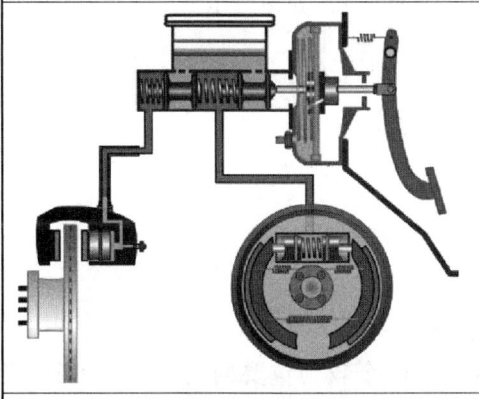

当制动踏板被踩下时，制动液由制动主缸中的活塞推动，经油管压入到制动轮缸和制动钳中，将制动蹄或制动块推向制动鼓或制动盘。在消除制动器间隙的过程中，管路油压不是很高，仅足以平衡制动蹄复位弹簧的张力以及油液在管路中的流动阻力，如图所示。

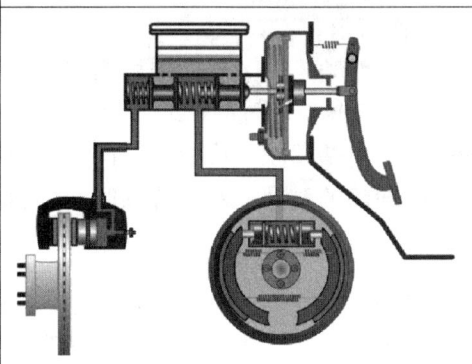

在制动间隙消失并开始产生制动力矩时，液压与踏板力方能继续增长，直到完全制动。从开始制动到完全制动的过程中，由于在液压作用下，油管（主要是橡胶软管）的弹性膨胀变形和摩擦元件的弹性压缩变形，踏板和轮缸活塞都可以继续移动一段距离，如图所示。

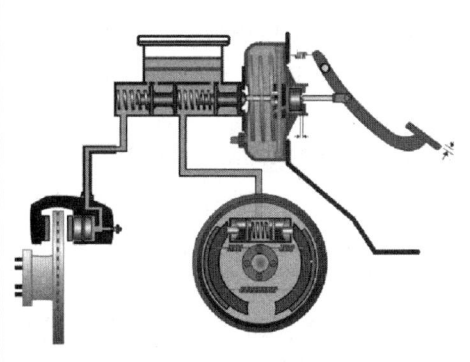

放开制动踏板，制动蹄和轮缸活塞在复位弹簧的作用下复位，将制动液压回主缸，如图所示。

制动管路中的油压和制动器产生的制动力矩是与踏板力成线性关系的。假设附着力足够，则汽车所受到的制动力也与踏板力成线性关系。制动系的这项性能称为制动踏板感（或称路感），驾驶人可因此而直接感觉到汽车制动的强度，以便及时加以必要的控制和调节。

从制动踏板到轮缸活塞的制动系的传动比等于踏板机构杠杆比乘以轮缸与主缸的面积之比。传动比越大,则为获得同样大的制动力矩所需的踏板力越小,踏板行程却越大,使得制动操作不便。故要求液压制动系的传动比要合适,保证制动踏板力较小,同时踏板行程又不太大。对于人力液压传动制动系,在制动器允许摩擦量

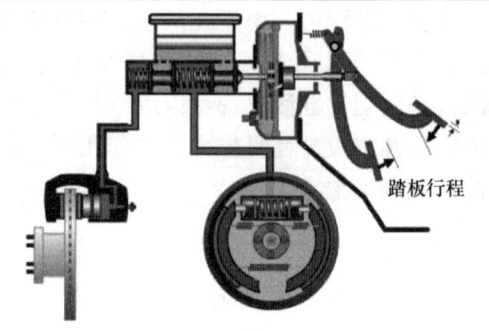

的范围内,踏板全行程不应超过150mm(轿车)或180mm(货车)。制动器间隙调整正常时,从踩下踏板到完全制动的踏板工作行程不应超过全行程的50%~60%,最大踏板力一般不应超过350N(轿车)或550N(货车),如图所示。

(三)制动性能与效果

制动性能评价指标:

评价车辆制动性能的指标有很多,较为常见的有:

- 制动效能。
- 制动抗热衰退性。
- 制动稳定性。

1. 制动效能

制动效能中两个较为重要的指标是制动距离和制动时间,如图所示。

- 制动距离:驾驶人踩下制动踏板到完全停止时间段内车辆行驶过的距离。
- 制动时间:包括驾驶人反应的时间、制动系统消除间隙的时间、制动持续时间、制动消除时间。

2. 制动抗热衰退性

制动抗热衰退性是衡量制动效能恒定性的一个指标,如图所示。

- 制动抗热衰退性能是指汽车高速制动,短时间内重复制动或下长坡连续制动时制动效能的热稳定性。
- 制动过程中制动器温度不断升高,制动器摩擦系数下降,制动器摩擦阻力矩减小,从而使制动能力降低,这种现象称热衰退现象。
- 用制动器处于热状态时能否保持冷状态时的制动效能来评价汽车制动抗热衰退性能。

3. 制动稳定性

制动稳定性是指制动时汽车的方向稳定性，如图所示。

- 制动跑偏：由左右轮制动力不等或转向杆系悬架导向杆系不协调造成。
- 制动侧滑：汽车后轮抱死时，附着力下降，受侧向力影响出现甩尾等现象。
- 失去转向能力：前轮抱死时，汽车将失去转向能力。

4. 制动效能的影响因素

汽车的制动效能与汽车结构、技术状况及使用条件有关。下面给出主要的影响因素：

（1）制动系统的技术状况

制动系统的结构形式，如盘式制动器或鼓式制动器（制动器也称盘式制动器或鼓式制动器）；制动器的尺寸等因素都对制动效能有影响，如图所示。

（2）道路与气候条件

车轮的最大制动力受到道路的附着系数的限制，所以道路的状况对充分发挥汽车的制动效能有着决定性的影响，如图所示。

（3）汽车车轮的技术状况

轮胎气压、轮胎花纹磨损程度不同，轮胎与地面的附着能力也不同，汽车制动时其制动力也就不同，从而导致汽车制动跑偏。应尽量保证汽车在同一车轴上的左右轮胎具有相同的花纹。磨损程度相近，并具有相同的气压，如图所示。

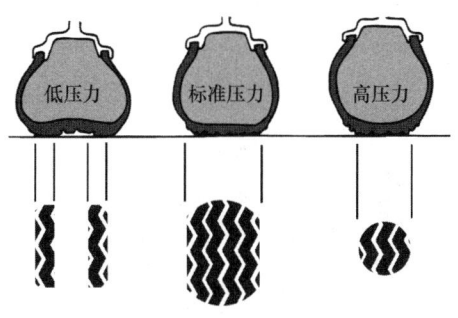

（4）车速

汽车的制动距离随车速的增加而成正比地增加，在制动最大效能阶段，制动距离随车速的二次方成正比的增加，如图所示。

（5）驾驶人反应时间

驾驶人的反应快慢对汽车制动的安全有着举足轻重的影响，反应时间是一个评价参数。反应时间长短与驾驶人的驾驶状态相关。例如，注意力不集中、疲劳驾驶或长时间高速行驶等原因，均会引起反应时间的延长，如图所示。

（四）盘式制动系统

根据制动系统的功用，制动系统中分为行车制动器和驻车制动器，如图所示，本学习任务对轿车的盘式制动器进行讲解。

汽车上常用的行车制动器都是利用固定元件与旋转元件工作表面的摩擦而产生制动力矩的。盘式制动器有两种结构形式，分别是固定钳盘式制动器和浮动钳盘式制动器。

1. 盘式制动器类型

盘式制动器又叫碟式制动器，顾名思义是取其形状而得名，如图所示。它由液压控制，主要零部件有制动盘、制动轮缸、制动钳、油管等。制动盘由合金钢制成并固定在车轮上，随车轮转动。

盘式制动器已广泛应用于轿车，现在大部分轿车用于全部车轮，少数轿车只用作前轮制动器，与后轮的鼓式制动器配合，以使汽车有较高的制动时的方向稳定性。在商用车中，目前盘式制动器在新车型及高端车型中逐渐被采用。

盘式制动器又分为固定钳型和浮动钳型两种，固定钳型的两个油缸分别布置在制动盘的内外两侧，因此需要较大的车轮内侧空间。但对于乘用车，车轮内侧空间很小，难以装下固定钳盘式制动器制动钳，因此又开发了浮动钳盘式制动器。这种制动器只有制动盘的内侧有油缸，但两侧都有摩擦片，因此占用体积小，适合在轿车上布置，如图所示。

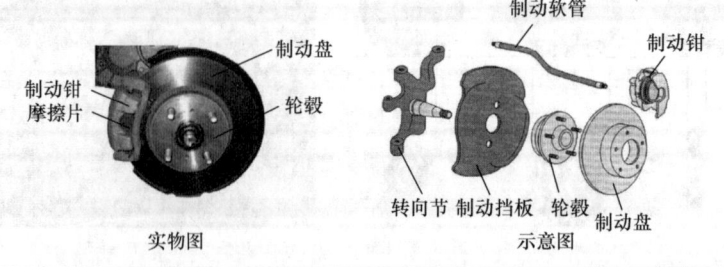

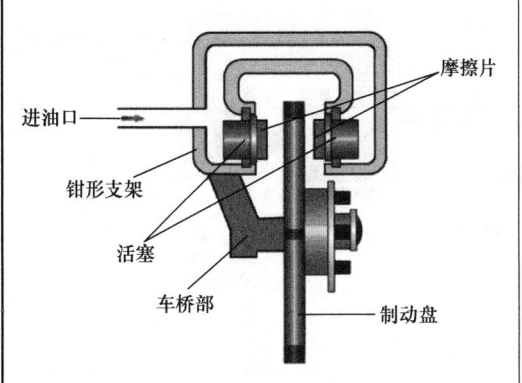

（1）固定钳盘式制动器

固定钳盘式制动器的基本结构如图所示。旋转元件是固定在车轮上以端面为工作面，用合金铸铁制成的制动盘。固定的摩擦元件是面积不大的制动块总成。制动钳的钳形支架通过螺栓与转向节（前桥）或桥壳（后桥）固装，并用调整垫片控制制动钳与制动盘之间的相对位置。

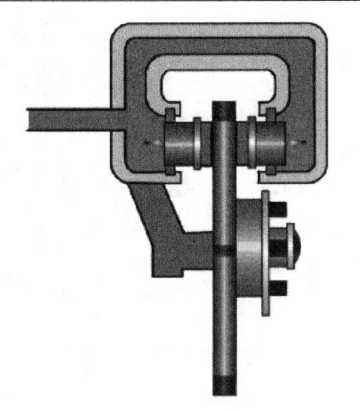

制动时，制动油液被压入内、外两油缸中，在液压作用下两活塞带动两侧制动片作相向移动压紧制动盘，产生摩擦力矩，如图所示。

（2）浮动钳盘式制动器

浮动钳盘式制动器结构简单紧凑，且便于安装，因此被越来越多地采用在轿车和轻型汽车上。

旋转元件是制动盘，它和轮毂装在一起，并和车轮一起转动。制动盘两个制动表面之间沿径向铸有三十六条筋，形成三十六条通风道，以便散热。固定元件是制动钳体，装在安装架上，制动钳支架固定在前桥转向节上。内部单装一个活塞的制动钳，可以通过固定在制

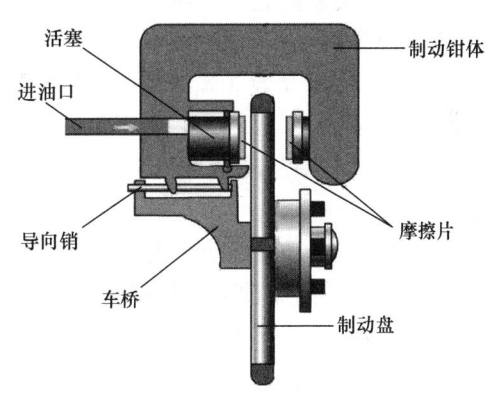

动钳壳体上并插入支架孔中的导向销作轴向移动。制动钳上制动块所用的摩擦片与背板采用粘接法相连，工艺性好，并能提高摩擦片的使用寿命，如图所示。

浮动钳盘式制动器的工作原理如图所示。制动时，活塞制动块在液压力作用下，由活塞推靠在制动盘上，同时制动钳上的反力推动制动钳沿定位导向销移动，使外侧的摩擦片也压靠在制动盘上，产生制动力，于是制动盘两边都被紧紧抱住，使其停止转动。制动盘又和轮毂装在一起，所以车轮也停止了转动。橡胶套不仅能稍微变形，以便消除制动器的间隙，而且可使导向销免受泥污。

解除制动时，橡胶衬套所释放出来的弹性能有助于外侧制动块离开制动盘。活塞密封圈在制动时变形，解除制动时就恢复原状，使活塞复位。若制动盘和制动块间产生了过量间隙，则活塞将相对于密封圈滑移，借此实现间隙的自动调整。

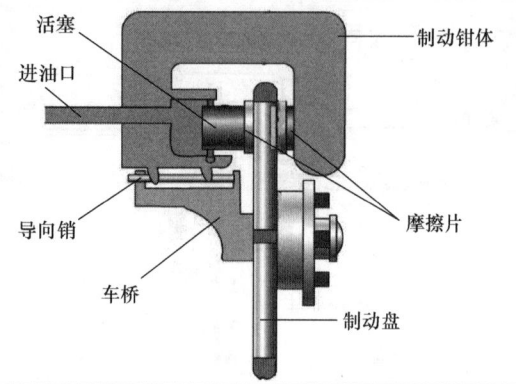

此外，制动器摩擦片上装有磨损传感器，如图所示。如果摩擦片磨损到最小厚度少于2mm时，则制动警告灯亮，这时需要更换摩擦片。

与固定钳盘式制动器相比较，浮动钳盘式制动器的单侧轮缸结构不需要设置跨越制动盘的油道，故不仅轴向和径向尺寸较小，有可能布置的更接近轮毂，而且制动液受热气化的机会较少，浮动钳盘式制动器现已基本取代了固定钳盘式制动器。

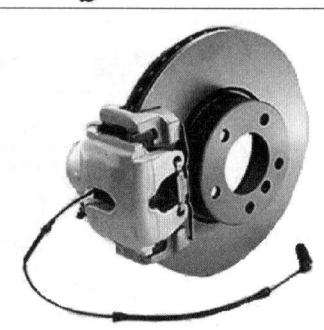

2. 盘式制动器的优点

盘式制动器与鼓式制动器相比较，有以下优点：

1）制动盘暴露在空气中，散热能力强。特别是采用通风式制动盘，空气可以流经内部，加强散热。

2）浸水后制动效能降低较少，而且只须经一两次制动即可恢复正常。

3）制动时的平顺性好。由于无摩擦助势作用，产生的制动力矩仅与油缸液压成比例，制动过程中制动力矩增长比鼓式缓和。同时，制动器效能受摩擦系数的影响较小，即效能较稳定。

4）制动盘沿厚度方向的膨胀量极小，不会像制动鼓的热膨胀那样使制动器间隙明显增加进而导致制动踏板行程过大。此外，也便于装设间隙自调装置。

5）盘式制动片和制动盘摩擦产生的粉末会很快被甩出，热量也会被制动盘更快的散发出去，从而可获得更好的制动效果。

6）结构简单，摩擦片拆装更换容易，因而维修方便。

3. 盘式制动器的缺点

1）因制动时无助势作用，故要求管路液压比鼓式制动器高，一般需在液压传动装置中加装制动加力装置和采用较大缸径的油缸。

2）由于盘式制动器活塞的复位能力差，且轮缸活塞的断面积大，制动器间隙较小，故在液压系统中不能留有残余压力。

3）防污性能差，制动块摩擦面积小，磨损较快。

4）兼用于驻车制动时，需要加装的驻车制动传动装置较鼓式制动器复杂，因而在后轮上的应用受到限制。

5）驻车制动装置不易安装，有些后轮使用盘式制动的车辆使用了"盘中鼓"式驻车制动。

6）制动片磨损较大，更换频率可能较高。

（五）鼓式制动系统分类

鼓式车轮制动器多为内张双蹄式，根据制动过程两制动蹄产生制动力矩的不同，可分为领从蹄式制动器、单向双领蹄式制动器、双向双领蹄式制动器、双从蹄式制动器、单向自增力式制动器和双向自增力式制动器，如图所示。

获得相同制动力矩的情况下，鼓式制动装置的制动鼓的直径可以比盘式制动的制动盘小很多；制造成本低廉。鼓式制动器主要有非平衡式（领蹄式）、平衡式和自增力式三种。这里主要介绍现代汽车上常用的非平衡式和自增力式制动器。

1. 非平衡式制动器

目前乘用车上使用非平衡式制动器较多，其结构如图所示。非平衡式制动器由制动底板、制动轮缸、领蹄（前制动蹄）、从蹄（后制动蹄）、复位弹簧等零件组成。

非平衡式制动器的工作原理如图所示。当汽车在前进的过程中制动时，轮缸里的活塞向外张开，产生作用力 F_{S1}、F_{S2}。由于制动蹄的一端由支承固定，领蹄和从蹄克服弹簧的作用力围绕下端的支承向外靠近制动鼓。但由于领蹄张开后与制动鼓产生的摩擦力 F_{T1}、F_{T2}，其力矩方向与使领蹄张开的力矩方向一致，使领蹄对制动鼓的压紧力增大，同理，从蹄对制动鼓的压紧力减小，从而使领蹄产生的制动力大于从蹄产生的制动力，将获得全部制动力中70%左右的制动力。

当汽车倒车的过程中制动时，由于从蹄张开后与制动鼓产生的摩擦力 F_{T2}，其力矩方向与使从蹄张开的力矩方向一致，使从蹄对制动鼓的压紧力增大，同理，领蹄对制动鼓的压紧力减小，从而使从蹄产生的制动力大于领蹄产生的制动力，将获得全部制动力中70%左右的制动力。

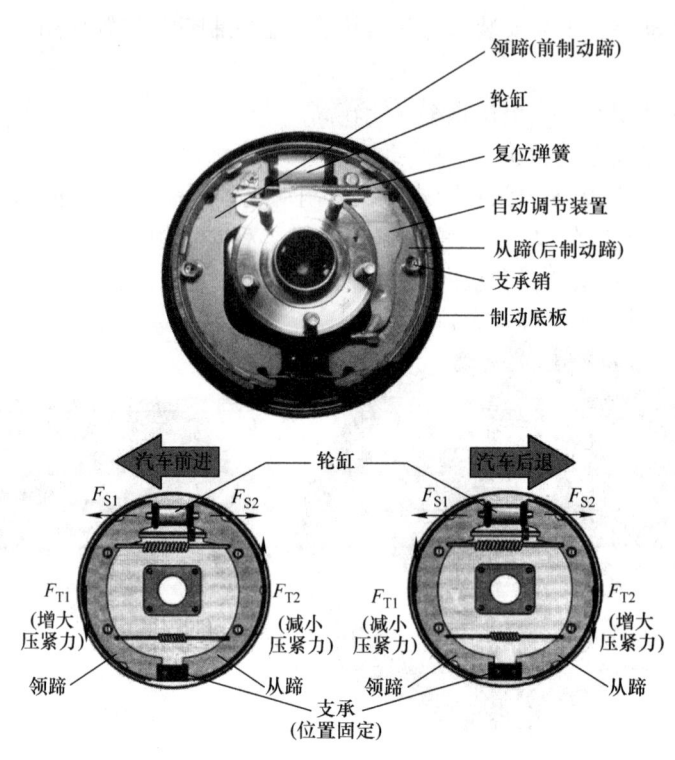

2. 自增力式制动器

自增力式制动器是利用制动时的摩擦力增强制动鼓与制动蹄的结合力，结构如图所示，主要由制动底板、轮缸、第一蹄、第二蹄、手制动撑杆和自我调节装置等零件组成。

自增力式制动器的工作原理如图所示。当汽车行驶的过程中制动时，两制动蹄在轮缸作用下同时向外张开，压靠到旋转的制动鼓上，并在摩擦力 F_T（F_{T1}、F_{T2}）的作用下，使两制动蹄均沿顺时针方向移动。轮缸对第一蹄的作用力 F_{S1} 及制动鼓对第一蹄的摩擦力 F_{T1} 共同作用，使第一蹄对浮动（可自由移动）的可调顶杆产生作用力，可调挺杆再作用于第二蹄上，等第二蹄上端运动到支承点位置后停下，第二蹄在轮缸作用力 F_{S2} 与可调挺杆的推力 F_{T2} 的共同作用下产生了更大的制动力，因此称为自增力式制动器。

当汽车倒车的过程中制动时，制动鼓的转动方向变为反向，可调挺杆的推力也变为由第二蹄向第一蹄作用，使得第一蹄产生更大的制动力，同样具有自增力的效果。

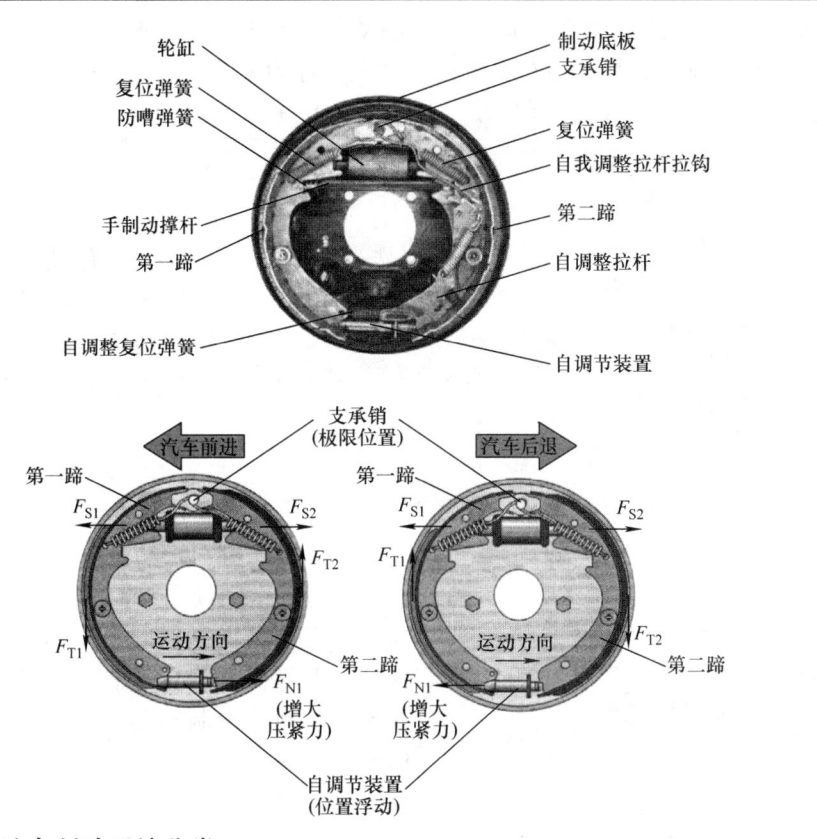

（六）驻车制动系统分类

在轿车中，目前使用的驻车制动器有三种，分别是盘中鼓式驻车制动器、机械式盘式驻车制动器和电子式盘式驻车制动器。

通常是指机动车辆安装的手动制动，简称手刹，在车辆停稳后用于稳定车辆，避免车辆在斜坡路面停车时由于溜车造成事故，如图所示。常见的驻车制动一般置于驾驶人右手下垂位置，便于使用。目前市场上的部分自动档车型均在驾驶员左脚外侧设计了功能与驻车制动相同的脚制动，个别先进车型亦加装了电子驻车制动系统。

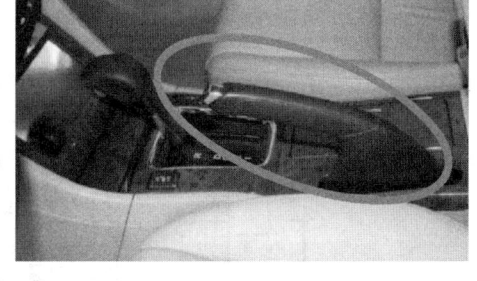

1. 驻车制动器工作原理

进行驻车制动时，向下踏住制动器踏板，向上全部拉出驻车制动杆。欲松开驻车制动，向下踏住制动器踏板，将驻车制动杆向上稍微拉动，用拇指按下手柄端上的按钮，然后将驻车制动杆放低到原始的位置，如图所示。

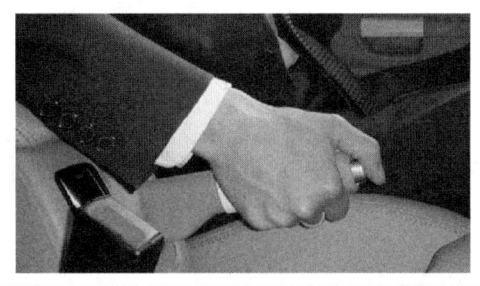

按在汽车上安装位置的不同，驻车制动装置分中央驻车制动装置和车轮驻车制动装置两类。前者的制动器安装在传动轴上，称为中央制动器。后者和行车制动装置共用一套制动器，结构简单紧凑，已在轿车上得到普遍应用。

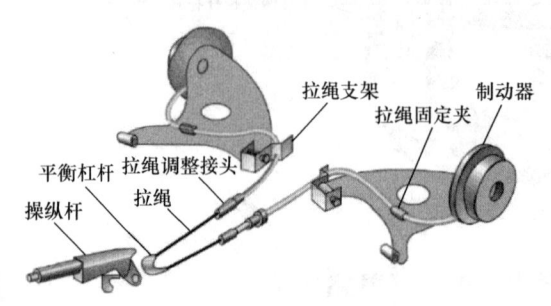

驻车制动系有机械式和电子式的，并且与真空伺服式行车制动系共用后轮制动器，其结构布置见左图。驻车制动系分鼓式和盘式两种。

（1）鼓式驻车制动系

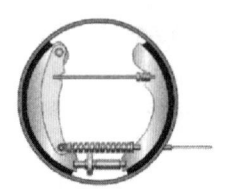

鼓式驻车制动系施行驻车制动时，驾驶人将驻车制动操纵杆向上扳起，便通过调整拉杆、平衡杠杆将驻车制动操纵缆绳拉紧，从而促动两后轮制动器，实行驻车制动如图所示。

（2）盘式驻车制动系

盘式驻车制动系施行驻车制动时，驾驶人将驻车制动操纵杆向上扳起，便通过调整拉杆、平衡杠杆将驻车制动操纵缆绳拉紧，拉动驻车制动杠杆推动活塞移动。从而促动两后轮制动片，实行驻车制动，如图所示。

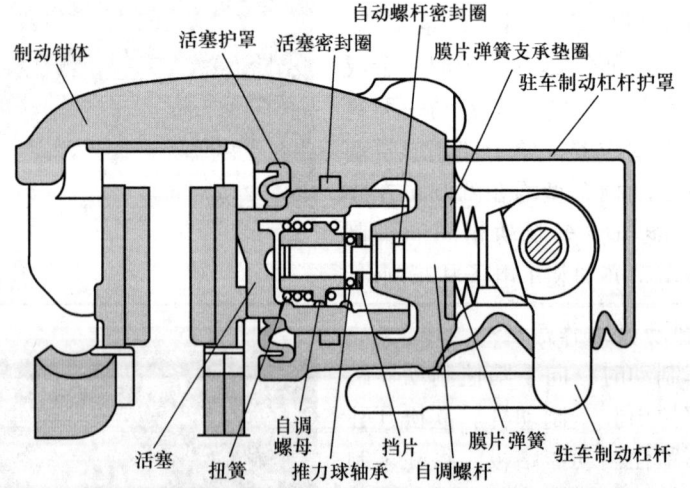

驻车制动系必须可靠地保证汽车在原地停驻并在任何情况下不致自动滑行。这一点只有用机械锁止方法才能实现，这便是驻车制动系多用机械传动装置的主要原因。

项目五 制动系统检修

2. 电子驻车制动系统

现代汽车对于机械控制电子化的运用已经越来越广泛，从基本电子方向助力到复杂主动转向比例控制这些以往都是采用液压以及机械控制为主的部分，也逐渐向电子化控制靠拢，驾驶人能通过直接机械连接来自主控制的部分已经越来越少了。

电子驻车制动系统（Electrical Park Brake，EPB）通过内置在其电控单元中的纵向加速度传感器来测算坡度，可以计算出车辆在斜坡上由于重力而产生的下滑力，电控单元通过电动机对后轮施加制动力来平衡下滑力，使车辆停在斜坡上。当车辆起步时，电控单元通过离合器踏板上的位移传感器以及节气门的大小来测算需要施加的制动力，同时通过高速 CAN 与发动机电控单元通信来获知发动机牵引力的大小。电控单元自动计算发动机牵引力的增加，相应地减小制动力。当牵引力足够克服下滑力时，电控单元驱动电动机解除制动，从而实现车辆顺畅起步。

电子驻车制动系统是由电子控制方式实现停车制动的技术。其工作原理与机械式驻车制动系统相同，均是通过制动盘与制动片产生的摩擦力来达到控制停车制动，只不过控制方式从之前的机械式驻车制动系统拉杆变成了电子按钮，如图所示。

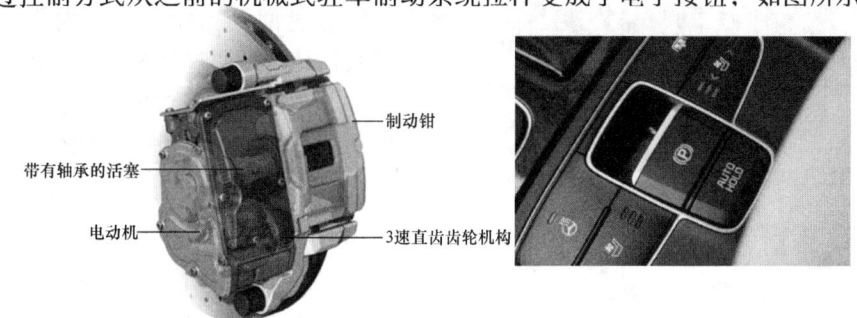

大众迈腾、奥迪 A4、奥迪 A6 以及别克新君威等车都采用电子驻车制动系统。电子驻车制动系统的使用方法也是大同小异，都是通过一个按键来启动或关闭驻车制动系统功能。启动电子驻车制动系统可以在车辆任何状况下进行启动，即使在行进过程中误按，由于节气门还处在工作位置所以电子驻车制动功能也会立即关闭；如果在紧急制动过程中按下，大部分电子驻车制动系统都会额外提供更强的制动力来辅助，部分车型更具有电子制动力分布以及限速制停的功能。

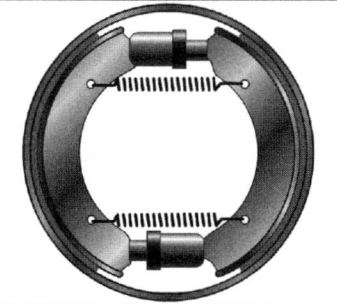

3. 盘中鼓式驻车制动器应用

传统的盘中鼓式驻车制动器在沃尔沃车型中的使用并不广泛，目前有 XC90 和 S80 两款车型在使用，如图所示。

229

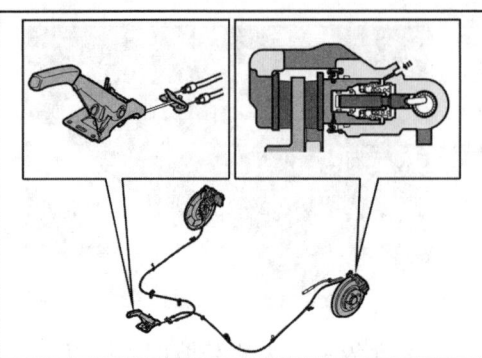

4. 机械式盘式驻车制动器应用

机械式盘式驻车制动器是利用制动轮缸中的活塞被机械力顶出，与制动盘相互作用，是车辆驻车的。这种形式的驻车制动器应用在 S40 车型上，如图所示。

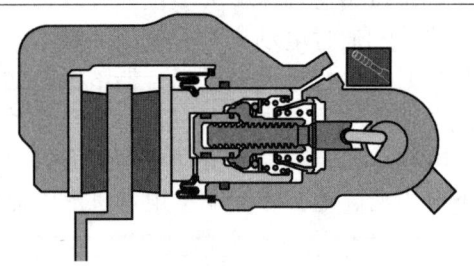

（1）施加驻车

通过操纵机构传力使偏心盘转动，迫使偏心盘斜面上的圆锥体运动，活塞被顶出。消除空气间隙后，先是内侧制动片，然后是外侧制动片依次压向制动盘，如图所示。

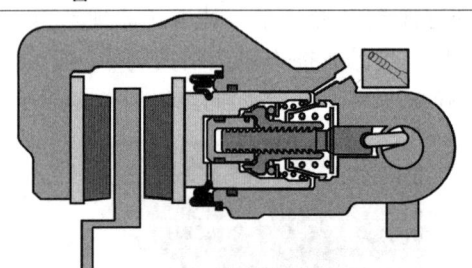

（2）释放驻车

松开驻车操纵机构后，驻车制动器杠杆转动，偏心盘回到初始状态。内部的压力套、螺纹销和活塞通过驻车制动器内的弹簧复位，并通过变形的密封环复原，使制动盘片之间达到正常的空气间隙，如图所示。

5. 电子式盘式驻车制动器

电子式盘式驻车制动器与机械式盘式驻车制动器相类似。但是轮缸活塞在执行驻车任务时，是由伺服电动机驱动的，电动机有 PBM（驻车制动模块）控制。电子式盘式驻车制动器应用在绝大部分沃尔沃车型中，如图所示。

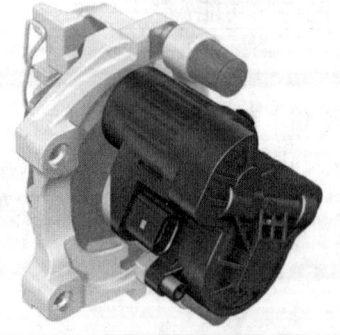

（1）电动机总成

电动机总成包括了一台电动机、一个齿轮箱和一根压在制动片上的转轴，如图所示。

电动机总成由一个两级蜗轮蜗杆传动装置产生减速比,在第二级能实现所需的自锁效应。在装配驻车电动机时,制动钳的螺杆被插入第二级传动装置的正齿轮中。螺杆和正齿轮通过内、外星形螺栓连接。螺杆是滚珠螺杆传动装置的组成部分,并位于制动钳内。螺杆借助于螺杆螺母,压在制动活塞的内端面上。

正齿轮由电动机驱动,将旋转运动传递到螺杆上。螺杆在转动的同时,压块纵向运动。根据旋转方向的不同,压块会向制动活塞顶部或朝相反方向运动,从而将制动活塞压向制动摩擦片(制动位置)或将其推离制动摩擦片(制动松开位置),如图所示。

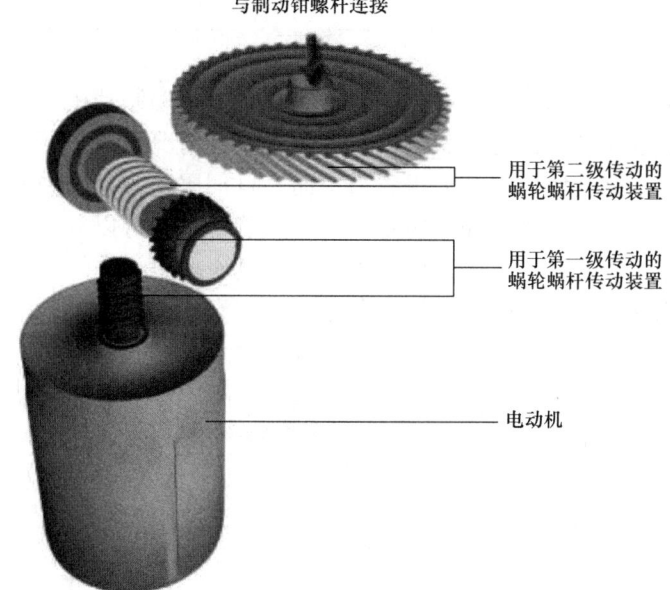

制动和松开制动的控制方式与其他奥迪车型上的 EPB 系统相似。在最大张紧力达到 17.5kN 的情况下,系统会通过电流控制(最大约 12A)的形式切断系统。控制单元内部有一个温控模块,它会在车辆停止的状态下计算出制动盘和制动摩擦片的冷却情况,并在必要时暂时起动电动机,继续使驻车制动器张紧(最多)3 次。

(2)施加驻车

施加驻车制动时,电动机提供的扭力通过一根转轴转换成压力。转轴压在活塞上,使制动片接合。当至电动机的电流断开(车辆驻停)时,轴上的自锁螺纹会维持住制动压力,如图所示。

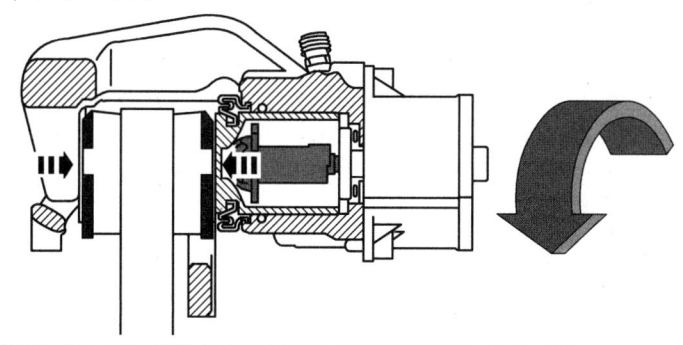

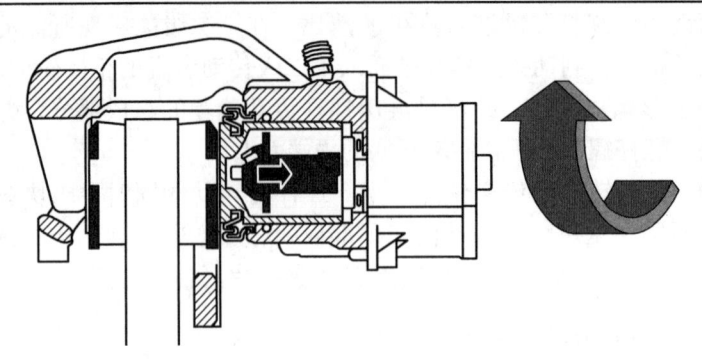

（3）释放驻车

当驻车制动器松开时，转轴回转，柱塞将压力释放，如图所示。

（七）真空助力器

在单纯的人力液压制动系的基础上加上一套动力辅助制动机构，即兼有人力及发动机制动的制动系统，称为伺服制动系。一般正常情况下，主要由伺服动力机构提供制动的能量，这就使得驾驶人很省力，而一旦伺服动力机构失效，驾驶人可以通过较大的力依然完成制动，如图所示。按伺服能量不同可以分为气压伺服、真空伺服和液压伺服。在现代汽车中，广泛采用的是真空伺服机构，下面分别讲述真空增压式制动传动装置和真空助力式制动传动装置。

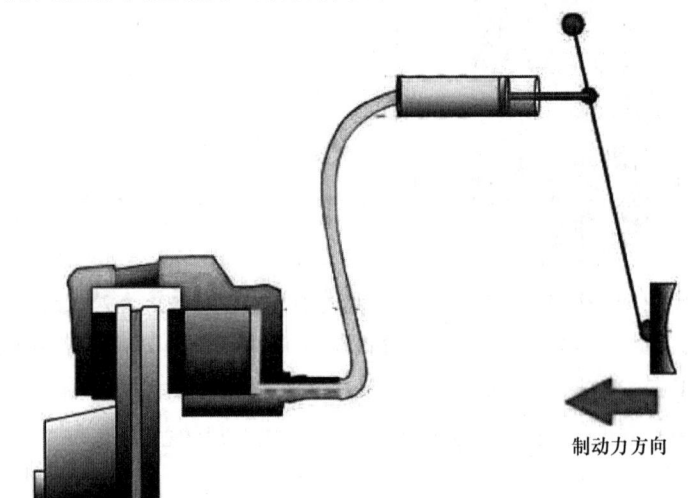

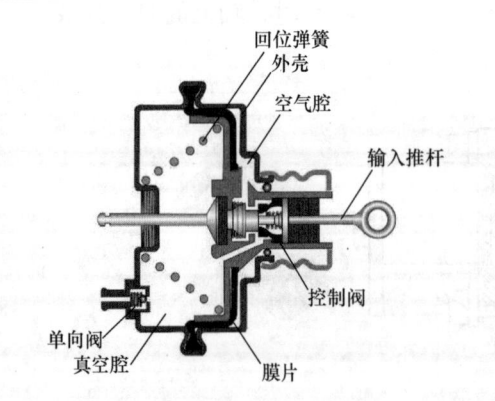

1. 真空助力式制动传动装置组成

真空助力式制动传动装置通常位于制动踏板和制动主缸之间。它主要由外壳、膜片、控制阀、回位弹簧、单向阀等组成，如图所示。

2. 真空助力式制动传动装置的工作原理

当制动踏板处于松开状态时，输入推杆在弹簧的作用下在右极限位置，此时真空阀打开，空气阀关闭，真空腔与空气腔直接相连，压力相等，此时助力器不起作用，如图所示。

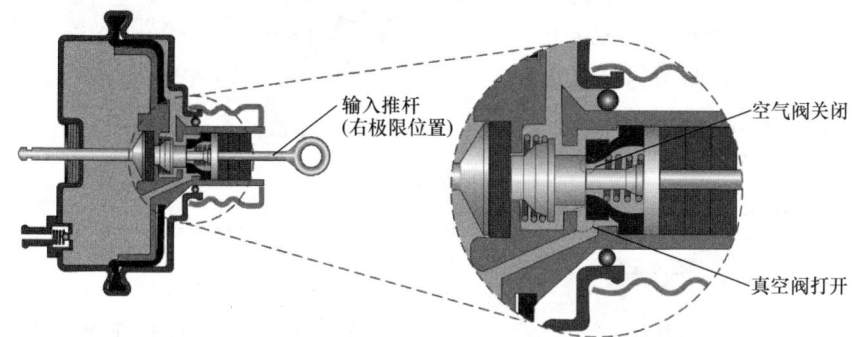

当驾驶人踩下制动踏板时，输入推杆克服弹簧的作用力向左移动，此时空气阀打开，新鲜空气流入空气腔。而真空阀关闭，真空腔不与外界相连，使得空气腔压力大于真空腔压力，推动膜片向左移动，膜片带动输出推杆也向左移动，增压器起到为制动系统增压的作用，如图所示。

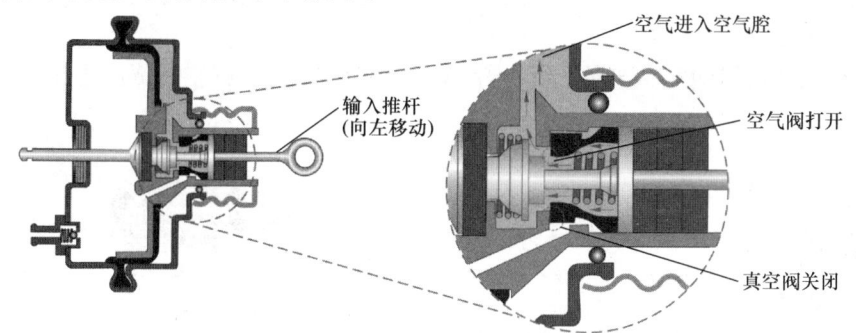

当驾驶人长时间踩住制动踏板不放时，如果空气腔打开时间过长，会造成膜片弯曲量过大从而损坏膜片。所以增压器设计为当输入推杆移动到其左极限位置时，真空阀与空气阀均关闭，对膜片压力不再增加，维持原制动力，如图所示。

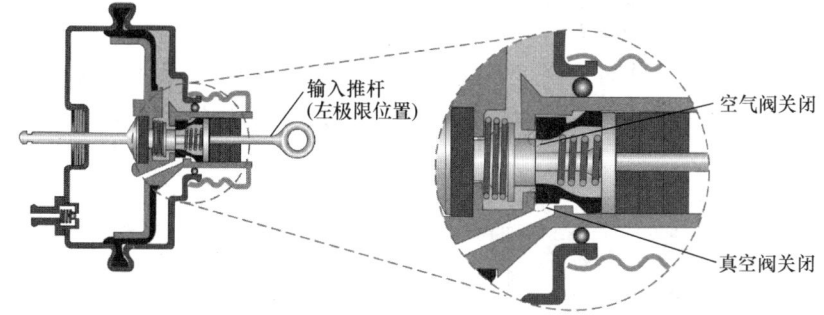

（八）制动主缸

制动主缸是一个用脚操纵的液压泵，它产生制动系统所用的压力，如图所示。主缸有四个基本功能：

- 形成将轮缸活塞压向制动盘或制动鼓的压力。
- 在制动片和制动蹄产生足够大的摩擦力后，主缸帮助平衡制动所需的压力。
- 在制动片磨损时保持系统充满制动液。
- 可以保持轻度压力防止污染物、空气和水进入系统。

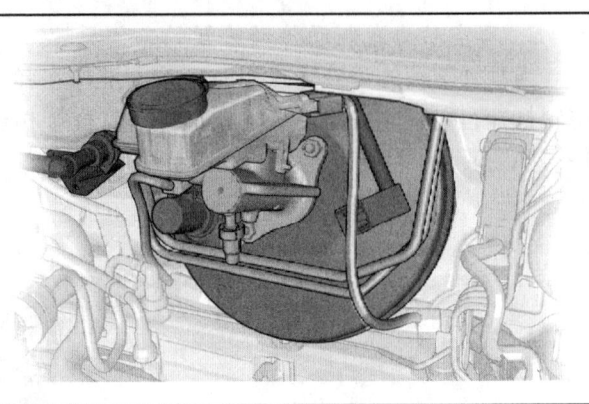

1. 制动主缸的作用

制动主缸的作用是将制动时驾驶人踩踏踏板的力转变为液压力，并分两路送入ABS泵。为了保证制动系统工作的稳定性，汽车通常采用串联式制动主缸，如图所示。

2. 制动主缸的结构

制动主缸由储油室、缸体、第一活塞、第二活塞、弹簧、弹簧座等组成，如图所示。

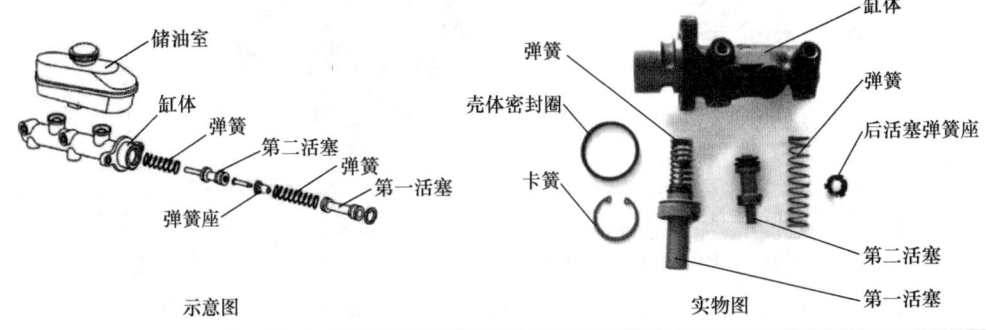

示意图　　　　　　　　　　　实物图

3. 制动主缸的工作过程

当制动主缸正常工作时，其工作过程如图所示。制动时，驾驶人踩下制动踏板，真空助力器推动第一活塞向左移动，在第一活塞的密封圈遮住补偿孔后，第一工作腔

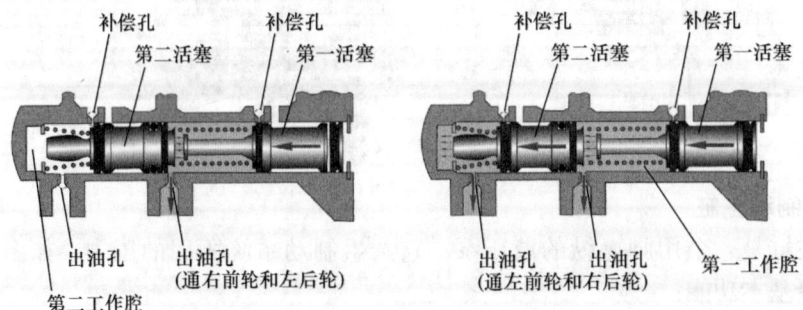

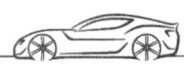

油压升高。升压后的油液一部分通过腔内出油孔进入右前轮和左后轮的制动管路，另一部分对第二活塞产生推力（但不与第二活塞直接接触）。在此推力作用下，第二活塞向左移动（但不与缸体底部接触）。同样，第二工作腔油压升高，推开腔内出油阀，油液进入左前轮和右后轮的制动管路。最终，汽车通过两制动管路实现制动。

当第一活塞或其管路损坏时，第一工作腔内没有油压，此时汽车制动后，第一活塞会抵住第二活塞，使第二活塞向前移动从而建立起油压，保证左前轮和右后轮的制动管路可以实施制动，如图所示。

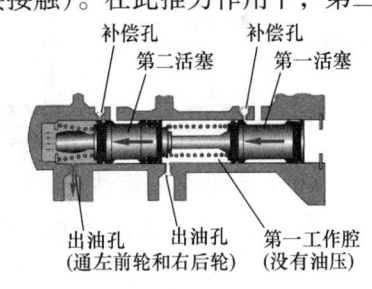

当第二活塞或其管路受到损坏时，第二工作腔内没有油压，此时汽车制动后，第一活塞推动第二活塞向前移动，第一工作腔油压不能增加，当第二活塞抵住缸体底部时，第一工作腔才能建立起油压，右前轮和左后轮的制动管路实施制动，如图所示。

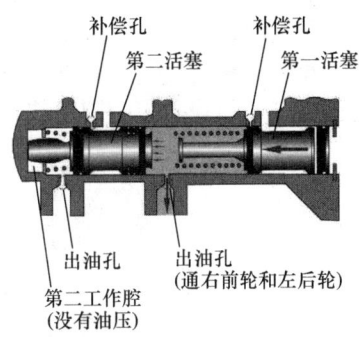

（九）制动系统布置形式

本学习任务以轿车为例，说明制动系统的管路布置形式和主要组成部件，如图所示。

对于车辆制动回路的布置，法规强制性要求采用双回路传能系统。有些很老的汽车使用单制动回路，这种系统如果发生泄漏（管路破裂、皮碗撕裂等）可能造成制动突然完全失效。

下面介绍几种标准形式的回路布置。

1. 对角分式制动系统

对角分式，每一个回路制动一个前轮和一个与其成对角线对置的后轮。对于质心偏前的车辆，利用对角分式制动系统能满足法规要求。轿车大部分采用对角分式制动系统，如图所示。

采用对角分式制动系统的好处是总有一个前制动器能够工作，即使有一半制动系统失效。由于前制动器提供主要的制动能力，这种系统可以保证在一半系统失效时的安全性。

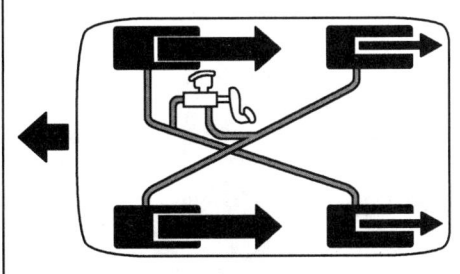

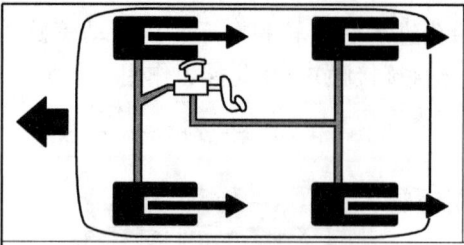

2. 前后分式制动系统

前桥与后桥分开。一个回路制动前桥，另一个回路制动后桥。前后分式制动系统对后重车辆、中型和重型商用车辆是较好的布置方案，如图所示。

（十）制动系统组件安装位置

液压式制动系统在目前的轿车、轻型货车的行车制动系统上得到了广泛的应用。液压式制动系统的组成如图所示，主要由制动主缸、液压管路、制动器中的制动轮缸等组成。一般制动踏板机构和制动主缸都装在车架上，而车轮是通过弹性悬架与车架联接的，主缸与轮缸之间的相对位置经常变化，故主缸与轮缸间的连接油管除用金属管（铜管）外，还采用了特制的橡胶制动软管。各液压元件之间及各段油管之间还有各种管接头。制动前，整个液压系统中应充满专门配置的制动液。

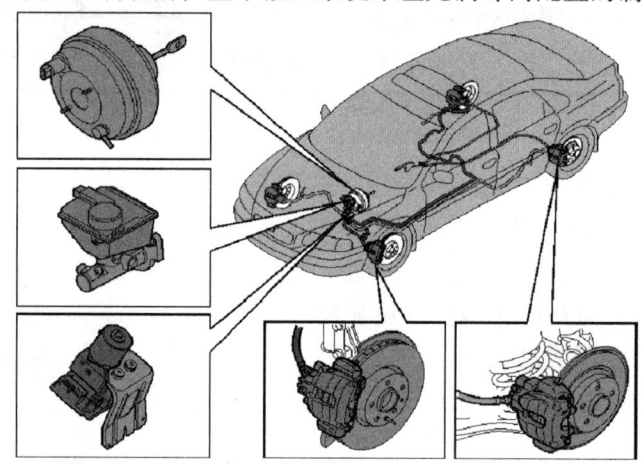

当制动踏板被踩下时，制动液由制动主缸中的活塞推动，经油管压入到制动轮缸和制动钳中，将制动蹄或制动块推向制动鼓或制动盘。

在制动间隙消失并开始产生制动力矩时，液压与踏板力方能继续增长，直到完全制动。从开始制动到完全制动的过程中，由于在液压作用下，油管（主要是橡胶软管）的弹性膨胀变形和摩擦元件的弹性压缩变形，踏板和轮缸活塞都可以继续移动一段距离，如图所示。

松抬制动踏板，制动蹄和轮缸活塞在复位弹簧的作用下复位，将制动液压回主缸，如图所示。

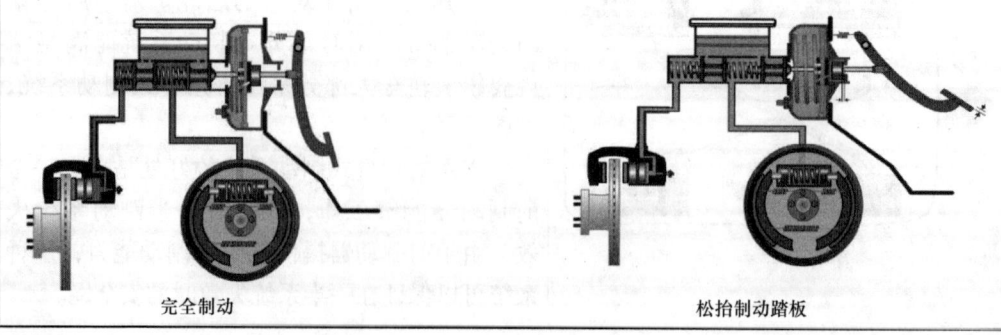

完全制动　　　　　　　　　　　　　松抬制动踏板

(十一) 制动液

制动液由非石油类液体（主要是乙二醇与乙醚和不影响橡胶和金属的酯类）组成。

制动液是在液压制动系中传递制动力的液体，如图所示。对汽车制动液的性能要求是：黏温性好（黏度随温度变化小）、凝固点低，低温流动性好；沸点高（高温下不产生气阻），使用中品质变化小，并且不会引起金属件和橡胶件的腐蚀和变质，吸湿性低。

1. 制动液应具备的特性

（1）良好的黏温性能和低温性能

在制动过程中，由于摩擦发热可使蹄片温度高达250℃，其热量有一部分传给制动液，使其工作温度达70~90℃，在下长坡等路况行驶需频繁制动时，其工作温度可达110℃。因此要求制动液要有良好的黏温性能和低温流动性能。

（2）适当的润滑性能

为了保持制动缸和橡胶皮碗能很好地滑动，要求制动液有适当的润滑性。

（3）良好的与橡胶的适应性

在制动系统中有橡胶密封件与皮碗等，用以保持制动系统完全密闭，因此制动液应具有良好的与橡胶密封件的适应性，防止橡胶密封件与皮碗因油液而膨胀、机械强度降低。

（4）良好的防腐蚀性能

制动液应对制动器各种金属零部件有较好的防腐蚀性。

（5）良好的化学稳定性

制动液长期在高温作用下使用，因此要求制动液不产生热分解和重合，而使油品增黏，也不允许生成油泥沉积物。

2. 制动液分类

常见的制动液分为三种类型，如图所示：

- 醇型：由45%~55%的精制蓖麻油和45%~55%的低碳醇（乙醇或丁醇）调配而成，经沉淀获得，无色或浅黄色清彻透明的液体。
- 矿油型：用精制的轻柴油馏分加入稠化剂和其他添加剂制成。
- 合成型：用醚、醇、酯等掺入润滑剂、抗氧化剂、防锈剂、抗橡胶溶胀剂等添加剂制成。

3. 制动液的型号

DOT 是美国交通部（Department of Transportation）的简称，DOT 标准以制动液的最低沸点为标准，对制动液的级别进行了划分，目前该标准被广泛应用。目前 DOT 标准将合成型的制动液分为三种，即 DOT3、DOT4、DOT5。其中，DOT3 和 DOT4 制动液通常为无色或淡琥珀色，并且具有吸收水分的特性。DOT5 制动液呈紫色，不易吸水，但是与空气的亲和力很好，与 DOT3 和 DOT4 不相溶，如图所示。

DOT3 与 DOT4 的不同之处主要在于沸点不同，DOT4 比 DOT3 更耐高温。

制动液的性能指标表		
制动液性能指标	沸点(干)/℃	沸点(湿)/℃
DOT3	205	140
DOT4	230	155
DOT4 +	260	180
DOT5	260	180

DOT3 和 DOT4 级制动液是非矿物油系，是以聚二醇为基础和乙二醇及乙二醇衍生物为主的醇醚型合成制动液，再加润滑剂、稀释剂、防锈剂、橡胶抑制剂等调合而成，也是各国汽车所用最普遍的一种制动液。这种常用的制动液吸湿性较强。制动系统虽然进不了水分，但制动液使用一段时间以后会吸收相当的水分。制动液中水分越多，沸点越低。为了保证行车安全，制动液应定期更换，一般 2 年需更换一次。由于制动液会吸收水分，所以放置多年已开封的制动液不要再用。目前市场上还有 DOT5 的制动液，但其硬度太高且吸水性也很强，不适用于一般民用汽车。

汽车生产厂会对该车所需要使用的制动液有明确的规定，而从市场的普及率来看，目前我们在市面上能够买到的乘用车绝大部分使用的都是 DOT4 制动液。

特别提示：
- 使用 DOT3 制动液的车辆可以使用 DOT4 制动液，但两者不能混合使用。
- 使用 DOT3 或 DOT4 的车辆不可以使用 DOT5 制动液，也不可混用。

二、维修任务实施：检修制动系统故障

对技术人员要求：
- 接收/检查修理单。
- 接收用于修理的订购零件。
- 在允许的时间内进行工作。
- 向技师领队确认工作完成。

技师领队：
- 对技术难度高的工作向技术人员提供指导和帮助。

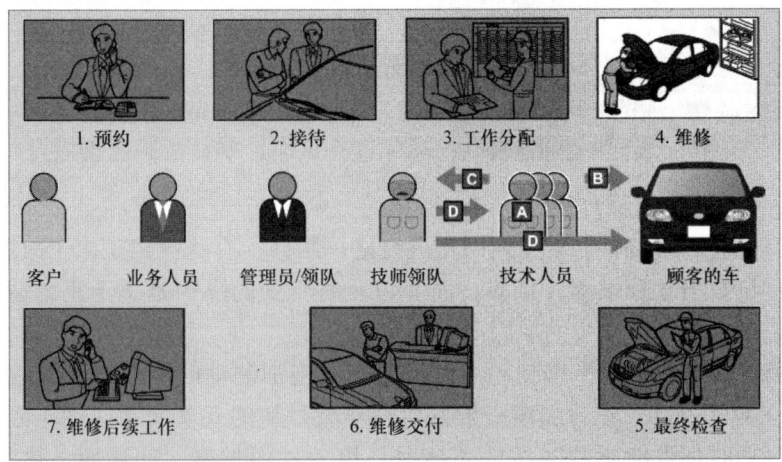

（一）制动系统故障诊断策略

制动系统利用摩擦材料将动能转变为热能，摩擦材料使用寿命达到终点时需要更换。制动片使用寿命的长短会因工作状态不同而异。

总是在高速公路上行驶的汽车，由于只是偶尔施加制动，通常不需要经常维修制动器。相同型号的汽车，在重载和城市交通环境下行驶，就需要经常维修制动器。

在诊断制动故障时，必须考虑上述因素。

1. 故障案例

一辆已行驶了 6 万 km，而且从未维修过制动器的汽车来维修站，其制动片可能是因正常使用而磨完了。而如果一辆汽车更换制动片后只行驶了 1 万 km，却发现已经磨光了，很可能是非正常磨损。确定故障现象不是最重要的，还需要确定引起故障的原因。如果制动轮缸螺杆锈蚀使轮缸无法自由滑动，就会使制动片很快磨光。如果只更换了制动片，而没有清除螺杆上的积锈，那么新的制动片还会很快磨光，还可能损坏其他制动器部件，如图所示。

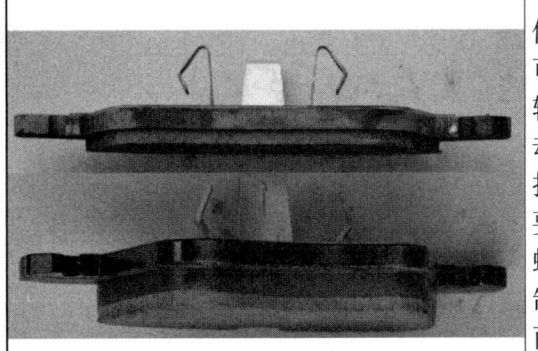

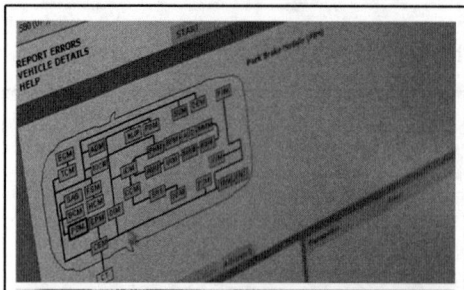

2. 诊断策略，如图所示

步骤一：确认故障，与客户确认故障现象。

步骤二：收集信息，即收集更多的故障现象以及收集支持车辆诊断的信息。

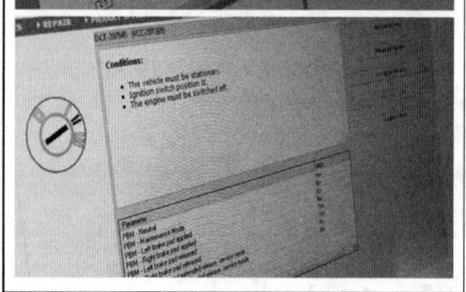

步骤三：分析信息，例如分析制动系统故障现象帮助判断故障原因。

步骤四：诊断故障，根据故障现象及测试结果进行故障诊断。

步骤五：修复故障，对故障部件进行维修或更换。

步骤六：确认故障修复，对客户抱怨的故障进行试车，确认故障已彻底排除。

（二）制动系统故障分析

客户有时会因为各种制动噪声问题进行进厂维修，有些噪声是由于故障引起的，此时需要尽快找出故障根源并维修。而客户有时听到的噪声是属于正常情况的，需要对客户进行解释声音产生的原因。

在正常工作情况下，汽车制动系统可能会在施加制动时会发出间歇性的啸叫声或"嘎吱"声。例如：正常噪声一般发生在早晨最初的几次制动或倒车制动时。这些噪声在制动时都可能听到，而且还会因环境条件而加剧，如遇冷、热、水蒸气、道路尘埃、融雪剂或泥泞等。

1. 正常噪声

偶发的制动器噪声多半属于正常现象，并不表示汽车的制动性能出了问题，如图所示。

- ABS 起作用时发出咔嗒声

紧急制动时听见液压泵电动机及阀发出噪声属于正常现象，表示汽车的 ABS 制动工作正常；ABS 正在释放并重新施加制动以防车轮抱死；告知客户，在 ABS 起作用时应踩住制动踏板，以获得 ABS 的最佳性能。

- 早晨时发出啸叫声

由潮气及制动盘和制动片温度低所致;在施加几次制动,制动盘和制动片升温后,噪声便会消失;在汽车开到经销商处或制动器变热后,无法再现当时的噪声。

- 缓慢行驶时发出嘎吱声

确保制动片没有磨尽。如果制动片没有磨尽,不会影响制动器的性能或安全性;可能发生在汽车停住、驾驶人缓慢释放制动踏板让汽车向前慢慢滑动时。

- 刷刷噪声

发生在行车初期轻踩制动时;由摩擦面尚未充分"磨合"的新制动盘及摩擦衬片引发;经过大约100次制动,等摩擦面充分"磨合"之后,噪声将消失。

2. 异常噪声

此类噪声确实表示汽车需要维修,如图所示:
- 持续刺耳的摩擦噪声。
- "咔嗒"声。
- "吱吱"声。
- "嘶嘶"声。

3. 噪声诊断

持续刺耳的摩擦噪声有可能是制动片磨尽,如图所示。

前围板下面的"咔嗒"声或"吱吱"声可能是因为:

- 踏板衬套发生故障。
- 推杆错位。
- 开关错位或安装不正确。

前围板下面的嘶嘶声可能是因为:
- 真空助力器泄漏。
- 驻车制动器自动释放开关或伺服器总成泄漏。

检查每个车轮制动器总成有无磨损、损坏或安装不当的部件,包括:
- 制动蹄和制动片。
- 防振弹簧和卡子。
- 制动轮缸滑块机构。
- 复位弹簧。
- 定位弹簧。
- 驻车制动器机构。

(三) 制动振动

制动时如果座椅、转向盘或制动踏板等位置发生的振动称为制动振动。

1. 正常振动

在配置了 ABS 的车辆中，当驾驶员执行制动时踏板会出现脉动现象，这属于正常现象，如图所示。

2. 异常振动

制动踏板脉动，如图所示。
一般由以下原因引起：
- 制动盘厚度偏差。
- 制动盘横向偏摆。

由下列情况引起转向盘振动：
- 制动盘厚度偏差。
- 制动盘横向偏摆。
- 制动盘表面腐蚀。
- 摩擦材料转移。

由下列情况引起座椅或车身抖动或振动：
- 制动盘厚度偏差。
- 制动盘横向偏摆。
- 制动盘表面腐蚀。
- 制动片材料转移。

3. 振动诊断

测试前，为确保制动系统工作正常，选择平坦良好的高速公路试车，试车时应符合以下条件：
- 通过空档滑行，排除车轮或传动系统不平衡造成的振动。
- 制动器升温至正常工作温度。
- 轻踩制动踏板，使车速降低至 45km/h，感知振动部位。
- 尝试以客户抱怨制动振动时的车速进行试车，如图所示。

（四）制动踏板反应异常

制动踏板感觉的改变往往是制动系统出现故障的前兆，对于经常驾驶同一辆汽车的驾驶人而言，制动踏板感觉的任何细小变化都很容易被感觉到。典型的异常反应包括：

- 制动踏板低或感觉绵软。
- 踏板缓慢下移。
- 踏板下降速度快/踏板行程过大。
- 踏板力过大。
- 踏板回位缓慢或不完全。

1. 制动踏板低或感觉绵软

当驾驶人施加制动时，如果制动踏板不能提供一种坚实均匀的感觉，则被视为绵软。制动踏板绵软可由下列情况引起：

- 制动液液面高度低。
- 制动系统外部泄漏。
- 液压系统内存气。
- 制动主缸储液罐盖排气孔堵塞。
- 车桥轮毂固定螺母松动。
- 制动器过热。

2. 制动踏板低或感觉绵软诊断

进行下列测试可找到制动踏板绵软的原因，如图所示：

- 检查主缸制动液液面高度。

如果液面高度过低，检查制动系统及储液罐密封点有无泄漏。

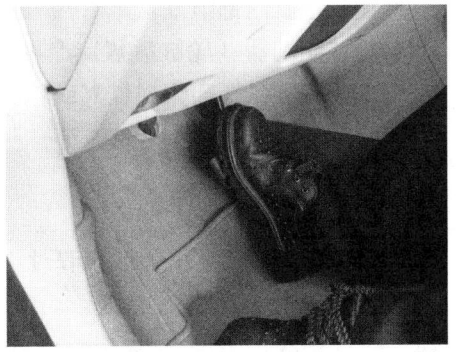

- 检查液压系统有无外部泄漏。
- 检查加注口盖上的通气孔有无堵塞。

如果通气孔堵塞，根据情况进行清洗和疏通。

- 检查车桥轮毂固定螺母。如果松动，检查轴承有无损坏，更换轮毂固定螺母并按规范紧固。
- 为制动系统排气。

3. 踏板缓慢下移

如果向踏板施加坚实均匀的压力，而踏板速度缓慢地向地板下移，表示系统压力不足。踏板向地板下移速度缓慢可由下列情况引起：

- 制动液渗过制动主缸内密封件。
- 管路或软管上有微孔泄漏。

- 制动主缸密封有渗漏。
- 系统内存气。

4. 踏板缓慢下移诊断

进行下列测试，可诊断踏板下移缓慢故障，如图所示：
- 检查制动主缸制动液液面高度。
- 检查制动主缸有无外部漏泄。
- 检查液压系统有无外部漏泄。

发动机怠速时，变速器置于 P 位，向制动踏板施加坚实压力。如果踏板缓慢下移，而且没有发现外部泄漏，检查有无下列情况：
- 液压系统内存气。
- 制动主缸内部渗漏。
- 为制动系统排气。

5. 踏板下降速度快/踏板行程过大

如果制动踏板下降速度快，可能表示制动器液压系统中存在过度压力损失或制动主缸严重失调。操作汽车前，一定要检查汽车制动器工作情况是否正常。踏板下降速度太快可由下列情况引起：
- 液压系统泄漏。
- 液压系统内存气。
- 制动主缸内部泄漏。
- 盘式制动器（轮缸活塞）严重"回缩"。
- 由于制动盘横向偏摆过大或轴承磨损而将制动轮缸活塞推入制动轮缸内时行程过大。
- 制动片磨损严重。

6. 踏板下降速度快/踏板行程过大诊断

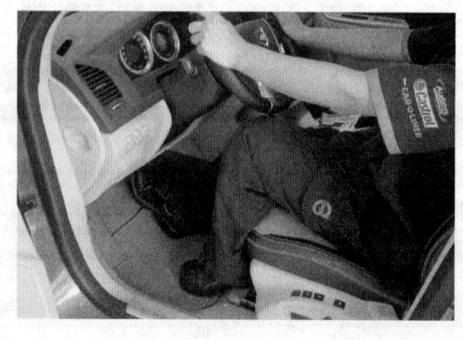

进行下列测试，可找到制动踏板下降速度快的原因，如图所示：
- 检查制动主缸制动液液面高度。
- 检查液压系统有无外部泄漏。
- 检查制动主缸有无外部泄漏。
- 检查制动主缸有无内部泄漏。
- 检查轮缸活塞有无"回缩"现象。
- 为液压系统排气。

7. 踏板力过大

制动踏板力过大的特点是制动踏板踩上去非常费力，并且制动距离加大。制动踏板力过大可由下列情况引起：

- 真空助力器工作不正常，或其他一些情况引起，如真空管路泄漏或阻滞、助力器单向阀有故障、发动机真空不足。
- 制动踏板轴套粘结。
- 制动压力控制阀故障。

8. 踏板力过大诊断

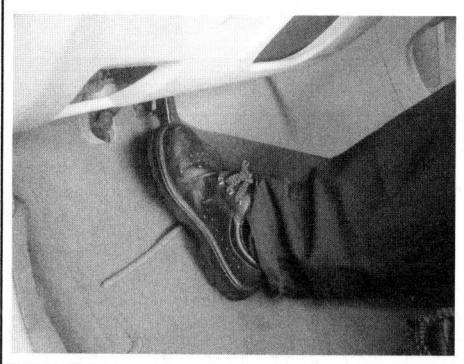

进行下列测试，可以确定制动踏板力过大的原因，如图所示：

- 检查制动助力器的工作情况。
- 检查制动踏板轴套有无粘结和磨损。
- 检查制动压力控制阀有无堵塞。

9. 踏板复位缓慢或不完全

当制动踏板无法完全返回初始位置时，会发生踏板复位缓慢或不完全的情况。踏板复位缓慢或不完全可能由下列情况引起：

- 制动踏板轴套或杆系磨损。
- 真空助力器工作不正常。
- 制动主缸工作不正常。

10. 踏板复位缓慢或不完全诊断

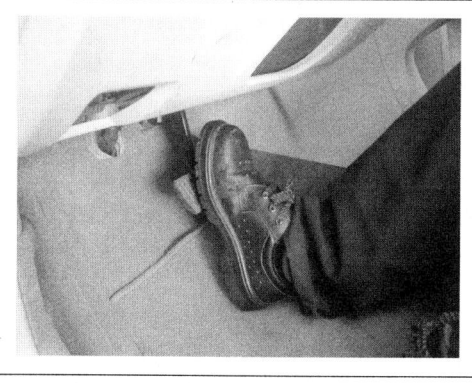

下列测试可以确定制动踏板复位缓慢或不完全的原因，如图所示：

- 检查制动踏板轴套和杆系。
- 从真空助力器上松开制动主缸螺栓。踩下制动踏板然后松开。

— 如果制动踏板不返回其原始位置，更换助力器。

— 如果制动踏板返回其原始位置，更换制动主缸。

（五）制动跑偏

制动时，如果汽车不能沿直线行驶，表示左右车轮制动力不均衡。制动跑偏可由下列情况引起：

- 制动器调整不当或调节机构损坏。

- 制动轮缸卡滞。
- 制动片磨损或损坏。
- 制动片上沾有油脂或油液。
- 制动盘护罩安装螺栓松动或损坏。
- 盘式制动器（轮缸活塞）严重"回缩"。

制动跑偏还可能由下列非制动器故障引起：
- 车轮定位不当。
- 各轮胎气压不等。
- 轮胎尺寸不匹配。
- 车轮轴承预加负载调整不当。

制动跑偏诊断

下列测试可以找到制动跑偏的原因，如图所示：
- 检查各轮胎的气压。
- 检查制动盘护罩和安装螺栓有无损坏和松动。
- 检查制动片有无损坏或附有异物。
- 检查制动轮缸有无卡滞。
- 检查轮缸活塞有无"回缩"现象。
- 检查车轮轴承的预加荷载。
- 检查车轮定位。

（六）制动拖滞

制动拖滞的特点是在没踩制动踏板的情况下，制动器起作用，从而导致转向跑偏、加速不良及里程油耗加大，还可能伴随有异味。制动拖滞可由下列情况引起：
- 制动系统部件粘结或卡滞。
- 驻车制动器机构调整不当。
- 助力器推杆错位或调整不当。
- 由下列情况引起液压积存：
  - 制动软管内部老化。
  - 制动管路和软管卷曲。

制动拖滞诊断

下列测试可以确定制动拖滞的原因，如图所示：

- 检查制动器部件有无粘结或卡滞，包括：
- 驻车制动器拉索、支杆、调整装置，进行调整。
- 制动轮缸和制动轮缸滑动机构。
- 检查助力器推杆的定位和调整。
- 检查受影响车轮有无液压积存现象。
- 用举升器举升汽车。
- 分别转动每个车轮，确定哪个车轮拖滞。
- 从制动主缸到制动轮缸，依次松开管路和软管接头，直到剩余压力释放为止。

（七）制动警告灯常亮

如果制动警告灯常亮，表示制动器可能存在故障。操作汽车前，一定要检查汽车制动器工作情况是否正常。制动警告灯可由下列情况点亮：

- 驻车制动器没有完全释放。
- 制动主缸制动液液面低。
- 警告灯线路故障。

制动警告灯常亮诊断

下列检查可以确定制动警告灯点亮的原因，如图所示：
- 确保驻车制动器完全释放。
- 检查储液罐的液面高度。
- 检查制动主缸有无外部泄漏。
- 检查液压系统有无外部泄漏。
- 检查制动警告指示灯线路有无故障。

任务二 检修制动与防滑系统

汽车防滑控制系统也叫电子稳定控制系统，很多品牌的汽车都有，只是各厂家的叫法不同而已，比如大众、奔驰称其为ESP，宝马叫DSC，本田叫VSA，丰田叫VSC，广义上的电子稳定控制系统称为ESC才严谨。

汽车电子稳定控制系统是车辆新型的主动安全系统，是汽车防抱死制动系统（ABS）和牵引力控制系统（TCS）功能的进一步扩展，并在此基础上，增加了车辆转向行驶时横摆率传感器、侧向加速度传感器和转向盘转角传感器，通过ECU控制前后、左右车轮的驱动力和制动力，确保车辆行驶的侧向稳定性。

宝马电子稳定控制系统通过主动发动机和制动干预在所有行驶状况下都能提供出色的行驶稳定性和极佳的牵引力。DSC 可抵消所有无益的行驶动力，从而在物理学界限内提供了很高的主动安全性标准。

DSC 模块内包含以下功能：

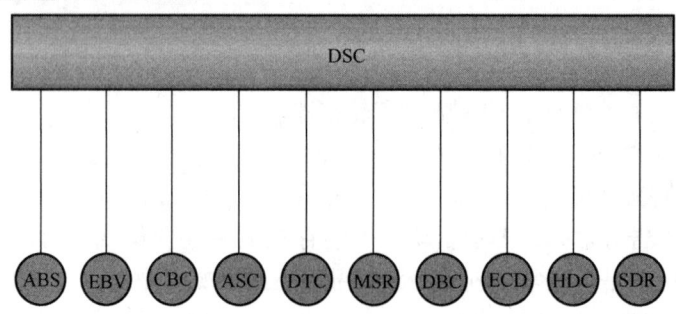

ABS—防抱死制动系统　　EBV—电子制动力分配系统　　CBC—弯道制动控制系统　　ASC—自动稳定控制系统
DTC—动态牵引力控制系统　　MSR—发动机制拖力矩控制系统　　DBC—动态制动控制系统
ECD—电子控制减速（仅限 ACC）　　HDC—下坡车速控制　　SDR—滑行差动控制

一、相关知识

随着汽车安全理念的逐渐变化，传统的制动系统已经无法满足驾驶人对车辆操控安全的要求，随之，电控制动系统诞生，它能够有效提高汽车的行驶稳定性，防止车祸发生，因此在相当长的一段时间得到广泛应用。

制动与防滑系统由传统的机械式液压制动系统发展而来，两者最大的区别是制动与防滑系统集成了电子控制功能和防滑功能，而传统的机械液压式制动系统则不具备电子控制与防滑功能，如图所示。

轿车电控制动系统的应用主要体现在以下几个方面：

- 配备动态稳定性循迹控制系统（DSTC）的制动与防滑控制系统。
- 配备稳定性及牵引力控制（STC）的制动与防滑控制系统。
- 电子控制驻车制动系统。

制动与防滑控制系统功能：

配有 BCM 的制动控制系统是一种电子控制系统，可在制动过程中最大程度发挥制动作用。其功能主要体现在以下几个方面：

- 防锁定制动控制系统（ABS）。
- 后车轮制动的电子制动力分配（EBD）。
- 动态稳定性循迹控制系统（DSTC）。
- 其他功能。

（一）防锁定制动控制系统（ABS）

1. ABS 的作用

汽车在正常路面行驶时能够转向，是由于转向时转向轮转动，其转动方向上的滚动摩擦力只有原来运动方向上滑动摩擦力的几十分之一，汽车沿阻力最小的方向运动，因此行驶方向改变。而一旦车轮抱死，车轮在地面上只有滑动，没有滚动时，各个方向上阻力相同，汽车行驶方向就受惯性力及路况等因素的影响，不受驾驶人控制，极易造成严重的交通事故。因此，汽车在时速高于 20km/h 制动时车轮应处于滚动状态。现在的汽车上一般都装有 ABS，使汽车制动时不致方向失控。ABS 泵是集成在汽车制动系统上的防抱死控制装置。ABS 泵能根据车速、路面的附着力等因素调节油压，并将调节过油压的油液传入制动轮缸，制动轮缸再将油液传递的力传递给制动片，制动片相互作用，依靠产生的摩擦力实现制动，如图所示。

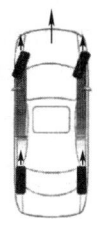
前轮抱死

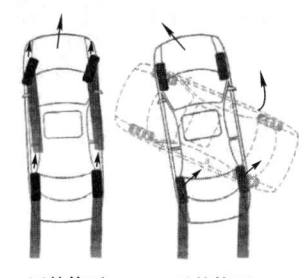
四轮抱死

后轮抱死

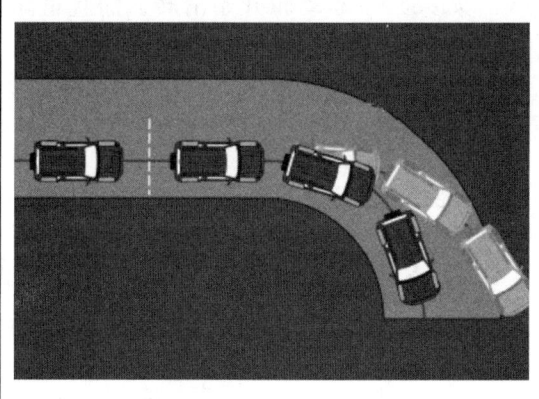

ABS 与传统的制动系统协同工作，是一种安全、有效的制动辅助系统，也是目前汽车上制动效果最佳的制动装置。

ABS 能够防止在制动过程中车轮抱死（即停止滚动），从而保证驾驶人在制动时还能控制行驶方向，在某些情况下，如在湿滑路面上还能减小制动距离，提高了车辆的主动安全性，如图所示。

2. ABS 特点

1）增加了汽车制动时的稳定性。ABS 可以防止车轮制动时被完全抱死，可以使因车轮侧滑引起的事故比例下降。

2）缩短制动距离。这是因为在同样紧急制动的情况下，ABS 可以将滑移率控制在 20% 左右，从而可获得最大的纵向制动力。

3）改善了轮胎的磨损状况。事实上，车轮抱死会加剧轮胎磨损，而且胎面磨耗不均匀，使轮胎磨损消耗费用增加。

4）使用方便，工作可靠。ABS 的使用与普通制动系统的使用几乎没有区别，制动时只要把脚踏在制动踏板上，ABS 就会根据情况自动进入工作状态，如遇雨雪路滑，驾驶人也没有必要用一连串的点制动方式进行制动，ABS 会自动使制动状态保持在最佳点。

（二）电子制动力分配控制（EBD）

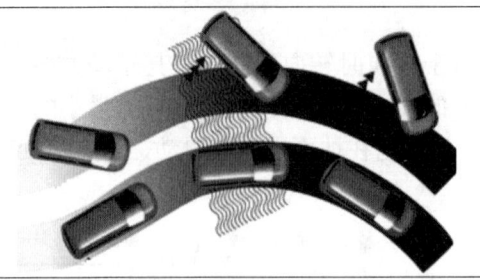

EBD 功能与 ABS 整合在一起，用来调节作用在后轮上的制动力。

EBD 控制调节后轮制动管路中的液压，以便制动期间后轮滑转略微低于前轮，这样就使车辆能够以最佳的稳定方式减速，如图所示。

（三）动态稳定性循迹控制系统（DSTC）

DSTC 有以下五个功能：
- 稳定性控制。
- 循迹控制。
- 主动横摆控制（AYC）。
- 侧滚控制（RSC）。
- 拖车稳定性辅助（TSA）。

1. 稳定性控制

如果某一驱动轮开始滑转，而且道路附着力降低，BCM 就会向 ECM 发送一个信号，要求降低发动机转矩，以此来实现对车辆的控制稳定性，如图所示。

2. 循迹控制

循迹控制主要用来在最高大约 60km 的时速下协助在滑溜表面上起步。在超过 60km 的时速下，循迹控制功能极为有限，如图所示。

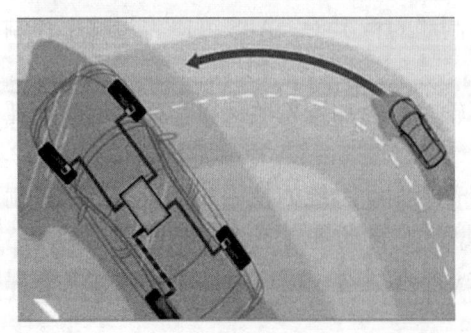

3. 主动横摆控制（AYC）

如果驾驶人的行驶方向与车辆实际行驶表现之间的差异超过某一界限，AYC 就会调节发动机转矩（稳定性功能），以便在大多数行驶条件下保持车辆的横向稳定性，如图所示。

AYC 功能还会启动个别制动控制来调节液压单元，在发生打滑时，这些功能就可以使车辆修正过来。

4. 侧滚控制（RSC）

在车辆进行极端闪避行动时，RSC装置可以抵消一部分侧滚的倾向，提高车身稳定性，如图所示。

5. 拖车稳定性辅助（TSA）

TSA 的目的是确保连接有拖车的车辆在拖车开始转向（自身引发的振动）时保持车辆的行驶稳定，如图所示。

（四）其他控制系统

制动与防滑控制系统还包含以下其他功能，可在各种制动情况下为驾驶人提供辅助。

- 紧急制动辅助（EBA）。
- 陡坡缓降控制（HDC）。
- 坡道起步辅助（HSA）。

1. 紧急制动辅助（EBA）

EBA 功能可帮助驾驶人在紧急情况中获得最大制动作用，如图所示。

2. 陡坡缓降控制（HDC）

HDC 功能用于车辆在下坡行驶时帮助驾驶人更加稳定的操纵车辆，如图所示。

3. 坡道起步辅助（HSA）

- HSA 是一项可以帮助驾驶人在坡道上起步的功能，如图所示。
- 此功能可以防止从驾驶人释放制动踏板到踩下加速踏板这段时间内车辆的意外移动。
- HSA 功能仅在配备变速器 MPS6 的车辆上提供。

（五）ABS 泵的结构

ABS 泵通常安装在车辆翼子板处，由保压阀、减压阀、蓄能器等组成，如图所示。

1. 保压阀

保压阀的作用是当车轮传感器向 ECU 传递信号，表示车轮即将抱死时，ECU 激活保压阀，防止来自于主缸的压力继续升高，保持系统的压力。

2. 减压阀

减压阀的作用是当 ECU 判断出保压阀被激活后，车轮仍有被抱死的趋势时，激活减压阀，使系统内的压力下降。

3. 蓄能器

蓄能器的作用是暂时储存制动液，并使系统减压。

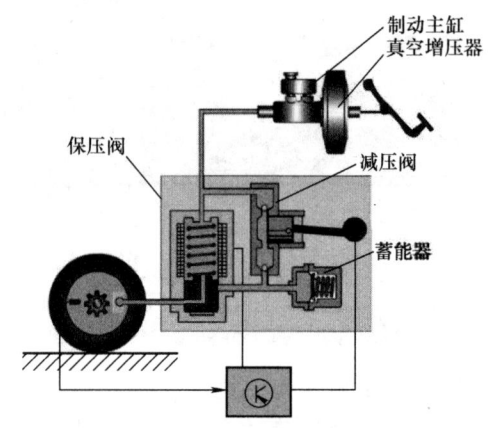

ABS 泵（液压控制总成）有两种形式，分别为组合式液压控制总成（主缸和液压控制单元组合在一起）和独立式液压控制总成（没有主缸），如图所示。

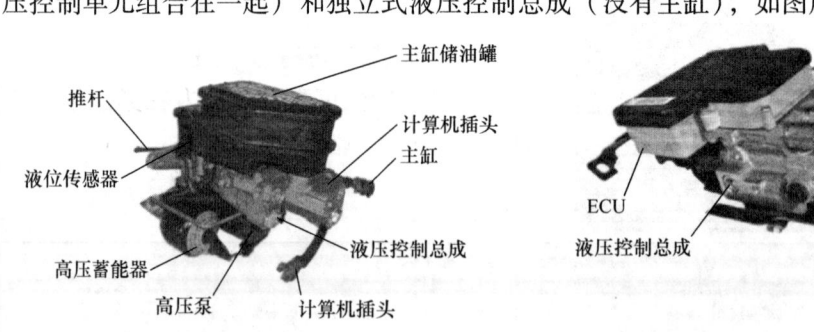

组合式液压控制单元　　　　　独立式液压控制单元

（六）ABS 泵的控制类型

按构造分类：可分为整体式 ABS 和分体式 ABS。

按制动管路的控制方式分类：单通道控制、三通道控制和四通道控制。

1. 按构造分类

整体式 ABS 特点是制动助力器、制动压力调节器及制动主缸组合为一个整体。其特点是结构紧凑，节省安装空间，如图所示。戴维斯（Teves）、德尔科（Delco）和博世（Bosch Ⅲ）公司生产的 ABS 均为整体式。

分体式 ABS 的制动压力调节器为独立总成，通过制动管路与制动主缸和制动轮缸连接，其突出特点是零部件安装位置灵活，如图所示。博世（ZS、ZE）、本迪克斯（Bendi Ⅳ）均为分体式 ABS，轿车均采用分体式 ABS。

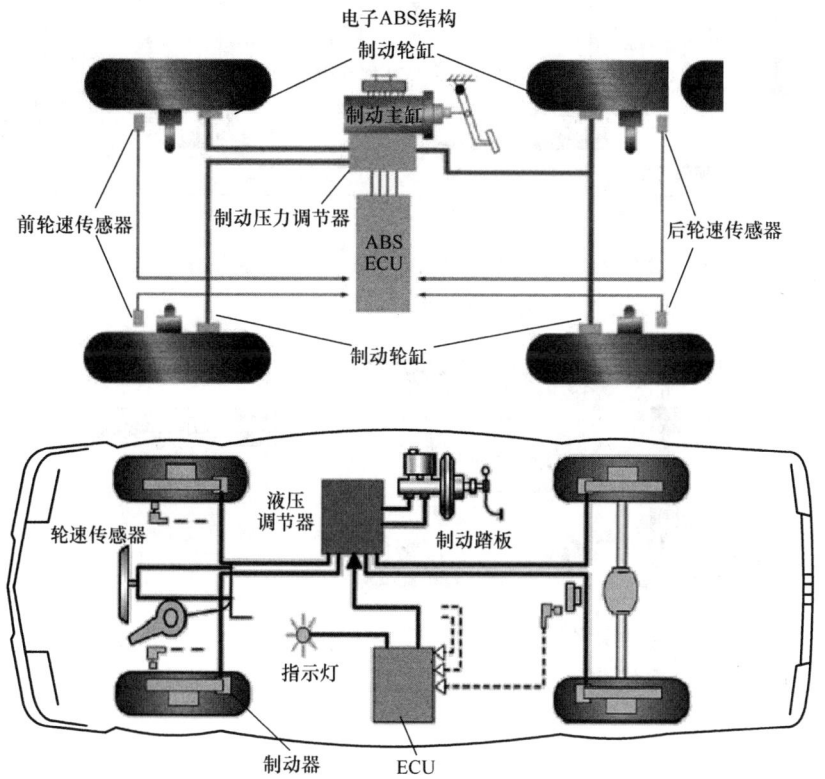

2. 按制动管路的控制方式分类

（1）单通道控制

单通道控制仅对后轮的制动系统进行控制，如图所示。

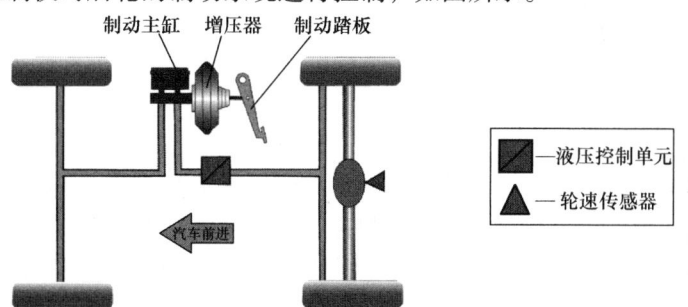

（2）三通道控制

三通道控制有两种形式，一种是平行通道控制，即两个前轮经过同一条管路，但左右两轮独立控制，后轮左右两轮统一控制，如图 a 所示。另一种是左前轮与右后轮经过同一条管路，右前轮与左后轮经过同一条管路的布置形式，此时前轮两轮独立控制，后轮两轮统一控制，如图 b 所示。

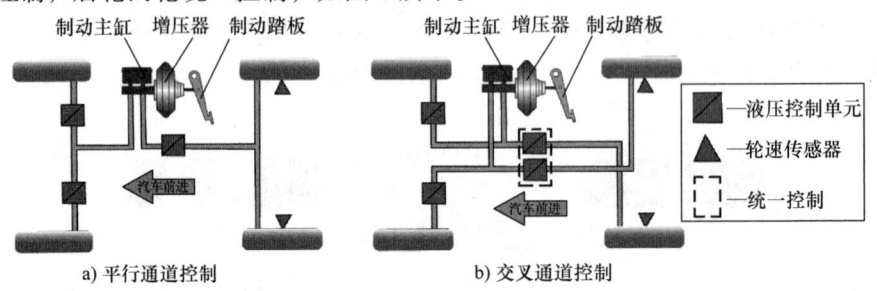

a）平行通道控制　　　b）交叉通道控制

（3）四通道控制

四通道控制是指分别对四个车轮进行液压控制，如图所示。

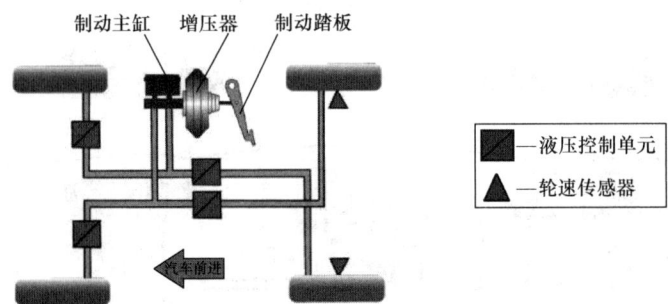

（七）制动与防滑控制系统组成

制动与防滑控制系统由众多部件组成，包括：
- 传感元件。
- 液压单元。
- 制动控制模块（BCM）。

制动与防滑控制系统中的传感元件主要包括：
- 轮速传感器。
- 踏板位置传感器。
- 踏板压力传感器。
- 真空压力传感器。
- 车体传感器组群稳定性传感器（BSC）。

电磁式　　　　　　　霍尔式

1. 轮速传感器

轮速传感器的作用是检测车轮的转速并将速度信号输入 ABS 的电控单元。轮速传感器的类型主要有电磁式和霍尔式两种，如图所示。

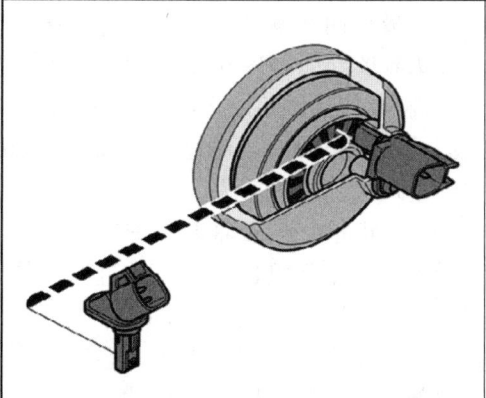

轮速传感器安装在前后车轮的转轴接合点上,如图所示。

(1) 电磁式轮速传感器

现代汽车防滑控制系统中都设置有电磁感应式轮速传感器。它可以安装在车轮上,也可以安装在主减速器或变速器中,电磁式轮速传感器主要由传感头和齿圈组成,它可以通过磁通量的变化产生感生电动势,如图所示。

齿圈一般装在轴座或轮毂上,对于后轮驱动的对后轮采用一同控制的汽车,齿圈可以安装在差速器或传动轴上。齿圈随着其安装件一同旋转,直接或间接地获知车轮的转动情况,如图所示。传感头固定于车身相应的托架上,与齿圈的间隙有1mm左右。

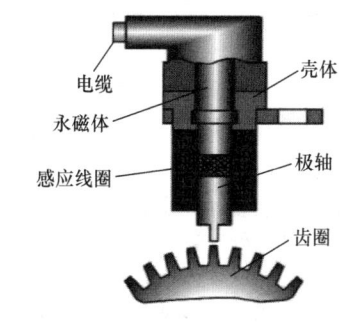

轮速传感器由永磁体、感应线圈、极轴等组成,如图所示。

极轴同永磁体相连,感应线圈套在极轴的外面。在齿圈旋转的过程中,当齿顶对向极轴时,磁路的磁隙最小,因此磁阻也最小,通过感应线圈的磁通量最大,如图所示。

当齿槽对向极轴时,磁路的磁隙最大,因此磁阻也最大,通过感应线圈的磁通量最小,如图所示。

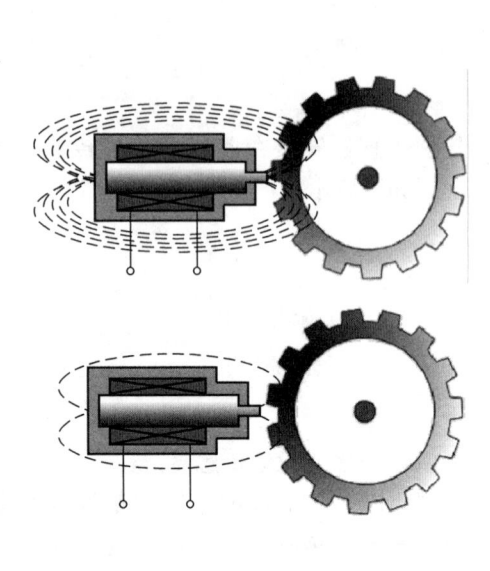

在齿圈旋转的过程中,感应线圈内部的磁通量不断交替变化,从而产生感生电动势,该信号通过感应线圈末端的电缆1输入ABS电控单元。当齿圈的转速发生变化时,感生电动势的频率也发生变化,该变化频率被ABS的电控单元所获知,并据此判断车轮转速。

(2)霍尔式轮速传感器

霍尔式轮速传感器向控制模块提供每个车轮转速的信息,控制模块利用来自车轮传感器的信号来计算车轮速度以及汽车加速和减速。

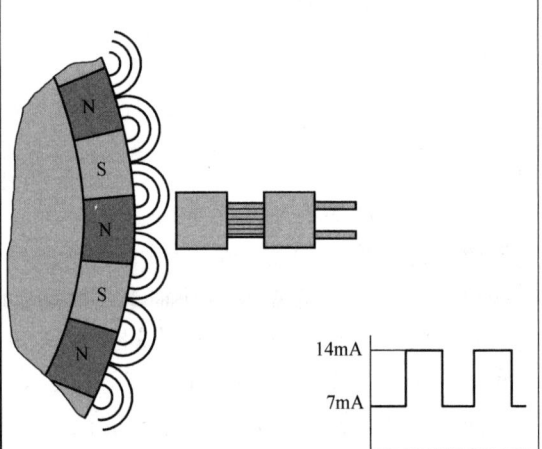

霍尔式轮速传感器获得12V电源,当磁性脉动轮转动时,会产生脉冲电流(方波),电流强度取决于脉动轮的位置,输出信号为在7mA和14mA之间摆动的电流,频率随着脉动轮转动的速度增加而增加,如图所示。

大部分高档轿车使用的是霍尔式轮速传感器。

2. 踏板位置传感器

踏板位置传感器安装在发动机室的制动伺服器上,如图中A所示,由制动踏板的推杆驱动,传感器由BCM供给5V电源,信号为0.15V和4.85V之间的直流电,该电压的变化与制动踏板的位置变化相对应,信号通过CAN网络传送。

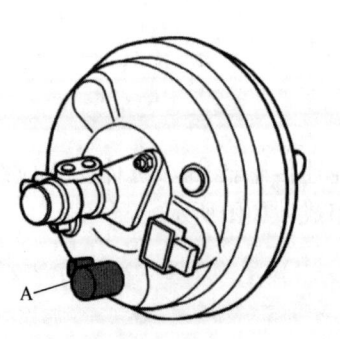

注意:只有在配有自适应定速巡航控制功能的车辆上才有踏板位置传感器。

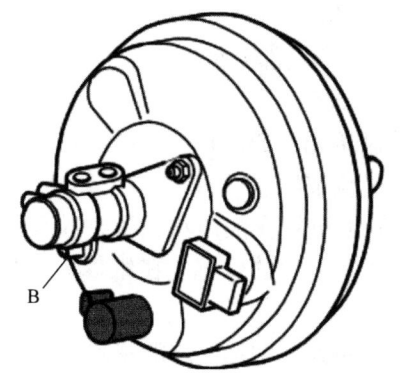

3. 踏板压力传感器

踏板压力传感器安装在发动机舱的制动伺服器上，如图中 B 所示，在驾驶人未踩下制动踏板且系统需要产生制动力时，BCM 使用踏板压力传感器发送的信息，来检测在主动制动伺服器工作时驾驶人是否在踩制动踏板。

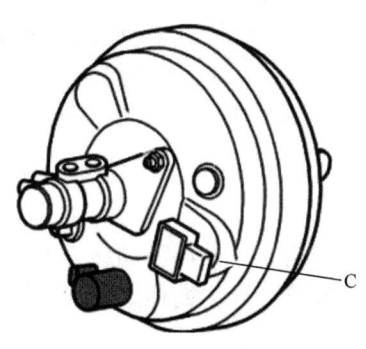

4. 真空压力传感器

真空压力传感器位于发动机室制动伺服器内，如图中 C 所示，传感器具有 5V 电源，并且在 BCM 中搭铁。传感器起到双重作用，既可测量真空室和工作室之间的真空压力，又可以检测两个室中的压力变化。

注意：在不配备真空泵的车辆中配有真空压力传感器。

5. 车体传感器组群稳定性传感器（BSC）
- BSC 安装于右前座椅的下方，如图所示。
- BSC 的 12V 电源与搭铁来自于 BCM。
- BSC 通过 CAN 网络与 BCM 进行通信。
- BCM 根据 BSC 的信号计算车身稳定状态。
- BCM 监控 BSC 的工作状态。

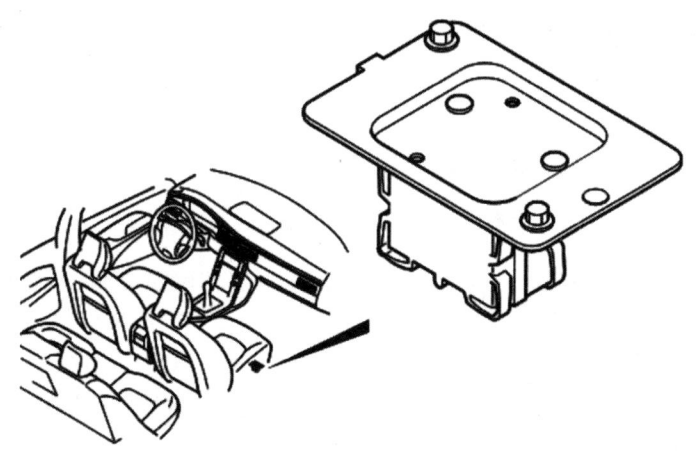

6. 液压控制单元

液压单元由以下三部分组成：
- 液压控制单元。
- 电子控制单元（ECU）。
- 制动压力调节器。

液压控制单元安装在液压单元上，位于发动机舱蓄电池后面靠近车舱的位置。在维修时不能单独进行更换，如图所示。

- 液压控制单元在制动与防滑控制系统工作时，增加所需要的制动压力。
- 液压控制单元还可使系统回流侧上的压力降低，将液压油回流到制动轮缸。
- BCM 对液压泵供电，并对其工作状态进行监控。

（八）ABS 制动压力调节器工作原理

制动压力调节器的功用是接收来自 ECU 的控制指令，控制制动压力的增减，它是 ABS 的执行器。根据工作原理的不同，压力调节器可分为循环式制动压力调节器和可变容积式制动压力调节器。

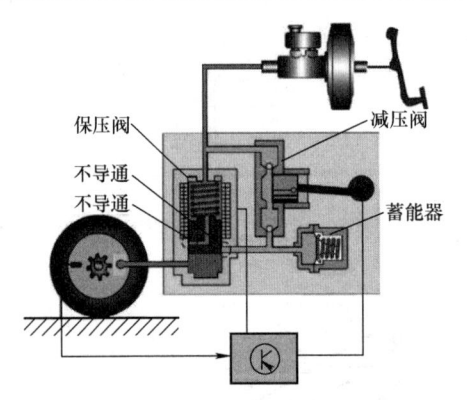

1. 可变容积式制动压力调节器

ABS 泵的工作分为保压、减压和增压三个过程。

（1）保压过程

保压过程如图所示。车轮传感器向 ECU 传递信号，表示车轮即将抱死时，ECU 激活保压阀（通电使其起动），隔离主缸和轮缸之间的管路，使主缸传递过来的油液无法进入轮缸，防止轮缸压力继续升高以保持系统的压力。

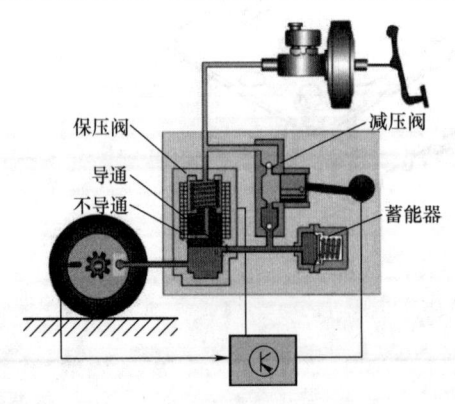

（2）减压过程

减压过程如图所示。当 ECU 激活保压阀，使主缸和轮缸之间管路隔开以后，车轮传感器向 ECU 传递信号，表示车轮仍然即将抱死时，ECU 激活减压阀（通电使其起动），使油液流回储油室或流入蓄能器，减小系统的压力。

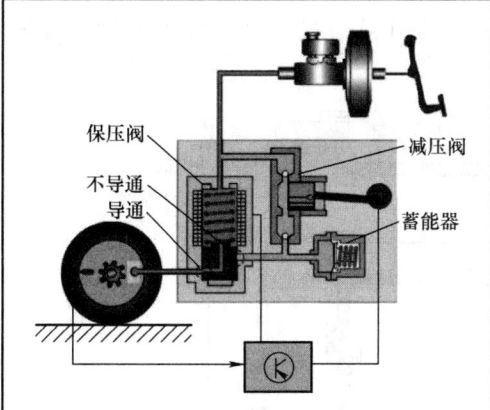

（3）增压过程

增压过程如图所示。当车轮传感器向 ECU 发送信号，表示车轮没有被抱死的趋势时，此时制动力未达到最大，ECU 将停止激活保压阀和减压阀，使主缸的油液流入轮缸，增加系统的压力。

2. 循环式制动压力调节器

循环式制动压力调节器由电磁阀、液压泵和电动机等部件组成。调节器直接装在汽车原有的制动管路中，通过串联在制动主缸和制动轮缸之间的三位三通电磁阀直接控制轮缸的压力，可以使轮缸的工作处于常规工作状态、增压状态、减压状态或保压状态。

（1）常规制动过程

ABS 未进入工作状态，电磁阀不通电，柱塞处于图示的最下方，主缸与轮缸的油路相通，主缸可随时控制制动油压的增减，如图所示。

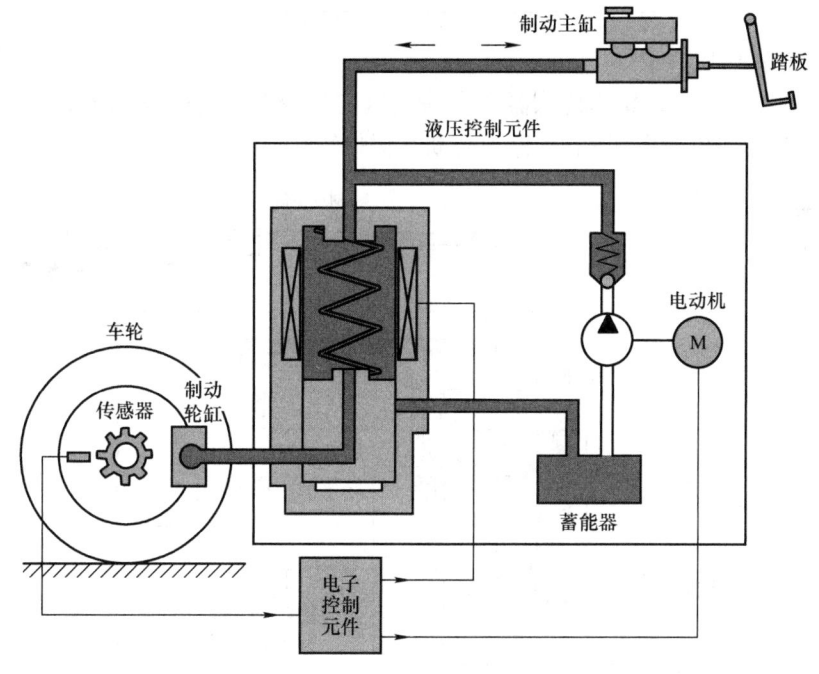

（2）轮缸减压过程

轮速传感器检测到车轮有抱死信号，感应交流电压增大，电磁阀通入较大电流，柱塞移至最上方，如图所示，主缸与轮缸的通路被截断。轮缸和蓄能器接通，轮缸压力下降，与此同时，驱动电动机起动，带动液压泵工作，把流回蓄能器的制动液加压后送入主缸，为下一次制动过程做好准备。

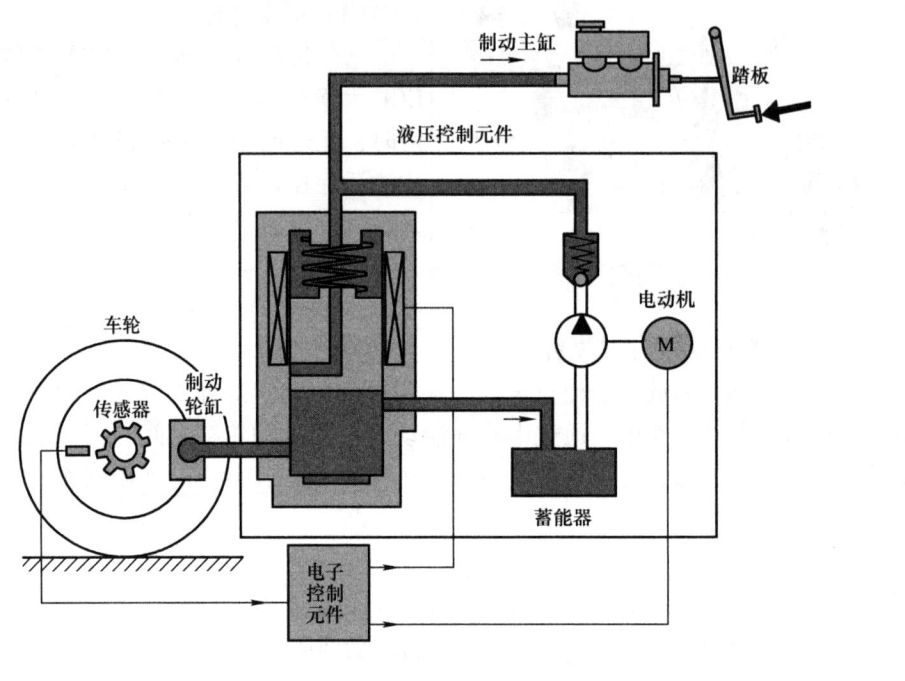

(3) 轮缸保压过程

轮缸减压过程中，轮速传感器产生的电压信号较弱，电磁阀通入较小电流，柱塞降至如图所示的位置。所有油路被截断，保持轮缸压力。

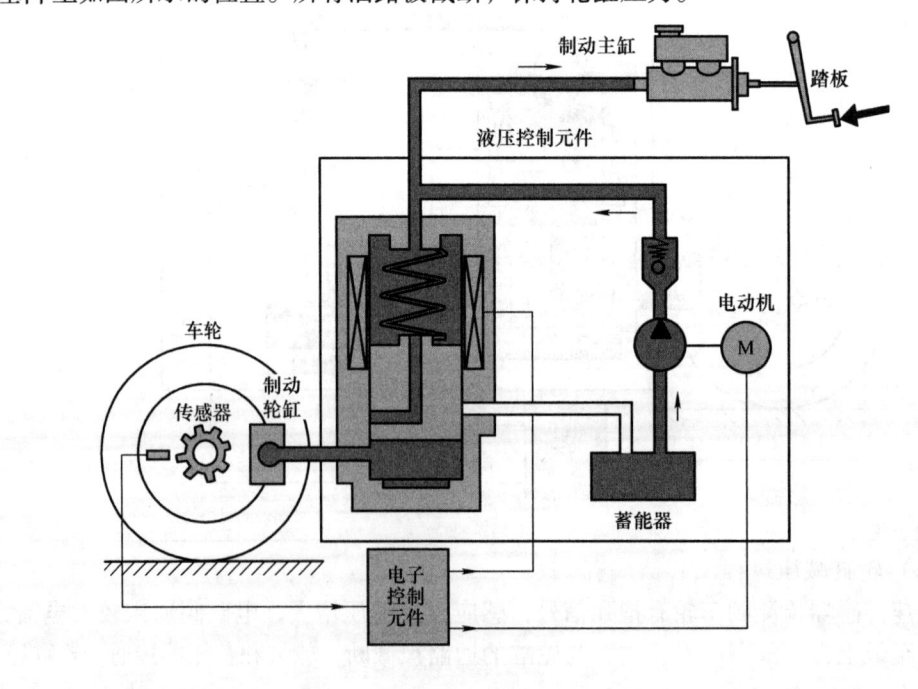

（4）轮缸增压过程

保压过程中，车轮转速趋于零，感应交流电压亦趋于零，电磁阀断电，柱塞下降到初始位置如图所示。主缸与轮缸油路再次相通，主缸的高压制动液重新进入轮缸，使轮缸油压回升。车轮又趋于接近抱死状态。

上述几个过程的压力调节是脉冲式的，其频率为 4～10 次/s。

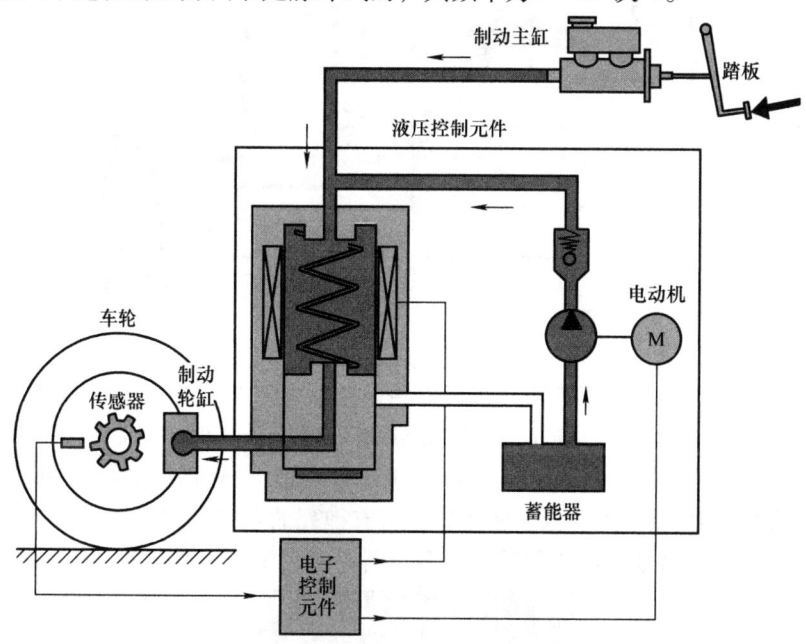

（九）制动控制模块

制动控制模块（BCM）安装在发动机舱液压单元上，位于蓄电池后面靠近车舱的位置。控制模块有两个不同的微处理器，用来接受系统中不同传感器发送的信号。微处理器以平行方式工作，并遵照一定程序来计算出应该如何调节各个功能。

控制模块有 12 个用于液压调节的节门线圈，其中 4 个节门线圈用于出气口，4 个用于进气口，4 个用于稳定性和循迹控制。

控制模块有一个内部压力传感器，用于测量系统中的制动压力，如图所示。

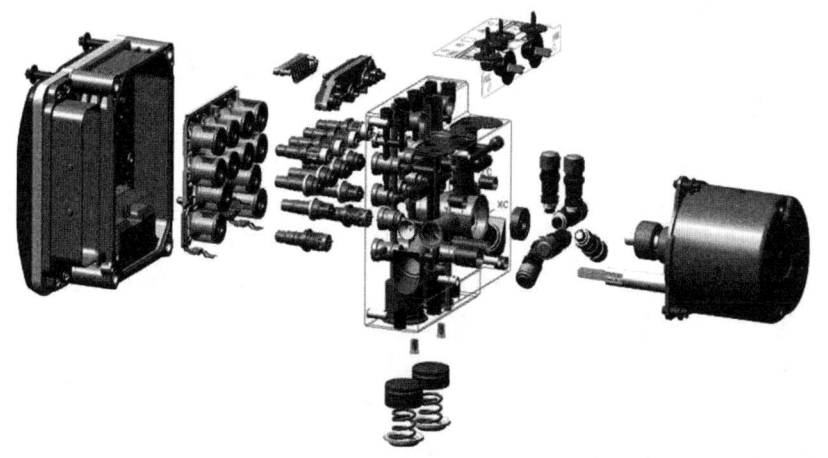

控制模块经由3个熔丝获得电源,并且在2个搭铁点搭铁。

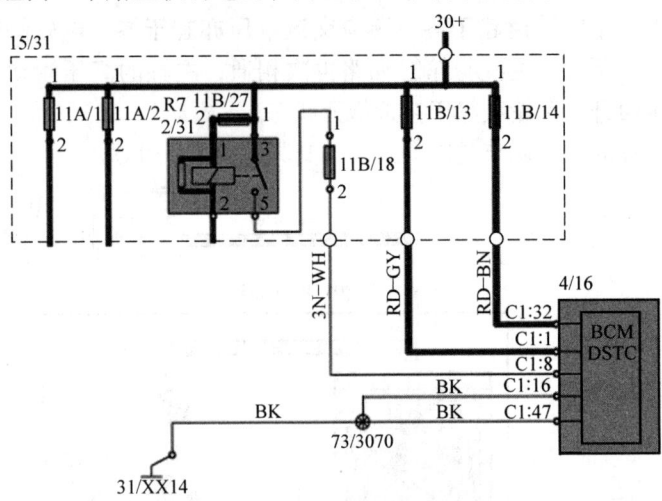

控制模块一般由输入级电路、运算电路、输出级(电磁阀控制)电路及安全保护电路等组成,如图所示。其功能是接收轮速传感器及其他传感器输送的信号,并对这些信号进行测量、比较、分析、放大和判断处理,通过精确计算,获知制动时车轮的滑动率、加/减速度,以判断车轮是否有抱死的趋势,再由输出级(电磁阀控制)电路发出控制命令,控制制动压力调节器去执行压力调节任务。

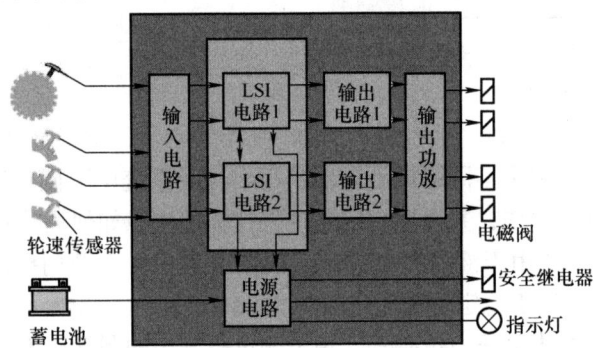

(十) 制动与防滑控制系统工作原理

ABS、EBD、DSTC、EBA、HDC 与 HAS 等功能全部整合在 BCM 中,由不同的程序完成相应功能的控制,但共用部分元件。

1. ABS 工作原理

ABS 通过控制模块自动控制制动系统的油压,驾驶人只需踩住制动踏板不动,系统就能自动快速地调节制动力,在获得最大制动效能的同时,防止车轮抱死。

BCM 在行驶期间记录车轮的加速和减速情况,车轮传感器为 BCM 提供有关车轮转速的信息,BCM 使用这一信息来计算车速。

BCM 通过 CAN 网络传送该信号,以便其他系统也能使用到。

在制动期间,如果 BCM 检测到某一车轮锁死,就会对该车轮的液压单元和液压进行调整,以防止该车轮锁死,如图所示。

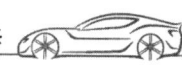

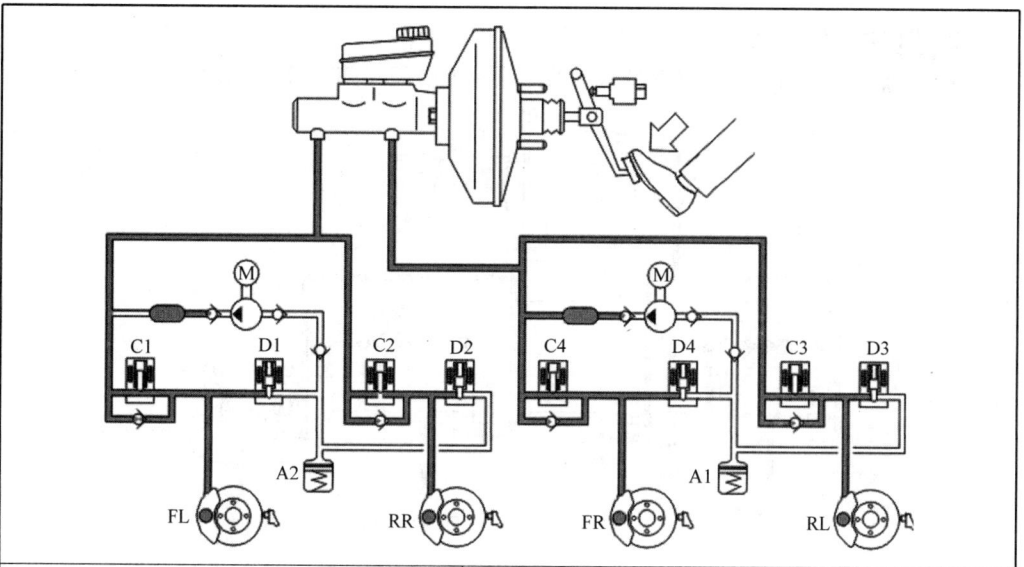

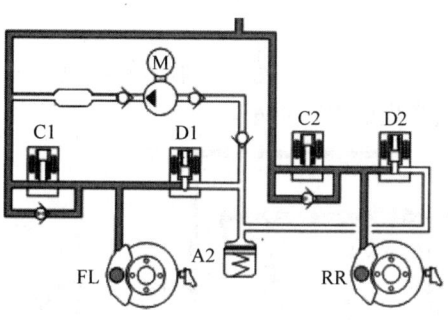

调节过程分为以下三个阶段：
- 增压阶段。
- 压力维持阶段。
- 泄压阶段。

（1）增压阶段

这是制动期间的正常状态，进油节门 C1 和 C2 打开，出油节门 D1 和 D2 关闭，这就使来自主缸的制动压力能够传到每个车轮上，使车轮制动，如图所示。

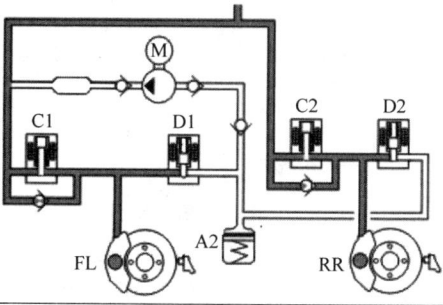

（2）压力维持阶段

此时 BCM 关闭进油节门 C1 和 C2，这样可以防止传到车轮的制动压力增加，即使驾驶人更加用力踩下制动踏板也是如此，如果此时车轮转速继续下降，控制就会进入泄压阶段，如图所示。

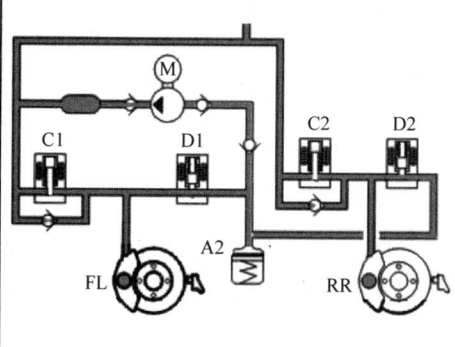

（3）泄压阶段

此时进油节门 C1 和 C2 保持关闭，BCM 打开出油节门 D1 和 D2，并且起动油泵，将制动液从车轮抽开，从而减低制动压力，一旦车轮转速增加，控制模块就会关闭出油节门，打开进油节门，控制就恢复开启模式。

以上三个阶段完成后，油泵将一直处于工作状态，使车轮的滑移率控制在 20% 之内，直到制动完成或 ABS 控制停止，如图所示。

2. EBD 工作原理

EBD 通过控制后轮制动管路的进油节门和出油节门来调节后轮制动压力,如图所示。

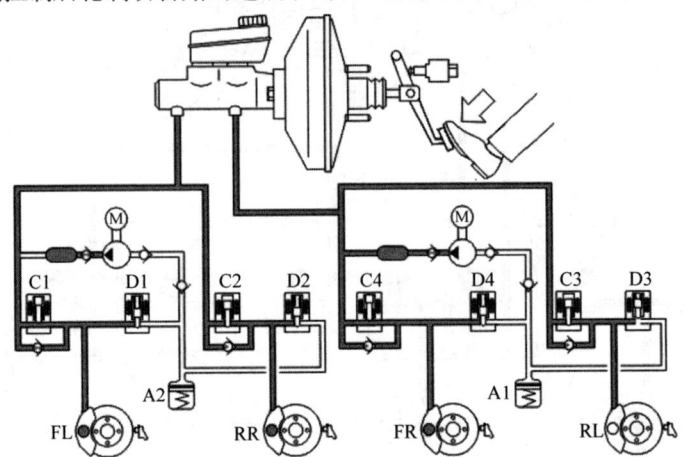

EBD 根据后轮相对前轮的滑转程度,对后轮管路中制动压力进行调节,使后轮滑转比前轮滑转少 0~2%。

一般说来,制动时前后轮的滑转差异主要取决于制动的缓急和车辆的载重,紧急制动/轻负载产生的滑转更大,轻制动/重负载产生的滑转更小。

EBD 工作时,后车轮的制动进油节门关闭,出油节门打开,制动压力降低,从而减小后车轮滑转。因为 EBD 控制期间所需要的制动液较少,所以不会起动液压泵,从制动管路回流的制动液由蓄能器收集,如图所示。

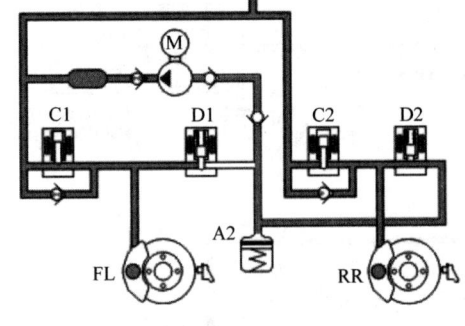

EBD 系统要先于 ABS 介入工作,并对两个后轮同时控制。

3. DSTC 工作原理

动态稳定性循迹控制系统(DSTC)由以下四个部分的功能组成,然后我们将分别对以下功能的工作原理进行介绍。

- 稳定性控制。
- 循迹控制。
- 主动横摆控制(AYC)。
- 拖车稳定性辅助(TSA)。

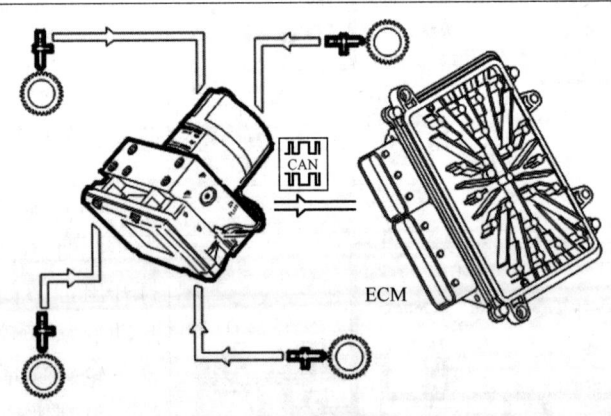

(1)稳定性控制

当 BCM 检测到某一驱动车轮开始滑转且道路附着力降低时,就会通过 CAN 向 ECM 发送一个信号,要求降低发动机转矩,从而实现对车辆的稳定性控制,如图所示。稳定性控制可在静止和最高速度之间工作。

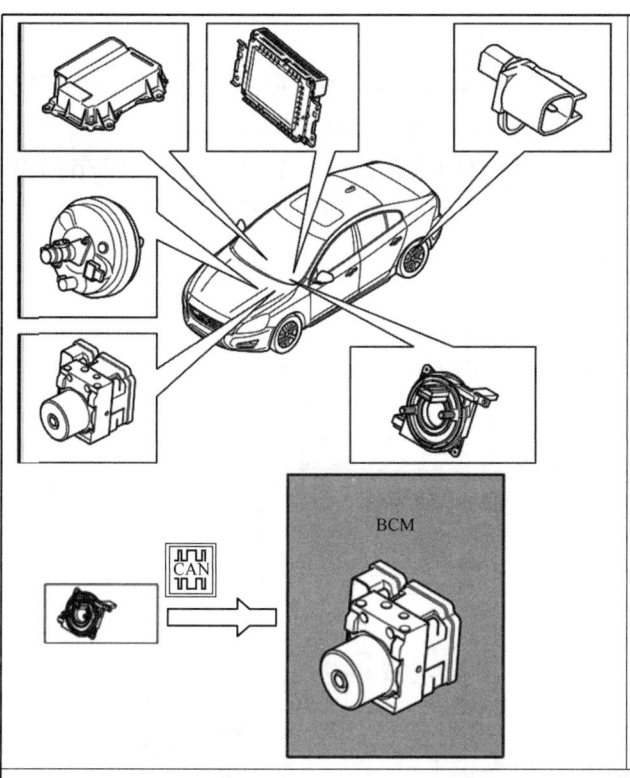

(2) 主动横摆控制（AYC）

BCM 持续使用来自各个系统传感器的信息，以计算转向盘和车辆的位置，以及驾驶人意图，如图所示。

BCM 通过测量以下信息来计算驾驶人的驾驶意图：
- 转向角度。
- 转向角速度。
- 发动机扭力。
- 车辆速度。
- 制动压力。

BCM 从转向盘角度传感器模块（SAS）接收有关当前转向角度的信息，如图所示。

1）转向过度控制。

转向过度指的是车辆转动的程度超出了转向盘转动的程度，这种情况极为危险，一般驾驶人很难控制，若不修正，转向过度可导致车轮开始滑转并使车辆失去控制。

车辆右转且转向过度时，为了抵消转向过度，DSTC 系统关闭了 SV 节门、打开 ESV 节门并起动泵，进油节门（C1）保持打开，而其他进油节门则关闭，从而使左前轮和左后轮制动，在出现转向过度时，BCM 会通过 CAN 网络，向 ECM 发出降低转矩的要求，如图所示。

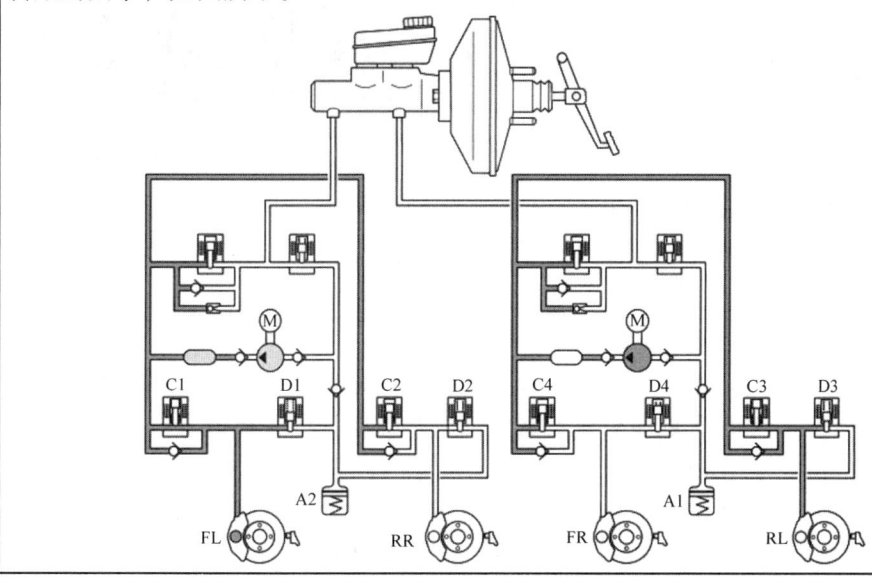

2）转向不足控制。

转向不足指的是即使转动了转向盘，车辆仍倾向于继续向前直行，在出现转向不足时，BCM 会通过 CAN 网络，向 ECM 发出降低扭力的要求。

转向盘向右转，车辆却仍倾向于继续向前直行时，SV 节门关闭，ESV 节门打开，泵起动，DSTC 让进油节门 C2 保持打开，并且关闭其他进油节门（C1、C3 和 C4），从而使右前轮和右后轮制动，如图所示。

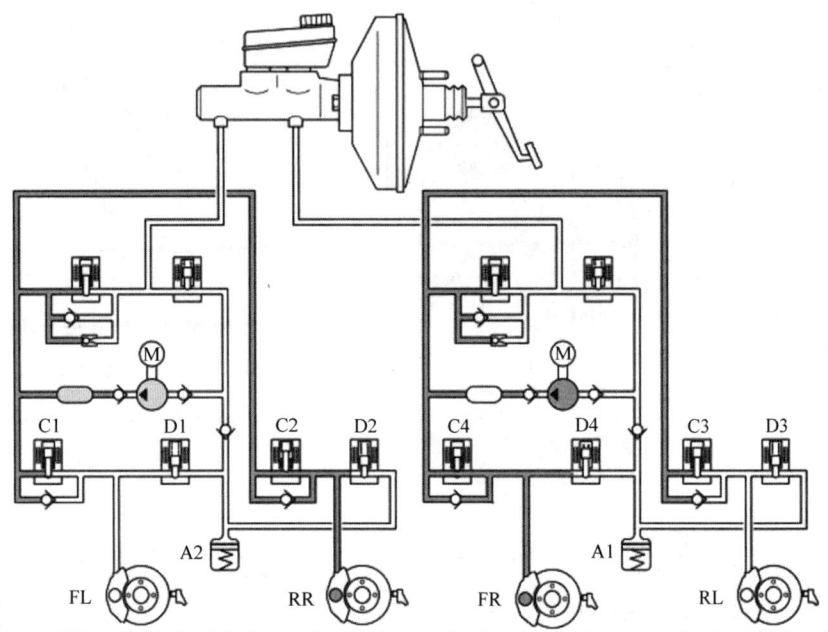

4. 紧急制动辅助（EBA）

紧急制动时，制动伺服器中的压力急剧改变，BCM 通过液压单元中的一个压力传感器监测到压力变化时，制动系统就会起动液压泵。

液压泵增加制动系统中的制动压力，以便获得最佳制动作用（比正常制动时更强）。

只要保持或增大制动踏板上的压力，最大制动作用就会得到保持，如果松开制动踏板，这一功能就会立即停止，如图所示。

提示：EBA 功能可在大约 10km/h 和最高速度之间起动且无法解除。

5. 陡坡缓降控制（HDC）

HDC 功能在变速器 1 档启动；在车辆下坡时通过开关打开此功能，BCM 会使车辆自动制动，而无需驾驶人踩下制动踏板，同时加速踏板的特征也有变化，从而达到安全下坡的目的，如图所示。

HDC 功能通过气候控制模块（CCM）下方部分上的一个开关启动和解除，开关具有可见的绿色 LED 指示灯，显示位置 ON（开启），如图所示。

HDC 功能启动和解除时，在驾驶人信息模块（DIM）中有一则确认信息，如图所示。

HDC开关　　　　　　　　DIM显示

6. 坡道起步辅助（HSA）工作原理

如果驾驶人在坡度至少4%的坡道上制动和停车，且车辆处于静止状态时（来自轮速传感器的信号应当至少在0.4s的时间内为"0"），HSA 会启动。

BSC 中的角度传感器计算坡道的坡度，在驾驶人松开制动踏板，开始踩下加速踏板时，液压单元在1.5~2s 的时间内保持制动系统中的制动压力，防止车辆意外向前或向后移动。

制动压力仅保持 1.5~2s，原因是在车辆开始移动前，驾驶员应当没有时间离开车辆，如图所示。

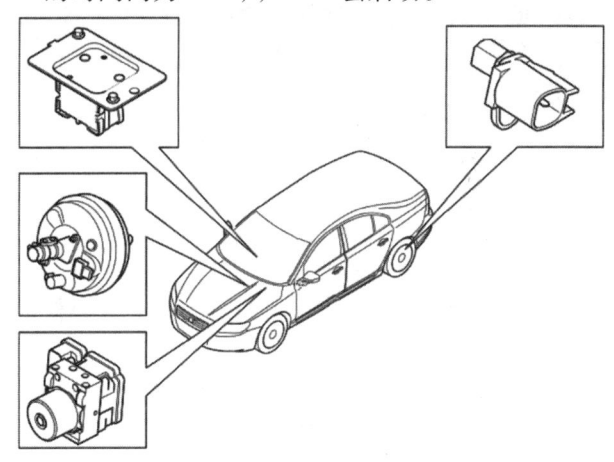

若要启动 HSA，必须满足下列条件，如图所示：

- 点火开启（钥匙在位置2）。
- 发动机正在运转。
- 驾驶人正在制动。
- 车辆处于静止状态。
- 在坡度至少为4%的坡道上尝试起动。

HSA 功能可以分为 3 个阶段：

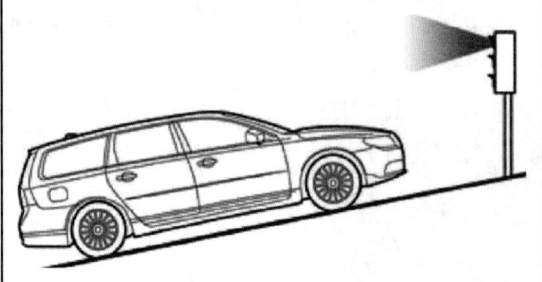

- 起动阶段：驾驶人在坡度至少为 4% 的上坡停车，车辆通过踩下制动保持静止状态，如图所示。

- 保持阶段：驾驶人松开制动踏板后，制动压力保持 1.5~2s，如图所示。

- 启动阶段：驾驶人踩下加速踏板启动时，HSA 控制制动压力，防止车辆向后移动，HSA 也通过 BCM 从 ECM 和 TCM 接收有关发动机转矩和驱动轴转矩的信息，防止在车辆制动时启动，如图所示。

如果驾驶人在车辆完全静止前制动并松开了制动踏板或踩下了加速踏板，则 HSA 不启动。

（十一）胎压监控系统

胎压监测系统（TPMS）会在轮胎气压变低时发出警告，从而使驾驶人安全驾驶。

正确的轮胎压力十分重要，主要体现在以下方面：
- 获得良好的燃油经济性。
- 获得最佳舒适性和良好驾驶特点。
- 防止轮胎压力过低造成轮胎爆裂。

因为胎压监控系统对驾驶人的驾驶帮助很大，所以很多车型都是标准配置。
胎压监控系统主要由传感器和模块组成。胎压监控系统有 3 种形式：
- 传感器信号直接传递给上电子模块（UEM）。
- 传感器信号直接传递给遥控接收器（RRX）。
- 对配有无钥匙起动功能的车辆是遥控免钥匙车辆接收器（RKE）。

项目五　制动系统检修

1. 胎压传感器

传感器由压力传感器、通信电路、加速传感器和电池组成。

传感器内部集成的电池提供传感器工作电源，电池的使用寿命为10年。每个胎压传感器都有自己的ID代码，接收模块通过传感器发出的信号进行传感器的识别，如图所示。

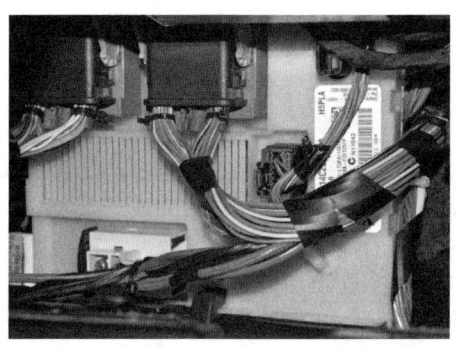

2. 中央电子接收模块（CEM）

胎压信号接收器将信号传送到中央电子模块（CEM）。

控制模块记录所收到的由实际车辆和其他车辆传感器传送的信息中的ID代码。

所收到的所有ID代码都放在中央电子模块（CEM）内部内存中的一个清单中。对于所收到的每个ID代码，亦会存储收到ID代码的次数，如图所示。

3. 驾驶人信息模块（DIM）

用来显示车辆轮胎压力故障的提示，从而警告驾驶人及时发现轮胎的问题，避免事故的发生，如图所示。

4. 胎压监控设置

1）给轮胎充气至所要求的压力，且选择钥匙位置Ⅰ或者Ⅱ。

2）进入主菜单，以设置轮胎压力，如图所示。

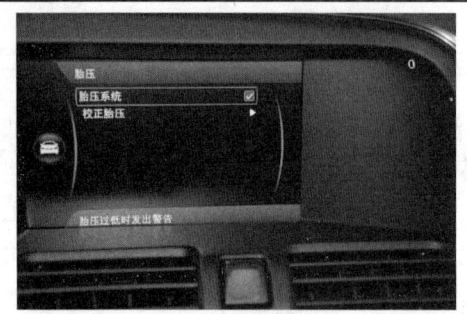	3)选择第二个选项"校正胎压",如图所示。 4)系统进入下一页面。
	5)调整车辆的轮胎压力,如图所示。 6)根据显示屏的提示,进行相关的操作。
	7)根据提示,对车辆进行相关操作,以完成胎压监测设置,如图所示。
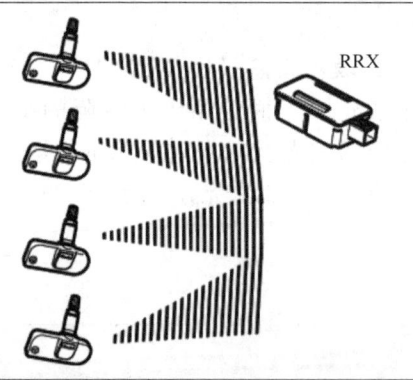	5. 胎压监控信号输入 　　对于不带无钥匙进入功能的车辆,胎压传感器的信号传递给接收器,此接收器是遥控接收器(RRX),如图所示。
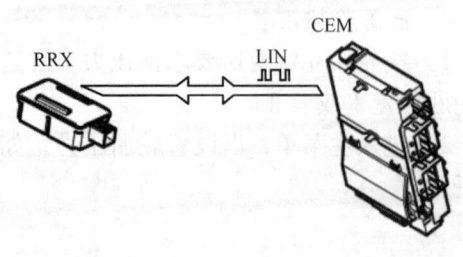	遥控接收器(RRX)接收到胎压传感器的信息后,通过 LIN 将信息传递给中央电子模块(CEM),由 CEM 模块对此胎压传感器的信息进行相应的处理,如图所示。

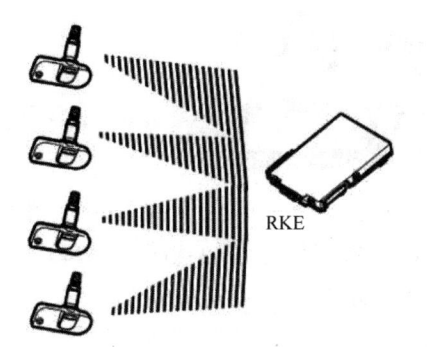

对于安装了无钥匙功能的车辆,胎压传感器的输入信号依然是位于轮胎上的胎压传感器的信号,但是接收器则是遥控免钥匙车辆接收器(RKE),这点与上述是不同的,如图所示。

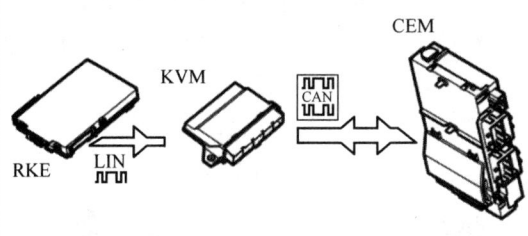

胎压传感器的输入信号由 RKE 接收后,通过 LIN 传递给 KVM 模块,KVM 模块通过 CAN 传递给 CEM 模块,胎压信息由 CEM 模块进行处理,如图所示。

特别提示:

传感器的发送频率对所有传感器都是相同的。控制模块可能会收到来自安装有相同系统的其他车辆的信号。

因此,每个传感器的 ID 代码是唯一的。

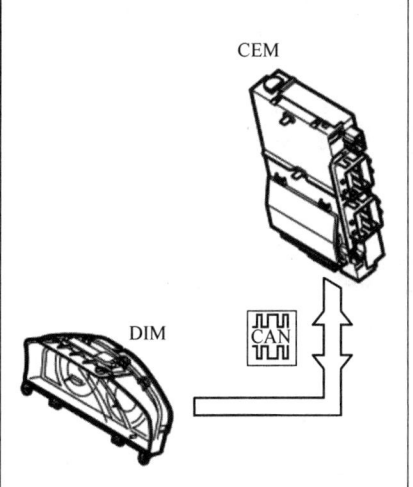

6. 胎压监控输出控制

传感器传送的信息中含有有关轮胎气压的信息,如图所示,这一信息会与中央电子模块(CEM)中的编程值进行比较。如果传感器报告的压力与建议值偏差过大,在驾驶人信息模块(DIM)中就会显示一条警告信息。

有两种警告等级可产生不同的警告信息:一种是低压警告,另一种是超低压警告。

如果传感器停止传送或者获得的传感器内部电池电压不足,亦会显示一条信息。

在显示警告信息的同时,在驾驶人信息模块(DIM)中亦会亮起警告灯,装有遥控免钥匙的车辆的输出控制与其他车辆都是一样的。

(十二)电子稳定程序

ESP 是英文 Electronic Stability Program 的缩写,中文译成"电子稳定程序"。综合了 ABS(防抱死制动系统)、BAS(制动辅助系统)和 ASR(加速防滑控制系统)三个系统,功能更为强大。

它通过对从各传感器传来的车辆行驶状态信息进行分析，然后向 ABS、ASR 发出纠偏指令，来帮助车辆维持动态平衡。ESP 可以使车辆在各种状况下保持最佳的稳定性，在转向过度或转向不足的情形下效果更加明显。

ESP 一般需要安装转向传感器、轮速传感器、侧滑传感器、横向加速度传感器等，如图所示。ESP 可以监控汽车行驶状态，并自动向一个或多个车轮施加制动力，以保证汽车在正常的车道上运行，甚至在某些情况下可以进行每秒 150 次的制动。

电子稳定程序属于车辆的主动安全，人们也可称之为动态驾驶控制系统。简单地说它是一个防滑系统，ESP 能够识别车辆不稳定状态，并通过对制动系统、发动机管理系统和变速器管理系统实施控制，从而有针对性地弥补车辆滑动。

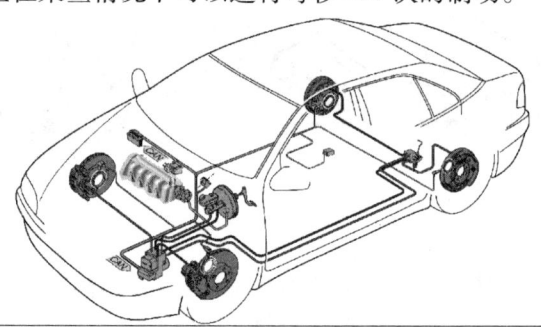

1. ESP 的组成

ESP 系统由控制单元及转向传感器（监测转向盘的转向角度）、轮速传感器（监测各个车轮的速度转动）、侧滑传感器（监测车体绕垂直轴线转动的状态）、横向加速度传感器（监测汽车转弯时的离心力）等组成，如图所示。

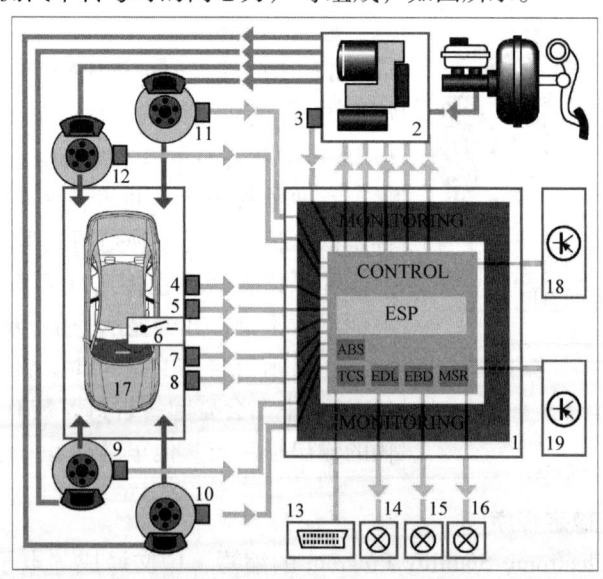

1—ABS 控制单元　2—液压控制单元　3—制动压力传感器　4—侧向加速度传感器
5—横摆率传感器　6—ASR/ESP 按钮　7—转向盘转角传感器　8—制动灯开关
9~12—轮速传感器　13—自诊断　14—制动系统警告灯　15—ABS 警告灯　16—ASR/ESP 警告灯
17—车辆和驾驶状态　18—发动机控制调整　19—变速器控制调整

2. ESP 的工作原理

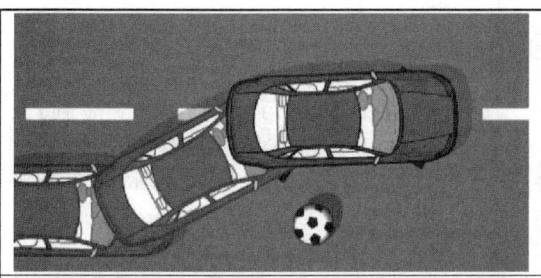

当车辆避开突然出现的障碍物时。驾驶人先快速左转，然后直接右转，如图所示。

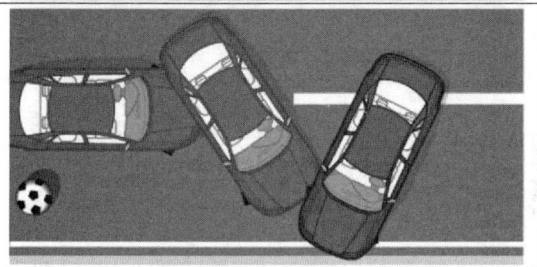

车辆由于突然的转向运动产生了甩尾，驾驶人不再能控制急转的车辆，如图所示。

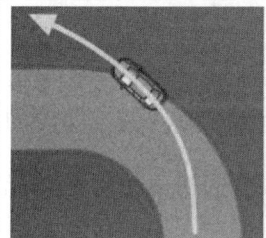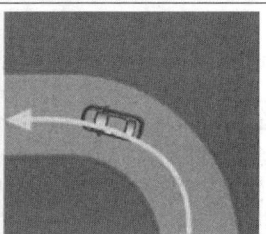

1）不足转向：前桥上的侧向力与车轮负荷之比大于后桥。车辆的转弯半径大于与转向角相符的半径。车辆前桥向弯道外侧"移动"，如图所示。

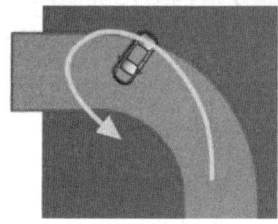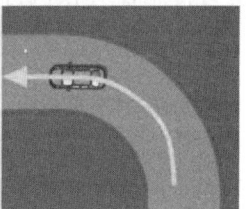

2）过度转向：后桥上的侧向力与车轮负荷之比大于前桥。车辆的转弯半径小于与转向角相符的半径。车辆后桥向弯道外侧"移动"，如图所示。

正如您所看到的，ESP 要对转向不足和转向过度作出反应。不能直接对转向进行控制，但是必须要改变测量运动方向，进行转向不足和转向过度控制。

3）装有 ESP 车辆上可看出其基本原理：

车辆要避开障碍物。根据传感器测得的数据，ESP 知道，车辆处于不稳定状态。系统算出处理方法：ESP 对左后轮实施制动，这样就支持了车辆的旋转运动，前轮依旧保持有侧向力，如图所示。

车辆向左偏转行驶时，驾驶人向右转向，为了支持这个转向动作，右前轮被制动，后轮自由滚动，以保证后轴有最佳侧向力，如图所示。

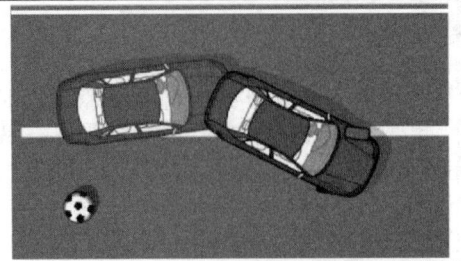

这种轮迹变化导致车绕垂直轴线的转动,为避免车甩尾,左前轮被制动,如图所示。在特别紧急的情况下,制动可将车轮抱得很死,以便能限制前桥侧向力的形成(摩擦圆)。

车辆的不稳定状态得到校正以后,ESP 就结束了其调节工作,如图所示。

3. ESP 及其部件

ESP 是车辆新型的主动安全系统,是汽车防抱死制动系统(ABS)和牵引力控制系统(TCS)功能的进一步扩展,并在此基础上,增加了车辆转向行驶时横摆率传感器、侧向加速度传感器和转向盘转角传感器,通过 ECU 控制前后、左右车轮的驱动力和制动力,确保车辆行驶的侧向稳定性。

由传感器、电子控制单元(ECU)和执行器三大部分组成,通过电子控制单元监控汽车运行状态,对车辆的发动机及制动系统进行干预控制。典型的汽车电子稳定控制系统在传感器上主要包括 4 个轮速传感器、转向盘转角传感器、侧向加速度传感器、横摆角速度传感器、制动主缸压力传感器等,执行部分则包括传统制动系统(真空助力器、管路和制动器)、液压调节器等,电子控制单元与发动机管理系统联动,可对发动机动力输出进行干预和调整。

(1)控制单元

控制单元包括一台功能强大的微机,如图所示。

由于对安全性有很高要求,该系统内有两台计算机,一个自身电压监控器及一个诊断口。这两个计算机使用同一软件来处理信息并彼此相互监控,这种双重系统称为"主动多余信息"。

打开点火开关后,控制单元将做自测试。所有的电器连接都将被连续监控,并周期性检查电磁阀功能。

(2)转向角传感器

转向角传感器在转向柱锁开关和转向盘之间的转向柱上。安全气囊的带滑环的回位环集成在该传感器内且位于该传感器下部,如图所示。

转向角传感器将转向盘的转角信息传递给带EDS/ASR/ESP的ESP控制单元，如图所示。角度的变化范围为±720°，也就是说，转向盘转四圈。

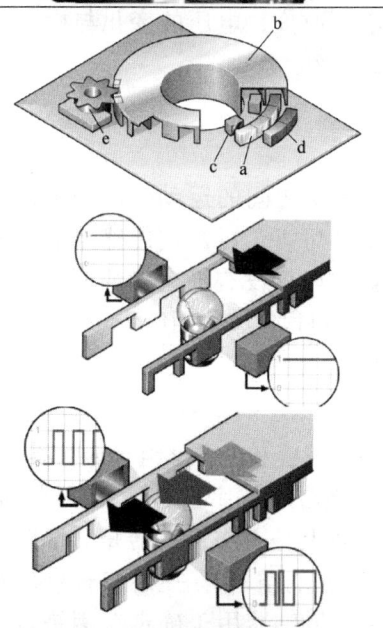

角度的测量是通过光栅原理来实现的。

基本构件有：光源（a）、编码盘（b）、光学传感器（c+d）及计数器（e），用于传递转动的圈数。编码盘由两个环组成，一个是绝对环，另一个是增量环。每个环由两个传感器进行扫描，如图所示。

光透过缝隙照到传感器上，就会产生一个信号电压；如果光源被遮住，这个电压就又消失了，如图所示。

如果移动蔽光框，就会产生两个不同的电压。增量传感器传送一个均匀的信号，这是因为间隙是均匀分布的；绝对传感器传送一个不均匀信号，这是因为间隙是不均匀分布的。

系统通过对比这两个信号，就可计算出蔽光框移动的距离，于是就确定了绝对部件运动的起始点，如图所示。

转向角传感器就是根据上述工作原理，将转向盘的转角信息传递给控制单元。

（3）横向加速度传感器

横向加速度传感器用于接收是否有侧向力和侧向力的大小的信息，如图所示。有这个侧向力时，车辆会脱离原行驶路线。传感器装在驾驶人座椅下。

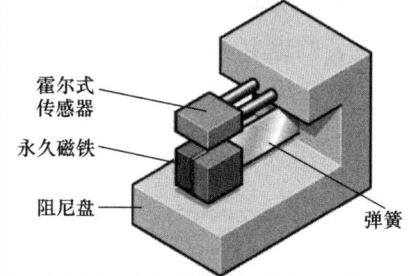

横向加速度传感器由永久磁铁、弹簧、阻尼盘及霍尔式传感器组成，如图所示。永久磁铁，弹簧及阻尼器构成了一个磁力系统。磁铁与弹簧牢固地捆在一起，并可由阻尼盘来回摇动。

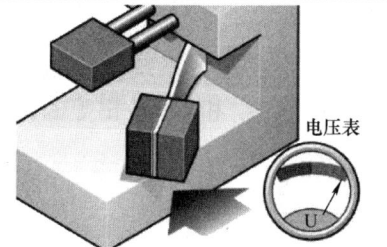

当横向加速度作用到车上时，永久磁铁也会有相应运动，但因惯性原因，这个运动要稍迟发生。也就是说，阻尼盘与传感器壳体及整车一同偏离永久磁铁（该磁铁先前处于静止状态），如图所示。

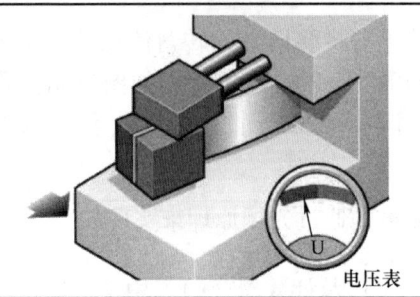

这个运动会在阻尼盘内产生电涡流,而电涡流又会产生一个与永久磁铁磁场极性相反的磁场),如图所示。

因此,总磁场强度被削弱,这会使霍尔式传感器的电压改变,电压的变化与横向加速度的大小成比例。

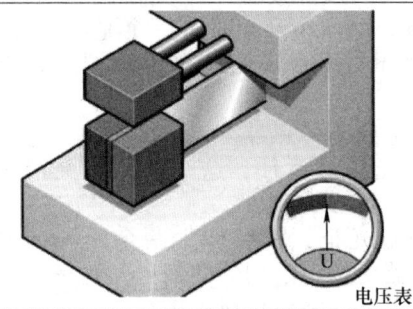

阻尼器与磁铁之间的运动幅度越大,磁场强度削弱得越厉害,霍尔式传感器电压变化得就越明显。如果没有横向加速度,霍尔式传感器电压保持恒定,如图所示。

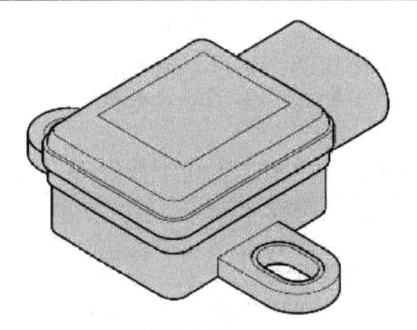

(4) 横向加速度和偏转率组合传感器

偏转率传感器是从宇航技术借用来的,它用来确定物体上是否作用有转矩。按照安装位置就能确定绕空间某一轴的转动。在ESP中,偏转率传感器用于确定车辆是否绕垂直轴线转动,横向加速度传感器是利用电容原理进行测量的,如图所示。

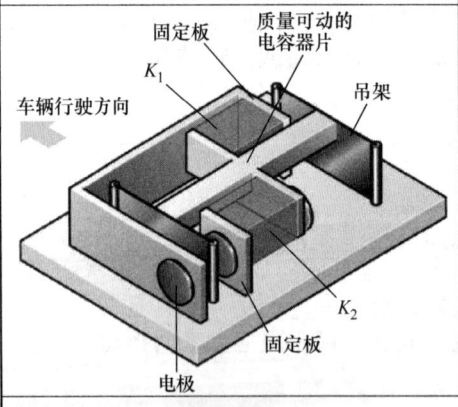

横向加速度传感器是组合传感器印制电路板上的一个极小的部件,有质量可动的电容器片,使它能来回摆动,如图所示。

两个固定安装的电容器片围住了可动的电容器片,这样就形成了两个串联电容器 K_1 和 K_2。借助电极就可以测量出这两个电容器的电容。

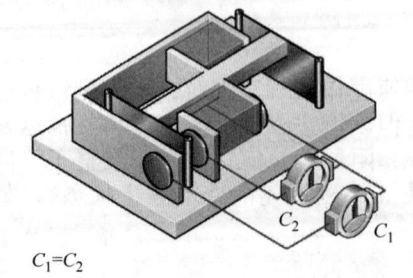

没有加速度作用在这个系统上,测出来的两个电容器的电容 C_1 和 C_2 是相等的,如图所示。

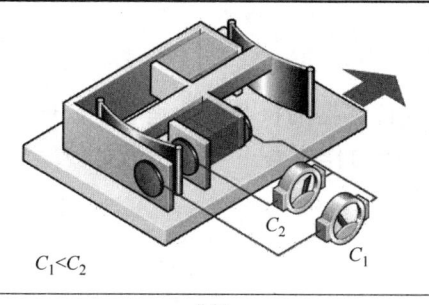

用有横向加速度,那么可移动质量就会因惯性而作用到中间板上,即它顶着固定板并逆着加速度方向移动。于是两板之间距离就改变了,相应的分电容器的电荷量也增加了,如图所示。

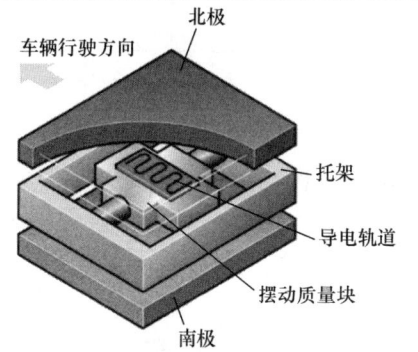

在同一板上,还有偏转率传感器,该传感器与横向加速度传感器在空间上是分开的。

在恒定磁场的南极和北极之间的托架内放一个可摆动的质量块,在这个质量块上装一个导电轨道,这个轨道用以代替真正的传感器,如图所示。

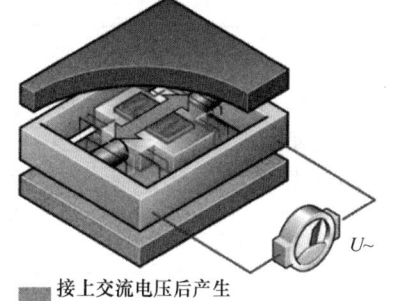

接上交流电压后产生的直线摆动

如果接上交流电压 U,那么支撑导电轨道的托架就会在磁场内摆动,如图所示。

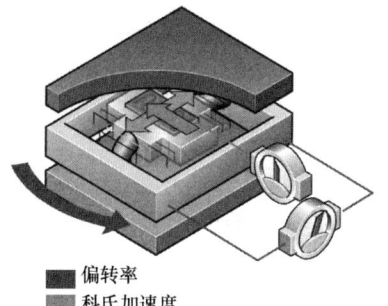

有旋转加速度作用在此结构上,那么由于惯性作用,质量块偏离了来回的直线摆动。由于这一切都是发生在磁场内的,因此导电轨道的电气性能就改变了。测量出这个变化就知道了科氏加速度的大小和方向,电子装置根据这个值即可计算出偏转率的大小,如图所示。

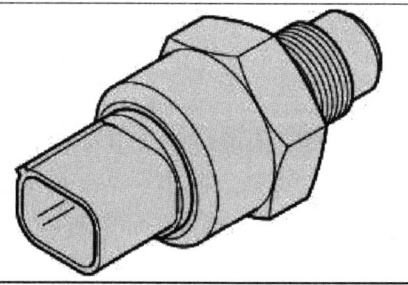

(5)制动压力传感器

向发动机控制单元提供制动管路内的实际压力信号。发动机控制单元根据这个压力信号计算出车轮制动力及作用在车上的纵向力。如果需要 ESP 工作,控制单元会将此值用于计算侧导向力,如图所示。

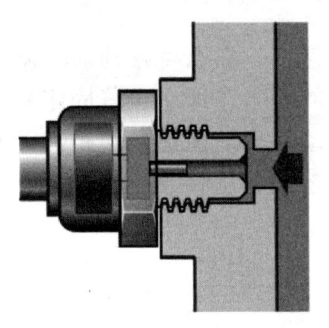

① 压电式传感器的核心部件是一个压电元件，制动液的压力作用其上。另一个是传感器电子元件，如图所示。

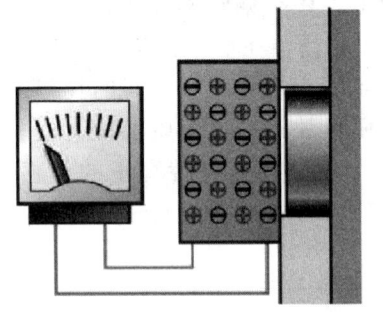

制动液的压力作用到压电元件上，那么该元件上的电荷分布就会改变。如果没有压力作用，电荷分布是均匀的，如图所示。

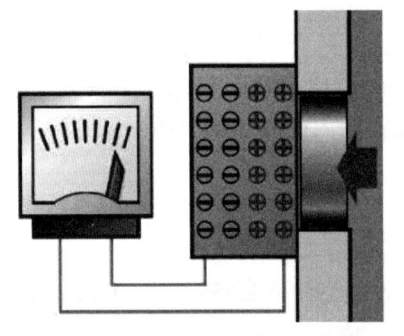

有压力作用时，电荷分布的空间发生变化，于是就产生了电压，如图所示。

压力越大，电荷分离的趋势越强，产生的电压就越高。这个电压由电子装置放大，然后作为信号传给控制单元。电压的高低就是制动压力大小的直接反应。

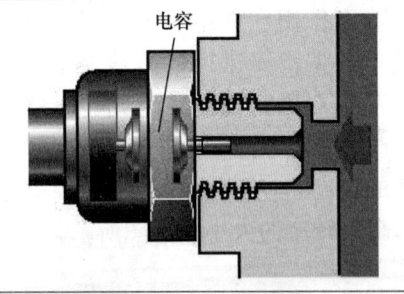

② 电容式制动压力传感器的核心部件是一个电容元件，制动液的压力作用在其上。电容变化是随着制动液的压力而变化的，如图所示。

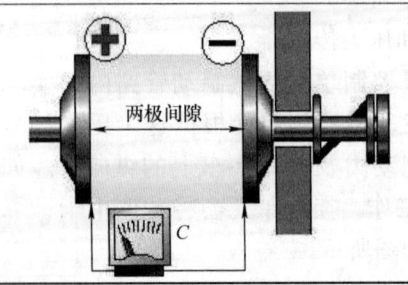

为便于说明，我们用简化的电容来说明如何感知制动压力。

电容大小 C 由两极间隙决定（其他因素不变），它可吸收一定量电荷。其中一个电极被固定，另一个可在压力作用下移动，如图所示。

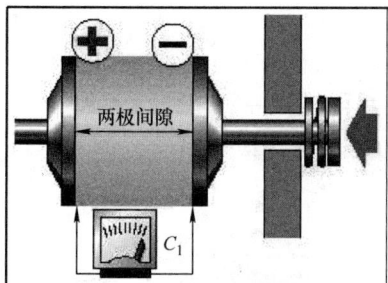	当压力作用在可移动电极上时,两极间隙变小,电容增大,如图所示。
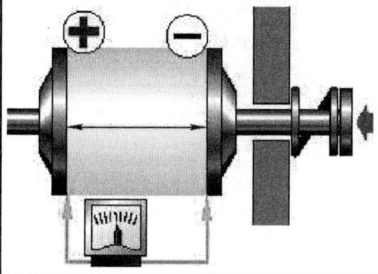	压力降低时,两极间隙增大,电容减小,如图所示。通过电容变化,指示压力变化。
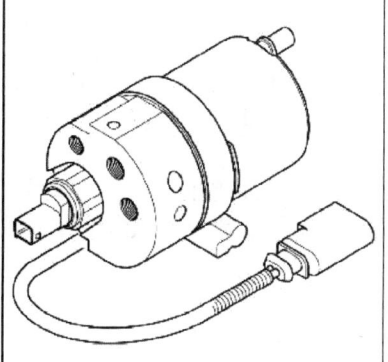	(6)行驶动态调节液压泵 在 ABS 中,踏下制动踏板时必须输送少许制动液,这些制动液的流向与制动踏板产生的较大的压力是相反的,这个输送工作由回液泵来完成。但若是踏板压力过小或根本没有踏板力,那么回液泵就不能输送大量制动液,这是因为在低温时制动液的黏度过大。 因此对于 ESP 就需要有一个辅助液压泵,该泵用于在回液泵的吸液侧建立起必要的预压力,如图所示。
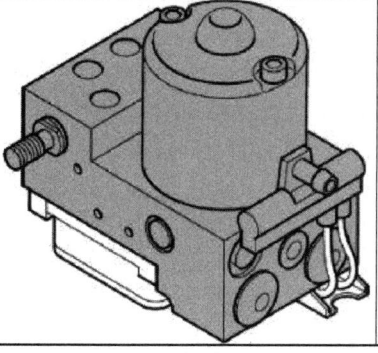	(7)液压单元 液压单元的功用是接收来自 ECU 的控制指令。控制 ESP 电子稳定控制系统中的 ABS 制动压力的增减,它是 ABS 的执行器。实现单轮制动纠正车辆不足转向和过度转向,如图所示。

二、维修任务实施:制动系统测试与维修

对技术人员要求:
- 接收/检查修理单
- 接收用于修理的订购零件。
- 在允许的时间内进行工作。
- 向技师领队确认工作完成。

技师领队：
- 对技术难度高的工作向技术人员提供指导和帮助。

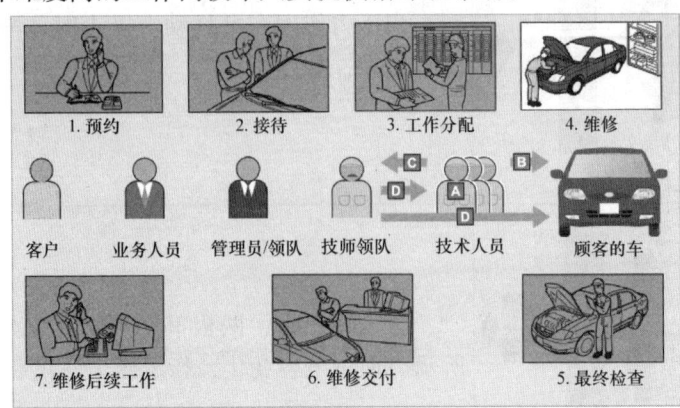

制动系统对于汽车行驶的安全性至关重要，但对制动系统的维护和保养常被驾驶人所忽视。往往等到发现制动系统工作不正常的时候，才对制动系统进行检修。这样就很有可能由于突发故障而导致制动失灵酿成事故。因此，只有经常对制动系统进行测试维护和维修才能保证制动系统的正常工作，进而保证行驶安全。轿车及小型货车的制动系统主要采用制动油传递制动力。无论何种制动系统，最终都是由制动片（盘式）或制动蹄片（鼓式）完成制动作用，因此要定期检查制动片或制动蹄片的厚度。

当发现其厚度接近或小于制造商规定的最小厚度时，应立即更换。检查制动片的同时，还要检查制动盘或制动鼓的磨损，如接触表面出现凹痕要及时光盘或光鼓以保证与制动片的接触面积提高制动力。

对于油路制动的汽车，出车前应检查制动液的液面。如果发现液面下降，要立即检查制动管路是否有泄漏的地方。制动液由于吸收空气中的水分，时间长了就会失效。要根据厂商的规定定期更换制动液，最好每年更换一次。

通常我们会以仪表板上制动警告灯是否亮起作为更换制动蹄片的判断依据，但这是底线，如果到这时才换，已经相当危险。虽然所有车辆都有这种警示系统，但有的是直接感应制动蹄片的厚度，有的则是在制动蹄片已经完全磨完，制动液因此严重下降，才会使警告灯亮起。如果是后者，等到警告灯亮起，制动片金属底座与制动盘已经处于"铁磨铁"状态，这时，会在车胎靠近轮圈边缘看到晶亮的铁屑。因此，在每次进厂保养时都要检查制动片是否能用，并提早换掉接近寿命极限的制动片，而不要只相信警告灯，如图所示。

对制动系统进行维修前，需要对其元件进行相关的测试和检查，并以此为依据进行调整、维修或更换。本学习任务主要学习制动警告灯测试、制动液检查、真空助力器测试、制动管路检查和制动器检查，如图所示。

（一）制动警告灯测试

发动机起动和驻车制动完全松开后，制动警告灯应该熄灭，如果该灯保持不灭，说明制动系统出现故障，如图所示。

（二）制动管路检查

车辆制动系统中处处压力相同，制动管路也不例外，这就要求金属制动管和制动软管都应坚韧耐用。

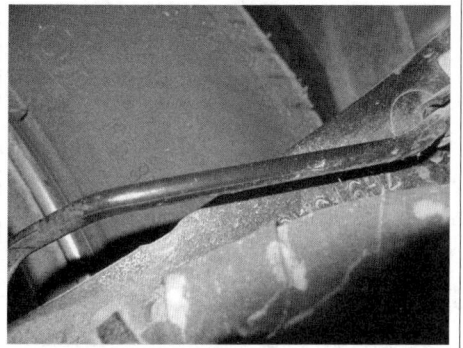

1. 金属制动管

轿车的制动管路更换需要使用厂家提供的预制制动管，如图所示。

- 对于具体车型更换管路的提示需参见信息查询系统。
- 如果金属制动管某处损坏或因锈蚀强度减弱，就必须更换整段金属管。

维修时，不能用软管替换金属管。

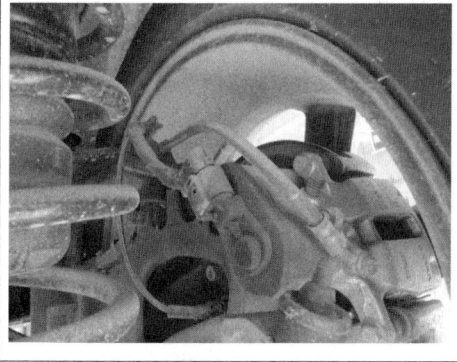

2. 制动软管

检查软管如果发现任何裂纹、端头松动、渗漏，或其他磨损或损坏，整个软管必须更换。

提示：切勿分接或试图用软管夹子来修理制动软管；当制动软管显现磨损或损坏时，更换整个软管总成，如图所示。

（三）制动器检查

在轿车中大部分都采用盘式制动器，制动盘必须检查有无磨损和损坏。直观检查只能发现明显的磨损和损坏。为了准确确定盘式制动器制动盘是否可维修，需要使用精确的测量仪器。测量包括：

- 直观制动盘检测。
- 制动盘磨损极限检测。
- 制动盘跳动量检测。
- 制动片厚度检测。

1. 直观制动盘检测

通常，不需要拆下制动盘即可对其进行直观检查。车轮拆下后，制动盘的外表面便暴露出来。内表面可能被防溅板遮住，可以用一个手电筒，从防护板和制动盘之间检查制动盘的内表面。直观检查一般应查看有无两种类型的损伤：裂纹或划痕。只要制动盘有裂纹，就应更换。划痕是最明显的制动盘损伤，程度有重有轻。制动盘的轻微划痕是正常的，不代表有问题。如果划痕严重致使制动盘表面变得粗糙或产生沟槽，制动盘就必须更换，如图所示。

2. 制动盘磨损极限检测

在制造过程中，对制动器盘和制动面的平面度、厚度和端面跳动进行了严格控制。但在使用过程中，制动器盘上会产生凹坑，可能导致制动时制动力不足和踏板抖动。制动器盘表面的粗糙度也十分重要，表面粗糙度不够会导致制动跑偏和摩擦片快速磨损，必须更换。

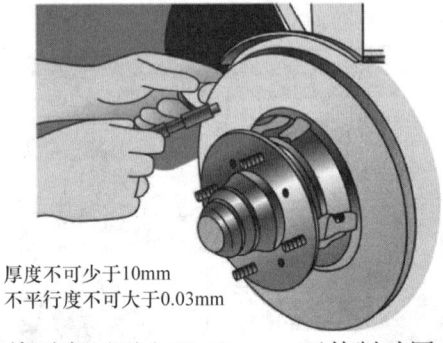

厚度不可少于10mm
不平行度不可大于0.03mm

使用千分尺检查制动圆盘的厚度及平行度。测量制动器盘圆周4个以上点的厚度，其厚度不可少于10mm，而其制动圆盘各处的厚度差（不平行度）不可大于0.03mm，以免造成车轮（轮胎）的振动导致车辆损坏，必须更换，如图所示。

3. 制动器盘端面跳动的检查

制动盘跳动量是指在靠近制动盘外摩擦表面所测得的左右摆动量。跳动量是由制动时产生的热使制动盘弯翘扭曲造成的。制动踏板脉动常常说明制动盘跳动量过大。检查制动盘跳动量之前，必须保证消除车轮轴承的所有游隙。如果制动盘跳动量过大，而且汽车的制动盘为装在轮毂螺栓上的"盘中鼓"式制动盘，那么在清洁轮毂表面之后，还要检查轮毂的跳动量情况。检查制动盘跳动量之前，要保证消除制动片的任何拖滞。通过将制动轮缸活塞微微推入缸筒，可以消除摩擦片拖滞。

1）将变速驱动桥挂在空档位置。
2）拆卸制动器盘。
3）用2个车轮螺栓将制动器盘紧固在轮毂上。
4）将千分表固定在制动钳上。
5）将表尖调整到距离制动器盘外缘约10mm处，垂直于制动盘并预压缩，如图所示。
6）转动制动器盘一周，观察千分表指针的摆动范围，读出端面跳动值。拆卸千分表和制动器盘与轮毂之间的连接螺栓。
7）最大允许跳动值为0.03mm，如果超过，则更换制动器盘。

（四）制动器摩擦片的检查

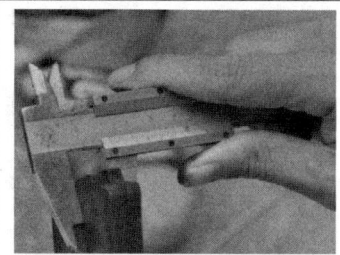

每 1 万 km 维护时应对各个车轮的制动块磨损情况进行检查。

1）找出最大磨损处。
2）测量摩擦片的厚度不能小于 7mm，如图所示。
3）使用专用工具测量。

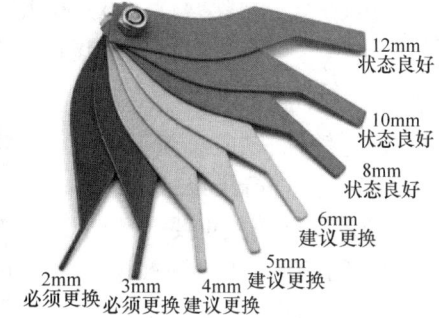

（五）驻车制动检查

由于不同形式的驻车制动系统的操纵机构有区别，所以在检查驻车制动时，三种不同形式的驻车制动系统的检查方法也有所不同。

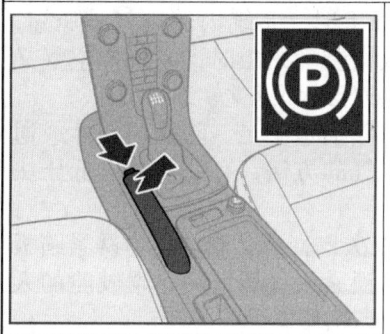

1. 手拉式驻车制动的功能检查，如图所示

1）拉起驻车制动手柄，在拉起到第一个刻度之前，驻车制动警告灯应亮起。
2）驻车制动手柄拉起的正常行程应该是 6~8 个刻度。拉起的力度应为 20N。
3）举升车辆，尝试手动转动后轮，后轮应被完全锁止。
4）释放驻车制动手柄，驻车制动警告灯应熄灭。
5）再次手动转动后轮，后轮应能够自由转动。

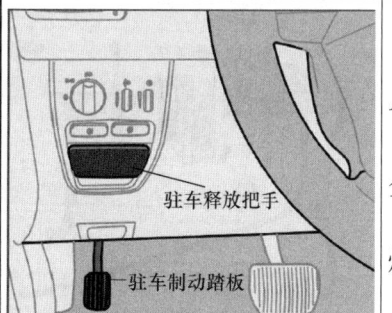

2. 脚踏式驻车制动的功能检查，如图所示

1）踩下驻车制动踏板到极限位置，驻车制动警告灯应亮起。
2）举升车辆，尝试手动转动后轮，后轮应被完全锁止。
3）拉动驻车制动放松把手，驻车制动警告灯应熄灭。
4）再次手动转动后轮，后轮应能够自由转动。

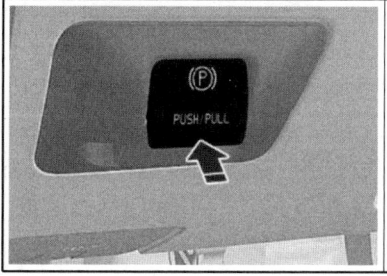

3. 电子式驻车制动锁止功能检查，如图所示

1）踩下制动踏板，按下控制按钮，仪表板的驻车制动警告灯闪烁然后持续点亮。
2）举升车辆，尝试手动转动后轮，后轮应被完全锁止。

283

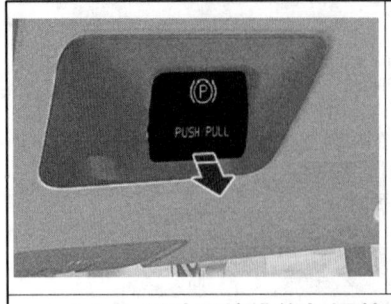

4. 电子驻车制动手动松开功能检查，如图所示

1）确保遥控钥匙在点火开关内或者点火开关处于Ⅰ档或Ⅱ档。

2）踩下制动踏板，拉起控制按钮，仪表板的驻车制动警告灯会熄灭。

3）举升车辆，尝试手动转动后轮，后轮应能够自由转动。

（六）制动系统维修与调整

制动系统检测出问题时，就需要及时对故障部件进行维修或调整，制动系统的安全至关重要，所以驾驶人发现问题时，应第一时间进行维修，如图所示。

1. 制动液更换

更换制动液的标准流程可在信息查询系统的相关信息中进行查询。

制动液压系统利用制动液（液体）的不可压缩性，以传递制动压力，若液压系统内渗入空气，则因空气是可压缩的，当制动踏板踩下时，系统内的空气被压缩，无法将制动液压传达到制动装置，即无制动作用；放松制动踏板时，系统内空气又膨胀占住了管路空间，因而踩下制动踏板时，空气又被压缩而感觉软绵绵的。

空气进入制动液压系统中的原因如下：制动主缸储油量不足、防止门损坏或通气孔堵塞、接头不紧密或拆装制动零件等。而排放空气的方法，有高压法、低压法及加压法等。

1）高压法由两人操作，一人连续踩放制动踏板数次，直到有制动压力踩紧踏板后，另一人在车底下旋松放气螺钉，以排放空气，并锁紧放气螺钉后，驾驶舱的人才可将踏板缓慢放松；重复如此动作，直到空气排放干净。

2）低压排放法与高压法皆需由两人共同操作，差异是在车底下的人先旋松放气螺钉后，驾驶舱的人再缓慢踩下制动踏板，让制动液排放，以带走系统内的空气，并在放气螺钉锁紧后，才能放松踏板，并重复上述动作，直到空气排放干净。

3）加压法系利用制动液加压器，以排放空气及制动液更换等，此法只需一人操作，能快速、有效排放空气，如图所示。

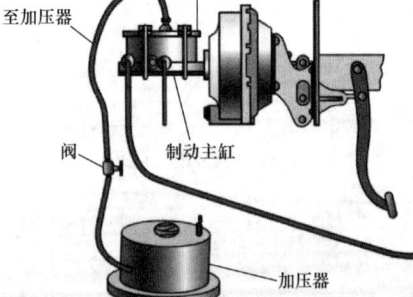

2. 注意事项

制动液具有强的吸湿性，能通过制动系的微孔或密封部位吸收空气中的水分，随着吸收水分的增加，水分将会腐蚀制动系统并使制动液变浓，导致踏板踩上去很软，所以许多汽车制造厂建议定期更换制动液，作为汽车日常维修标准的组成部分。推荐换制动液的周期为两年或行程48000km，达到两条件之一时，就应更换制动液。对装有ABS的车辆更为重要，因为污染的制动液将导致ABS昂贵的零部件磨损和腐蚀以致调节失灵出现故障。

项目五　制动系统检修

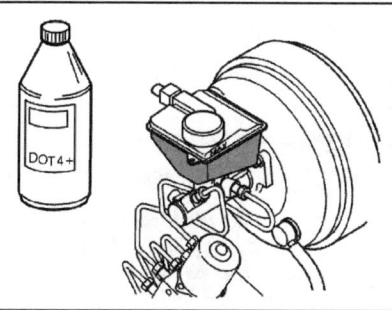	制动液的更换步骤： 1）乘用车一般采用专用的 DOT4 + 制动液，如图所示。
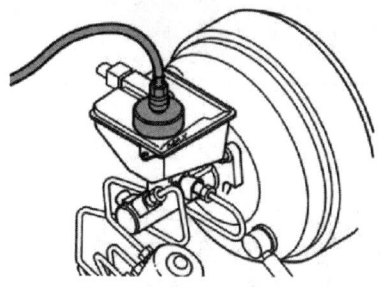	2）连接排放单元至制动液储液罐，如图所示。 3）给制动系统增压（增加至 0.2~0.3MPa）。 4）检查制动液储液罐接头。 5）升起车辆并拆卸车轮。
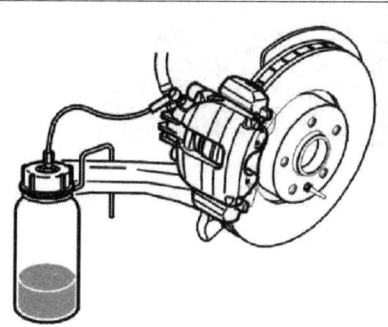	6）从排放嘴拆下保护盖，连接收集瓶的软管。 7）打开排放嘴，当从收集器软管流出的制动液中不再有气泡时，上紧排放嘴，如图所示。 8）从排放嘴拆下软管装回保护盖。 9）依照此方法，排放其他车轮。 10）排放顺序按右后、左后、右前、左前顺序进行。 11）检查排放嘴是否泄漏。
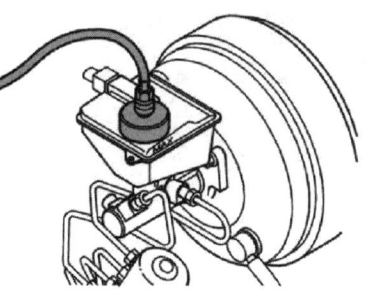	12）制动系统减压。 13）制动液更换结束后，关闭排放单元，如图所示。 14）打开一个排放嘴后迅速将其关闭，给系统减压。 15）检查制动系统是否有空气以及制动液是否泄漏。

（七）制动片更换

　　进行保养操作时，更换制动片是一项常规的工作，相应的规范流程和操作可根据车型不同参见信息查询系统中的说明。
　　1. 连接信息查询系统
　　使用信息查询系统与车辆进行通信。

2. 进入维修模式
1) 使用信息查询系统中的诊断功能，与驻车制动模块（PBM）通信。
2) 选择菜单中的按钮进入维修模式。
3) 进入维修模式，后轮驻车制动电动机将起动，并使其动作至维修位置。

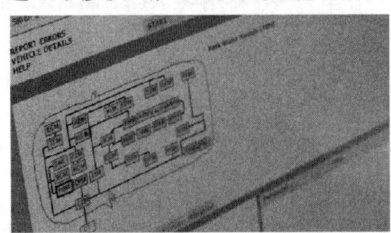
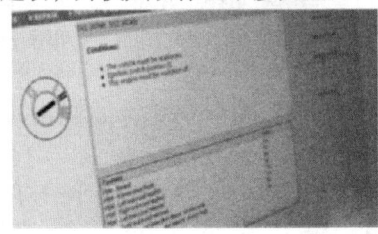

3. 更换制动片
1) 松开制动轮缸连接器。
2) 松开连接制动轮缸的两个螺栓。

松开制动轮缸连接器

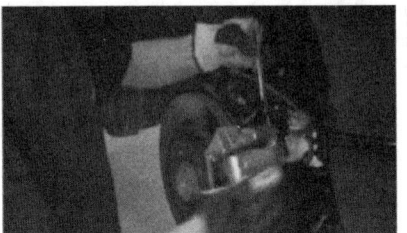
松开连接制动轮缸的两个螺栓

3) 取下旧的制动片。
4) 取下旧的衬板。
5) 清洁制动轮缸支架。

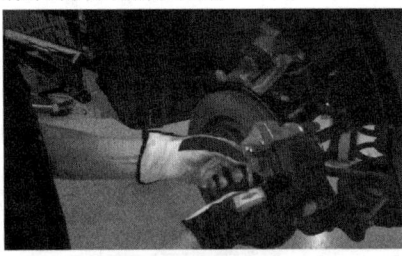
取下旧的制动片

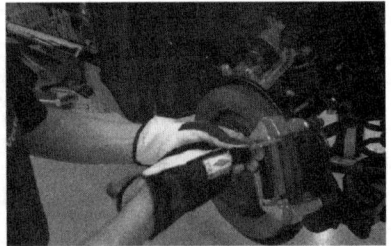
清洁制动轮缸支架

6) 将后制动轮缸活塞复位。
7) 安装新的制动片衬板（有橡胶面在上）。

将后制动轮缸活塞复位

安装新的制动片衬板

8）给新制动片涂抹硅脂。
9）安装新的制动片。

给新制动片涂抹矽脂润滑剂

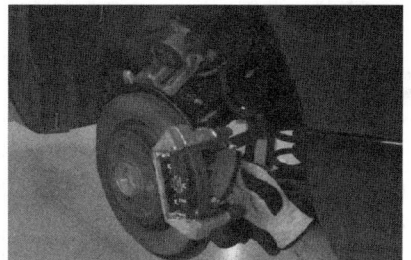
安装新的制动片

10）安装后制动轮缸。
11）拧紧轮缸固定螺栓（35N·m）。
12）安装制动轮缸连接器。

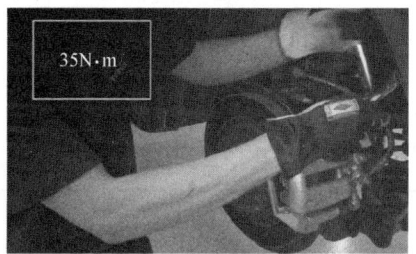
拧紧轮缸固定螺栓

安装制动轮缸连接器

4. 后续作业
1）操作信息查询系统退出维修模式。

2）后制动轮缸电动机会自动运转 2 次，以恢复正常状态。
3）检查制动液储液罐的油位。
4）踩几次制动踏板，检查制动液储液罐的油位。
5）如有需要，就加满。

后制动轮缸电动机会自动检查

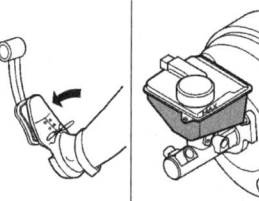
检查制动液储液罐的油位

（八）制动轮缸更换

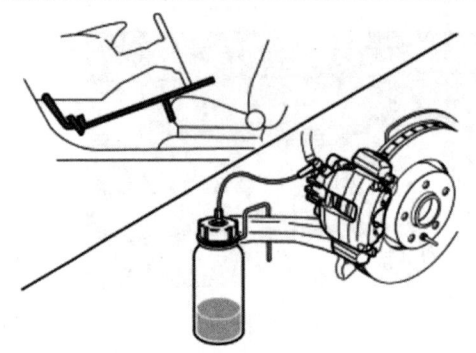

制动轮缸更换步骤：
1）拆卸后车轮，固定制动踏板，通过排气阀排气，如图所示。

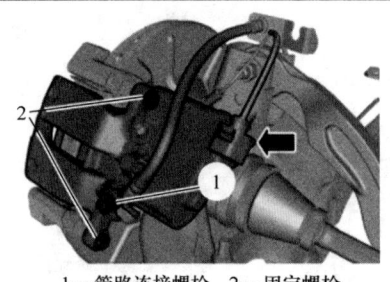

1—管路连接螺栓　2—固定螺栓

2）拆卸电气插头和连接管路，如图所示。
3）松开固定螺栓。
4）更换轮缸后，以相反次序进行安装。最后执行制动系统放气。

任务评价一

一、案例学习

一辆 S60 车辆保养时发现制动主缸漏油。维修前，技师试过制动效果无异常。检测仪上制动效果合格。更换制动主缸，并检查了制动系统其他部件无异常。但是试车发现制动力不足，检测仪上制动效果不足。技师认为可能是制动主缸有问题，于是又更换了一个新的制动主缸，故障依旧。

后来发现故障原因是制动系统中的空气没有完全排除，两个制动主缸均合格。重新排气，故障排除。

本故障案例告诉我们，对制动液压系统维修过后，对系统完全排气是非常必要的，以免造成案例中错误更换配件的情况。

二、项目小结

在本项目内容中，重点学习了以下内容：
1. 制动系统的定义、原理及效果。
2. 制动系统分类。
3. 制动系统的布置形式和部件组成。

本项目的学习目标你已经达成了吗？请通过思考以下问题进行结果检验。
1. 车辆行驶在上坡路况时，如果需要停车，驾驶人会如何操作制动系统？
2. 为什么驾驶人踩下制动踏板，车辆可立即减速直至停止？

3. 评价制动性能的指标有哪些？
4. 常见的行车制动器有哪些形式？
5. 轿车中有哪几种形式的驻车制动器？
6. 轿车的制动管路采用哪种分布形式？
7. 你知道轿车制动系统的主要部件组成吗？

三、课堂练习

（一）填空题

1. 汽车上用以使外界（主要是路面）在汽车某些部分（主要是车轮）施加一定的力，从而对其进行一定程度的强制制动的一系列专门装置，统称为_____。
2. _____系统特别是在驾驶人不在场时，用机械的办法使汽车即使在斜面上也能保持不动的全部部件。
3. 制动效能中两个较为重要的指标是_____和_____。

（二）不定项选择题

1. 制动系统的作用有哪些：（　　）。
   A. 使行驶中的汽车按照驾驶人的要求进行减速或停车
   B. 使已停驶的汽车在各种道路条件下安全、稳定的驻车
   C. 制动系统会导致油耗增大
   D. 使下坡行驶的汽车速度保持稳定
2. 常见的制动性能评价指标有哪些：（　　）。
   A. 制动时的道路情况　　　　B. 制动效能
   C. 制动抗热衰退性　　　　　D. 制动稳定性
3. 制动效能的影响因素有哪些：（　　）。
   A. 制动系统的技术状况　　　B. 道路与气候条件
   C. 汽车车轮的技术状况　　　D. 驾驶人反应时间
4. 沃尔沃 S60 车型采用了何种行车制动器：（　　）。
   A. 前盘后鼓式制动器　　　　B. 四轮全盘式制动器
   C. 四轮鼓式制动器　　　　　D. 四轮钳盘式制动器
5. 轿车采用了何种驻车制动器：（　　）。
   A. 盘中鼓式驻车制动器　　　B. 手柄机械式盘式驻车制动器
   C. 踏板机械式盘式驻车制动器　D. 电子式盘式驻车制动器
6. 轿车制动管路为何种布置形式：（　　）。
   A. 单管路制动回路　　　　　B. 对角分式制动回路
   C. 前后分式制动回路　　　　D. 左右分式制动回路

任务评价

一、案例学习

一辆 XC90 车辆，新车出售不久，客户抱怨有时松开制动踏板后，车辆似乎还有

制动效果。技师经过试车后，发现松开制动踏板的一小段时间内，有制动拖滞现象，时有时无，车速慢时较为明显。

技师首先怀疑真空助力器的弹簧复位不良，更换真空助力器后，故障一小段时间内没有出现，而后故障又重现。技师又更换了制动踏板，制动踏板拆卸后，用手实验发现制动踏板复位不良。更换制动踏板后制动拖滞故障排除。

本故障案例告诉我们，制动拖滞现象首先要判断是所有车轮制动拖滞还是仅单个车轮的现象。如果是所有车轮制动拖滞，重点考虑制动主缸之前的制动系统部件。

二、项目小结

在本项目内容中，重点学习了以下内容：
1. 制动踏板的作用与工作原理。
2. 真空助力器的结构与工作模式。
3. 制动主缸的结构与工作原理。
4. 制动管路的组成与材质。
5. 驻车制动的分类。
6. 制动液的特性和等级。

本项目的学习目标你已经达成了吗？请通过思考以下问题进行结果检验。
1. 制动踏板利用了什么原理？
2. 制动踏板在制动系统中是如何工作的？
3. 你知道真空助力器的结构吗？
4. 真空助力器有几种工作模式？
5. 你知道制动主缸的结构吗？
6. 你知道制动主缸的工作原理吗？
7. 制动管路为什么要使用不同的材质？
8. 钳盘式制动器有几种类型？
9. 鼓式制动器的特点是什么？
10. 你知道盘中鼓式驻车制动器是如何工作的吗？
11. 机械式盘式驻车制动器是如何工作的？
12. 你知道电子式盘式驻车制动器的工作原理吗？
13. 制动液具备哪些特性？
14. 你知道制动液的分类和等级吗？

三、课堂练习

（一）填空题

1. 制动系统利用制动踏板的_____作用来获得机械增益。
2. 沃尔沃汽车都采用_____制动主缸。
3. 制动管路在制动系统中作为制动液流通的管路，将_____的油压传递至_____。

（二）不定项选择题

1. 真空助力器有几种工作位置：（　　）。
   A. 2　　　　　　　　　　　B. 3
   C. 4　　　　　　　　　　　D. 6

2. 制动主缸的基本功能有哪些：（　　）。
   A. 形成将轮缸活塞压向制动盘或制动鼓的压力
   B. 在制动片和制动蹄产生足够的摩擦力后，主缸帮助平衡制动所需的压力
   C. 在制动片磨损时保持系统充满制动液
   D. 可以保持轻度压力防止污染物、空气、水进入系统

3. 轿车采用的驻车制动器有哪几种：（　　）。
   A. 盘中鼓式驻车制动器　　　B. 机械式盘式驻车制动器
   C. 电子式盘式驻车制动器　　D. 电子式盘中鼓式驻车制动器

4. 轿车采用何种制动伺服装置：（　　）。
   A. 真空增压式　　　　　　　B. 真空助力式
   C. 气压助力式　　　　　　　D. 综合式

5. 液压制动系统，应保证制动时的制动力随踏板力的增加而增加，因此，真空助力器的制动控制阀组应具有：（　　）。
   A. 渐进性　　　　　　　　　B. 感载性
   C. 随动性　　　　　　　　　D. 递增性

6. 一辆装有真空助力器的汽车，产生制动踏板沉重的故障原因是：（　　）。
   A. 制动主缸内泄漏　　　　　B. 助力器内的真空度过大
   C. 助力器真空管路堵塞　　　D. 制动液液面过低

7. 装有真空助力器的车辆，制动踏板行程过大的原因可能是：（　　）。
   A. 真空助力器阀组泄漏　　　B. 制动主缸内的推杆调整不正确
   C. 制动液液面过低　　　　　D. 制动时用力过大

8. 下面哪一项可能是制动踏板复位缓慢的原因：（　　）。
   A. 液压管路泄漏　　　　　　B. 制动主缸活塞皮碗发胀
   C. 复位弹簧过硬　　　　　　D. 制动液液面过低

9. 制动轮缸的泵体上有（　　）。
   A. 放气孔　　　　　　　　　B. 进油孔
   C. 安装螺孔　　　　　　　　D. 放液孔

10. 制动轮缸的缸筒和活塞可用什么进行清洗：（　　）。
    A. 制动液　　　　　　　　　B. 水
    C. 酒精　　　　　　　　　　D. 碱水

11. 制动液压系统进行修理后，下列哪种情况不要求对制动液压系统进行冲洗：（　　）。
    A. 制动液含有大量水分　　　B. 系统内渗有空气
    C. 制动液内有细小脏微粒　　D. 制动液用错型号

（三）问答题

定钳式制动器的特点是什么？

任务评价三

一、案例学习

一辆 S60 车辆以 80km/h 行驶，当轻踩制动踏板时，前轮、转向盘和车身出现发抖现象，但制动踏板正常。

如果制动盘端面跳动量过大会导致前轮和转向盘抖动，但同时也会伴随制动踏板抖动。但故障现象中制动踏板不抖动。

检查前悬架各部件没有损坏，杆系之间无明显的松旷，重新紧固前悬架的螺栓，故障排除。

本故障案例告诉我们，制动抖动也有可能是由于悬架部件刚度不足或有零件松旷造成的。具体故障应认真思考故障现象，盲目工作会导致工作效率降低。

二、项目小结

在本项目内容中，重点学习了以下内容：
1. 制动系统故障诊断程序。
2. 制动系统的常见故障。

本项目的学习目标你已经达成了吗？请通过思考以下问题进行结果检验。
1. 你知道制动系统故障的诊断策略吗？
2. 如何区分制动时的正常噪声和异常噪声？
3. 哪些情况会导致制动异常振动？
4. 制动踏板有哪些典型异常？
5. 制动跑偏是如何引起的？
6. 什么原因会造成制动拖滞？
7. 你知道制动警告灯常亮的可能故障吗？

三、课堂练习

（一）填空题

1. 制动时如果座椅、转向盘或制动踏板等位置感到振动被称为_____。
2. 制动系统的常见故障，包括制动噪声、制动振动、制动踏板反应异常、_____、_____和_____等。

（二）不定项选择题

1. 车轮制动器拖滞的原因可能是下列哪一项？（   ）。
   A. 系统内空气过量　　　　　　B. 制动轮缸活塞被卡住
   C. 制动踏板复位弹簧拉力过大　　D. 制动片磨损量过大
2. 如果用平稳的力踩制动踏板，踏板只是缓慢地移向地板，而且系统没有制动液外泄的迹象，最可能的原因是：（   ）。

  A. 溢流阀工作不正常　　　　　　B. 制动主缸活塞皮碗过量磨损

  C. 轮缸活塞密封圈密封不良　　　D. 主缸活塞弹簧变软

  3. 以下哪些原因可能造成制动踏板沉重难以踏下：（   ）。

  A. 制动片上油污　　　　　　　　B. 真空助力器故障

  C. 制动管路堵塞　　　　　　　　D. 复位弹簧太硬

  4. 制动时产生制动踏板海绵感、有弹性，且制动效能不良，问题的原因可能是：（   ）。

  A. 空气进入制动系统　　　　　　B. 制动主缸内部泄漏

  C. 制动片磨损过量　　　　　　　D. 制动盘扭曲变形

  5. 制动时车轮振动严重，问题的可能原因发生在：（   ）。

  A. 车轮制动器　　　　　　　　　B. 车轮轴承调整不良

  C. 制动主缸故障　　　　　　　　D. 悬架

  6. 每次制动时，制动器总发出金属撞击声，该异响可能的原因是：（   ）。

  A. 制动片松动　　　　　　　　　B. 轮缸活塞间隙过大

  C. 复位弹簧断裂　　　　　　　　D. 安装螺栓松动

（三）问答题

1. 诊断制动噪声时可能有几种情况？

2. 制动踏板典型的异常反应包括哪些？

任务评价四

一、案例学习

  某台 XC60 车辆进入 4S 店，车主反映行驶过程中 ABS 灯点亮，但此为偶发性故障。

  技师诊断后并未发现 ABS 灯有何异常，使用 VIDA 读取 DTC 时发现存在故障码，表示车辆的轮速信号不同步。

  删除故障码，经过路试未发现故障出现。

  经过询问车主可知，当此车辆的 ABS 灯点亮时此车行驶在不平的路面上。

  由此可知，此症状并不是真正的故障，而是一种正常的表现结果。因为车辆行驶在不平路面时各车轮的转速可能不一致，而导致 ABS 误报故障码。

  因此，此车辆不用维修。

  本案例告诉我们，了解车辆 ABS 的工作原理和故障检测原理，对判断车辆的真实故障较为重要。如果忽视车辆发现异常时的条件，可能会导致错误的诊断结果和维修。

二、项目小结

  在本项目内容中，重点学习了以下内容：

1. 制动与防滑控制系统的功能。
2. 制动与防滑控制系统的组成。
3. 制动与防滑控制系统的工作原理。
4. 电子驻车制动控制系统的组成。
5. 电子驻车制动控制系统的工作原理。
6. 胎压监控系统的组成。
7. 胎压监控系统的工作原理。

本项目的学习目标你已经达成了吗？请通过思考以下问题进行结果检验。
1. ABS 与 EBD 的功能有什么区别？
2. ABS 工作过程中，需要检测哪些传感器的输入信号？
3. ABS 与 EBD 的工作过程存在哪些不同之处？
4. 电子驻车制动控制系统包括哪些传感器与执行器？
5. 电子驻车制动控制系统如何完成制动片的磨损补充？
6. 胎压监控系统通过哪个部件检测胎压的？
7. 当监控到胎压不足时，如何完成警告控制？

三、课堂练习

（一）不定项选择题

1. 下列哪些部件属于制动与防滑控制系统：（　　）。
   A. 车轮传感器　　　　　　　　　B. 踏板压力传感器
   C. 车外温度传感器　　　　　　　D. 液压单元
2. 能够防止在制动过程中车轮抱死（即停止滚动）的功能是：（　　）。
   A. EBD　　　　　　　　　　　　B. ABS
   C. ACY　　　　　　　　　　　　D. HTA
3. 关于电子制动力分配（EBD）的功能，下列说法正确的是：（　　）。
   A. EBD 控制调节后轮制动管路中的液压，以便制动期间后轮滑转略微低于前轮
   B. EBD 能够降低发动机动力输出
   C. EBD 可以在不需要驾驶人操作的情况下自动对车辆进行制动
   D. EBD 可以控制四个车轮的制动
4. 以下功能中，属于动态稳定性循迹控制系统（DSTC）的功能：（　　）。
   A. 拖车稳定性辅助　　　　　　　B. 稳定性控制
   C. 循迹控制　　　　　　　　　　D. 主动横摆控制
5. 下列哪些部件属于电子控制驻车制动系统：（　　）。
   A. 车轮传感器　　　　　　　　　B. 驻车制动开关
   C. 驻车制动控制模块　　　　　　D. 制动卡钳电动机
6. 能够实现驻车制动的起动与关闭功能的控制模块是：（　　）。
   A. DIM　　　　　　　　　　　　B. ECM
   C. BCM　　　　　　　　　　　　D. PBM
7. 关于驻车制动开关，下列说法正确的是：（　　）。

A. 驻车制动开关安装在左侧仪表板，灯光开关下方，用来起动和关闭驻车制动

B. 驻车制动开关有两个位置

C. 驻车制动开关有三个位置

D. 驻车制动开关的背景照明是由 BCM 供电的

8. 关于制动卡钳电动机，下列说法正确的是：（　　）。

A. 在四个车轮上都装有制动卡钳电动机

B. 电动机通过 CAN 与驻车制动模块（PBM）通信

C. 制动卡钳包括了电动机、齿轮箱和压在制动片上的转轴

D. 电动机直接连接到驻车制动模块（PBM）

9. 下面对胎压监控系统的功能，说法正确的是：（　　）。

A. 保证车辆的轮胎压力处在正常水平　　B. 可以保证车辆的燃油经济性

C. 可以获得最佳的舒适性　　D. 可以有效地防止轮胎爆胎

10. 在中国市场中，配置了胎压监控系统的车型包括：（　　）。

A. 2010 年的 S40 车辆　　B. 2011 年的 XC90 车辆

C. 2012 年的 S80L 车辆　　D. 2013 年的 V40 车辆

11. 轿车的胎压监控系统描述正确的是：（　　）。

A. 胎压监控系统可以通过设置关闭

B. 胎压监控系统有两种

C. 胎压监控系统通过胎压传感器反应轮胎压力

D. 通过计算车轮转速差判断轮胎压力

12. 下面关于 S60 的 DIM（仪表）说法，正确的是：（　　）。

A. DIM 存储了胎压传感器的 ID 号

B. DIM 只是用来显示胎压系统信息

C. DIM 通过无线信号与胎压传感器信息传递

D. DIM 通过网络与胎压模块信息传递

13. 对于配置免钥匙的 S60 车辆，关于传感器信号，描述正确的是：（　　）。

A. 胎压传感器信息先给到 KVM　　B. 胎压传感器信息给到 RKE 接收器

C. 胎压传感器信息给到 RRX 接收器　　D. 胎压传感器信息给到 CEM

（二）问答题

1. DSTC 都包括哪些功能？

2. 简述电子控制驻车制动的工作原理。

（三）思考题

1. 请写出未配置免钥匙的胎压监控系统的工作原理。

2. 请写出如何判断胎压传感器的故障。

任务评价五

一、案例学习

一辆汽车进入 4S 店维修，客户反映为制动力不足故障。技师经过路试确认此车辆确实存在制动性能的问题，随即对制动系统执行全面的检查。在检查过程中技师发现制动轮缸存在漏油现象。初步判定为轮缸性能不良导致制动力不足，征得客户的同意后，更换了轮缸。

然而在路试后发现依然存在，并且感觉制动踏板总是软绵绵的，并且能轻易地踩到底。随后经查制动系统也没有发现泄漏现象。至此技师想起更换了制动轮缸后还未执行管路排空气，于是又进行管路排空气操作。

再次试车，制动踏板偏软现象有所改善，但是制动力依然不足，需要连续地多踩几脚踏板才达到制动力需求。

根据此故障特征，技师判定为制动主缸的故障，于是对其进行更换，并多次执行了管路排空气操作。此后经过路试，故障解决。

本故障案例告诉我们，诊断与维修制动系统的故障时，要严谨诊断并执行规范的操作，否则会导致故障原因的疏漏。

二、项目小结

在本项目内容中，重点学习了以下内容：
1. 制动系统测试与检查。
2. 制动系统维修与调整。

本项目的学习目标你已经达成了吗？请通过思考以下问题进行结果检验。
1. 你知道制动警告灯何种状态是正常的吗？
2. 制动液检查包括哪些内容？
3. 检查制动管路时应注意什么？
4. 制动盘的跳动量如何检查？
5. 你知道轿车上驻车制动的检查方法吗？
6. 你知道制动液的规范流程吗？
7. 你知道如何按规范更换真空助力器吗？
8. 制动主缸如何更换？
9. 更换制动片时应注意哪些细节？
10. 如何更换带有电子驻车制动的轮缸？
11. 驻车制动如何调整？

三、课堂练习

（一）填空题

制动液检查包括对制动液进行_____检查和制动液_____检查。

（二）不定项选择题

1. 使用制动液检测仪时，黄灯表示的含义是：（   ）。
   A. 合格   B. 近似合格
   C. 不合格   D. 仪器故障
2. 从驻车制动的操纵方式来看，沃尔沃车辆的驻车制动分为哪几类：（   ）。
   A. 手拉式驻车制动   B. 脚踏式驻车制动
   C. 电子式驻车制动   D. 以上都不对
3. 维修盘式制动器时，以下说法哪种正确：（   ）。
   A. 应使用螺钉旋具将活塞敲出缸筒
   B. 应当通过放气螺钉向缸筒施加压缩空气，将活塞推出
   C. 维修盘式制动器时应注意调整好制动间隙
   D. 以上说法都正确
4. 维修损坏的制动管路时，以下方法正确的是：（   ）。
   A. 用一段管路和压紧接头更换损坏的部分
   B. 使用厂家提供的预制动管，更换整段制动管路
   C. 将管路损坏的部分切下，在管路两端安装接头，再装上适当尺寸的软管
   D. 在原有管路上进行适当维修即可
5. 对制动主缸放气之后，对各制动轮缸排放空气时，下列说法正确的是：（   ）。
   A. 必须先对制动管路最长的制动器放气
   B. 正确的放气顺序取决于制动系统管路采用哪种布置方式
   C. 所有类型的制动管路必须先从左后轮开始放气
   D. 必须把一个制动器上的所有气体放尽，才能给下一个制动器放气
6. 驻车制动器维修时，以下说法正确的是：（   ）。
   A. 应对各传动节点和拉索进行润滑
   B. 拉动驻车制动手柄直到停止，然后再调整拉索，直到后轮被抱死为止
   C. 将驻车制动手柄拉至规定行程，此时驻车制动应处于完全抱死状态
   D. 轿车驻车制动一般制动两后轮
7. 更换前轮制动片时，下列操作正确的是：（   ）。
   A. 将轮缸活塞推回缸筒内
   B. 如发现制动轮缸活塞上有锈、腐蚀点或灰尘应及时清除
   C. 对所有动配合零件都涂上少量的润滑剂
   D. 装配完成后，应踩几次制动踏板，使制动轮缸充满制动液

（三）问答题

如何检查脚踏式驻车制动的功能？